REVUE

DE

PHILOLOGIE
DE LITTÉRATURE ET D'HISTOIRE ANCIENNES

REVUE

DE

PHILOLOGIE

DE LITTÉRATURE ET D'HISTOIRE ANCIENNES

TROISIÈME SÉRIE

PUBLIÉE SOUS LA DIRECTION DE

Ph. HOFFMANN ET **Ph. MOREAU**
DIRECTEUR D'ÉTUDES   PROFESSEUR ÉMÉRITE
À L'ÉCOLE PRATIQUE   À L'UNIVERSITÉ
DES HAUTES ÉTUDES   DE PARIS EST CRÉTEIL

ANNÉE ET TOME XCV

FASC. 1

(157ᵉ de la collection)

PARIS
KLINCKSIECK

Retrouvez les sommaires de la *Revue de philologie*
et les nouveautés Klincksieck sur
www.klincksieck.com

ISBN 978-2-252-04678-4
© Klincksieck, 2022

Composition et mise en pages : Flexedo (prepresse@flexedo.com)

LES NOMS PROPRES DANS L'*ILIADE LATINE*

Vos mihi nunc, Musae – quid enim non ordine nostis ? –,
nomina clara ducum clarosque referte parentes
et dulces patrias : nam sunt haec munera uestra. (Iliade latine, v. 160-162)

« Quant à vous, Muses, à présent rapportez-nous – car que ne connaissez-vous point par point ? – les noms illustres des chefs et leurs illustres parents, ainsi que leurs patries chéries : c'est là votre rôle. »[1]

C'est en ces termes qu'est introduit le catalogue des vaisseaux de l'*Iliade latine*. L'expression qui nous intéresse ici est *nomina referre* : c'est cette action qui permet, en exposant les noms des belligérants à l'auditoire, de déclencher le récit des combats et de dérouler l'intrigue. Les divers noms utilisés tout au long de l'œuvre permettent en effet de désigner les personnages en place, de les individualiser, mais aussi de dessiner leur identité[2]. Les anthroponymes, les patronymes, ou encore les ethnonymes peuvent ainsi désigner un même personnage, tout en offrant des informations différentes à son égard. Il apparaît donc que les noms propres[3] ont une importance capitale dans l'économie

---

1. Le texte cité provient de la seconde édition de Marco Scaffai : M. Scaffai, *Baebii Italici Ilias Latina. Introduzione, edizione critica, traduzione italiana e commento*, Bologne (Pàtron), 1982. Traduction personnelle.

2. « Les noms propres sont présents dans toutes les langues et indispensables à la fluidité de la communication. Imaginons un instant une langue sans nom propre. Transmettre des informations deviendrait laborieux. Il faudrait avoir recours à d'autres stratagèmes comme l'utilisation massive de descriptions précises, pour isoler et repérer clairement les éléments dont on parle. [...] De la même façon, les conversations deviendraient interminables. Les noms propres sont partout, mais non sans raison. Ils permettent de repérer précisément les individus, les lieux, les événements et les créations qui nous entourent. Ainsi, d'un point de vue cognitif : [...] "Les Npr nous permettent d'isoler des entités uniques et spécifiques, en nommant des particuliers perçus à l'intérieur des catégories établies. Ils nous aident à structurer et à mémoriser un savoir spécifique à côté du savoir général systématisé par les catégories conceptuelles. En associant à un particulier une image acoustique qui lui sera "propre", on pourra le séparer et le désigner parmi ses semblables sans avoir à définir chaque fois les propriétés spécifiques qui le distinguent des autres membres de la catégorie. Ainsi la fonction cognitive fondamentale du Npr serait de nommer, d'affirmer et de maintenir une individualité [...]." (Jonasson 1994, p. 16-17) », E. Lecuit, *Les tribulations d'un nom propre en traduction*, thèse de doctorat, Université François Rabelais de Tours, 2012, p. 12-13.

3. Nous considérons cette catégorie grammaticale comme intuitivement compréhensible par tous. Nous pouvons retenir pour notre étude la définition adoptée par Kerstin Jonasson, selon laquelle « [t]oute expression associée dans la mémoire à long terme à un particulier en vertu

de l'œuvre, alors même que leur étude est régulièrement délaissée[4], raison pour laquelle il nous semble opportun d'en mener ici un examen approfondi.

L'*Iliade latine* est un poème latin du premier siècle de notre ère, habituellement présenté comme un résumé[5] de l'*Iliade* d'Homère : composé en hexamètres dactyliques, il retrace la légende de la guerre de Troie en mille soixante-dix vers. L'*Iliade latine* a été attribuée à divers poètes à travers les siècles : Homère lui-même, à partir du Ve siècle et jusqu'au XIIIe siècle[6], Pindare le Thébain[7] pendant la période humanistique, puis – après la découverte à la fin du XIXe siècle des acrostiches qui encadrent le texte[8] –, Silius Italicus[9], auteur des *Punica*. Toutefois, depuis l'examen en 1890 par Heinrich Schenkl du manuscrit Wien, *Österreichische Nationalbibliothek*, cod. 3509, XVIe siècle, qui attribue le texte à un certain *Bebi[us] Italic[us] clarissim[us]*, on a privilégié[10] l'identification de l'*Italicus* de l'acrostiche avec Publius Baebius Italicus[11], un sénateur romain du Ier siècle de notre ère[12]. Cette attribution reste néanmoins problématique, et les

---

d'un lien dénominatif conventionnel stable, sera donc un nom propre. » (K. Jonasson, *Le nom propre. Constructions et interprétations*, Louvain-la-Neuve, 1994, p. 21).

4. Il n'existe à ce jour aucune étude littéraire des noms propres de l'*Iliade latine*, ni de l'*Iliade* – du moins à notre connaissance. Les rares études menées sur le sujet sont d'ordre historique, telles que celles proposées par Max Sulzberger (M. Sulzberger, « Ὄνομα ἐπώνυμον. Les noms propres chez Homère et dans la mythologie grecque », *REG*, 39, fasc. 183, 1926, p. 381-447) ou John A. Scott (J. A. Scott, « Patronymics as a Test of the Relative Age of Homeric Books », *CPh*, 7, n° 3, juillet 1912, p. 293-301). Quelques réflexions intéressantes sont tout de même esquissées par Antonino Grillone dans A. Grillone, « Scorrendo l'ultima edizione di Bebio Italico », *RBPh*, 70, 1992, p. 150-151, où il pose les premiers jalons de la discussion.

5. Voir par exemple W. Tilroe, *The Ilias Latina: a study of the Latin Iliad, including Translation, Commentary and Concordance*, University of Southern California, 1939, p. 23. Le terme d'*epitome* apparaît déjà dans certains manuscrits, comme dans l'incipit (f. 23r) de Wien, Österreichische Nationalbibliothek, cod. 3509, XVIe siècle, f. 23r-45r.

6. Il est ainsi désigné par Lactance Placide lorsqu'il cite les vers 1048-1050 de l'*Ilias Latina* (*Schol. Stat.* 6, 121). Les manuscrits conservés et qui comportent un incipit ou un explicit désignent alors l'œuvre comme le *Liber Homeri* : voir par exemple Antwerpen, Musée Plantin-Moretus, M 082, X[e]-XIe siècle, f. 17v, ou Dijon, Bibliothèque municipale, ms. 497, XIIIe siècle, f. 248v.

7. La première occurrence du nom *Pindarus* se trouve dans le manuscrit Oxford, Bodleian Library, Rawlinson G. 57, XIe siècle, f. 6r. En revanche, ce n'est qu'à partir du XIVe siècle que cette attribution se généralise : voir M. Scaffai, « Pindarus seu Homerus. Un' ipotesi sul titolo dell'*Ilias Latina* », *Latomus*, 38, fasc. 4, octobre-décembre 1979, p. 932-939.

8. *Italicus* (v. 1-7), par Oskar Seyffert, en 1875 (voir E. Munk, révisé par O. Seyffert, *Geschichte der römische Literatur*, Berlin, 1875², p. 242-243), et *scripsit* (v. 1063-1070), par Franz Bücheler, en 1880 (voir F. Bücheler, « Coniectanea de Silio Juvenale Plauto aliis poetis latinis », *RhM*, 35, 1880, p. 390-391 = *Kleine Schriften*, 2, Berlin, 1927, p. 381).

9. *PIR*² S 722.

10. Voir Scaffai 1997 (*op. cit.* n° 1), p. 11-18.

11. *PIR*² B 017.

12. Nous ne savons que peu de choses à son sujet. Il s'agit d'un plébéien, inscrit dans la tribu *Oufentina* vers 45 apr. J.-C., qui a suivi le *cursus honorum* : il débute comme questeur à Chypre, puis comme tribun de la plèbe sous Vespasien, avant d'accéder à la propréture en Gaule narbonnaise. Il devient ensuite légat de la *legio XIV Gemina* en 83, puis *legatus Augusti pro praetore* de la province

derniers travaux tendent à préférer l'anonymat [13]. En revanche, on s'accorde aujourd'hui pour dater l'œuvre du principat de Néron [14]. Si l'*Iliade latine* semble alors avoir assez peu circulé, elle a connu un succès certain à l'époque médiévale. Elle a fait partie d'un ensemble de textes, parmi lesquels l'*Éphéméride de la guerre de Troie* de Dictys de Crète et l'*Histoire de la destruction de Troie* de Darès le Phrygien, grâce auxquels la légende troyenne s'est fait connaître au Moyen Âge, alors que le grec n'était plus maîtrisé en Occident. Ces deux textes du IVe siècle de notre ère [15] sont des traductions latines d'originaux grecs qui dateraient de la seconde moitié du Ier siècle apr. J.-C. Elles posent des questions similaires vis-à-vis de la matière homérique qu'elles manipulent [16].

Il n'est pas simple de définir l'*Iliade latine* : résumé, abrégé, épitomé, paraphrase, traduction… Tous ces termes peuvent être utilisés pour évoquer ce texte, sans pour autant lui rendre justice, surtout s'ils sont employés indépendamment les uns des autres, ou sans définition claire [17]. Or, l'acception du terme « résumé » n'est pas nécessairement évidente. Le *Trésor de la Langue Française* le définit comme une « présentation abrégée, orale ou écrite, qui rend compte de l'essentiel ». Nous pouvons dès lors relever la difficulté, dans le cadre d'une démarche littéraire, de distinguer l'essentiel de ce qui ne l'est pas ; peut-être est-ce là l'un des éléments qui ont concouru à l'image négative que l'on s'est faite de l'*Ilias Latina*, à qui l'on reproche régulièrement le manque de constance dans l'abrégement des divers chants iliadiques, certains étant largement développés quand d'autres ne sont qu'à peine esquissés [18]. L'on attend d'un résumé qu'il soit fidèle à l'original [19] : c'est, de ce point de vue, considérer que l'*Iliade latine* fait subir des pertes par rapport à son modèle. Ne serait-il pas plus intéressant

---

de Lycie-Pamphylie entre 84 ou 85 et 87, avant de parvenir au consulat en 90. Nous ne disposons d'aucune information à son sujet après cette date. Voir Scaffai 1997 (*op. cit.* n° 1), p. 18.

13. Voir G. Fry, *Récits inédits sur la guerre de Troie*, Paris, 1998, p. 16 ; cf. M. J. Falcone et C. Schubert, « Introduction », dans M. J. Falcone et C. Schubert (dir.), Ilias Latina : *Text, Interpretation and Reception*, Leiden, 2021, p. 4-5.

14. Se référer à la synthèse de Marco Scaffai : Scaffai 1997 (*op. cit.* n° 1), p. 20-29. Voir également E. Courtney, « The Dating of the *Ilias Latina* », *Prometheus*, 27, 2001, p. 149-152, ainsi que Falcone et Schubert 2021 (*op. cit.* n° 13), p. 3-4.

15. S. Diop, « L'image troyenne et sa fonction narrative chez Darès de Phrygie et Dictys de Crète », dans M. Fartzoff *et al.* (dir.), *Reconstruire Troie. Permanence et renaissances d'une cité emblématique*, 2009, Besançon, p. 121-128.

16. Voir par exemple E. Poppe, « Personal Names and an Insular Tradition of Pseudo-Dares », *Ériu*, 53, 2003, p. 53-59 ; G. Bretzigheimer, « Dares Phrygius: Transformationen des Trojanischen Kriegs », *RhM*, 152, 2009, p. 63-95.

17. Marco Scaffai, dans son édition, la caractérise régulièrement d'*epitome* sans vraiment questionner cette définition. Les écarts qu'il identifie vis-à-vis du texte homérique lui semblent, la plupart du temps, relever davantage de la maladresse ou de la contrainte métrique que d'une recherche poétique originale.

18. Fry 1998 (*op. cit.* n° 13), p. 19-20.

19. Voir I. Boehm et D. Vallat, « Introduction », dans I. Boehm et D. Vallat (dir.), *Epitome : abréger les textes antiques. Actes du colloque international de Lyon, 3-5 mai 2017*, Lyon, 2020, p. 10.

de considérer que la forme qu'elle adopte est le résultat de choix, et de s'interroger sur ces choix opérés par le poète latin pour transposer le récit de la guerre de Troie sous une forme brève, destinée à être lue par des Romains du Ier siècle apr. J.-C. ? Si l'on tente de définir le résumé antique d'une manière un peu plus satisfaisante que ce que l'on peut lire dans le *Trésor de la Langue Française*, nous pouvons relever que, par sa forme même, celui-ci n'est pas facile à définir, car il existe des usages très divers, qui vont du résumé par sélection d'extraits au sommaire, en passant par l'argument voire par la paraphrase [20]. « Il n'existe en vérité aucune définition précise de l'épitomé antique, qui ne semble jamais avoir existé comme genre […]. [L']épitomé ne renvoie pas à une formule particulière de lecture, de rédaction, de composition ou, de manière générale, de récriture, mais strictement à un produit littéraire qui présente pour caractéristique principale et peut-être unique d'être quantitativement *plus courte* que l'œuvre qu'il signale comme son modèle. Stylistiquement, méthodiquement, les *epitomai* ne constituent pas une catégorie homogène. En vérité, ce terme ne désigne donc pas une "opération", mais un "produit" que l'on peut appeler simplement "version courte". L'auteur s'engage simplement à réduire. »[21]. L'inadéquation de cette définition avec l'*Iliade latine* est patente : il paraît en effet difficile de conserver une définition qui fait aussitôt émerger des problèmes de fidélité vis-à-vis du modèle grec, lesquels ne trouvent alors d'autre explication que la faible valeur poétique de son auteur. Il faudrait peut-être plutôt, comme Gérard Fry, réfuter cette caractérisation : « [p]our juger correctement de la présence homérique dans l'*Iliade latine*, il faut se démettre du jugement selon lequel celle-ci est un résumé. »[22]. Précisément, l'*Ilias Latina* ne relève pas de cette dernière catégorie : il ne s'agit pas d'une traduction d'extraits de l'*Iliade* ; chaque chant de l'original ne subit pas le même traitement, si bien que ce n'est pas un résumé – dans son acception classique – généralisé de l'œuvre grecque, mais bien le résultat d'une opération de sélection et de récriture qui prétend malgré tout préserver la logique générale du poème homérique. Nous pouvons alors nous interroger sur la manière dont cette opération de sélection se manifeste dans l'emploi que l'auteur fait des noms propres.

Ces noms propres peuvent être classés en plusieurs catégories : les anthroponymes, les patronymes, les ethnonymes, les théonymes, les personnifications et les toponymes. Leur étude nous permettra de questionner l'écart qui peut exister entre le modèle grec et l'imitation latine. Quels sont les personnages du texte source qui sont nommés, ou au contraire délaissés ? Comment sont-ils nommés, et qu'est-ce que cela peut nous apprendre au sujet de leur identité ? Quelles caractéristiques du texte peuvent-ils nous permettre d'identifier ?

---

20. Voir Boehm et Vallat 2020 (*op. cit.* n° 19), p. 9-13.
21. A. Zucker, « Qu'est-ce qu'épitomiser ? Étude des pratiques dans la *Syllogé* zoologique byzantine », *Rursus*, 7, 2012, § 13-15.
22. Fry 1998 (*op. cit.* n° 13), p. 18-19. Cf. S. Green, « Ilias Latina », dans Tim Whitmarsh (dir.), *Oxford Classical Dictionary 5* [Online]. URL : https://doi.org/10.1093/acrefore/9780199381135.013.3256

Le chant II, et plus précisément la partie consacrée à la présentation des forces en présence (v. 167-251), réunit une grande partie des noms propres de l'*Iliade latine*, c'est-à-dire presque la moitié d'entre eux [23]. Il s'agit donc d'un passage particulièrement intéressant à analyser, qui met en évidence certaines des caractéristiques de l'*Ilias Latina*. Pour cela, une comparaison avec le catalogue de l'*Iliade* est nécessaire [24]. Voici, pour chacune des deux œuvres, les noms mentionnés dans leur ordre d'apparition [25] :

Iliade	Ilias Latina
Catalogue des vaisseaux grecs	
Pénéléos	Pénéléos
Léite	Léite
Arcésilas	Arcésilas
Prothoénor	Prothoénor
Clonios	Clonios
Ascalaphe	Agamemnon
Ialmène	Ménélas
Schédios	Agapénor
Épistrophe	Nestor
Ajax (fils d'Oïlée)	Schédios
Éléphénor	Épistrophe
Ménestée	Polypoetès
Ajax (fils de Télamon)	Léontée
Diomède	Sthénélos
Sthénélos	Euryale
Euryale	Diomède
Agamemnon	Ascalaphe
Ménélas	Ialmène
Nestor	Ajax (fils d'Oïlée)
Agapénor	Eurypyle
Amphimaque	Achille
Thalpios	Phidippe
Diorès	Antiphe
Polyxène	**Teucer**
Mégês	Tlépolème

---

23. Les vers 167 à 251 font apparaître cent noms propres sur les deux cents trente-cinq que compte l'œuvre, dont soixante-seize anthroponymes sur un total de cent quarante-neuf.

24. *Iliade*, 2, 494-759 et 816-877.

25. Je signale en gras les personnages qui n'apparaissent pas dans l'autre texte. Ainsi, Teucer est cité dans l'*Ilias Latina* mais non dans l'*Iliade*.

Ulysse	Eumèle
Thoas	Prothoos
Idoménée	Éléphénor
Mérion	Mégês
Tlépolème	Thoas
Nirée	Ulysse
Phidippe	Ajax (fils de Télamon)
Antiphe	Gounée
Achille	Idoménée
Protésilas	Mérion
Podarcès	Ménesthée
Eumèle	Amphimaque
Philoctète	Thalpios
Médon	Polyxène
Podalire	Diorès
Machaon	Protésilas
Eurypyle	Podarcès
Polypoetès	Philoctète
Léontée	Podalire
Gounée	Machaon
Prothoos	

Catalogue des armées troyennes

Hector	Hector
Énée	**Pâris**
Archéloque	**Déiphobe**
Acamas (fils d'Anténor)	**Hélénos**
Pandare	**Politès**
Adreste	Énée
Amphios	Archéloque
Asios	Acamas (fils d'Anténor)
Hippothoos	Pandare
Pylée	Glaucos
Acamas (fils d'Eussore)	Amphios
Piroos	Adraste
Euphème	Asios
Pyraechmès	Pylée
Pylémène	Amphimaque
Odios	Nastès
Épistrophe	Odios
Chromis	Épistrophe

Ennome	Euphème
Phorcys	Pyraechmès
Ascagne	Mesthlès
Mesthlès	Antiphe
Antiphe	Hippothoos
Nastès	Acamas (fils d'Eussore)
Amphimaque	Piroos
Glaucos	Chromis
	Ennome
	Phorcys
	Ascagne
	Sarpédon
	Corèbe

Nous pouvons commencer par relever l'importante fidélité de l'*Iliade latine* au modèle homérique : à l'ordre près, tous les personnages cités dans l'*Iliade* apparaissent dans le poème latin, à l'exception de trois d'entre eux – Nirée et Médon pour le camp grec, Pylémène pour le camp troyen. L'omission de Médon n'a rien pour nous étonner dans la mesure où il ne dirige ses troupes qu'en remplacement de Philoctète, dans l'attente de son retour[26]. En revanche, l'omission du nom de Nirée, remplacé par Teucer[27], personnage qui n'apparaît pas dans le catalogue homérique, a suscité de plus amples discussions. Marco Scaffai[28] ainsi que Gérard Fry[29] semblent favoriser l'hypothèse de l'erreur – erreur non pas des manuscrits, *Nireus* étant « *un nomine semplice [...], ben testimoniato in tutte le posteriori opere di storia troiana, come Dictys 1,17* »[30], mais de l'auteur, qui aurait confondu Nirée avec Teucer. Cela nous semble difficile à soutenir, d'une part parce que Teucer, demi-frère d'Ajax le Grand, ne présente guère de caractéristiques pouvant porter à confusion avec Nirée[31], d'autre part parce

---

26. Philoctète, blessé, a été abandonné par les Grecs à Lemnos : voir *Iliade*, 2, 716-725. Médon a pris la tête de ses troupes, mais il est présenté en *Iliade*, 13, 693-700 comme le chef des Phtiens, aux côtés de Podarcès.
27. *Ilias Latina*, v. 195 : *et tribus assumptis ratibus secat aequora Teucer*.
28. Scaffai 1997 (*op. cit.* n° 1), p. 243.
29. Fry 1998 (*op. cit.* n° 13), p. 293 (note n° 35).
30. Scaffai 1997 (*op. cit.* n° 1), p. 243.
31. Il est présenté comme le plus beau des Grecs après Achille (Νιρεύς, ὅς κάλλιστος ἀνὴρ ὑπὸ Ἴλιον ἦλθε τῶν ἄλλων Δαναῶν μετ' ἀμύμονα Πηλεΐωνα·), mais commandant trop peu de nefs pour soutenir la comparaison avec le Péléide (*Iliade*, 2, 671-675). De fait, Nirée introduit une certaine dissonance au sein du catalogue des vaisseaux : il est doté d'un attribut qui est le propre des héros, la beauté, mais qui n'est pas accompagné de la valeur guerrière. Il n'apparaîtra d'ailleurs plus dans le reste de l'épopée. Teucer, en revanche, est un archer de grande valeur, estimé d'Agamemnon (voir *Iliade*, 8, 278-299), et fils de Télamon : de fait, ce personnage s'illustre aussi par son lignage.

que certains passages de l'*Iliade latine,* notamment les premiers vers [32], laissent penser que l'auteur connaissait fort bien l'*Iliade,* et qu'il avait eu très certainement accès à un exemplaire du texte grec. Il paraît donc délicat d'imaginer que la mention d'Ajax fils de Télamon trois vers plus loin ait pu conduire le poète à confondre Nirée et Teucer, et substituer, en amont, le nom du premier par celui du second : il s'agirait davantage d'un mécanisme de copie que de composition ; or, comme l'a justement souligné Marco Scaffai, la corruption de *Nireus* en *Teucer* est peu probable, que ce soit sur le plan paléographique [33] ou par un processus psychologique d'interversion [34]. Par conséquent, nous pouvons raisonnablement penser que l'apparition du nom Teucer ne relève pas de l'accident – non pas que cela ne puisse être justifiable, mais plutôt que la complexité des explications nécessaires pour le justifier nous conduise à le penser moins probable –, et qu'elle est au contraire parfaitement intentionnelle. De fait, le poète latin ne s'interdit pas quelques variations vis-à-vis du modèle homérique, comme nous allons le voir dans le catalogue des armées

---

32. Ces vers sont une traduction presque parfaite du texte grec : *Iram pande mihi Pelidae, Diua, superbi / Tristia quae miseris iniecit funera Grais / Atque animas fortes heroum tradidit Orco / Latrantumque dedit rostris uolucrumque trahendos / Illorum exsangues, inhumatis ossibus, artus. / Confiebat enim summi sententia regis, / protulerant ex quo discordia pectora pugnas, / Sceptriger Atrides et bello clarus Achilles. / Quis deus hos ira tristi contendere iussit ? / Latonae et magni proles Iouis.* (« Expose-moi l'ire du fier Péléide, Déesse, les tristes funérailles dans lesquelles elle a plongé les Grecs infortunés, et les âmes courageuses des héros qu'elle a apportées à Orcus, ainsi que les corps exsangues, qui n'ont pas reçu de sépulture, qu'elle a livrés à la gueule des chiens et au bec des oiseaux pour que ceux-ci les déchiquètent. C'est ainsi que s'est accomplie la sentence du très grand Jupiter, à cause duquel des cœurs hostiles l'un à l'autre avaient suscité des combats, l'Atride porteur du sceptre et Achille illustre à la guerre. Quel dieu les obligea à combattre à cause d'une colère funeste ? C'est le fils de Latone et du grand Jupiter. », *Ilias Latina,* v. 1-10. Texte de Scaffai 1997 (*op. cit.* n. 1), et traduction personnelle). Μῆνιν ἄειδε θεὰ Πηληϊάδεω Ἀχιλῆος / οὐλομένην, ἣ μυρί' Ἀχαιοῖς ἄλγε' ἔθηκε, / πολλὰς δ' ἰφθίμους ψυχὰς Ἄϊδι προΐαψεν / ἡρώων, αὐτοὺς δὲ ἑλώρια τεῦχε κύνεσσιν / οἰωνοῖσί τε πᾶσι· Διὸς δ' ἐτελείετο βουλή, / ἐξ οὗ δὴ τὰ πρῶτα διαστήτην ἐρίσαντε / Ἀτρεΐδης τε ἄναξ ἀνδρῶν καὶ δῖος Ἀχιλλεύς. / Τίς τ' ἄρ σφωε θεῶν ἔριδι ξυνέηκε μάχεσθαι ; / Λητοῦς καὶ Διὸς υἱός· («Chante, déesse, la funeste colère d'Achille fils de Pélée, qui pour les Achéens a rendu innombrables les souffrances, précipita les nombreuses âmes fortes de héros chez Hadès, et en fit la proie de tous les chiens et de tous les charognards, et la volonté de Zeus s'accomplissait, à partir du moment où, précisément, se sont querellés l'Atride, protecteur de ses hommes, et le divin Achille. » *Iliade,* 1, 1-9. Texte de Paul Mazon et traduction personnelle : Homère, *Iliade, Chants I-VI,* P. Mazon (éd.), CUF, Paris, 1937.

33. Il pourrait certes s'agir du remplacement de *Nireus* par un nom propre en *-cer,* par anticipation de la clausule du vers suivant : *Tlepolemusque nouem Rhodius, quos uiribus acer* (v. 196). *Nireus* et *Teucer* possèdent en effet une séquence *-eus/-euc-* proche sur le plan paléographique. Il convient néanmoins de rappeler que *Teucer* n'apparaît pas dans les vers 1 à 195, ni même dans les vers qui suivent le passage qui nous intéresse : il ne s'agit pas du remplacement d'un nom par un autre ayant déjà été copié par le scribe, et donc plus familier. Il convient donc de souligner la complexité des explications nécessaires pour justifier le mécanisme de corruption qui pourrait être à l'œuvre ici.

34. Dans les manuscrits, les corruptions des noms propres sont régulièrement dues à un phénomène de banalisation croissante conduisant le copiste à remplacer un nom par un autre, plus familier, qu'il ait été déjà copié plus tôt, ou qu'il appartienne à la propre culture du copiste : voir L. Havet, *Manuel de critique verbale appliquée aux textes latins,* Paris, 1911, § 867-872, p. 206.

troyennes. Il a pu, dans le vers qui nous occupe, vouloir substituer à un personnage d'importance modérée un personnage occupant une plus grande place dans l'économie du récit épique : Teucer, l'un des meilleurs archers grecs[35]. Ce personnage apparaît chez plusieurs auteurs du cycle troyen, notamment lors du fameux épisode du cheval de Troie, où il fait partie des guerriers qui se sont introduits à l'intérieur de l'ouvrage[36]. Nous pouvons remarquer qu'il acquiert, dans l'*Iliade latine*, un statut légèrement différent de celui qu'il occupe dans l'*Iliade*, puisque c'est grâce à lui qu'Ajax et Hector cessent leur affrontement du chant VIII. Dans l'*Iliade*, c'est la tombée de la nuit qui met fin au combat, tandis que dans le poème latin, c'est la mention du lien de sang qui unit Teucer, Ajax et Hector. Cette scène permet par ailleurs au poète d'évoquer Hésione[37], dont la place dans le conflit peut être rapprochée de celle d'Hélène. Hésione permet de replacer le conflit dans un ensemble plus vaste en rappelant la première chute de Troie, laquelle préfigure l'*Ilioupersis*[38]. En un certain sens, Teucer et sa mère permettent d'introduire dans l'*Iliade latine* la notion de guerre civile, un sujet qui importe aux Romains du Ier siècle apr. J.-C.[39] : la guerre de Troie n'est pas seulement une guerre qui oppose deux peuples, qui oppose

---

35. Voir *Iliade*, 8, 264-291.

36. Voir Quintus de Smyrne, *Posthomerica*, 12, 322 et Tryphiodore, *La prise de Troie*, v. 170. En revanche Virgile ne fait qu'évoquer ce personnage (Verg. *Aen.* 1, 619), exilé par son père à son retour de Troie pour être revenu sans son frère Ajax. Il ne faut pas le confondre avec son homonyme Teucer fils du Scamandre et premier roi de Troade, dont les Troyens tirent le surnom de Teucriens (voir M. Delepierre, « Énée en Crète », *RN*, 14, 1972, p. 7-9).

37. Qui est donc mère de Teucer mais aussi tante d'Hector. Hésione n'est pas mentionnée par Homère, le récit provient du pseudo-Apollodore (*La Bibliothèque*, 2, 5, 9). Ce mythe était bien connu au Ier siècle après J.-C., grâce à l'iconographie (voir par exemple la fresque couvrant les murs du triclinium de la maison de D. Octavius Quarto, à Pompéi) ainsi qu'à la littérature (notamment Ov. *Met.* 11, 200-220).

38. Cf. P. Logié, « L'oubli d'Hésione ou le fatal aveuglement », *MA*, 108, 2, 2002, p. 235-252. Au sujet de ce mythe, voir aussi É. Prioux et C. Pouzadoux, « Entre histoires de familles et histoire universelle : liens générationnels, parentés et mariages dans la représentation de la trame temporelle entourant le conflit troyen », *Aitia* [Online], 4, 2014, § 12-14. URL : http://journals.openedition.org/aitia/923

39. Ainsi que le souligne Paul Jal, « [t]out au long de ce siècle, le "sujet" de la guerre civile est "dans l'air". » (P. Jal, *La guerre civile à Rome. Étude littéraire et morale*, Paris, 1963, p. 63). Ce thème reste particulièrement important pour les *docti* du Ier siècle (voir Jal 1963, p. 78-79), néanmoins « [i]l est évident que nous sommes là dans un milieu et à une époque où l'on a oublié pratiquement le caractère atroce des grandes guerres civiles de la fin de la République ; celles-ci ne sont plus envisagées désormais que comme un "beau sujet poétique". » (Jal 1963, p. 271). Rappelons également que la guerre civile de 49 avait été comparée à une nouvelle guerre de Troie et que les acteurs de cette guerre, notamment Cicéron, se sont identifiés aux héros de l'*Iliade* : « Ce qui s'annonce est une telle *Iliade* de malheurs ! », écrit-il à son ami Atticus. Plus qu'à un affrontement entre Troyens et Grecs, l'affrontement qui se prépare est identifiable à ses yeux au second conflit au cœur de l'*Iliade* : celui entre Agamemnon et Achille, deux héros appartenant au même camp, dont l'affrontement va avoir pour les Grecs des conséquences désastreuses. » (B. Cuny-Le Callet, « Cicéron, héros d'une autre guerre de Troie : l'épopée tragique de la fin de la République romaine », B. Cuny-Le Callet et É. Le Corre (dir.), *Les colloques, Représentations et réinterprétations de la guerre*

des hôtes[40], c'est une guerre qui oppose des membres d'une même nation, voire d'une même famille[41]. Par conséquent, l'auteur de l'épopée latine a pu choisir d'insérer le nom de Teucer dans le catalogue plutôt que de l'introduire pour la première fois, trop brutalement peut-être, aux vers 670 et suivants.

Un autre nom manque à l'appel parmi les Troyens : il s'agit de Pylémène. Cette absence s'explique sans doute par les difficultés métriques posées par ce nom[42], qui n'apparaît nulle part dans l'*Iliade latine* – au v. 519, c'est la périphrase *Paphlagonum ductor* qui est employée. Comme nous allons le voir, le poète procède déjà à des ajouts dans cette partie du texte qui expliquent certainement qu'il n'ait pas voulu l'alourdir de vers supplémentaires. À la place de Pylémène, nous avons donc Corèbe ; là aussi, nous ne pensons pas qu'il s'agisse d'un accident et suivons Gérard Fry dans son analyse. Il s'agit certainement d'un désir de variation à l'égard du modèle homérique qui permet d'introduire une référence empruntée à la culture posthomérique : Corèbe apparaît chez Virgile[43], Ovide[44] ou encore Stace[45]. Aux personnages cités par Homère s'ajoutent encore Pâris, Déiphobe, Hélénos et Politès. Ce dernier n'apparaît pas à proprement parler dans le catalogue homérique des armées troyennes, mais c'est sous ses traits que la divine Iris vient aux Troyens pour leur enjoindre de former leurs rangs et de se mettre en marche ; c'est son discours qui introduit le catalogue lui-même[46]. Dans le cas de Politès, il s'agit donc d'un transfert. Quant à Pâris, Déiphobe et Hélénos, il s'agit des fils de Priam qui ont un véritable rôle dans le cadre de l'épopée, outre Hector. Le catalogue troyen de l'*Iliade latine* commence donc par cinq des Priamides, alors qu'Homère n'en citait qu'un : cela permet de compenser un peu la sensation de déséquilibre entre les deux camps – chez Homère, les catalogues citent 46 chefs grecs pour 27 chefs troyens, quand on compte 45 chefs grecs pour 31 chefs troyens dans l'*Iliade latine* –, et notamment de mentionner Pâris, un personnage majeur.

Nous relevons ainsi quelques rares changements dans les forces en présence. En revanche, l'ordre dans lequel celles-ci sont mentionnées diffère sensiblement du texte homérique. Gérard Fry propose d'y voir un « besoin de tourner

---

de Troie dans la littérature et la pensée occidentales, Fabula. Colloques en ligne, 2016, § 24). Cicéron s'identifie entre autres à Achille, Hector, et Ulysse : voir le développement de Blandine Cuny-Le Callet.

40. Pensons à l'affrontement entre Diomède et Glaucos, mentionné en *Iliade*, 6, 119-236 et en *Iliade latine*, v. 551-563.

41. Nous pouvons songer à Achille et Agamemnon, ainsi qu'aux différents conflits qui agitent l'Olympe. Teucer évoque de fait la notion de συγγένεια entre Grecs et Troyens : voir Prioux et Pouzadoux 2004 (*op. cit.* n. 38).

42. Pȳlaemĕnēs est un mot diiambique, et ne peut donc entrer dans la composition d'un hexamètre dactylique. En grec, Πυλαιμένεος (brève – longue – brève – brève – brève) ne pose pas ce problème, la brève finale pouvant s'allonger, ce qui est bien le cas en *Iliade*, 2, 851.

43. Verg., *Aen.* 2, 339-429.
44. Ov., *Ib.* 575-576.
45. Stat., *Theb.* 3, 605-619.
46. *Iliade*, 2, 786-815.

les difficultés métriques, notamment, mais pas uniquement [...], posées par la présence de chiffres », lesquels « ont conduit le poète à regrouper les héros qui ont amené le même nombre de vaisseaux »[47]. L'idée est intéressante, et il va sans dire que le poète a dû faire face à la difficulté posée par la brièveté, rendue plus pointue par les conventions métriques[48] ; néanmoins, aucun obstacle métrique ne s'opposait à une structure permettant de rester plus proche du modèle homérique, si telle avait été l'intention de l'auteur – par exemple en déplaçant le bloc formé par les vers 171-178 après le vers 192, ce qui donnerait :

Iliade	*Ilias Latina*
Catalogue des vaisseaux grecs	
Pénéléos	Pénéléos
Léite	Léite
Arcésilas	Arcésilas
Prothoénor	Prothoénor
Clonios	Clonios
Ascalaphe	---
Ialmène	Schédios
Schédios	Épistrophe
Épistrophe	Polypoetès
Ajax (fils d'Oïlée)	Léontée
Éléphénor	Sthénélos
Ménestée	Euryale
Ajax (fils de Télamon)	Diomède
Diomède	Ascalaphe
Sthénélos	Ialmène
Euryale	Ajax (fils d'Oïlée)
Agamemnon	Eurypyle
Ménélas	Achille
Nestor	**Agamemnon**
Agapénor	**Ménélas**
Amphimaque	Agapénor
Thalpios [...]	**Nestor**
	Phidippe [...]

---

47. Fry 1998 (*op. cit.* n. 13), p. 293 (note n° 40).

48. Cela demande de respecter la structure de l'hexamètre dactylique, mais aussi les accents des mots, tout en faisant figurer l'ensemble des informations à mettre en présence, autrement dit le nom des personnages et le nombre de vaisseaux qu'ils commandent.

N'y aurait-il pas une raison supplémentaire qui aurait pu présider à une telle organisation ? Si, chez Homère, la logique qui régit l'organisation du catalogue est géographique, il semblerait qu'il y ait dans l'*Iliade latine* la volonté de mentionner les personnages importants – pour le nombre de nefs qu'ils dirigent, mais aussi du point de vue de l'action générale – en tête du catalogue, autant que le permet la métrique : Agamemnon, Ménélas, Agapénor et Nestor du côté grec, Hector, Pâris et Énée du côté troyen. Il convient d'être prudent vis-à-vis d'une telle idée, car les deux Ajax, Achille, Mérion, Ulysse ou encore Sarpédon auraient également pu prétendre, de ce point de vue, à apparaître en tête de catalogue, et il semble difficile de définir à quel point l'ordre établi repose sur le pur obstacle métrique.

Pour clore la question des noms propres dans le catalogue des vaisseaux, attardons-nous sur la question des toponymes. Il s'agit peut-être de la plus grande différence qui existe entre les deux textes : chez Homère, les toponymes sont pléthore, dans l'*Iliade latine*, ils sont réduits à presque rien. Cela est saisissant, et il suffit de citer les premiers vers du catalogue pour s'en apercevoir pleinement :

> Βοιωτῶν μὲν Πηνέλεως καὶ Λήϊτος ἦρχον
> Ἀρκεσίλαός τε Προθοήνωρ τε Κλονίος τε,
> οἵ θ' Ὑρίην ἐνέμοντο καὶ Αὐλίδα πετρήεσσαν
> Σχοῖνόν τε Σκῶλόν τε πολύκνημόν τ' Ἐτεωνόν,
> Θέσπειαν Γραῖάν τε καὶ εὐρύχορον Μυκαλησσόν,
> οἵ τ' ἀμφ' Ἅρμ' ἐνέμοντο καὶ Εἰλέσιον καὶ Ἐρυθράς,
> οἵ τ' Ἐλεῶν' εἶχον ἠδ' Ὕλην καὶ Πετεῶνα,
> Ὠκαλέην Μεδεῶνά τ' ἐϋκτίμενον πτολίεθρον,
> Κώπας Εὔτρησίν τε πολυτρήρωνά τε Θίσβην,
> οἵ τε Κορώνειαν καὶ ποιήενθ' Ἁλίαρτον,
> οἵ τε Πλάταιαν ἔχον ἠδ' οἳ Γλισᾶντ' ἐνέμοντο,
> οἵ θ' Ὑποθήβας εἶχον ἐϋκτίμενον πτολίεθρον,
> Ὀγχηστόν θ' ἱερὸν Ποσιδήϊον ἀγλαὸν ἄλσος,
> οἵτε πολυστάφυλον Ἄρνην ἔχον, οἵ τε Μίδειαν
> Νῖσάν τε ζαθέην Ἀνθηδόνα τ' ἐσχατόωσαν·
> τῶν μὲν πεντήκοντα νέες κίον, ἐν δὲ ἑκάστῃ
> κοῦροι Βοιωτῶν ἑκατὸν καὶ εἴκοσι βαῖνον.

« Pénéléos et Léite menaient les Béotiens, ainsi qu'Arcésilas, Prothoénor et Clonios, et ceux qui habitaient Hyrie et Aulis la rocheuse, Schène, Scole, et Étéone la montagneuse, Thespie, Grée, et la vaste Mycalesse, ceux qui habitaient la région d'Harme, d'Ilésie et d'Erythres, ceux qui résidaient à Éléon, ainsi qu'à Hylé et à Pétéon, à Ocalée et Médéon, cité bien bâtie, à Copes, Eutrésis, et Thisbé aux mille colombes, ceux de Coronée et de la verdoyante Haliarte, ceux qui résidaient à Platée, ainsi que ceux qui habitaient Glisas, ceux qui résidaient à

Hypothèbe, cité bien bâtie, et à la sainte Onchestre, la splendide cité vouée à Poséidon, ceux qui résidaient à Arné aux multiples vignes, ceux de Midée, de la divine Nise et d'Anthédon, tout au bout du pays. Cinquante navires leur appartenant voguaient, et sur chacun d'eux, cent vingt jeunes guerriers béotiens se trouvaient à bord. »[49]

Peneleos princeps et bello Leitus acer
Arcesilaus atrox Prothoenorque Cloniusque
Boeoti decies quinas egere carinas
et tumidos ualido pulsarunt remige fluctus

« Pénéléos, en tête, et Léite le rude guerrier, l'implacable Arcésilas, Prothoénor, et Clonios, originaires de Béotie, menèrent chacun dix fois cinq navires et, grâce aux rameurs vigoureux, ont frappé les flots impétueux. »[50]

Les toponymes ont donc disparu du catalogue de l'*Iliade latine*, et même du poème dans son entier, puisque l'on n'en dénombre que onze : un port, *Aulis* (v. 147), trois régions, *Elis* (v. 212), *Graecia* (v. 172 et 983) et *Phrygia* (v. 661 et 727), une île, *Euboea* (v. 200), une montagne, *Ida* (v. 654), deux lieux divins, *Olympus* (v. 107, 108 et 345) et *Tartara* (v. 448), ainsi que trois noms de ville, *Ilion* (v. 153 et 1056), *Pergama* (v. 164) et *Troia* (v. 137, 250, 253, 338, 645, 704, 719, 727, 900, et 1016). On peut immédiatement relever que, dans ce dernier cas, les trois noms désignent le même lieu, qui est aussi le siège de l'action ; il s'agit donc d'occurrences qui ne désignent pas une origine, contrairement aux autres toponymes. D'autre part, deux de ces toponymes – *Olympus* et *Tartara* – sont de nature mythologique, ils ne relèvent donc pas de la même culture. Cela nous permet aussitôt de remarquer que les noms de lieux conservés dans l'*Iliade latine* ont une forte résonance littéraire[51]. Cette catégorie ne représente que 4,68 % des noms propres de l'*Iliade latine*, soit 3,78 % de toutes les occurrences. Ce chiffre[52] est porté à 26,20 % des noms propres dans l'*Iliade*, pour 10,03 % des occurrences : la différence est frappante[53]. Il y a malgré tout une vingtaine

---

49. *Iliade*, 2, 494-510 : texte de Paul Mazon (*op. cit.* n. 32) et traduction personnelle.
50. *Iliade latine*, v. 167-170 : texte de Scaffai 1997 (*op. cit.* n° 1) et traduction personnelle.
51. *Aulis*, lieu de l'embarquement des Grecs pour Troie, est régulièrement citée : Ov., *Met.* 12, 10 ; Ov., *Met.* 13, 182 ; Ov., *Ib.* 618 ; Ov., *Epist.* 13, 3 ; Verg., *Aen.* 4, 426. *Elis* est quant à elle mentionnée à plusieurs reprises par Ovide, que ce soit en rapport avec Troie (Ov., *Met.* 8, 308) ou dans d'autres contextes (discours d'Aréthuse : Ov., *Met.* 5, 494 ; discours d'Hercule mourant : Ov., *Met.* 9, 187). Elle est également nommée dans les *Commentaires sur la Guerre Civile* avec l'anecdote de la statue de Minerve, le jour de la victoire de César à Pharsale (Caes., *Civ.* 3, 105, 3). Le mont Ida, enfin, est un lieu porteur de nombreux récits mythologiques (voir par exemple Catull. 63 ; Verg., *Aen.* 2, 696 ; Verg., *Aen.* 5, 252 ; Verg., *Aen.* 10, 252 ; Ov., *Met.* 4, 277 ; Ov., *Met.* 11, 763 ; Hor., *Carm.* 3, 20, 15).
52. Voir annexe.
53. Ce phénomène ne se retrouve pas dans les autres catalogues issus des épopées latines : si nous ne retrouvons pas la même opulence de toponymes que celle de l'*Iliade*, Virgile (Verg., *Aen.* 7,

d'adjectifs qui expriment une origine géographique dans les catalogues des v. 167-251, mais toutes les listes de noms de villes et de lacs présents dans ceux de l'*Iliade* ont été abandonnées. À nos yeux, ces listes permettaient de rendre la diversité et le nombre des soldats montés à bord de chaque nef ou accompagnant les princes troyens ; dans le poème latin, il en ressort une plus grande unité des deux camps, autour de la figure de leurs chefs. Ainsi, Pénéléos, Léite, Arcésilas, Prothoénor et Clonios sont originaires de Béotie, et l'adjectif seul permet d'établir une origine qui fait unité[54], à l'inverse de la liste proposée dans l'*Iliade*. Cela nous semble éclairer, en un sens, la manière différente dont se définissent Grecs et Romains. Lorsque Pierre Lévêque évoque le catalogue des vaisseaux de l'*Iliade*, il relève que « [l]a Grèce y apparaît comme morcelée en un certain nombre de principautés. L'énumération commence par la Grèce centrale, continue par l'Eubée, Athènes, Salamine ; puis vient le Péloponnèse avec les deux royaumes argiens de Diomède et d'Agamemnon, Lacédémone, Pylos, l'Arcadie, l'Élide ; puis les îles Ioniennes et l'Étolie ; puis la Crète et les îles de l'Égée ; enfin la Grèce du Nord. »[55] : il paraît peu probable qu'il ait réellement existé la pensée d'une identité grecque à cette époque, constituée par une unité politique, une unité linguistique, et une unité territoriale[56]. Les différents chefs du camp achéen sont ici des alliés venus de cités différentes. De ce point de vue, l'origine géographique et l'origine paternelle[57] sont les deux

---

641-817 et 10, 163-214), Stace (Stat. *Theb*. 4, 32-304), Valérius Flaccus (Val. Fl. 6, 42-172) ou encore Silius Italicus (Sil. 3, 231-405) n'oublient pas non plus de rappeler l'origine des combattants présents. Le catalogue de l'*Achilléide* (Stat. *Ach*. 1, 406-459) est même un catalogue de cités. Le choix opéré dans l'*Ilias Latina* est donc différent. En effet, la structure de base du catalogue des vaisseaux, structure reprise par beaucoup de poètes épiques, est mise en évidence par Mark W. Edwards : « *This entry (Il. 2. 645-52) contains the usual information about where the people lived, who their leader was, and how many ships he brought, preceded by a line giving the name of the whole nation.* » (M. W. Edwards, « The structure of Homeric Catalogues », *TAPhA*, 110, 1980, p. 83). Le premier élément mentionné par Mark W. Edwards n'est pas présent dans le catalogue de l'*Ilias Latina*, seul le nom du peuple apparaît, permettant d'identifier l'origine des différents groupes venus combattre à Troie. Cf. C. R. Beye, « Homeric Battle Narrative and Catalogues », *HSPh*, 68, 1964, p. 346. Ainsi, si chez Valérius Flaccus l'emploi des toponymes permet de proposer « un voyage exotique au lecteur » et, chez Silius, une « mise en valeur du passé italique » (M. Mahé-Simon, « Traits de romanisation de l'épopée grecque chez Valérius Flaccus », dans A. Bonadeo, A. Canobbio et F. Gasti (dir.), *Filellenismo e identità romana in età flavia*, Pavie, 2011, p. 103-104), leur absence dans l'*Ilias Latina* déplace l'intérêt sur les ethnonymes.

54. Énumérer les toponymes présents dans l'*Iliade* pourrait également être perçu comme une preuve d'érudition, qui ne correspond pas à la démarche d'abréviation et de vulgarisation de l'*Ilias Latina*. De plus, l'érudition en matière de géographie grecque de la part des lecteurs destinataires de l'*Ilias Latina* ne justifiait peut-être pas la mention des villes listées dans l'*Iliade*.

55. P. Lévêque, *L'aventure grecque*, Paris, 1997, p. 47.

56. À ce sujet, voir L. Batista Rodrigues Leite, *Usages antiques et modernes des discours en catalogue : autour du Catalogue des vaisseaux de l'*Iliade, thèse de doctorat, Université Panthéon-Sorbonne, 2015, p. 218-225. Cf. J. Hadas-Lebel, « Enquête sur le nom latin des Grecs et de la Grèce », *RPh*, 86, 1, 2021, p. 53-75.

57. « Inscrire son nom et éventuellement d'autres composantes de son identité sur une offrande, c'est se faire connaître et rendre visible ce que l'on souhaite présenter de soi à la communauté

éléments qui permettent aux personnages de l'*Iliade* de se définir. L'origine ethnographique reste en revanche importante dans l'*Iliade latine* : s'il y a peu de diversité au sein des ethnonymes – ils sont au nombre de quatorze, soit 5,95 % des noms propres présents dans l'œuvre –, leurs occurrences sont nombreuses : on en dénombre cent seize, soit 19,05 % de toutes les occurrences de noms propres. L'*Iliade latine* met en effet davantage l'accent sur la notion de peuple que sur l'origine géographique, ce qui permet peut-être d'éclairer la définition de l'identité telle qu'elle était conçue par les Romains au Ier siècle de notre ère – nous proposons d'identifier trois facettes de cette identité : une identité collective, qui relève du patriotisme [58] et mise en évidence par les ethnonymes, une identité singulière, mise en évidence par les anthroponymes, et une identité que nous pourrions appeler familiale, qui relève de la filiation et qu'il faut relier à la *gens*, mise en évidence par les patronymes [59]. Ces derniers sont au nombre de 17 pour 59 occurrences, soit 7,23 % des noms propres pour 9,69 % des occurrences totales, ce qui signifie qu'un nom propre sur dix présent dans le texte est un patronyme, ce qui n'est pas négligeable [60] – et cela sans compter toutes les constructions du type *Euhaemone natus* (v. 190). Les personnages majeurs du poème sont d'ailleurs désignés par plusieurs noms qui sont autant de manières de dessiner leur identité, comme hommes, comme fils, ou comme représentants de leur peuple. Par exemple, Agamemnon est nommé par son anthroponyme, *Agamemnon*, deux patronymes, *Plisthenides* et *Atrides*, et comme *dux Achiuum*. Attribuer un patronyme à un personnage lui confère une certaine importance, en le replaçant dans une lignée généalogique suffisamment illustre pour que son nom soit conservé et transmis, et que son histoire se déroule

---

des hommes comme aux divinités. [...] La parenté demeure un élément clé d'établissement de l'identité. » (L. Sot, « Proclamation et preuves d'identité dans les sanctuaires grecs à l'époque archaïque et au début de l'époque classique », dans R. Guicharrousse, P. Ismard, M. Vallet, A.-E. Veisse (dir.), *L'identification des personnes dans les mondes grecs*, Paris, 2019, p. 155-157), comme le souligne Ludovic Sot dans le cadre de son étude sur la proclamation de l'identité des dédicants dans les sanctuaires grecs de l'époque archaïque : à cette époque, exprimer l'identité d'une personne se fait avant tout par son nom et celui de son père.

58. L'*Énéide* témoigne assurément de ce sentiment national identitaire.

59. Il convient de rappeler que « [l]es citoyens romains sont dotés d'une nomenclature qui s'est constituée progressivement mais est fixée sous l'Empire ; ses éléments, qu'on appelle les *tria nomina* (trois noms) s'ordonnent ainsi : le *praenomen*, prénom ; le *nomen*, gentilice ; le *cognomen*, surnom ; l'élément central, le nom, est héréditaire, transmis par le père à ses enfants, quel que soit leur sexe ; ils le gardent toute leur vie, y compris les filles même une fois mariées. Cette communauté de nom définit la famille, la *gens* [...]. » (M. Dondin-Payre (dir.), *Les noms de personnes dans l'Empire romain. Transformations, adaptation, évolution*, Pessac, 2011, p. 15). Les *tria nomina* ne s'appliquent bien entendu pas aux personnages de l'*Ilias Latina*, mais l'usage des anthroponymes et des patronymes qui y est fait est l'écho de cette conception identitaire qu'ils reflètent, à la fois personnelle – grâce au *cognomen*, et dans une certaine mesure, le *praenomen* –, familiale – c'est le rôle du *nomen*.

60. Il convient malgré tout de manipuler ces chiffres avec prudence étant donné la petitesse de l'échantillon. Nous pouvons malgré tout mettre en évidence l'importance de la filiation au vu du nombre élevé de patronymes et de structures grammaticales exprimant un lien de parenté.

dans les mémoires à sa seule mention – désigner Hector comme *Priamides* et *Dardanides* permet en un mot de faire surgir le souvenir de la lignée troyenne fondée par Dardanos et dont Priam, Hector et Astyanax sont dépositaires. Il faut néanmoins rester pragmatique et se rappeler que les patronymes offrent également d'autres possibilités métriques pour des personnages régulièrement cités dans le texte.

Ainsi, un certain nombre de noms propres, notamment d'anthroponymes, sont absents de l'*Iliade latine*, mais cela est nécessairement induit par la taille réduite du poème. Des choix ont dû être opérés par l'auteur, si bien que beaucoup de personnages qui ne sont cités qu'une seule fois dans l'*Iliade* et dont le rôle est, semble-t-il, de mettre en valeur leur adversaire, n'ont pas été conservés dans la version latine. Il nous apparaît clairement qu'il ne s'agit pas d'un résumé, comme on le lit trop souvent, ou du moins n'est-il pas possible de se limiter à cette définition ; le catalogue des vaisseaux met en évidence un travail original de composition et un souci de *uariatio*. Dans l'*Iliade*, un certain nombre d'anthroponymes sont cités avec une visée illustrative, mettant en lumière la valeur guerrière de leur adversaire. Cet usage n'est pas absent de l'*Iliade latine*, mais il est fortement restreint : ce sont principalement les acteurs du conflit qui sont nommés, ce qui conduit l'épopée latine à équilibrer les mentions des deux camps, contrairement au poème homérique où l'on rencontre bien plus de noms troyens, qui sont pour beaucoup d'entre eux des occurrences uniques de victimes. Il s'agit là d'une originalité du texte latin, qui nous semble d'une certaine manière plus neutre dans le traitement des affrontements [61] que le récit homérique. Le poème est, sans surprise, fortement empreint de son modèle homérique, mais l'intertextualité ne se limite pas pour autant à Homère : l'influence de Virgile et d'Ovide, entre autres, est assez notable. Nous pouvons nous convaincre qu'au Ier siècle, époque à laquelle on lisait encore le grec, il n'y aurait pas eu de grand intérêt à traduire et résumer Homère – avec un risque assez élevé de produire une œuvre plus médiocre que l'original –, s'il n'y avait eu la volonté de proposer une vision particulière de la légende troyenne, une vision marquée par une époque et une culture différentes [62].

---

61. Nous n'irons pas jusqu'à affirmer que le poème présente une vision « *filo-troiana* », comme le mentionne Marco Scaffai (Scaffai 1997 [*op. cit.* n. 1], p. 60), du moins pas sans avoir mené auparavant une analyse fine de la manière dont sont caractérisés les héros des deux camps, et si ces caractéristiques diffèrent de celles qui apparaissent dans le texte source, ce que nous n'avons pas encore fait. Pour l'heure, nous préférons relever l'équité dans le traitement des deux camps que nous identifions grâce aux noms propres (voir annexes). Nous relevons également que la proportion des emplois patronymiques ne change en rien entre les deux œuvres.

62. De ce point de vue, le rapprochement avec la tragédie opéré par Gérard Fry nous semble intéressant (Fry 1998, [*op. cit.* n. 13] p. 22-24).

Il n'est assurément pas simple de définir l'*Iliade latine* : résumé, abrégé, épitomé, paraphrase[63], traduction… Afin d'en cerner un peu mieux l'identité, peut-être pourrions-nous le considérer comme le résultat de ce qui n'était peut-être à l'origine qu'un exercice rhétorique[64], permettant d'allier plusieurs techniques d'écriture et de composition – l'épitomisation, la paraphrase, la traduction –, et qui, n'étant pas indigne d'intérêt, a ensuite été utilisé à des fins scolaires. Seules les Muses pourraient nous en assurer, mais une certitude persiste : l'*Iliade latine* est un texte hybride réalisant plusieurs opérations complexes – traduire un poème du grec au latin en conservant la versification, et l'abréger en procédant par une sélection orientée des passages conservés[65] –, texte qui n'est assurément pas dépourvu d'intérêt une fois écarté le reproche de l'absence de fidélité vis-à-vis du texte homérique.

Amandine CHLAD
Université Grenoble Alpes
UMR n° 5316 Litt&Arts

---

63. « Dans une partie du traité des *Progymnasmata* de Théon conservée en arménien, on trouve un développement étendu sur la paraphrase (chap. 15) qui s'ouvre par les mots : "La paraphrase consiste à changer la formulation tout en gardant les mêmes pensées" (Patillon 1997b : 107-110). Mais l'auteur ajoute ensuite qu'il y a quatre modes de paraphrase : soit on garde les mêmes mots en changeant la *syntaxe* ; soit on *ajoute* d'autres mots ; soit on *enlève* des mots ; soit on *substitue* des mots. […] Il est intéressant de constater que la *paraphrasis* n'est pas nécessairement une amplification, et les Lexiques tardifs la définissent d'ailleurs plutôt comme une forme de sélection », A. Zucker, « Qu'est-ce qu'une paraphrasis ? L'enfance grecque de la paraphrase », *Rursus*, 6, 2011, § 23-24.

64. « La *paraphrasis*, συμφωνία ou κλοπή, est également un exercice de style préconisé à titre d'échauffement ou de préliminaire par les maîtres de rhétorique. Le précédent constitué par les poètes et les savants encourage le rhéteur Théon (Ier siècle apr. J.-C.) […] à faire l'éloge officiel de cette pratique pédagogique dans un passage éloquent (*Progymn.* 2.62.10-64.3 Spengel) […]. [E]n prolongeant une *paraphrasis* sur une œuvre entière, on obtient un nouveau texte complet qui est une transposition de l'original – voire une traduction –, qui se substitue à lui et s'impose comme un texte achevé qui devient indépendant. La vocation créatrice de la paraphrase va bien au-delà de l'usage mentionné précédemment, comme reformulation simplifiée et auxiliaire de la chrie. C'est ce statut "riche" de la *paraphrasis*, œuvre à part entière, que propose Quintilien : un exercice rhétorique devenant littérature. » (Zucker 2011 [*op. cit.* n° 63], § 16-20).

65. Contrairement à une abréviation par simple condensation du texte.

ANNEXE n° 1 – Chiffres clés pour l'*Iliade*

Ce relevé a été opéré grâce à The Chicago Homer, et chaque référence ainsi que son classement ont été vérifiés manuellement.

Catégorie	Nombre de noms propres	Occurrences
Anthroponymes	579	3 749
Anthroponymes troyens	299	1 460
Anthroponymes grecs	221	2 144
Anthroponymes autres	59	145
Patronymes	95	635
Patronymes troyens	35	98
Patronymes grecs	53	530
Patronymes autres	7	7
Ethnonymes	65	1 844
Dieux et divinités	90	1 679
Personnifications et créatures	30	78
Toponymes	305	890
TOTAL	1 164	8 875

Catégorie	Nombre de noms propres	Occurrences
Anthroponymes	49,74 %	42,24 %
Anthroponymes troyens	25,69 % (soit 51,64 % des anthroponymes)	16,45 % (soit 38,94 % des occ. d'anthroponymes)
Anthroponymes grecs	18,99 % (soit 38,17 % des anthroponymes)	24,16 % (soit 57,19 % des occ. d'anthroponymes)
Anthroponymes autres	5,07 % (soit 10,19 % des anthroponymes)	1,63 % (soit 3,87 % des occ. d'anthroponymes)
Patronymes	8,16 %	7,15 %
Patronymes troyens	3,01 % (soit 36,84 % des patronymes)	1,10 % (soit 15,43 % des occ. de patronymes)

Patronymes grecs	4,55 % (soit 55,79 % des patronymes)	5,97 % (soit 83,47 % des occ. de patronymes)
Patronymes autres	0,60 % (soit 7,37 % des patronymes)	0,08 % (soit 1,10 % des occ. de patronymes)
Ethnonymes	5,58 %	20,78 %
Dieux et divinités	7,73 %	18,92 %
Personnifications et créatures	2,58 %	0,88 %
Toponymes	26,20 %	10,03 %
TOTAL	100 %	100 %

ANNEXE n° 2 – Chiffres clés de l'*Ilias Latina*

Ce relevé a été effectué manuellement, à partir du texte édité par Marco Scaffai dans sa seconde édition.

Catégorie	Nombre de noms propres	Occurrences
Anthroponymes	149	316
Anthroponymes troyens	70	148
Anthroponymes grecs	72	153
Anthroponymes autres	7	15
Patronymes	17	59
Patronymes troyens	6	12
Patronymes grecs	10	46
Patronymes autres	1	1
Ethnonymes	14	116
Dieux et divinités	34	82
Personnifications et créatures	10	13
Toponymes	11	23
TOTAL	235	609

Catégorie	Nombre de noms propres	Occurrences
Anthroponymes	63,4 %	51,89 %
Anthroponymes troyens	29,79 % (soit 46,98 % des anthroponymes)	16,45 % (soit 46,84 % des occ. d'anthroponymes)
Anthroponymes grecs	30,63 % (soit 48,32 % des anthroponymes)	24,16 % (soit 48,42 % des occ. d'anthroponymes)
Anthroponymes autres	2,98 % (soit 4,70 % des anthroponymes)	1,63 % (soit 4,75 % des occ. d'anthroponymes)
Patronymes	7,23 %	9,69 %
Patronymes troyens	2,55 % (soit 35,29 % des patronymes)	1,97 % (soit 20,34 % des occ. de patronymes)

Patronymes grecs	4,26 % (soit 58,82 % des patronymes)	7,55 % (soit 77,97 % des occ. de patronymes)
Patronymes autres	0,43 % (soit 5,88 % des patronymes)	0,16 % (soit 1,69 % des occ. de patronymes)
Ethnonymes	5,95 %	19,05 %
Dieux et divinités	14,47 %	13,46 %
Personnifications et créatures	4,26 %	2,13 %
Toponymes	4,68 %	3,78 %
TOTAL	**100 %**	**100 %**

D'AMMONIUS À QALONYMOS :
LA TRANSMISSION D'UN ENSEIGNEMENT
NÉOPLATONICIEN SUR NICOMAQUE

Introduction

L'*Introduction arithmétique* a été composée par Nicomaque de Gerasa – également rendu en français sous les formes Gérasa et Gérase – entre la fin du Ier siècle et le début du IIe siècle de notre ère[1]. Elle fait partie des traités en usage dans les écoles néoplatoniciennes entre le IIIe et le VIe siècle, pour l'étude et l'enseignement de l'arithmétique notamment[2].

L'étude désormais bien connue de Gad Freudenthal et Tony Lévy[3], ainsi que les travaux menés par Mauro Zonta et Gad Freudenthal dans son sillage[4], ont mis en lumière les étapes de la transmission de l'*Introduction arithmétique* depuis sa réception en arabe au IXe siècle jusqu'à sa traduction hébraïque par Qalonymos ben Qalonymos au XIVe siècle[5]. Le texte est traduit à deux

---

1. Sur Nicomaque, voir B. Centrone, notice « Nicomaque de Gérasa », dans R. Goulet (dir.), *Dictionnaire des Philosophes antiques*, t. IV : *de Labéo à Ovidius*, Paris, 2005, p. 686-690.
2. I. Hadot, *Arts libéraux et philosophie dans la pensée antique. Contribution à l'histoire de l'éducation et de la culture dans l'Antiquité*, (Textes et traditions 11), Paris, (1984) ²2005, p. 439-443.
3. G. Freudenthal – T. Lévy, « De Gérase à Bagdad : Ibn Bahrīz, al-Kindī, et leur recension arabe de l'*Introduction arithmétique* de Nicomaque, d'après la version hébraïque de Qalonymos ben Qalonymos d'Arles », dans R. Morelon – A. Hasnawi (dir.), *De Zénon d'Élée à Poincaré : recueil d'études en hommage à Roshdi Rashed*, Louvain-Paris, 2004, p. 479-544.
4. G. Freudenthal – M. Zonta, « Remnants of Ḥabib Ibn Bahrīz's Arabic Translation of Nicomachus of Gerasa's *Introduction to Arithmetic* », dans Y. T. Langermann – J. Stern (dir.), *Adaptations and Innovations : Studies on the Interaction between Jewish and Islamic Thought and Literature from the Early Middle Ages to the Late Twentieth Century, Dedicated to Professor Joel L. Kramer*, (Collection de la Revue des Études Juives), Paris-Louvain-Dudley MA, 2007, p. 67-82 (désormais, Freudenthal-Zonta, 2007) ; M. Zonta – G. Freudenthal, « Nicomachus of Gerasa in Spain, Circa 1100: Abraham bar Ḥiyya's Testimony », *Aleph* 9, 2009, p. 189-224 (désormais, Zonta-Freudenthal, 2009) ; et, tout récemment, G. Freudenthal, « The Tribulations of the *Introduction to Arithmetic* from Greek to Hebrew via Syriac and Arabic : Nicomachus of Gerasa, Ḥabib Ibn Bahrīz, al-Kindī, and Qalonymos ben Qalonymos », dans I. Caiazzo – C. Macris – A. Robert (dir.), *Brill's Companion to the Reception of Pythagoras and Pythagoreanism in the Middle Ages and the Renaissance* (Brill's Companion to Classical Reception, 24), Leiden-Boston, 2021, p. 141-170.
5. Ces étapes sont par ailleurs présentées de manière synthétique par Gad Freudenthal dans sa notice intitulée « Nicomaque de Gérasa : L'*Introduction arithmétique* de Nicomaque de Gérase dans les traditions syriaque, arabe et hébraïque », dans R. Goulet (dir.), *Dictionnaire des Philosophes antiques*, t. IV : *de Labéo à Ovidius*, Paris, 2005, p. 690-694.

reprises en arabe, et en premier lieu par Ḥabīb Ibn Bahrīz, métropolite nestorien de Ḥarran, puis de Mossoul et de Ḥazza sous le nom d'"Abdīšū' au début du IXᵉ siècle[6]. Cette entreprise constitue le premier maillon de la chaîne de transmission à laquelle on s'intéressera. Elle est produite sur la base d'une traduction, perdue, du grec vers le syriaque[7].

Le texte de Ḥabīb ibn Bahrīz est amendé par l'érudit Abū Yūsuf Yaʿqūb ibn Isḥāq al-Kindī (mort en 870) dans le cadre de l'enseignement qu'il dispense[8]. Les modifications apportées par al-Kindī sont précédées de son nom[9], mais le texte a en réalité circulé sous deux formes différentes[10], puisque les cinq premiers chapitres de l'*Introduction arithmétique* sont perdus, puis reconstitués à la demande d'un lecteur, par un élève d'al-Kindī à partir de notes. Ces différentes étapes sont évoquées dans le prologue placé en tête de l'ensemble. Sous cette forme, il gagne l'Andalousie. Il est désormais perdu en arabe mais une nouvelle traduction, de l'arabe vers l'hébreu, nous permet d'en prendre connaissance. Elle est achevée en 1317 par Qalonymos ben Qalonymos, originaire d'Arles, et porte le titre de *Sefer ha-'aritmatiqa*[11]. En bien des endroits, le texte hébraïque s'écarte du texte grec. Le texte de Qalonymos se présente davantage comme une traduction libre avec des gloses que comme une traduction littérale de l'*Introduction arithmétique*[12]. Les différentes étapes de la transmission et le travail interprétatif d'al-Kindī sur le texte, ainsi que celui de restauration entrepris par son élève, permettent de l'expliquer.

La lecture des textes grecs permet de formuler une hypothèse complémentaire de cette interprétation, celle d'une transmission sous le nom de Nicomaque du contenu de l'enseignement néoplatonicien dispensé par Ammonius à Alexandrie au Vᵉ siècle de notre ère[13].

---

6. Sur l'activité de Ḥabīb Ibn Bahrīz comme traducteur, voir G. Troupeau, « ʿAbdīšūʿ Ibn Bahrīz et son livre sur les définitions de la logique (*Kitāb Ḥudūd al-manṭiq*) », dans D. Jacquart (dir.), *Les voies de la science grecque*, Genève, 1997, p. 135-145.

7. H. Hugonnard-Roche, « Mathématiques en syriaque », dans É. Villey (dir.), *Les sciences en syriaque*, (*Études syriaques* 11), Paris, 2014, p. 67-106.

8. M. Steinschneider, *Die arabischen Uebersetzungen aus dem Griechischen. 2, Mathematik*, (Leipzig, 1897), repr. Graz, 1960, p. 227-228.

9. Y. T. Langermann, « Studies in Medieval Hebrew Pythagoreanism. Translations and Notes to Nicomachus Arithmological Texts », *Micrologus*, IX, 2001, p. 219-236.

10. *Freudenthal-Zonta, 2007*.

11. M. Steinschneider, *Die hebraeischen Übersetzungen des Mittelalters*, Berlin, 1893, p. 517-518.

12. Les travaux de Mauro Zonta ont montré le caractère littéral des traductions de Qalonymos, de sorte que la dimension paraphrastique du texte hébraïque est le résultat d'une ou plusieurs étape(s) antérieure(s) de la transmission du traité de Nicomaque ; voir notamment Mauro Zonta, *La « Classificazione delle scienze » di al-Fârâbî nella tradizione ebraica*, Turin, 1992, p. XXXI-XXXVI.

13. Sur Ammonius, voir H. D. Saffrey, notice « Ammonios d'Alexandrie », dans R. Goulet (dir.), *Dictionnaire des Philosophes antiques*, t. I : Abam(mon) à Axiothéa, Paris, 1989, p. 168-169.

Pour pouvoir étudier la question, il convient d'abord d'identifier quelques traits caractéristiques de cet enseignement, car le cours d'Ammonius (*ca* 440 – *post* 517) sur l'*Introduction arithmétique* n'a pas été mis par écrit. Il ne nous est connu que par les commentaires d'Asclépius de Tralles et Jean Philopon, rédigés sur la base de notes d'étudiants ayant suivi son enseignement [14]. En outre, notre connaissance de ces textes n'est pas facilitée par les modalités de leur transmission en langue grecque, particulièrement prolifique à la période médiévale [15]. On distingue généralement pour chaque commentaire une recension ou version antique et une seconde, byzantine [16]. Les sources manuscrites révèlent une réalité plus complexe. Une étude récente a montré que le point de repère textuel pour identifier la recension byzantine du commentaire de Philopon est une scholie déjà attestée dans la tradition à une période plus ancienne [17]. La composition en paragraphes du livre I, établie par l'édition de Richard Hoche en 1864 [18], doit aussi être modifiée pour admettre un paragraphe supplémentaire [19]. C'est pourquoi on n'examinera ici que des passages dans lesquels on n'observe pas de grandes différences entre les commentaires

---

14. L. G. Westerink, « Deux commentaires sur Nicomaque : Asclépius et Jean Philopon », *Revue des études grecques*, 77, 1964, p. 526-535. Cependant, le détail des liens entre les commentaires d'Asclépius et de Philopon est encore sujet à discussion. Étienne Évrard constate ainsi que la proximité textuelle des deux commentaires ne constitue pas une preuve suffisante pour considérer qu'Asclépius ait été l'unique source de Philopon et pour écarter l'idée que Philopon ne disposait pas directement de notes de cours d'Ammonius ; voir É. Évrard, « Jean Philopon, son Commentaire sur Nicomaque et ses rapports avec Ammonius (à propos d'un article récent) », *Revue des études grecques*, 78, 1965, p. 592-598. Par ailleurs, l'éditeur du commentaire d'Asclépius, Leonardo Tarán, fait aussi valoir que le commentaire de Philopon transmet toujours un état textuel meilleur, ou moins problématique, que celui d'Asclépius ; voir Asclepius of Tralles, *Commentary to Nicomachus' Introduction to Arithmetic. Edited with an Introduction and Notes by Leonardo Tarán*, (Transactions of the American Philosophical Society 59.4), Philadelphie, 1969, *Introduction*, p. 5-19 (désormais, Asclépius, éd. Tarán). L'ensemble des positions est exposé par Giovanna R. Giardina dans son ouvrage intitulé *Giovanni Filopono matematico tra neopitagorismo e neoplatonismo. Commentario alla* Introduzione aritmetica *di Nicomaco di Gerasa. Introduzione, testo, traduzione e note*, (Symbolon 20), Catane, 1999, *Introduzione*, p. 53-60 (désormais, Philopon, tr. Giardina).

15. En annexe de sa thèse de doctorat, Wolfgang Haase a dressé une liste de près de 170 témoins transmettant les commentaires de Philopon et d'Asclépius à Nicomaque ou le traité de Jamblique édité sous le titre *In Nicomachi arithmeticam* : W. Haase, *Untersuchungen zu Nikomachos von Gerasa* (Dissertation... Eberhard-Karls-Universität), Tübingen, 1971 [réimpression Frankfurt am Main, 1982].

16. P. Tannery, « Rapport sur une mission en Italie », *Archives et Missions scientifiques et littéraires*, 3ᵉ série, t. XIV, Paris, 1888, p. 409-455 (repr. dans P. Tannery, *Mémoires scientifiques*, J.-L. Heiberg et H.-G. Zeuthen (éd.), t. I-XII, Paris-Toulouse, 1912 [repr. Paris, 1995], t. II, p. 269-331).

17. C. Hofstetter, « Différents aspects du corpus de scholies à Nicomaque de Gerasa », *Revue de philologie, de littérature et d'histoire anciennes*, 93-2, 2019, p. 111-137.

18. Ἰωάννου… τοῦ Φιλοπόνου εἰς τὸ πρῶτον τῆς Νικομάχου ἀριθμητικῆς εἰσαγωγῆς (*Philoponi ad Nicomachi introductionis arithmeticae librum primum scholia, primum edidit Ricardus Hoche*), Leipzig, 1864 (désormais, Philopon, éd. Hoche).

19. C. Hofstetter, « Traces de lectures érudites de l'*Introduction arithmétique* à Byzance : un aperçu de la diffusion du texte de Nicomaque sous les Paléologues », *Scriptorium*, 75.1, 2021, p. 173-200.

d'Asclépius et de Philopon, considérant que ce qui leur est commun est issu de leur source commune, l'enseignement d'Ammonius.

On entend par ailleurs compléter l'exploration de la question d'une diffusion de l'enseignement d'Ammonius en associant à cette étude un troisième texte de la fin de l'Antiquité au statut ambigu, l'*Institution arithmétique* de Boèce (*ca* 480 – *ca* 525). Bien que le traité se présente globalement comme une traduction de celui de Nicomaque, une étude a déjà mis en évidence que pour un chapitre, au moins, le texte latin de Boèce est plus proche du commentaire d'Asclépius que du traité de Nicomaque[20].

Cette étude repose sur un corpus constitué d'exemples sélectionnés à l'intérieur du texte de la version hébraïque – que l'on nommera désormais « version Ḥabīb-Kindī-Qalonymos » – par Mauro Zonta et Gad Freudenthal pour leur grande proximité avec l'*Introduction arithmétique*[21]. Pour ce qui est de la méthode, on procédera en deux temps. Premièrement, on comparera les passages chez les auteurs antiques, Philopon, Asclépius, Boèce et Nicomaque pour distinguer ce qui peut être associé à l'enseignement d'Ammonius. Puis, on confrontera ces éléments au texte de la version Ḥabīb-Kindī-Qalonymos dont la comparaison avec le texte de Nicomaque a déjà été menée par Mauro Zonta et Gad Freudenthal.

1. Sur une caractéristique des nombres

Au chapitre I,8,1 de l'*Introduction arithmétique*, Nicomaque définit comme caractéristique de chaque nombre le fait qu'il corresponde à la moitié de la somme de celui qui le précède et de celui qui le suit[22] :

Πᾶς ἀριθμὸς τῶν παρ' ἑκάτερα συντεθέντων ἅμα ἥμισύς ἐστι καὶ τῶν ὑπὲρ ἕνα ἑκατέρωθεν κειμένων ὁμοίως ἥμισύς ἐστι καὶ ἔτι τῶν ὑπὲρ ἐκείνους καὶ τοῦτο μέχρις οὗ δυνατόν.

Tout nombre est la moitié de la réunion des deux nombres qui l'entourent, et il est semblablement la moitié de la réunion de ceux qui sont distants de un de ces deux nombres, et encore de ceux qui viennent ensuite, et cela jusqu'où l'on peut[23].

---

20. J.-Y. Guillaumin, « La structure du chapitre I,4 de l'*Institution arithmétique* de Boèce et le cours d'Ammonios sur Nicomaque », *Revue d'histoire des sciences*, 47.2, 1997, p. 249-258.

21. Zonta-Freudenthal, 2009.

22. *Nicomachi geraseni pythagorei introductionis arithmeticae libri II*, recensuit Ricardus Hoche, Leipzig, 1866, p. 14 (désormais, Nicomaque, éd. Hoche).

23. Nicomaque de Gérase, *Introduction arithmétique. Introduction, traduction, notes et index* par Janine Bertier, (*Histoire des doctrines de l'antiquité classique* 2), Paris, 1978, p. 61 (désormais, Nicomaque, tr. Bertier).

1.1. Le critère de l'unité chez Philopon, Asclépius et Boèce

Dans le cas présent, les éditions des commentaires de Philopon (I,62) et d'Asclépius (I,57) ne présentent que des différences minimes mentionnées dans l'apparat critique. Chez les deux auteurs, chaque membre de phrase est en outre illustré par des exemples numériques que l'on a omis dans le tableau ci-dessous pour faciliter la comparaison entre les textes.

Philopon I,62 [24] – Asclépius I,57 [25]	Boèce I,7,1 [26]
πᾶς ἀριθμὸς τῶν παρ' ἑκατέρου συντεθέντων ἅμα ἥμισύς ἐστιν [...] οὐ μόνον δὲ τῶν παρ' ἑκατέρου συντιθεμένων ἥμισύς ἐστιν, ἀλλὰ καὶ τῶν ὑπὲρ ἕνα ἑκατέρωθεν [...] ἀλλὰ καὶ τῶν ἑκατέρωθεν τούτων [...] ὡσαύτως καὶ τῶν ἑκατέρωθεν τούτων [...] ἐπὶ μέντοι τῆς μονάδος οὐκέτι τοῦτο.	Omnis quoque numerus circum se positorum et naturali sibimet dispositione iunctorum medietas est; et qui super duos illos sunt qui medio iunguntur, si componantur, etiam ipsorum supradictus numerus media portio est; et rursus illorum qui sunt super secundo loco iunctos, cum ipsi quoque sint compositi, prior his numerus medietatis loco est; et hoc erit usquedum **occurrens unitas terminum ponat.**
1 ἑκατέρου P ἑκάτερα A ‖ 3-4 ἑκατέρου P ἑκάτερα A ‖ 4 ἐστιν P εὑρίσκεται A	

Une première différence entre les textes de Nicomaque et de Boèce d'une part, et les commentaires de Philopon et d'Asclépius apparaît d'emblée. Chez Boèce (I,7,1) comme chez Nicomaque (I,8,1), le raisonnement est moins développé. Les deux auteurs n'envisagent que trois cas de figures :
– un nombre est la moitié de la somme de ceux qui l'entourent (rang $n+1$);
– ce même nombre correspond aussi à la moitié de la somme des nombres qui entourent chacun de ces derniers (au rang $n+2$),
– ainsi qu'à la moitié de la somme des nombres du rang suivant encore (soit $n+3$).

Philopon et Asclépius prennent en considération également le rang suivant ($n+4$), avant de généraliser la règle. Ce lien plus étroit entre les deux commentaires peut être mis en relation avec leur source commune, l'enseignement d'Ammonius à Alexandrie.

---

24. Philopon, éd. Hoche, p. 14-15. Le texte grec est également accessible dans le volume de Giovanna Giardina qui réunit en outre une traduction italienne et des notes au commentaire de Philopon ; voir Philopon, tr. Giardina, p. 125-126.
25. Asclépius, éd. Tarán, p. 33.
26. Boèce, *Institution arithmétique, texte établi et traduit par* Jean-Yves Guillaumin, Paris, (1995) ²2002, p. 15 (désormais, Boèce, éd. Guillaumin).

Un second point attire l'attention. Tandis qu'on lit dans l'*Introduction arithmétique* que la règle selon laquelle un nombre constitue la moitié de la somme de ceux qui l'entourent se vérifie μέχρις οὗ δυνατόν, les commentaires de Philopon et d'Asclépius sont plus précis. Cela n'est plus valable pour la monade ou unité : ἐπὶ μέντοι τῆς μονάδος οὐκέτι τοῦτο. Or on trouve une indication similaire chez Boèce lorsqu'il écrit que la règle énoncée par Nicomaque se vérifie « jusqu'à ce que l'unité y mette un terme » (*usquedum occurrens unitas terminum ponat*). Sur ce point, le texte de Boèce s'écarte de celui de Nicomaque. Le partage de cette précision met donc en évidence un autre lien, par ailleurs, entre les textes d'Asclépius, de Philopon et de Boèce.

Il désigne aussi l'énoncé de la limite à la règle énoncée par Nicomaque comme un autre élément issu de l'enseignement d'Ammonius[27].

1.2. Le passage dans la version Ḥabīb-Kindī-Qalonymos

Pour l'examen de la version hébraïque, on adopte la traduction anglaise et la démarche mise en œuvre par Mauro Zonta et Gad Freudenthal, considérant que comparer des textes composés dans des langues avec des tours syntaxiques trop dissemblables ne peut que faire obstacle à la mise en évidence d'un même contenu. Il est peu aisé de reconnaître des groupes de mots ou des propositions en se fondant d'une part sur un texte en langue moderne – la traduction anglaise de la version Ḥabīb-Kindī-Qalonymos – et d'autre part sur des textes latin et grec, dans lesquels l'ordre des mots peut obéir à une règle syntaxique qui n'existe pas en anglais. C'est peut-être pour contourner cet écueil que Mauro Zonta et Gad Freudenthal ont précisément choisi de comparer des traductions anglaises des textes grec et hébraïques, et peut-être aussi pour permettre à un lectorat non bilingue de prendre connaissance du contenu des passages également présentés en langue originale à la fin de leur étude. Pour lire ceux de Philopon, d'Asclépius et de Boèce, on pourra se reporter au tableau ci-dessous. Les textes grecs de Philopon et d'Asclépius sont édités de manière similaire, de sorte qu'on ne propose qu'une traduction de Philopon dans le tableau suivant pour ne pas en compliquer la lecture.

---

27. Cet élément n'apparaît pas non plus dans le passage qui commente ce paragraphe de l'*Introduction arithmétique* chez Jamblique : Jamblique, *In Nicomachi arithmeticam*. N. Vinel (éd.), Mathematica graeca antiqua 3, Pise-Rome, 2014, II 30, p. 83 (désormais, Jamblique, éd. Vinel).

Ḥabīb-Kindī-Qalonymos [28]	Philopon I,62	Boèce I,7,1 [29]
[1] Every number is half of its two "sides" [2] when they are added.	Tout nombre est la moitié de la somme des deux nombres qui l'entourent ;	Tout nombre est aussi la moitié de la somme de ceux qui l'entourent dans la série naturelle ;
[3] I.e., when the [number] greater than that number by one and the [number] less than it by one [4] are added. [5] Similarly it [= every number] is half of the "sides" of its sides",	Or il n'est pas seulement la moitié des nombres qui l'entourent lorsqu'ils sont additionnés, mais aussi de ceux qui entourent un de ces deux nombres [...]	et si l'on additionne ceux qui sont au-delà des deux nombres joints par le moyen terme, le nombre susdit est encore la moitié de la somme de ces nombres ;
[6] and also half of what comes next, when what is deficient on one of the two "sides" is equal to what is in excess on the other.	et aussi de ceux qui entourent chacun de ceux-là [...]	de même, si l'on additionne ceux qui sont au-delà des nombres joints du second rang, le premier nombre occupe encore par rapport à eux la place de moyen terme ;
[7] And it goes on until the deficiency in the smaller "side" **reaches unity, which it cannot go past.**	de même que de ceux qui entourent encore chacun de ceux-là [...] assurément, **cela ne se vérifie plus lorsqu'on arrive à l'unité.**	et cela sera vrai **jusqu'à ce que l'apparition de l'unité y mette un terme.**

Le contenu de la ligne 3 est bien plus étoffé dans la version Ḥabīb-Kindī-Qalonymos que chez Nicomaque. Il semble gloser le début de la phrase grecque (πᾶς ἀριθμὸς τῶν παρ' ἑκάτερα συντεθέντων ἅμα ἡμισύς ἐστι) en le répétant. Rien de tel n'est observable chez Boèce dont le texte reste assez proche de celui de Nicomaque. En revanche, dans les commentaires grecs de Philopon (I,62) et d'Asclépius (I,57), le début du texte de Nicomaque est aussi répété de manière à introduire la suite du propos.

Par ailleurs, le contenu de la ligne 6 dans la version Ḥabīb-Kindī-Qalonymos, absent chez Nicomaque, paraît également trouver une correspondance dans le texte de Philopon, et par conséquent aussi d'Asclépius. Cela pourrait indiquer une apparition à la fin de l'Antiquité.

Pour ce qui est des exemples, Philopon et Asclépius envisagent le cas de figure des nombres à quatre rangs d'intervalle ($n+4$) du nombre de départ. Dans la version Ḥabīb-Kindī-Qalonymos en revanche, on ne trouve que trois exemples (rang $n+3$), comme dans les textes de Nicomaque et de Boèce.

---

28. Zonta-Freudenthal, 2009, p. 196-197.
29. Boèce, éd. et tr. Guillaumin, p. 15.

À la ligne 7, l'unité apparaît aussi dans la version Ḥabīb-Kindī-Qalonymos comme la limite à l'application de la définition qui vient d'être donnée, ce qui suggère un lien plus étroit avec les trois textes d'époque néoplatonicienne – Philopon, Asclépius et Boèce – qu'avec le traité de Nicomaque.

2. Le cas particulier de l'unité

Dans ce second exemple qui correspond au paragraphe suivant dans le traité de Nicomaque (*Introduction arithmétique* I,8,2), il est question de la singularité de l'unité[30] :

> Μονωτάτη δὲ ἡ μονὰς διὰ τὸ μὴ ἔχειν ἑκατέρωθεν αὐτὴν δύο ἀριθμοὺς ἑνὸς μόνου τοῦ παρακειμένου ἥμισύς ἐστιν· ἀρχὴ ἄρα πάντων φυσικὴ ἡ μονάς.

> Absolument seule l'unité, parce qu'elle ne possède pas de nombre de part et d'autre d'elle-même, n'est la moitié que du seul nombre situé à côté d'elle. L'unité est donc l'origine naturelle de tous les nombres[31].

2.1. Le passage chez Philopon, Asclépius et Boèce

Chez Philopon (I,62) et Asclépius (I,57), les deux paragraphes de l'*Introduction arithmétique* (I,8,1 et I,8,2) qui correspondent à nos deux exemples sont commentés sans solution de continuité. On reconnaît au début du texte la dernière phrase dont il vient d'être question.

Philopon I,62[32] – Asclépius I,57[33]	Boèce I,7,3-6[34]
ἐπὶ μέντοι τῆς μονάδος οὐκέτι τοῦτο, ἀλλὰ τοῦ μετ' αὐτὴν ἀριθμοῦ, ὅ ἐστι τῶν β', **ἥμισυς γίνεται**· οὐδένα δὲ ἔχει πρὸ αὐτῆς, ἵνα [τοῦ] ἐκ τῆς τῶν ἑκατέρωθεν συνθέσεως γένηται ἡμίσεια· ὥστε δέδεικται, ὡς οὐδένα ἀριθμὸν ἔχει πρὸ αὐτῆς, ἀλλὰ φύσει ἀρχή ἐστιν ἡ μονὰς καὶ ἀδιαίρετος.	3. *Sola enim unitas circum se duos terminos non habet, atque ideo eius qui est propre se solius est medietas.* 4. *Nam iuxta I solus est binarius naturaliter constitutus,* **cuius unitas media pars est.** 5. *Quare constat primam esse unitatem cunctorum qui sunt in naturali dispositione numerorum.* 6. *et eam rite totius quamuis prolixae genitricem pluralitatis agnosci.*
4-5 [τοῦ] ἐκ τῆς τῶν P ἐκ τῆς A ‖ 5 ἑκατέρωθεν P ἑκατέρων A	

---

30. Nicomaque, éd. Hoche, p. 14.
31. Nicomaque, tr. Bertier, p. 61.
32. Philopon, éd. Hoche, p. 15 ; Philopon, tr. Giardina, p. 126.
33. Asclépius, éd. Tarán, p. 33-34.
34. Boèce, éd. Guillaumin, p. 16.

Plusieurs paragraphes de l'*Institution arithmétique* (I,7,3-6) de Boèce peuvent être associés au passage de Nicomaque. On reconnaît dans les paragraphes I,7,3 et I,7,5 chez Boèce une traduction pour ainsi dire littérale du texte grec de l'*Introduction arithmétique*.

En revanche, le paragraphe I,7,4 de Boèce comprend un élément qui n'est lisible que dans les commentaires de Philopon et d'Asclépius, et qui n'apparaît pas chez Nicomaque : l'unité correspond à la moitié du nombre 2. Cette indication (ὅ ἐστι τῶν β', ἥμισυς γίνεται) paraît être transcrite à l'identique chez Boèce sous la forme *cuius unitas media pars est*. Le partage de cette précision suggère, comme dans l'exemple précédent, un lien entre le traité de Boèce et le contexte général dans lequel sont produits les commentaires de Philopon et d'Asclépius, un milieu d'étude néoplatonicien [35].

Les derniers paragraphes (I,7,5-6) de Boèce offrent deux lectures complémentaires du terme grec ἀρχή que Nicomaque emploie lorsqu'il déclare : ἀρχὴ ἄρα πάντων φυσικὴ ἡ μονάς. La tournure est concise et la double signification du mot ἀρχή, à la fois « origine » et « principe », permet de comprendre le texte de deux manières. Le propos du paragraphe précédent – chaque nombre est la demi-somme de ceux qui l'entourent – incite à penser que Nicomaque désigne l'unité comme l'origine plutôt que comme le principe de tous les nombres. Le passage chez Philopon et Asclépius est presque aussi sibyllin. L'unité est décrite comme φύσει ἀρχή […] καὶ ἀδιαίρετος. L'unité est donc également indivisible. Chez Boèce, on lit en latin la transcription de cette double interprétation possible du mot ἀρχή comme « origine » (*primam esse unitatem cunctorum... numerorum*) et « principe » (*totius quamuis prolixae genetricem pluralitatis*). Le sens d'« origine » induit l'idée que l'unité se trouve au commencement de tous les nombres (Boèce I,7,5), tandis que celui de « principe » renvoie à une notion de causalité (Boèce I,7,6).

Si rien n'interdit de penser que le propos revêt déjà une double signification chez Nicomaque, les deux emplois en latin permettent de penser que si ce n'était pas le cas, cela le devient de manière certaine à l'époque de Boèce [36]. L'existence de cette seconde interprétation, bien que difficile à dater avec certitude [37], apparaît néanmoins durant l'Antiquité.

---

35. L'unité comme « moitié de la seule dyade » apparaît déjà dans l'*In Nicomachi Arithmeticam* de Jamblique (II, 31, éd. Vinel, p. 83). L'idée est cependant rapidement nuancée aux paragraphes suivants, lorsque Jamblique introduit le concept du « rien », l'équivalent de notre zéro : « l'unité est aussi la demi-somme des deux termes qui l'entourent, la dyade et le rien » (II, 33, éd. Vinel, p. 83), texte grec : ἐν τῷ τῶν ἑκατέρωθεν ἅμα ἡμίσειαν εἶναι καὶ τὴν μονάδα δυάδος καὶ τοῦ οὐδέν […].

36. Janine Bertier traduit ἀρχή chez Nicomaque par « origine » (Nicomaque, tr. Bertier, p. 61), tandis que Giovanna Giardina l'a rendu par « *principio* » en traduisant Philopon (Philopon, tr. Giardina, p. 295).

37. Il ne semble pas y avoir de correspondance dans le texte de Jamblique sur ce point.

2.2. Le passage dans la version Ḥabīb-Kindī-Qalonymos

Ḥabīb-Kindī-Qalonymos [38]	Philopon I,62	Boèce I,7,3-6 [39]
[1] Unity	cela ne se vérifie plus lorsqu'on arrive à l'unité, **mais elle est la moitié du nombre après elle, c'est-à-dire de 2.**	En effet, l'unité est seule
[2] adjoins only the smallest number, namely two.		
[3] And since it [unity] is not a number having two "sides",	Elle n'en possède aucun avant elle en sorte qu'elle soit la moitié de la somme de ceux qui l'entourent ;	à ne pas avoir autour d'elle deux termes
[5] **it is the half of its single "side"**,		et c'est pourquoi elle est la moitié du nombre qui est à côté d'elle et de lui seul.
[6] i.e. **the half of two,**		Car à côté de 1, seul se trouve établi par nature **le nombre 2, dont l'unité est la moitié.**
[7] for two results from its doubling.		
[9] It has thus been explained that unity is the cause of the increase in the number [lit. the cause of the number when it grows].	comme on l'a montré, elle ne possède aucun nombre avant elle, mais l'unité est par nature origine et indivisible.	C'est pourquoi il est certain que l'unité est en tête de la suite naturelle des nombres ; et elle est reconnue à juste titre comme celle qui engendre la multiplicité tout entière, si étendue qu'elle soit.

Le texte de la version Ḥabīb-Kindī-Qalonymos est plus précis que celui de Nicomaque. Alors que Nicomaque se contente de dire que l'unité est la moitié du seul nombre situé à côté d'elle, ce nombre, 2, est indiqué (ligne 2), ce qui possède une correspondance chez Philopon, et Asclépius comme on l'a vu plus haut. Dans le début du texte (lignes 1-3), on retrouve l'organisation générale du texte des deux commentaires grecs.

Pour la suite, la comparaison avec l'ordre du texte de Boèce paraît plus convaincante. À la ligne 5, on trouve l'ajout dont il vient d'être question, transmis en réalité à la fois par Asclépius, Philopon et Boèce, selon un agencement différent néanmoins : l'unité est la moitié de deux. Le nombre 2 apparaît à deux reprises dans la version Ḥabīb-Kindī-Qalonymos.

---

38. Zonta-Freudenthal, 2009, p. 198-199.
39. Boèce, tr. Guillaumin, p. 16.

À la ligne 9, l'unité présentée est comme « cause of the increase in the number ». La notion de causalité reprend l'interprétation proposée par Boèce (I,7,6).

Si la comparaison des trois textes n'offre pas de correspondance exacte, en revanche la quasi-totalité du contenu des commentaires grecs et du texte latin de Boèce se trouve dans la version Ḥabīb-Kindī-Qalonymos. On observe aussi qu'elle transmet les deux éléments d'exégèse que l'on a identifiés comme des caractéristiques de l'enseignement d'Ammonius sur Nicomaque.

3. Les subdivisions du nombre pair

Nicomaque définit trois subdivisions du nombre pair au chapitre I,8,3 de l'*Introduction arithmétique*[40] :

> καθ' ὑποδιαίρεσιν δὲ τοῦ ἀρτίου τὸ μὲν ἀρτιάκις ἄρτιον, τὸ δὲ περισσάρτιον, τὸ δὲ ἀρτιοπέριττον· ἐναντία μὲν ἀλλήλοις ὥσπερ ἀκρότητες τὸ ἀρτιάκις ἄρτιον καὶ τὸ ἀρτιοπέρισσον, κοινὸν δὲ ἀμφοτέρων ὥσπερ μεσότης τὸ περισσάρτιον.

La subdivision du pair donne : le pairement pair, l'impair-pair, le pair-impair. Le pairement pair et le pair-impair sont contraires l'un à l'autre comme des extrêmes, et l'impair-pair est commun à tous deux comme leur milieu[41].

3.1. Les trois espèces du pair chez Philopon, Asclépius et Boèce

Philopon I,63[42] – Asclépius I,58[43]	Boèce I,8[44]
[...] καὶ λέγει ὅτι τοῦ μὲν ἀρτίου γ' εἰσὶν εἴδη, τὸ ἀρτιάκις ἄρτιον καὶ τὸ περισσάρτιον καὶ τὸ ἀρτιοπέρισσον· ἀρτιοπέρισσον P ἀρτιοπέριττον A	*Paris autem numeri* **species sunt tres**. *Est enim una quae dicitur pariter par, alia uero pariter impar, tertia impariter par. Et contraria quidem locumque obtinentia summitatum uidentur esse pariter par et pariter impar. Medietas autem quaedam, quae utrorumque participat, est numerus qui uocatur impariter par.*

On trouve chez Boèce des éléments présents dans l'*Introduction arithmétique* comme ἐναντία μὲν ἀλλήλοις ὥσπερ ἀκρότητες dont la formule latine

---

40. Nicomaque, éd. Hoche, p. 14-15.
41. Nicomaque, tr. Bertier, p. 61.
42. Philopon, éd. Hoche, p. 15 ; Philopon, tr. Giardina, p. 126.
43. Asclépius, éd. Tarán, p. 34.
44. Boèce, éd. Guillaumin, p. 16.

contraria quidem locumque obtinentia summitatum paraît être une traduction fidèle. La formulation est plus ramassée chez Philopon et Asclépius. On lit seulement la liste des trois subdivisions du nombre pair.

Cependant, Nicomaque ne qualifie pas ces subdivisions par une dénomination précise dans le passage. Chez Philopon et Asclépius, elles sont nommées « espèces », εἴδη. Or c'est à ce terme que semble correspondre le mot latin *species* employé par Boèce. La première phrase chez Boèce (*Paris autem numeri species sunt tres*) restitue exactement ce que l'on lit en grec chez Philopon et Asclépius : τοῦ μὲν ἀρτίου γ′ εἰσὶν εἴδη, « Il existe trois espèces de nombres pairs ».

L'absence de cette indication chez Nicomaque illustre, ici encore, la proximité immédiate du texte de Boèce avec la source des commentaires de Philopon et Asclépius, autrement dit l'enseignement d'Ammonius[45], de sorte que la phrase d'introduction, commune à Philopon, Asclépius et Boèce, apparaît comme l'une de ses composantes.

3.2. Le passage dans la version Ḥabīb-Kindī-Qalonymos

Ḥabīb-Kindī-Qalonymos[46]	Philopon I,63	Boèce I,8[47]
[1] An even number is divided [2] *into three parts*. [3] One is the even-times-even; the second is the even-times-odd; and the third is the even-times-even-times-odd. [4] Consequently, the first two parts, namely the even-times-even and the even-times-odd, [5] are distinguished inasmuch as the even and the odd are distinguished by definition. [6] The third part, [7] which is the even-times-even-odd [lit. and odd], is the mean of the two ends.	Il dit que, du pair, il existe trois espèces, le pairement pair, l'impair-pair et le pair-impair.	Le nombre pair comprend trois espèces. L'une est celle que l'on appelle le pairement pair, une autre le pairement impair, la troisième l'impairement pair. Le pairement pair et le pairement impair apparaissent comme des contraires, jouant le rôle des extrêmes. Une sorte de moyen terme, qui participe de l'un et de l'autre, est le nombre appelé impairement pair.

---

45. Le passage correspondant chez Jamblique n'inclut pas non plus le terme εἶδος (Jamblique II 53, éd. Vinel, p. 86), même si celui-ci apparaît par la suite chez Jamblique comme chez Nicomaque.
46. Zonta-Freudenthal, 2009, p. 201-202.
47. Boèce, éd. Guillaumin, p. 16.

Trois éléments sont remarquables si l'on compare à présent avec l'état du texte transmis par la version Ḥabīb-Kindī-Qalonymos. La version hébraïque est bien plus longue que le commentaire de Philopon et semble, par son ampleur, plus proche de l'état du texte de Boèce.

Comme les textes de Philopon, d'Asclépius et de Boèce, le passage commence dans la version Ḥabīb-Kindī-Qalonymos par un chapeau introductif qui énonce une subdivision du nombre pair répartie en trois catégories. Elles sont nommées « parties » (*parts*) (ligne 2). L'organisation générale du propos est similaire à celle qui est partagée par Asclépius, Philopon et Boèce, ce qui incite à se demander si le terme « partie » chez Qalonymos, relativement inattendu, ne pourrait pas être le résultat d'un processus de traductions du grec εἶδος que l'on lit chez Philopon et Asclépius. Dans ce cas, le début du passage met en lumière une transmission dans la version Ḥabīb-Kindī-Qalonymos d'éléments d'étude et d'explication du traité de Nicomaque que l'on peut placer à la fin de l'Antiquité dans un milieu néoplatonicien.

Par ailleurs, la dernière catégorie du nombre pair est qualifiée de « mean of the two ends » (ligne 7), ce qui semble constitue un écho à « la sorte de moyen terme » que Boèce évoque (*medietas autem quaedam*) et qui n'est pas très éloigné non plus de l'idée de milieu (ὥσπερ μεσότης) déjà présentée par Nicomaque, mais absente des textes de Philopon et d'Asclépius.

4. Les nombres seconds et composés, mais premiers entre eux

Notre troisième exemple est lié au chapitre I,13,1 de l'*Introduction arithmétique*, dans lequel Nicomaque présente la troisième espèce du nombre impair[48] :

> [...] τοῦ περισσοῦ τρίτον ἀνὰ μέσον τι θεωρεῖται οἱονεὶ ἐξ ἀμφοτέρων εἰδοποιούμενον τὸ καθ' αὑτὸ μὲν δεύτερον καὶ σύνθετον, πρὸς ἄλλο δὲ πρῶτον καὶ ἀσύνθετον, ὅταν ἀριθμὸς πρὸς τῷ κοινῷ μέτρῳ τῇ μονάδι ἔτι καὶ ἑτέρῳ μετρεῖταί τινι μέτρῳ καὶ διὰ τοῦτο δυνάμενος καὶ ἑτερώνυμον μέρος ἢ μέρη ἐπιδέξασθαι πρὸς τῷ παρωνύμῳ, πρὸς ἄλλον τινὰ ὁμοίως ἔχοντα ἀντεξεταζόμενος εὑρίσκεται μήτε κοινῷ μέτρῳ μετρηθῆναι δυνάμενος πρὸς ἐκεῖνον, μήτε τὸ αὐτὸ ὁμώνυμον μέρος ἔχων τῶν ἁπλῶς ἐν ἐκείνῳ· οἷον ὁ θ' πρὸς τὸν κε'· ἑκάτερος γὰρ καθ' ἑαυτὸν δεύτερός ἐστι καὶ σύνθετος, πρὸς δὲ ἀλλήλους μονάδι μόνῃ κοινῷ μέτρῳ χρῶνται καὶ οὐδὲν μόριον ὁμωνυμεῖ ἐν ἀμφοτέροις, ἀλλὰ τὸ ἐν τούτῳ τρίτον οὐκ ἔστιν ἐν ἐκείνῳ οὐδὲ τὸ ἐν ἐκείνῳ πέμπτον ἐν τούτῳ εὑρίσκεται.

---

48. Nicomaque, éd. Hoche, p. 29.

> [...] une troisième est considérée au milieu, comme si elle tenait sa forme des deux premières, celle du second et composé en lui-même, mais premier et non composé relativement à un autre, lorsqu'un nombre, en plus de la commune mesure qui est l'unité, est mesuré encore par une autre mesure et que pour cette raison, il peut admettre aussi une ou plusieurs parties hétéronymes en plus de la paronyme ; comparé à un autre semblable, on trouve qu'il ne peut être mesuré par une mesure commune avec lui et qu'il n'a pas de partie homonyme identique à celles qui sont simplement en lui : par exemple, le 9 rapporté au 25 : chacun de ces nombres est en lui-même second et composé, mais, rapportés l'un à l'autre, ils n'ont pour commune mesure que l'unité et aucune partie n'a le même nom dans les deux, mais le tiers qui est dans l'un n'est pas dans l'autre, et le cinquième qui est dans l'autre ne se trouve pas dans l'un[49].

4.1. *Le passage chez Philopon, Asclépius et Boèce*

C'est en tout cas avec ce chapitre de l'*Introduction arithmétique* (I,13,1) que le passage chez Boèce mais également celui de la version Ḥabīb-Kindī-Qalonymos, comme on le verra plus loin, ont été mis en relation. La raison tient certainement à la présence des exemples numériques identiques, 9 et 25. C'est sur la base de ce critère que l'on a choisi les passages d'Asclépius et de Philopon présentés dans le tableau, bien que cette attribution ne suive pas exactement l'ordre du texte de chaque commentaire. Leurs paragraphes suivants respectifs renvoient bien au chapitre I,12 de Nicomaque.
En réalité, les paragraphes d'Asclépius I,83 et de Philopon I,96 sont associés à un autre chapitre de Nicomaque (*Introduction arithmétique* I,11,1) :

> À son tour, l'impair se distingue du pair dans la subdivision, et il ne possède aucun caractère commun avec lui, s'il est vrai que celui-ci se scinde en deux parties égales, tandis que l'impair est indivisible en deux parties égales. De la même façon, on en trouve trois espèces distinctes les unes des autres : l'une s'appelle première et non composée, l'autre, opposée à celle-ci, seconde et composée, la troisième, considérée aux confins de ces deux-là comme un milieu entre des extrêmes, est en elle-même seconde et composée, mais première et non composée relativement[50].

---

49. Nicomaque, tr. Bertier, p. 71.
50. Nicomaque, tr. Bertier, p. 69.

Asclépius I,83 [51]	Philopon I,96 [52]	Boèce I,16 [53]
τρίτον δέ ἐστιν ὃ αὐτὸ μὲν πρὸς ἑαυτὸ σύνθετόν ἐστι, πρὸς δὲ ἄλλο ἀσύνθετον,	τρίτον δέ ἐστιν ὃ αὐτὸ μὲν καθ' ἑαυτὸ δεύτερόν ἐστι καὶ σύνθετον, πρὸς δὲ ἄλλο πρῶτον καὶ ἀσύνθετον, ὥσπερ πάλιν μεσότης τις ὂν τῶν β' εἰδῶν καὶ μῖγμά πως ἐξ ἀμφοῖν· ὡς ἔχουσι πρὸς ἀλλήλους ὁ θ' καὶ ὁ κε'· τούτων γὰρ ἑκάτερος καθ' ἑαυτὸν μὲν δεύτερός ἐστι καὶ σύνθετος, πρὸς ἀλλήλους δὲ πρῶτοι καὶ ἀσύνθετοι· οὐδὲν γὰρ ἔχουσι κοινὸν μέτρον πλὴν τῆς μονάδος τῆς κοινῆς πάντων ἀρχῆς τε καὶ μέτρου·	*His uero contra se positis, id est primo et incomposito et secundo et composito, et naturali diuersitate disiunctis, alius in medio consideratur, qui ipse quidem compositus sit et secundus et alterius recipiens mensionem atque ideo et partis alieni uocabuli capax, sed cum fuerit ad alium eiusdem generis numerum comparatus, nulla cum eo communi mensura coniungitur ; nec habebunt partes aequiuocas ; ut sunt VIIII ad XXV.*
οἷον ὁ θ' πρὸς ἑαυτὸν δεύτερος καὶ σύνθετός ἐστι· τρὶς γὰρ γ' θ'·	ὁ μὲν γὰρ θ' σύγκειται ἐκ τοῦ γ', καὶ ταύτῃ δεύτερός ἐστι τοῦ γ' καὶ ἐξ αὐτοῦ σύνθετος· ὁμοίως καὶ ὁ κε' μετρούμενος ἐκ τοῦ ε'·	
πρὸς δὲ τὸν κε' ἀσύνθετος·	πρὸς ἀλλήλους μέντοι πρῶτοι καὶ ἀσύνθετοι οὐδενὶ κοινῷ μέτρῳ μετρούμενοι πλὴν τῆς μονάδος, ὡς εἶπον·	***Nulla hos communis numerorum mensura** metitur, nisi forte unitas, quae omnium numerorum mensura communis est. Et hi quidem non habent aequiuocas partes. Nam quae in VIIII tertia est in XXV non est, et quae in XXV quinta est in nouenario non est. Ergo hi per naturam utrique secundi et compositi sunt, comparati uero ad se inuicem primi incompositique redduntur, quod utrosque nulla alia mensura metitur nisi unitas, quae ab utrisque denominata est ; nam in nouenario nona est, in XXV uicesima quinta.*
ἐξ ὧν γὰρ ὁ θ' μετρεῖται, οὐκέτι ὁ κε', καὶ πάλιν ἐξ ὧν ὁ κε' οὐκέτι ὁ θ'· ὁ μὲν γὰρ θ' ὑπὸ τοῦ γ' μετρεῖται, τρὶς γὰρ τρεῖς θ'· ὁ δὲ κε' ὑπὸ τοῦ ε'· πεντάκις γὰρ ε' κε'· ἀλλ' οὐδὲ ἐν τῷ θ' ἔστι οὐδὲ ἐν τῷ κε' γ'.	ἐξ ὧν γὰρ ὁ θ' μετρεῖται, οὐκέτι ὁ κε'· πάλιν ἐξ ὧν ὁ κε', οὐκέτι καὶ ὁ θ'· ὁ μὲν γὰρ θ' ὑπὸ τοῦ γ' μετρεῖται, τρὶς γὰρ γ' θ'· ὁ δὲ κε' ὑπὸ τοῦ ε', εκις γὰρ ε' κε'· ἀλλ' οὔτε ἐν τῷ θ' ἔστιν ὡς μέτρον ὁ ε', οὔτε ἐν τῷ κε' ὁ γ'.	

Cet exemple est particulier car les passages ne sont pas identiques chez Philopon et Asclépius. Dans la première phrase, Asclépius simplifie la définition

---

51. Asclépius, éd. Tarán, p. 40.
52. Philopon, éd. Hoche, p. 26 ; Philopon, tr. Giardina, p. 142.
53. Boèce, éd. Guillaumin, p. 33-34.

de la troisième espèce du nombre impair. Là où on lit chez Nicomaque et Philopon qu'elle est « en elle-même seconde et composée, mais première et non composée relativement », Asclépius la qualifie de « composée en elle-même et non composée relativement », faisant disparaître les adjectifs « seconde » et « première ». Le dernier paragraphe est presque identique chez les deux auteurs. Cette grande proximité suggère l'existence d'une source commune, bien que la partie centrale du paragraphe de Philopon ne soit pas transmise par Asclépius.

Il pourrait être tentant de penser que la différence entre les deux tient à un travail personnel de Philopon pour produire une explication du texte de Nicomaque plus accessible à son lectorat. Cependant, la comparaison des paragraphes de Philopon et de Boèce fait apparaître certaines correspondances, ce qui suggère davantage – dans le cas présent – la perte d'une partie du texte d'Asclépius qu'un ajout personnel de Philopon à un substrat commun.

Le passage chez Boèce correspond dans un premier temps à une traduction littérale du paragraphe de Nicomaque. Parmi les différences observables, Philopon présente d'emblée les facteurs principaux de 9 et de 25 : ὁ μὲν γὰρ θ′ σύγκειται ἐκ τοῦ γ′ puis ὁ κε′ μετρούμενος ἐκ τοῦ ε′, tandis qu'ils n'apparaissent qu'en fin de passage chez Nicomaque et chez Boèce.

Cependant, après avoir cité les deux nombres qu'il prend comme exemples, Nicomaque indique que « chacun de ces nombres est en lui-même second et composé », ἑκάτερος γὰρ καθ' ἑαυτὸν δεύτερός ἐστι καὶ σύνθετος. À l'opposé, le commentaire de Philopon et le texte de Boèce partagent une même présentation qui souligne que ces nombres sont premiers et non composés entre eux. À ce stade, la tournure que l'on trouve chez Boèce (*Nulla hos communis numerorum mensura metitur*) semble s'aligner sur celles que l'on observe chez Philopon, dont elle reprend la fin (πρὸς ἀλλήλους μέντοι πρῶτοι καὶ ἀσύνθετοι οὐδενὶ κοινῷ μέτρῳ μετρούμενοι), et qui trouve aussi un écho chez Asclépius. La fin du passage de Boèce comprend la décomposition détaillée de 25 et 9 en facteurs, que l'on lit autant chez Asclépius que Philopon, mais que Nicomaque ne livre pas.

Le partage par le texte de Boèce de ces caractéristiques des commentaires de Philopon, en majeure partie, et d'Asclépius, dans certains cas, souligne l'existence d'une source commune qui ne peut être que l'enseignement d'Ammonius dans le cas de Philopon et d'Asclépius.

4.2. Le passage dans la version Ḥabīb-Kindī-Qalonymos

Ḥabīb-Kindī-Qalonymos [54]	Philopon I,96	Boèce I,16 [55]
[1] The definition [2] of the third species of odd number :	le troisième <impair> est celui qui est second et composé en lui-même, mais premier et non composé relativement à un autre, comme au contraire un milieu entre les deux espèces et quelque mélange de chacune des deux ; comme sont 9 et 25 relativement l'un à l'autre ;	Maintenant, ces deux nombres – le premier et non composé, et le second et composé – étant opposés et séparés par une différence naturelle, il y en a un troisième que l'on doit considérer :
[4] this species supervenes upon the odd accidentally. [5] For it is [a number] such that a comparison with one another of two composite numbers shows to have no common denominator counting them. However, each, when its nature is considered on its own, has a number counting it, [namely, one that] is a part [i.e. a divisor] of it.	car chacun de ceux-ci est second et composé en lui-même, mais premier et non composé relativement à l'autre. De fait, ils n'ont pas de mesure commune si ce n'est l'unité qui est l'origine et la mesure commune de tous.	celui qui est intermédiaire et qui, bien qu'il soit lui-même composé et second, admettant la mesure d'un autre nombre que l'unité, et pouvant ainsi contenir une partie hétéronyme, ne pourra, si on le compare à un autre nombre de même nature, lui être lié par une commune mesure : et ils n'auront pas de parties homonymes.
[13] E.g. 9, [14] which consists, as we have said, of the multiplication of 3 three times, [15] when it is compared with 25, [16] which consists of 5 multiplied five times, [17] each one of these two numbers is primary [and] not composed with respect to the other,	car 9 est composé à partir de 3 et de cette façon il est second par rapport à 3 et composé de lui, Il en va de même pour 25 qui a 5 pour mesure ; cependant, relativement l'un à l'autre ils sont premiers et non composés	Exemple : 9 par rapport à 25.

54. Zonta-Freudenthal, 2009, p. 203-206.
55. Boèce, éd. Guillaumin, p. 33-34.

[20] since they have non common denominator counting them.	et ne reçoivent aucune mesure commune si ce n'est l'unité, comme je l'ai dit ;	Il n'y a entre eux aucune commune mesure numérique, sauf l'unité, bien sûr, qui est la commune mesure de tous les nombres ;
	en effet, de celles par lesquelles 9 est mesuré, 25 ne l'est plus ; de nouveau, de celles par lesquelles 25 est mesuré, 9 ne l'est plus non plus ; car 9 a 3 pour mesure ; en effet, 3 fois 3 donne 9 ; or 25 a 5 pour mesure ; en effet, 5 fois 5 donne 25 ; mais il n'y a ni 5 comme mesure en 9, ni 3 <comme mesure> en 25.	et ils n'ont pas de parties homonymes. Car il y a un tiers dans 9, mais il n'y en a pas dans 25 ; et il y a un cinquième dans 25, mais il n'y en a pas dans le nombre 9. Donc ces deux nombres, par nature sont seconds et composés, mais si on les compare entre eux, ils deviennent premiers et non composés, parce qu'il n'y a pas de mesure qui soit commune à tous les deux, excepté l'unité, que tous les deux peuvent dénommer : en effet, dans le nombre 9, c'est le neuvième, et dans 25 le vingt-cinquième.

Là encore, la version Ḥabīb-Kindī-Qalonymos paraît entretenir davantage de liens avec les textes de Philopon et de Boèce qu'avec celui de Nicomaque. La ligne 5 qui n'avait pas de correspondance chez Nicomaque peut être mise en relation avec des développements présents aussi bien chez Philopon que chez Boèce.

La présentation des facteurs principaux de 9 et de 25 (lignes 14 et 16) est aussi lisible chez Philopon en grec, tandis que sur ce point le texte de Boèce suit celui de Nicomaque.

À la ligne 17, on reconnaît la présentation de 9 et 25 comme des nombres premiers et non composés l'un vis-à-vis de l'autre, adoptée par Philopon et par Boèce, qui prend le contre-pied de celle que l'on lit chez Nicomaque.

Dans la suite du passage, on trouve dans les commentaires grecs et dans le texte de Boèce une nouvelle mention des facteurs de 9 et 25 qui est aussi précise que celle que l'on lit aux lignes 14 et 16 de la version Ḥabīb-Kindī-Qalonymos. Celle-ci paraît plus économique dans sa présentation. Elle partage néanmoins plusieurs des points exégétiques que l'on a identifiés plus haut comme caractéristiques d'une étude néoplatonicienne du traité de Nicomaque.

5. Les nombres parfaits

Au chapitre I,16,1-2 de l'*Introduction arithmétique*, Nicomaque présente les nombres parfaits [56] :

Ἀντικειμένων δὲ τῶν δύο τούτων εἰδῶν ὡσανεὶ ἐν ἀκροτήτων τρόπῳ μεσότης φαίνεται ὁ λεγόμενος τέλειος ἐν ἰσότητι εὑρισκόμενος καὶ οὔτε τὰ μέρη ἑαυτοῦ πλείονα ἀποτελῶν συντεθέντα οὔτε ἑαυτὸν μείζονα τῶν μερῶν ἀποφαίνων, ἀλλ' αἰεὶ ἴσος τοῖς ἑαυτοῦ μέρεσιν ὑπάρχων· τὸ δὲ ἴσον τοῦ πλείονος καὶ ἐλάττονος πάντως ἐν μεταιχμίῳ θεωρεῖται καὶ ἔστιν ὥσπερ τὸ μέτριον τοῦ ὑπερβάλλοντος καὶ τοῦ ἐλλείποντος μεταξὺ καὶ τὸ ὁμόφωνον τοῦ ὀξυτέρου καὶ βαρυτέρου· ὅταν οὖν ἀριθμὸς πάνθ', ὅσα ἐνδέχεται ἐν αὐτῷ εἶναι, μέρη συναχθέντα καὶ συγκεφαλαιωθέντα ἐν συγκρίσει τῇ πρὸς ἑαυτὸν ἔχων μήτε ὑπερβάλλῃ τῷ πλήθει αὐτὰ μήτε ὑπερβάλληται ὑπ' αὐτῶν, τότε ὁ τοιοῦτος τέλειος κυρίως λέγεται, ὁ τοῖς ἑαυτοῦ μέρεσιν ἴσος ὤν· οἷον ὁ ϛ' καὶ ὁ κη'· ὅ τε γὰρ ϛ' ἔχει μέρη ἥμισυ, τρίτον, ἕκτον, ἅπερ εἰσὶ γ', β', α', ἅπερ συγκεφαλαιωθέντα ὁμοῦ καὶ γενόμενα ϛ' ἴσα τῷ ἐξ ἀρχῆς ὑπάρχει καὶ οὔτε πλείονα οὔτε ἐλάττονα· καὶ ὁ κη' μέρη μὲν ἔχει ἥμισυ, τέταρτον, ἕβδομον, τεσσαρεσκαιδέκατον, εἰκοστόγδοον, ἅπερ γίνεται ιδ', ζ', δ', β', α' καὶ ὑφ' ἓν συναθροισθέντα ἀποτελεῖ τὸν κη' καὶ οὕτως οὔτε τὰ μέρη πλείονα τοῦ ὅλου οὔτε τὸ ὅλον τῶν μερῶν, ἀλλ' ἡ σύγκρισις ἐν ἰσότητι, ὅπερ τελείου ἰδιότης.

Ces deux espèces étant opposées à la façon, peut-on dire, d'extrêmes, le nombre dit parfait apparaît comme un milieu ; on le trouve dans l'égalité ; il ne fait pas que ses parties réunies soient plus que lui-même, il ne se montre pas lui-même plus que ses parties, mais il est toujours égal à ses propres parties ; l'égal est considéré de toute manière au milieu du plus et du moins, et il est comme la juste mesure entre l'excessif et le déficient et comme l'unisson entre le plus aigu et le plus grave. Lors donc qu'un nombre dont toutes les parties qui peuvent être en lui ont été rassemblées et récapitulées en comparaison avec lui-même, ni ne les excède par sa multiplicité ni n'est excédé par elles, alors un nombre de ce genre est dit parfait au sens propre, lui qui est égal à ses propres parties ; par exemple, 6 et 28 ; car 6 a comme parties une moitié, un tiers, un sixième qui sont 3, 2, 1, lesquels récapitulés ensemble, font 6 égal au nombre initial, ni plus ni moins ; 28 a comme parties une moitié, un quart, un septième, un quatorzième, un vingt-huitième, qui sont 14, 7, 4, 2, 1, et qui rassemblées en un, font 28, et ainsi ni les parties ne sont

---

56. Nicomaque, éd. Hoche, p. 39-40.

plus que le tout ni le tout plus que les parties, mais leur comparaison s'établit dans l'égalité, ce qui est la particularité du parfait »[57].

5.1. Le passage chez Philopon, Asclépius et Boèce

Philopon I,114 [58] – Asclépius I,106 [59]	Boèce I,19,9 [60]
ἑτέραν διαίρεσιν τοῦ ἀρτίου θέλει παραδοῦναι. Λέγει τοίνυν, ὅτι τῶν ἀρτίων οἱ μέν εἰσι ὑπερτελεῖς, οἱ δὲ ἐλλιπεῖς, οἱ δὲ τέλειοι·καὶ ἐλλιπεῖς μέν εἰσιν, ὧν τὰ μέρη ἐλάττονα αὐτῶν εἰσιν· οἷον ὁ δ' ἐλλιπής ἐστιν […]. ὑπερτελεῖς δέ, ὧν τὰ μέρη συντιθέμενα μείζονα τῶν ὅλων εὑρίσκονται· οἷον ὁ ιβ'· […] τέλειος δέ ἐστιν ὁ τοῖς ἑαυτοῦ μέρεσιν ἴσος ὤν, οἷον ὁ ϛ'· ἔχει γὰρ μέρη ἥμισυ γ', τρίτον β', ἕκτον α'· γ' γὰρ καὶ β' καὶ α' γίνονται ϛ'· ὡσαύτως καὶ ὁ κη' καὶ οἱ τοιοῦτοι […]. 8-9 συντιθέμενα μείζονα τῶν ὅλων εὑρίσκονται P πλείονας ἑαυτῶν ποιοῦσιν ἀριθμούς A ‖ 11 post ϛ' add τέλειός ἐστιν A ‖ 12 γὰρ P δὲ A	Inter hos autem uelut inter inaequales intemperantias medii temperamentum limitis sortitus est ille numerus qui perfectus dicitur, uirtutis scilicet aemulator, **qui nec superuacua progressione porrigitur, nec contracta rursus diminutione remittitur**, sed medietatis obtinens terminum suis aequus partibus nec crassatur abundantia nec eget inopia, ut VI uel XXVIII. Nam senarius habet partem mediam, id est III, et tertiam, id est II, et sextam, id est I, quae in unam summam si redactae sint, par totum numeri corpus suis partibus inuenitur. XXVIII uero habet medietatem, XIIII, et septimam, IIII, nec caret quarta, id est VII, possidet quartam decimam, II, et reperies in eo uicesimam octauam, I, quae in unum redactae totum partibus corpus aequabunt : XXVIII enim iunctae partes efficient.

Dans les deux chapitres précédents (I,14 et I,15), Nicomaque a présenté les nombres redondants (ὑπερτελεῖς) et déficients (ἐλλιπεῖς). Dans ce chapitre, il se contente de faire allusion aux caractéristiques de ces types de nombres – qui sont inférieurs ou supérieurs à la somme de leurs facteurs –, afin de mettre en valeur celles des nombres parfaits (τέλειοι), égaux à la somme de leurs facteurs. Par conséquent, Nicomaque ne nomme pas les nombres redondants, ni les nombres déficients. Sur ce point, le texte de Boèce suit celui de Nicomaque.

En revanche, il est question de ces nombres dans les commentaires d'Asclépius et de Philopon qui en livrent des définitions illustrées par des exemples numériques. En préambule de la définition du nombre parfait, Philopon et Asclépius donnent celles des nombres redondants (ὑπερτελεῖς δέ, ὧν τὰ μέρη συντιθέμενα μείζονα τῶν ὅλων εὑρίσκονται) et déficients (καὶ ἐλλιπεῖς μέν εἰσιν, ὧν τὰ μέρη ἐλάττονα αὐτῶν εἰσιν). Chez Boèce, il n'est fait explicitement mention que du nombre parfait. Il est présenté comme celui qui n'est pas soumis à l'« étirement d'une progression surabondante » (*nec superuacua progressione porrigitur*), et ne se trouve pas non plus « resserré et

---

57. Nicomaque, tr. Bertier, p. 75-76.
58. Philopon, éd. Hoche, p. 31 ; Philopon, tr. Giardina, p. 150.
59. Asclépius, éd. Tarán, p. 44.
60. Boèce, éd. Guillaumin, p. 42.

contracté par la diminution » (*nec contracta rursus diminutione remittitur*). Cela décrit les propriétés des nombres redondants et déficients, mais Boèce ne les évoque pas directement. Il n'en fournit pas non plus d'exemples numériques.

L'ordre dans lequel les éléments apparaissent diffère chez Boèce et dans les commentaires grecs. Le texte latin reprend la structure répétitive du texte de Nicomaque là où les textes de Philopon et Asclépius sont plus courts, car ils ne présentent qu'une seule fois les caractéristiques du nombre parfait. On n'y lit pas non plus la décomposition en facteurs de 28, que Nicomaque effectue ainsi que Boèce.

5.2. Le passage dans la version Ḥabīb-Kindī-Qalonymos

Ḥabīb-Kindī-Qalonymos [61]	Philopon I,114	Boèce I,19,9 [62]
[1] The even numbers are divided into three classes :	Il veut livrer une autre division du pair.	Entre ces deux espèces, comme entre deux excès opposés,
[3] **balanced,**	Il dit donc que parmi les pairs, les uns sont redondants, d'autres sont déficients, d'autres encore sont parfaits.	**la juste mesure** du moyen terme est tenue par le nombre que l'on appelle parfait, imitateur de la vertu ;
[4] **i.e. that the sum of its parts is equal to it ;**	[*Sont déficients ceux dont les parties sont plus petites qu'eux. Par exemple, 4 est déficient…*].	
[5] abundant [lit. additional]	Sont redondants,	il n'est pas soumis à l'étirement d'une progression surabondante,
[6] **i.e. [this sum is] greater than it ;**	ceux dont on trouve que la réunion des parties est plus grande que le tout ; par exemple, 12 […].	
[7] deficient,	<Sont déficients>	ni, inversement, resserré et contracté par la diminution,
[8] **i.e. that the sum of all its parts is smaller than it.**	<ceux dont les parties sont plus petites qu'eux. Par exemple, 4 est déficient […].>	
[10] We already said that the balanced number is [11] that which equals them sum of all its parts.	Est parfait celui qui est égal à ses propres parties,	mais, occupant une place médiane, il est égal à ses propres parties :

61. Zonta-Freudenthal, 2009, p. 207-209.
62. Boèce, éd. Guillaumin, p. 42.

[12] This number is analogous to an animal whose limbs are evenly matched and whose form is equitable.		
		ni épaissi par l'abondance, ni rendu indigent par la privation.
[15] E.g. the number 6 and the number 28,	par exemple, 6 ;	Exemples : 6, 28.
[16] for six has a half, and a third, and a sixth, viz. 3, 2 and 1,	car il a comme parties la moitié < qui vaut > 3, le tiers < qui vaut > 2, et le sixième < qui vaut > 1 ;	Car le nombre 6 a une moitié, 3, un tiers, 2, et un sixième, 1 :
[19] which together are 6.	de fait, 3 + 2 + 1	si ces parties sont additionnées, on trouvera que la totalité du corps du nombre est égale à ses propres parties.
[20] Thus, [taken together] these three are equal to the 6 of which they are the parts, [21] they neither exceed it, nor are deficient.	font 6.	
[22] Much the same holds for 28.	Il en va de même également pour 28 et de tels nombres.	Quant à 28, il a une moitié, 14, un septième, 4, mais aussi un quart, 7 ; il possède un quatorzième, 2, et l'on trouvera en lui un vingt-quatrième, 1 ; si ces parties sont additionnées, la totalité du corps sera égale à ses parties ; car les parties additionnées feront 28.

Par certains aspects, la version Ḥabīb-Kindī-Qalonymos paraît plus proche du texte latin de Boèce ou de celui de Nicomaque. Les types de nombres sont présentés dans le même ordre. Le passage est construit selon une structure répétitive qui évoque une première fois le nombre parfait (lignes 3-4) pour montrer en quoi il se distingue des autres nombres, puis une seconde fois (lignes 10-11), pour en donner deux exemples.

Par d'autres aspects, la version Ḥabīb-Kindī-Qalonymos entretient également des liens avec le texte de Philopon. Bien que les types de nombres n'apparaissent pas dans le même ordre en grec et dans la version Ḥabīb-Kindī-Qalonymos, cette dernière nomme et fournit une brève définition des nombres redondants et déficients (lignes 5 à 8), telle qu'on peut en trouver dans les textes de Philopon et Asclépius, sans exemple numérique cependant. Le second exemple de nombre parfait, 28, est décomposé en facteurs à la fois dans l'*Introduction arithmétique* et chez Boèce. Cela est remplacé par une formule lapidaire analogue chez Qalonymos (ligne 22) et Philopon.

La singularité de la version Ḥabīb-Kindī-Qalonymos est que le nombre parfait y est uniquement présenté comme « balanced » (ligne 3). S'il n'y a pas d'équivalent chez Nicomaque, un élément du texte de Boèce pourrait contribuer à expliquer une telle dénomination. Alors que Nicomaque présente le nombre parfait comme une position médiane, le « milieu » (μεσότης) entre deux espèces opposées comme des extrêmes – les nombres redondant et déficient –, Boèce le qualifie de « juste mesure » (*medii temperamentum limitis sortitus*). Une idée similaire est également lisible chez Philopon un peu plus loin dans le texte : οἱ δὲ τέλειοι τὸ σύμμετρον διώκουσι, « les nombres parfaits poursuivent la juste mesure ».

6. Certaines caractéristiques du nombre impair

Dans notre dernier exemple, au chapitre I,7,3-4 de l'*Introduction arithmétique*, Nicomaque expose des caractéristiques du nombre impair [63] :

> περισσὸς δέ ἐστιν ἀριθμὸς ὁ καθ' ἡντιναοῦν τομὴν εἰς ἄνισα πάντως γινομένην ἀμφότερα ἅμα ἐμφαίνων τὰ τοῦ ἀριθμοῦ δύο εἴδη οὐδέποτε ἄκρατα ἀλλήλων, ἀλλὰ πάντοτε σὺν ἀλλήλοις.

> Est impair le nombre qui, selon n'importe quelle division aboutissant de toute façon à des parties inégales, fait voir en même temps les deux formes du nombre, jamais sans mélange de l'une avec l'autre, mais toujours l'une avec l'autre [64].

6.1. Le passage chez Philopon, Asclépius et Boèce

Philopon I,58 [65] – Asclépius I,53 [66]	Boèce I,5,3 [67]
[...] ὁ δὲ περιττὸς ἀεὶ εἰς ἄνισα διαιρεῖται, οἷον ὁ ε' οὐ δύναται εἰς ἴσα διαιρεθῆναι, ἀλλ' εἰς ἄνισα, εἰς δ' καὶ α', εἰς β' καὶ γ'.[...] ὁ μέντοι περιττὸς οὐδέποτε ὁμοειδεῖς τοὺς ἀνίσους ποιεῖ, οἷον ὁ θ' διαιρεῖται εἰς ϛ' καὶ γ'· ἰδοὺ ἀνομοειδεῖς· ὁ μὲν γὰρ ἄρτιος, ὁ δὲ περιττός. 7-8 ἀνομοειδεῖς A : ἀνομοιειδεῖς P	*Impar uero numerus est qui ad quamlibet illam diuisionem per inaequalia semper diuiditur, ut utrasque species numeri semper ostendat, nec umquam altera sine altera sit,* **sed una pars paritati, imparitati alia deputetur** [...]

---

63. Nicomaque, éd. Hoche, p. 14.
64. Nicomaque, tr. Bertier, p. 61.
65. Philopon, éd. Hoche, p. 14 ; Philopon, tr. Giardina, p. 125.
66. Asclépius, éd. Tarán, p. 33.
67. Boèce, éd. Guillaumin, p. 14.

Dans les commentaires d'Asclépius et Philopon, le propos de Nicomaque est développé par des exemples numériques. Il est aussi précisé. Lorsqu'on lit chez Nicomaque que le nombre impair « fait voir en même temps les deux formes du nombre, jamais sans mélange de l'une avec l'autre, mais toujours l'une avec l'autre », Asclépius et Philopon indiquent explicitement quelles sont ces deux formes : ὁ μὲν γὰρ ἄρτιος, ὁ δὲ περιττός, « L'une est celle du pair, l'autre celle de l'impair ».

Cette précision se trouve également à la fin du passage chez Boèce (*sed una pars paritati, imparitati alia deputetur*) dont le reste du paragraphe constitue une traduction pour ainsi dire littérale du texte de Nicomaque.

Il paraît donc possible d'associer cet élément commun aux textes de Boèce, de Philopon et d'Asclépius à l'enseignement d'Ammonius[68].

6.2. Le passage dans la version Ḥabīb-Kindī-Qalonymos

Ḥabīb-Kindī-Qalonymos[69]	Philopon I,58	Boèce I,5,3[70]
[1] An odd number is one that however you divided it, its parts will not be equal;	L'impair se divise toujours en parties inégales,	Quant au nombre impair, c'est celui qui, quelle que soit la division est toujours divisé en parties inégales,
	par exemple 5 ne peut être divisé en parties égales, mais en parties inégales, en 4 et 1, en 2 et 3 [...]	
[3] they must be jointly even and odd.	Cependant, l'impair ne crée jamais des parties inégales de même espèce,	et de sorte qu'il fasse toujours apparaître les deux espèces du nombre, et qu'il n'y ait jamais l'une sans l'autre,
	par exemple 9 se divise en 6 et 3.	
[4] I.e. if one of the parts is odd, the other is even.	L'une est paire, l'autre impaire.	mais que **l'une des parties soit assignée au pair, et l'autre à l'impair**
[6] It is therefore manifest that the parts of an odd number are closest to being equal **when the difference between them is a unit**, by which one them exceeds the other.		

---

68. Le passage correspondant chez Jamblique (Jamblique II 16, éd. Vinel, p. 78) ne met pas en valeur exactement les mêmes éléments.
69. Zonta-Freudenthal, 2009, p. 211.
70. Boèce, éd. Guillaumin, p. 14.

Dans le début du passage, la version Ḥabīb-Kindī-Qalonymos ne diffère pas fondamentalement du texte de Nicomaque. Contrairement au commentaire de Philopon, elle ne contient pas d'exemples numériques. En revanche, elle transmet ce que l'on a identifié comme un trait de l'enseignement d'Ammonius, l'indication que deux parties d'un nombre impair sont toujours l'une paire, l'autre impaire (ligne 4). En cela, elle se distingue de Nicomaque.

Si l'on suit strictement l'ordre du texte, on ne lit chez Nicomaque, Philopon ou Boèce aucun passage correspondant à la ligne 6 de la version Ḥabīb-Kindī-Qalonymos.

Dans la mesure où les caractéristiques du nombre impair, indivisible en deux parties égales, sont présentées ou rappelées par Nicomaque dans plusieurs autres chapitres de l'*Introduction arithmétique* (I,3 ou I,11,1 par exemple), on a cherché des correspondances avec le contenu de la ligne 6 dans la version Ḥabīb-Kindī-Qalonymos. S'il n'est rien apparu de particulièrement convaincant chez Nicomaque (I,11,1), on peut lire en revanche dans le passage correspondant chez Boèce (I,13,1) une idée similaire [71] :

> *Impar quoque numerus, qui a paris numeri natura substantiaque disiunctus est – si quidem ille in gemina aequa diuidi potest,* **hic ne secari queat unitatis impedit interuentus...**

> Le nombre impair, qui se distingue du nombre pair par sa nature et sa substance – s'il est vrai que ce dernier peut se diviser en deux parties égales, tandis **que la section de celui-ci est empêchée par l'intervention d'une unité...** [72].

Conclusion

L'étude précise du contenu des textes apporte un éclairage différent de celui qu'offrent les sources sur la transmission des commentaires néoplatoniciens à Nicomaque. Si l'on ne conserve aucune mention d'une traduction en arabe ou en syriaque des commentaires de Philopon ou d'Asclépius à l'*Introduction arithmétique*, les études de cas considérées révèlent que la version Ḥabīb-Kindī-Qalonymos contient des exemples et des indications qui ont été transmis de manière indépendante par les textes de Philopon, d'Asclépius et de Boèce. Pour cette raison, il est possible de les rattacher à l'enseignement d'Ammonius sur Nicomaque.

Elles mettent aussi en évidence une proximité plus importante entre ces textes et celui de Qalonymos. La chaîne Ḥabīb-Kindī-Qalonymos s'insère donc dans la transmission de Nicomaque au sens large. Elle ne part pas directement

---

71. Boèce, éd. Guillaumin, p. 30.
72. Boèce, éd. et tr. fr. Guillaumin, p. 30.

ou pas seulement de l'*Introduction arithmétique*, mais inclut également le contenu d'un travail exégétique néoplatonicien tardo-antique sur le texte. La version Ḥabīb-Kindī-Qalonymos ne sera, par conséquent, pas nécessairement à prendre en considération dans la perspective d'une nouvelle édition critique du traité de Nicomaque.

En revanche, elle livre des informations précieuses sur les textes de Philopon, d'Asclépius et de Boèce. Dans plusieurs cas, la version Ḥabīb-Kindī-Qalonymos est apparue plus proche du texte de Boèce que de ceux de Philopon et d'Asclépius. En conclure à l'existence d'un lien direct avec le texte latin n'est pas nécessaire. Il n'y a pas lieu de mettre en doute que c'est le contenu d'un commentaire grec qui a été traduit et étudié dans le cercle d'al-Kindī, puis transmis à son tour en hébreu. Cependant, cette proximité textuelle met en exergue les conditions qui accompagnent la transmission d'une langue à une autre et dont la version Ḥabīb-Kindī-Qalonymos est tributaire, autant que le texte de Boèce. Pour comprendre l'enseignement d'Ammonius et en prendre connaissance, il faut pouvoir se reporter au texte qu'il commente. Si cela se manifeste chez Philopon et Asclépius par des lemmes qui introduisent chaque paragraphe [73], il était en revanche nécessaire en latin que ces lemmes soient remplacés par une traduction complète des paragraphes commentés.

Cela implique donc qu'il faut prêter un double statut à l'*Institution arithmétique* de Boèce. Dans la plupart des cas examinés, une portion du texte de Boèce traduit littéralement l'*Introduction arithmétique*, tandis que l'autre la commente d'une manière similaire aux commentaires de Philopon et d'Asclépius. Cette situation est particulièrement bien illustrée par notre deuxième exemple. En l'espace de quelques paragraphes s'entremêlent traductions littérales de passages de Nicomaque et éléments de commentaire transmis par Philopon et par Asclépius. C'est également ainsi qu'il semble possible d'interpréter la différence entre l'ordre du texte de Nicomaque et celui de Boèce au chapitre I,4 de l'*Institution arithmétique*, étudiée par Jean-Yves Guillaumin [74].

---

73. Ces lemmes ne sont pas lisibles dans tous les manuscrits médiévaux, ou plus récents, qui transmettent l'un ou l'autre commentaire. Dans un certain nombre de manuscrits que nous avons consultés, les paragraphes sont numérotés ou se succèdent sans distinction. Cependant, cela n'implique pas qu'Asclépius ou Philopon aient composé leurs commentaires respectifs en associant chaque paragraphe à un lemme tiré de l'*Introduction arithmétique*. Dans la mesure où les commentaires sont fréquemment transmis avec le texte de Nicomaque, parfois dans les marges des mêmes folios, l'organisation avec des lemmes pourrait n'être que le résultat d'une pratique de lecture médiévale de ces textes, qui aurait modifié leur aspect antique, voisin de celui du traité de Boèce.

74. J.-Y. Guillaumin, « La structure du chapitre I,4 de l'*Institution arithmétique* de Boèce et le cours d'Ammonios sur Nicomaque », *Revue d'histoire des sciences*, 47.2, 1997, p. 249-258.

Cette hypothèse est par ailleurs cohérente avec la manière de travailler de Boèce, qui est notamment connu pour ses traductions de traités d'Aristote autant que pour celles de leurs commentaires néoplatoniciens.

Une étude complète de la traduction hébraïque de Qalonymos – associée à une comparaison avec l'*Institution arithmétique* de Boèce – serait susceptible d'offrir une meilleure vision de l'aspect des commentaires de Philopon et d'Asclépius à la fin de l'Antiquité et permettrait de mesurer la déformation effectivement subie par ces textes lors de la période médiévale byzantine.

Carole HOFSTETTER
Université Paris 8
Post-doctorante UPL

DU VIN, DES ÉCERVELÉS ET UN FANTÔME.
ΧΑΛΙΚΡΗΤΟΣ (ARCHILOQUE, FR. 124B W.),
ΧΑΛΙΚΡΑΙΟΣ (NICANDRE, *ALEX*. 29),
ΧΑΛΙΣ (HIPPONAX, FR. 67 W.) ET LES COMPOSÉS EN
ΧΑΛΙ-, ΧΑΛΑΙ-.

1. Χαλίκρητος : attestation, explications anciennes et modernes

Le grec a un composé χαλίκρητος, attesté uniquement en poésie et assez rare :
– Archiloque, fr. 124b West : πολλὸν δὲ πίνων καὶ χαλίκρητον μέθυ
– Eschyle, fr. 480 *TrGF* : σπονδαὶ χαλίκρητοι
– Ap. Rh., *Arg*. 1, 473 : # πῖνε χαλίκρητον λαρὸν μέθυ.

Une scholie à Apollonios, Arg. 1, 473 le glose de la façon suivante :

> χαλίκρητον· τὸν ἄκρατον, τὸν χαλῶντα τὰς φρένας. Ἀθηναῖοι δὲ τὸν ἄκρατον χάλιν λέγουσιν. Αἰσχύλος δὲ καὶ τὰς Βάκχας χαλιμάδας φησὶ λέγεσθαι.

> « χαλίκρητον : le vin pur, qui relâche l'esprit. Et les Athéniens appellent le vin pur χάλις. Et Eschyle dit que les Bacchantes étaient aussi appelées χαλιμάδας. »

On trouve la même explication chez Hésychius (χ 21) :

> χαλίκρατον· [εὔκρατον] ἄκρατον.

Hansen et Cunningham considèrent que εὔκρατον est une erreur aussitôt corrigée par ἄκρατον. On trouve de même dans la *Suda* (χ 54) :

> Χαλίκρητος ποτός· ὁ χαλῶν τὰς φρένας. ἢ κατὰ στέρησιν τοῦ χ, ἵν' ᾖ, ἅλις ἄκρατον ἔχων· τουτέστιν οἶνον. καὶ Χαλικρήτῳ, μὴ κεκραμένῳ. ἐν Ἐπιγράμμασι· κεῖτο χαλικρήτῳ νάματι βριθομένη.

> « La boisson χαλίκρητος est celle qui relâche l'esprit. Ou, quand on enlève le χ, de sorte que c'est celui "qui a suffisamment de <vin> pur", c'est-à-dire le vin. Et χαλικρήτῳ signifie "non mélangé", comme

on le trouve dans les Épigrammes, "elle gisait alourdie par un flot <de vin> pur"[1]. »

Le mot est analysé comme un composé de χαλάω « relâcher », avec le sens causatif.

À l'inverse des anciens, les modernes séparent le terme de χαλάω et le donnent comme un composé d'un nom χάλις « vin pur », qui est la forme mentionnée par la scholie à Apollonios, lequel χάλις est supposé être un emprunt[2]. On rapproche la glose d'Hésychius (κ 445) κάλιθος· οἶνος. Ἀμερίας. Ce χάλις est attesté une fois chez Hipponax, fr. 67 West :

ὀλίγα φρονέουσιν οἱ χάλιν πεπωκότες.
« ils réfléchissent peu, ceux qui ont bu du vin pur. »

Le vers est transmis par les scholies à Hésiode et à Aristophane. Le mot réapparaît ensuite chez Nonnos de Panopolis :

Dion. 15, 25 : δυσμενέας δ' ἐμέθυσσε χάλις ῥόος

« le flot de vin pur enivra les ennemis. »

On a également une attestation épigraphique à Cyrène au IIe s. apr. J.-C. dans une inscription métrique (*SEG* 26, 1835[3]). Le terme χάλις figurait chez d'autres auteurs, comme on peut le déduire de la notice de la *Suda* qui précise (χ 26) Χάλις· εἶδος οἴνου. καὶ ἡ δοτικὴ τῷ χάλει. La précision insolite sur la forme du datif ne vient pas d'un manuel de grammaire puisque c'est la forme du génitif qui est utilisée par les grammairiens pour indiquer le type flexionnel, mais est une citation d'un emploi au datif dans un texte disparu, qui montre que le mot suivait la flexion du type πόλις. Il est répertorié par Hésychius (χ 57) Χάλις· ὁ ἄκρατος οἶνος (le manuscrit d'Hésychius a χαλίς).

Masson suppose que ce même mot se trouve dans trois inscriptions en prose de Messène, dans le composé χαλειδοφόρος (*IG* V,1 1468, 80 apr. J.-C. ; *IG* V,1 1469, 126 apr. J.-C. ; mutilé [χαλειδο]φόρος *IG* V,1 1467, Ier s. apr. J.-C. ; depuis se sont ajoutés *SEG* 41, 337, 174 apr. J.-C. ; *SEG* 41, 338, 339 et 340, cette dernière inscription datant de la fin du Ier s. apr. J.-C. ; Orlandos 1970, 105-106, 192 apr. J.-C.) : « c'est probablement le premier élément du composé

---

1. Épigramme attribuée à Agathias le scholastique (VIe s. apr. J.-C.), *Anth. Gr.* V, 294, 6.
2. Frisk, *GEW*, Chantraine, *DELG*, Beekes, *EDG*, Masson 1962. Chantraine 1933 ne cite pas la forme, peut-être par une saine prudence. La forme n'est discutée ni par Hawkins 2013 ni par Bettarini 2017.
3. Voir dernièrement l'édition, traduction et commentaire en ligne dans *IGCyr*, inscription GVCyr027.

récent χαλ(ε)ιδοφόρος valant ἀκρατοφόρος en Messénie[4]. » Il s'agit du nom d'une fonction religieuse locale, probablement liée au culte impérial étant donné que la plupart de ces inscriptions ont été trouvées près du temple impérial. Le mot apparaît dans une liste où il suit ἀγωνοθέτης et ἱεροθύται, le formulaire étant le même dans toutes les inscriptions (« l'année où X était agonothète, Y et Z ordonnateurs des sacrifices et W χαλειδοφόρος »). On notera que les deux premières fonctions mentionnées apparaissent sous leur forme de *koinè* et pas sous la forme épichorique. En revanche, la troisième est spécifique à Messène. *LSJ* comprend « cupbearer », en admettant que le premier élément est χάλις « vin »[5]. Le mot serait du type σπονδοφόρος « porteur de libation », κανηφόρος « canéphore », mais on ne connaît pas de *ἀκρατοφόρος ou de οἰνοφόρος comme nom de fonction religieuse, ce qui fragilise cette interprétation. La répétition de la graphie iotacisante s'expliquerait par le recopiage d'un même modèle. Mais cette explication, encore défendable quand il n'existait que deux attestations (*IG* V, 1 1467 étant mutilée), l'est beaucoup moins maintenant que sept inscriptions donnent constamment <ει>. Par ailleurs, χαλειδο- suppose un thème en ιδ- et non en -*i*- : il y a bien sûr une perméabilité entre les deux, mais le type en -ιδ- n'est pas attesté pour χάλις. On a donc de bonnes raisons de douter que le premier élément ait un rapport avec χάλις et il faut reprendre la question.

Quoique formellement impeccable, l'explication de χαλίκρητον comme un composé de χάλις « vin pur » pose un problème sémantique. Dans ce cas, en effet, le composé devrait signifier « mélangé avec du vin pur », comme μελίκρᾱτος signifie « mêlé à du miel ». Or, non seulement « mêlé de vin pur » n'est pas la même chose que « vin pur », mais le syntagme d'Archiloque χαλίκρητον μέθυ « vin mêlé de vin pur » n'aurait guère de sens si tel était le sens du composé, à moins de supposer qu'Archiloque fait là un jeu de mots, « vin mêlé de vin pur » signifiant « non mélangé », donc « pur ». Toutes les sources anciennes comprennent χαλίκρητος comme un synonyme de ἄκρατος « vin pur ». Masson suggère que le χάλις est un vin fort parfois utilisé pour rehausser un autre vin plus doux : χαλίκρητος serait alors « mélangé avec du χάλις »[6]. Les Grecs pratiquaient probablement les assemblages comme les viticulteurs modernes, et Athénée les mentionne (*Deipn.* 1, 48 et 58 Kaibel). Mais dans ce cas pourquoi le même sens est-il prêté à χάλις ? L'assemblage ne devrait pas porter le même nom que l'un de ses composants.

---

4. Masson 1962, 140, n. 2.

5. Traduction reprise par Orlandos et mentionnée sans objection par Robert 1970, 395 (Bulletin épigraphique n° 286).

6. Masson 1962, 140 : « Ce terme rare désigne une qualité de vin : il doit être déjà connu d'Archiloque [...]. C'est apparemment un terme dialectal, peut-être familier et vulgaire, maintenu dans une partie de la koinè. Il est glosé chez les lexicographes comme « vin non mélangé, vin pur »; sans doute était-ce un vin fort, utilisable pour renforcer d'autres vins par le coupage. On admet habituellement une origine étrangère, sans doute « balkanique », en rapprochant des noms pour le vin : le macédonien (?) κάλιθος et le thrace ζέλας etc. »

2. Rapport entre simple et composé

Pour sortir de l'impasse, il faut réexaminer le rapport entre ce composé χαλίκρητος et le simple χάλις censément attique. Tous les auteurs modernes partent du principe que le premier est un composé du second, et retiennent pour le second le sens donné par la scholie, « vin pur », d'où le problème sémantique posé par χαλίκρητος. Mais personne n'a envisagé que le rapport entre les deux termes soit inverse : au lieu que χαλίκρητος soit un composé de χάλις, χάλις pourrait être un décomposé de χαλίκρητος. La décomposition transformant un premier élément de composé en mot autonome est un phénomène rare en grec hors de l'anthroponymie[7], c'est pourquoi, devant un couple de ce type, la première analyse est de supposer que le simple est la forme première. Mais le linguiste doit par principe se demander si cette analyse qui paraît évidente est la seule possible, ne serait-ce que pour s'assurer qu'aucune autre analyse ne peut rendre compte des faits. Or, de même que la dérivation implique le phénomène symétrique de la dérivation inverse, qui permet de tirer un simple d'un dérivé en retranchant le morphème de dérivation, la composition implique le phénomène symétrique de la décomposition.

On peut invoquer le parallèle d'un autre couple, bien connu, où le composé est clairement premier par rapport au simple. Il s'agit de κασίγνητος « frère », littéralement « né avec », dont on connaît la forme tronquée ὁ / ἡ κάσις, bien attestée en tragédie attique, et dont la première occurrence se trouve chez Anacréon (οὔτ' ἐμὴν ἁπαλὴν κάσιν « ni ma tendre sœur » fr. 25 Page). Le décomposé obtenu par troncation se réduit au premier élément du composé, pourvu d'une désinence, mais son sens et sa catégorie morphologique ne sont pas ceux du premier élément mais du composé tout entier : κασι- dans κασίγνητος ne signifie pas « frère », ce n'est pas un nom mais un adverbe apparenté à κατά, inanalysable en synchronie, et dont la forme ancienne sans assibilation est préservée dans le thessalien κατίγνειτος. Les caractéristiques de κάσις et son sens ne peuvent s'expliquer qu'en partant de κασίγνητος, non en supposant par exemple une conversion du premier élément. C'est un cas indiscutable de simple tiré d'un composé. On peut y voir un hypocoristique si l'on admet que le terme a, comme c'est le cas chez Anacréon, une valeur affective ou diminutive, mais cette valeur n'est pas ou plus sensible chez les tragiques. En tant qu'hypocoristique, κάσις représente simplement une forme abrégée du composé, du même type que les anthroponymes comme Ἄλεξις, Σῶσις, Τέλεσις (hypocoristiques de Ἀλεξι-X, Σωσι-X, Τελεσι-X)[8]. Le terme

---

7. La décomposition aboutissant à faire d'un second élément de composé un mot autonome est plus fréquente.

8. Ce principe de troncation fréquent dans l'anthroponymie peut déborder sur les noms communs : ainsi, ἄλεξις « protection » (Aristide, *Heracles*, p. 34 Jebb), en face du plus ancien ἔπ-αλξις « défense, rempart » (Hom.) avec degré zéro régulier, est en fait tiré des composés en ἀλεξι-X, sur le modèle de l'anthroponyme. L'ionien a ἀλέξησις (Hérodote, Hippocrate).

est inusité en prose ionienne-attique et ne se trouve qu'en poésie. Hésychius transmet une glose qui atteste du même décomposé : κάσιοι· οἱ ἐκ τῆς αὐτῆς ἀγέλης ἀδελφοί τε καὶ ἀνεψιοί. Καὶ ἐπὶ θηλειῶν οὕτως ἔλεγον Λάκωνες. D'après Chantraine, cela indiquerait que le laconien aussi employait ce terme, sous une forme assibilée qui trahirait donc un terme de substrat pré-dorien [9]. Il se peut toutefois que κάσιοι soit simplement une forme de *koinè* poétique ayant reçu l'étiquette « laconienne » parce que la source est un poète actif à Sparte, qui aurait pu emprunter ce terme à la tragédie attique pour le réutiliser dans un contexte spartiate, en l'occurrence à propos des ἀγέλαι, d'où les lexicographes ont conclu qu'il s'agissait d'un terme laconien [10].

Par la suite, les grammairiens expliquent κασίγνητος comme un composé de κάσις, en renversant le rapport entre les deux formes :

> *Epimerismi homerici*, κ 50 : γίνεται δὲ τὸ κασίγνητος ἐκ τοῦ κάσις, ὃ σημαίνει τὸν ἀδελφόν, καὶ τοῦ γνητός· τοῦτο ἐκ τοῦ γεννᾶ<ν>.
>
> « Le mot κασίγνητος vient de κάσις qui signifie "frère" et de γνητός "né", qui vient de γεννᾶ<ν> "engendrer". »

Κασι- est interprété là comme un attribut, d'où « né frère », sur le modèle de ἀρσενογενής « né mâle » (Eschyle, *Suppl.* 818), θηλυγενής « né femelle », d'où « féminin » (Eschyle, *Suppl.* 29 ; Eur., *Bacch.* 117) : le second élément, dès lors qu'il est compris comme signifiant « né », est sémantiquement superflu, ἀρσενογενής est un synonyme de ἀρρήν, θηλυγενής de θῆλυς, κασίγνητος de κάσις. Il est peu probable que cette analyse synchronique soit à l'origine de κάσις qui a plus de chances d'être un hypocoristique obtenu par troncation, mais elle vient justifier *a posteriori* la formation de κασίγνητος. Cette analyse coexiste avec une autre, qui y voit une forme abrégée :

> *Schol. vetera in Euripidem, Hec.* 361 : τὴν κάσιν· Ἀνακρέων [frg. 12a] "οὔτε μὴν ἁπαλὴν κάσιν". σεσημείωται δὲ ὅτι τὴν θήλειαν κάσιν εἶπεν, εἰ μὴ ἀποκοπή ἐστι τοῦ κασιγνήτην.
>
> « Les grammairiens signalent qu'Anacréon emploie κάσις au féminin, à moins que ce ne soit une apocope de κασιγνήτη. »

Le décomposé peut à son tour entrer dans de nouveaux composés : Euripide a ainsi les deux *hapax* συγκασιγνήτη (*IT* 800) et σύγκασις (*Alc.* 410).

---

9. Voir la notice du *DELG* pour les gloses dialectales.

10. La seule forme attestée épigraphiquement est κασιέα, accusatif de κασιεύς, de l'inscription *SEG* 37, 494 (fin du IIIe s.), non suspect d'être une forme poétique mais clairement emprunté à un autre dialecte puisque la forme thessalienne ancienne est κατίγνειτος. L'inscription est mutilée et l'interprétation en est de ce fait difficile. Voir le commentaire chez Helly 1993, 175.

Or le couple formé par χάλις et χαλίκρητος est superposable à celui que forment κάσις et κασίγνητος : un composé à second élément bien identifiable et à premier élément moins clair, un simple qui correspond formellement au premier élément du composé mais qui a le sens du composé tout entier et la même catégorie morphologique, en l'occurrence un substantif masculin si l'on part de l'emploi substantivé ὁ χαλίκρητος (οἶνος) « vin pur ». Il se peut donc que χάλις reflète le sens et la catégorie morphologique de χαλίκρητος simplement parce que c'est un décomposé de ce dernier. Dans ce cas, il est illusoire de chercher un χαλι- « vin » où que ce soit, puisque le parallèle de κάσις montre que le décomposé peut avoir un tout autre sens que le premier élément du composé auquel il est formellement réduit. Χάλις peut être un hypocoristique, comme κάσις, auquel cas c'est une simple troncation de χαλίκρητος. Il peut aussi reposer sur une réanalyse synchronique du composé χαλίκρητος le comparant au type μελίκρᾱτος « mêlé de miel », où le premier élément est un instrumental, d'où « mêlé de χαλι- » : si χαλίκρητος désigne le vin pur (ἄκρᾱτος, ion. ἄκρητος), on en infère le sens de « vin » pour le premier élément, qui peut ensuite être abstrait du composé pour être employé seul, suivant une proportion analogique μελίκρητος : μέλι : χαλίκρητος : x = χάλις. Et une fois créé le décomposé χάλις, l'analyse évidente en synchronie est de considérer que ce mot rare est le premier élément de χαλίκρητος, d'où les explications des grammairiens grecs. La création du décomposé fait donc obstacle à la juste compréhension des faits parce qu'elle impose une lecture du rapport entre simple et composé inverse du rapport diachronique.

L'unique attestation ancienne du simple χάλις se trouve dans le vers d'Hipponax ὀλίγα φρονέουσιν οἱ χάλιν πεπωκότες. Or ce vers d'Hipponax est à l'évidence un jeu sur le composé homérique χαλίφρων, ou plus exactement sur le dénominatif χαλιφρονέω, dans la lignée d'une longue tradition de décomposition et recomposition [11]. Ce jeu, déjà relevé par Masson, peut se comprendre de deux manières : ou bien Hipponax décompose χαλιφρονέω pour en proposer une remotivation étymologique le rattachant à un χάλις connu par ailleurs (hypothèse de Masson), ou bien le décomposé χάλις est une création d'Hipponax jouant sur le χαλίκρητος attesté chez Archiloque et χαλιφρονέω, un mot inventé précisément dans ce vers où il est question de boire du vin, pour le jeu de mots – le contexte est suffisamment clair pour que le lecteur ou l'auditeur n'hésite pas sur le sens de ce néologisme. Le jeu est peu ou prou similaire aux *kenningar* qu'on trouve chez Hipponax [12], là encore dans le cadre d'une tradition héritée de l'indo-européen : le poète remplace un nom usuel par une dénomination métaphorique plus ou moins énigmatique.

---

11. Le jeu suit ici le procédé que j'ai appelé « reprise décalée » (Le Feuvre 2007) : un composé AB (ici χαλιφρονέω, *Od.* 23, 13) est décomposé, remplacé par CB où C est un équivalent de A, lequel A est repris ensuite dans une autre fonction syntaxique (avec ici A = χαλι-, B = φρονέω, C = ὀλίγα). Dans ce vers d'Hipponax, CB n'est pas un composé mais un syntagme ὀλίγα φρονέουσιν.
12. Bettarini 2017, 15-39.

La plupart des *kenningar* sont de type périphrastique, remplaçant un mot simple par un syntagme ou un composé[13]. Pour celui-ci, à l'inverse, le côté obscur vient de la décomposition.

Ainsi, le contexte même de la première occurrence avec ce jeu de mots évident incite à privilégier l'hypothèse de la décomposition non seulement comme procédé stylistique, mais comme procédé de création lexicale. Il est vraisemblable que χάλις est bien une création d'Hipponax, poète ionien, qui aurait ensuite été reprise par les poètes comiques. En effet, la précision de la scholie à Apollonios Ἀθηναῖοι δὲ τὸν ἄκρατον χάλιν λέγουσιν ne signifie pas que le mot est un mot attique usuel (le terme usuel est ἄκρατον), mais seulement qu'il se trouve dans des textes littéraires attiques, sources des scholiastes. Il n'est sans doute pas plus usuel que κάσις en prose ionienne-attique.

3. Autres composés en χαλι-, χαλαι-

S'il faut partir de χαλίκρητος et non de χάλις, la perspective change : il n'y a plus de vin, mais un premier élément dont il faut déterminer le sens. Formellement, le premier élément peut être rapproché d'un composé homérique, χαλίφρων (*Od.* 4, 371 et 19, 530), avec les dérivés déjà homériques χαλιφροσύνη (*Od.* 16, 310)[14] et χαλιφρονέω (*Od.* 23, 13), qu'on comprend traditionnellement « à l'esprit peu sérieux, léger, écervelé », en rattachant cette forme à χαλάω « relâcher, détendre », χαλαρός « lâche, peu serré, mou » : l'esprit « lâche » s'oppose à l'esprit bien ajusté, ἀρτίφρων (*Od.* 24, 261). On trouve une opposition similaire dans le couple formé par ἀρτίπους « aux pieds bien ajustés » et χαλαίπους « au pied à l'articulation lâche », « boiteux », épithète d'Héphaïstos (Nicandre, *Ther.* 458 Εἴ γε μὲν Ἡφαίστοιο χαλαίποδος ἐν πτυχὶ νήσου || βήσεαι « si tu marches dans un val de l'île d'Héphaïstos le boiteux »). La variante χαλαι- est métriquement conditionnée, un thème *χαλιποδ- formant un tribraque exclu dans l'hexamètre. Elle est sans doute due à l'analogie de καρταίπους « aux pieds robustes » (Pind., *O.* 13, 114), puisque, au sens élargi, ἀρτι- finit par prendre le sens plus général de « fort, solide », ce qui faisait de ἀρτίπους « aux pieds solides » un synonyme de καρταίπους, donc un antonyme de *χαλίπους, susceptible de ce fait de servir de base à un remodelage de ce dernier[15]. Le rapport entre χαλαι- et χαλι- est le

---

13. Dans la tradition scandinave, *kenning* s'applique au propre à une dénomination métaphorique consistant en un composé ou un syntagme. Le terme technique s'appliquant à une dénomination métaphorique consistant en un mot simple est appelé *heiti* (lit. « appellation »). Le grec connaît les deux principes et les utilise dans la « langue des dieux ».

14. Le lemme d'Hésychius ἁλιφροσύνη (alpha 3080) a toutes les chances d'être issu d'une mécoupure d'un οὐ χαλιφροσύνη.

15. L'analogie dans un couple antonymique s'exerce de la forme fondamentale, qui est l'équivalent de la « forme de fondation » dans la terminologie de Kuryłowicz (1949) vers la forme fondée,

même qu'entre καρται- (κραταίπεδος *Od*. 23, 46, καρταίπους Pind., *O*. 13, 114, ce dernier également attesté épigraphiquement en Crète, notamment à Gortyne) et Καρτι- / Κρατι-, attesté en particulier dans l'anthroponymie (Καρτίνικος à Théra au IIIe s., Καρτισθένης à Cyrène au Ve s., Καρταιμένης à Tenos au IIIe s., Κραταιμένης en Italie au VIIe s., Καρταιδάμας à Gortyne au IIIe s., Κρατίδαμος à Rhodes à l'époque hellénistique). Parallèlement, Suétone mentionne un composé χαλαίβασις· ἀπὸ τοῦ χαλαρῶς βαδίζειν (Περὶ βλασφημιῶν 3) : c'est un composé déterminatif signifiant « démarche relâchée » si la glose de Suétone est juste, mais le sens pourrait être « démarche claudicante » et constituer le substantif correspondant à l'adjectif χαλαίπους. Dans un cas comme dans l'autre, c'est un terme péjoratif, voire insultant, et c'est à ce titre qu'il est répertorié dans le Περὶ βλασφημιῶν.

A. Blanc a proposé d'expliquer χαλίφρων par une dissimilation de *χαρίφρων « qui se réjouit en son esprit », d'où « insouciant »[16]. Le dossier qu'il étudie comprend les formes suivantes : χαλίφρων (Hom.), χαλαίπους (Nicandre), χαλαίρυπος (Cratinos), χαλατονέω (Dioscoride). L'auteur, comparant les composés en ταλαι-, ταλα-, de τλάω « supporter », part du principe que le premier élément est verbal, et qu'il s'agit de χαλάω « relâcher ». Or, comme il le dit justement, φρήν « esprit » n'est pas un complément d'objet approprié pour χαλάω. Par ailleurs, les autres composés ont χαλαι- ou χαλα- et non χαλι-, comme les composés de « supporter » ont ταλαι- ou ταλα- et non *ταλι-, donc le χαλίφρων ne s'intègre pas dans cette série.

Cependant, l'explication par une dissimilation de *χαρίφρων se heurte au fait qu'aucun autre composé en χαρι- n'a une structure où le second membre du composé ait une valeur de locatif comme le supposerait un sens « qui se réjouit en son esprit » correspondant à φρεσὶν ᾗσι χάρη (*Il*. 13, 609), ou à l'équivalent de ce dernier avec accusatif de relation χαρείη δὲ φρένα (*Il*. 6, 481). Par ailleurs, les rares composés en χαρι- qui ne soient pas des anthroponymes ont en premier élément χάρις et non χαίρω (χαριεργός « qui œuvre avec grâce » *Anth. Gr.* 6, 205, attribué à Léonidas de Tarente[17], χαριδότης « qui donne la grâce » Plutarque)[18].

---

le rapport s'expliquant par leurs traits sémantiques respectifs. Dans le couple classique « vivant » / « mort », « mort » a été refait en slave et en latin sur « vivant » et a reçu le suffixe de ce dernier (v.sl. *mrъtvъ* d'après *živъ*, lat. *mortuus* d'après *vīvus*, au lieu de la forme héritée *mr̥tó-) parce que la mort est la privation de la vie ([–VIE]), et non la vie la privation de la mort, donc la forme fondamentale est « vivant ». De même, dans le couple « ajusté » / « lâche », la forme fondamentale est « ajusté », et « lâche » se définit comme [–AJUSTÉ], et non « ajusté » comme [–LÂCHE]. Dans le couple « fort » / « faible », la forme fondamentale est « fort », ce qui justifie une réfection de *χαλίπους d'après καρταίπους.

16. Blanc 1999, repris dans Blanc 2002.

17. Il est possible que la forme soit plutôt à accentuer χαριεργός « aux travaux gracieux » (composé possessif), et que l'accent transmis par les manuscrits soit secondaire.

18. Les anthroponymes sont toujours d'analyse plus délicate étant donné les recombinaisons possibles pour des noms d'une même famille, mais là aussi, tous les composés en Χαρι- ont en premier élément χάρις et non χαίρω, quand ils ne résultent pas de l'inversion d'un composé Χ-χαρις (Χαρίδημος, inversion de Δημόχαρις / Δημοχάρης).

Un composé de structure χαίρω + locatif serait totalement isolé dans la série des composés en χαρι-, et morphologiquement irrégulier parce qu'un premier élément verbal n'est normalement pas en ι- : un *χαρίφρων ne pourrait guère être qu'un composé possessif « à l'esprit gracieux » ou « à l'esprit reconnaissant ». Et surtout, le dossier ne prend pas en compte toutes les formes. Non seulement il n'inclut pas χαλίκρητος, l'auteur partant avec tous les dictionnaires étymologiques du principe que c'est un composé de ὁ χάλις « vin pur » qui n'a rien à voir avec ce groupe[19], mais il n'inclut pas non plus ἀρτίφρων et ἀρτίπους, qui forment pourtant deux couples antonymiques on ne peut plus clairs avec χαλίφρων et χαλαίπους. Or ce sont ces formes qui permettent de résoudre la difficulté sémantique : si le sens de « ajusté » est encore sensible dans ἀρτίπους « au pied ajusté, au pied robuste », il ne l'est plus vraiment dans ἀρτίφρων « avisé », qui désigne celui qui a l'esprit sain et des pensées justes mais pas celui qui a l'esprit « ajusté » au sens propre[20]. Le composé ἀρτίφρων correspond au syntagme φρεσὶν ᾗσιν ἀρηρώς « à l'esprit bien ajusté », d'où « avisé » (Od. 10, 553). Les composés en ἀρτι- ont pris très tôt le sens de « robuste, fort » issu du sens originel de « ajusté »[21], et ce sens élargi permet la combinaison de ἀρτι- avec φρήν[22]. Par la même évolution, l'antonyme χαλι- « mal ajusté, lâche » peut se combiner avec le même φρήν pour la même raison, dans un sens élargi de « peu robuste, faible ». On ne peut pas étudier χαλίφρων et χαλαίπους en les coupant de leur antonyme.

Pas plus que ἀρτι- dans ἀρτίπους, ἀρτίφρων, le premier élément χαλι-, χαλαι- dans les antonymes n'est verbal, ce qu'indique de toute façon le sens des composés : χαλαίπους ne signifie pas « qui relâche son pied », ni χαλαίβασις « qui relâche sa marche ». La forme du premier élément χαλαι- n'est pas une variante métrique de χαλα-, verbal (χαλάω), mais de χαλι-, adjectival. Un composé en χαλι- en face du simple χαλαρός est régulier dans le cadre d'un système de Caland[23], ce qui indique sans doute que le type est assez ancien.

---

19. C'est aussi ce que fait Blanc 1999, 319 : « χάλις "vin pur" est trop loin pour le sens. »
20. De même pour l'anthroponyme Ἀρτινόη attesté à Panticapée au IVe s. (CIRB 169).
21. Sur les composés en ἀρτι- et leur évolution sémantique, voir Calame 1977. Blanc 2014, 28-29, traduit ἀρτίπος, variante de ἀρτίπους, par « qui agence bien ses pas » et voit dans ἀρτι- un premier élément nom d'agent, à la suite de F. Bader (1970) qui a proposé que *-ti- pouvait fournir des noms d'agent en composition. Ce n'est pas le cas, ἀρτι- est un nom d'action, et ἀρτίπους est un composé possessif. Que dans certains composés un premier élément en *-ti- ait pu être réinterprété comme verbal (βωτιάνειρα « qui nourrit les hommes ») ne fait pas de *-ti- un suffixe de nom d'agent et n'entraîne pas que ἀρτίφρων, ἀρτίπους aient été réinterprétés comme verbaux : la création d'après ἀρτίπους de ἀρτίχειρ : ἀρτίχειρ « aux bras robustes », ἀρτιμελής « aux membres robustes » montre bien, du reste, que ἀρτίπους était compris comme un composé possessif.
22. De même, l'esprit « dense », « serré » si fréquent chez Homère (πυκινὰς φρένας Il. 14, 294, ἐνὶ φρεσὶ πευκαλίμῃσι Il. 8, 366, πύκα περ φρονεόντων Il. 9, 554, πυκινὰ φρονέοντι Od. 9, 445, πυκινὰ φρεσὶ μήδε᾽ ἔχοντες Il. 24, 282, avec le composé πυκιμηδής Od. 1, 438) ne se comprend que par métaphore et non avec le sens propre de l'adjectif.
23. Rau 2009, 169. Rau (ibid., 166) reconstruit un *$g^h l h_2$-ró- où le suffixe aurait été ensuite remplacé par -αρός. C'est peu probable, et il est préférable de reconstruire un *$g^h l h_2$-eró- parallèle à κρατερός, κρυερός, θαλερός, et βριαρός (< *$g^w r i h_2$-eró-).

L'ancienneté du thème en -*i*- pourrait être confirmée par une glose d'Hésychius (χ 55) χάλιμα· φάρμακος *(sic)*, lit. « bouc émissaire », mais au sens large « scélérat, vaurien ». Ce χάλιμα serait un adjectif *χάλιμος, resuffixation du thème en -*i*- parallèle à κύδιμος / κυδι-άνειρα, signifiant « mal ajusté, peu solide », terme dépréciatif qui peut éventuellement être une insulte. Il semble être à la base du dérivé χαλιμάδες, qualificatif des Bacchantes chez Eschyle (fr. 448) : les lexicographes comprennent « femmes aux mœurs relâchées » et considèrent qu'il s'agit de prostituées [24]. À moins que le χάλιμα d'Hésychius ne soit une erreur pour χαλιμάς. Néanmoins, la prudence s'impose pour des mots qui ne sont transmis que par les lexicographes sans le moindre contexte.

Le seul composé en χαλα- est χαλατονέω. Ce verbe ne signifie pas « relâcher la tension », mais « avoir une tension lâche / faible » (intransitif) : donc le composé sous-jacent *χαλάτονος est un composé possessif et non un composé à premier élément verbal. Le terme s'applique chez Dioscoride aux articulations disjointes après fracture (*Mat. Med.* 1, 112, 2), et chez Héliodore à un bandage qui se desserre (*ap.* Oribase, *Collectiones medicae* 48, 33, 5). Le même verbe est employé chez Porphyre pour désigner la tension du souffle dans une flûte longue (Εἰς τὰ ἁρμονικὰ Πτολεμαίου ὑπόμνημα, p. 120), qui est moindre que dans une flûte courte parce qu'elle se relâche avec la distance. Ce verbe fait couple avec ἀτονέω « être complètement relâché », « être dépourvu de tension », qui en est probablement le modèle. Le premier élément n'est pas le verbe χαλάω, mais sans doute le même χαλι- que dans les autres composés, refait en χαλα- d'après le simple χαλαρός à une époque où le système de Caland n'était plus vivant [25].

La forme χαλαι- se trouve enfin dans un autre composé, χαλαίρυπος (Cratinos, fr. 452), glosé par Hésychius :

(χ 34) χαλαίρυπος ὁ τῶν πλυνομένων ἱματίων ῥύπος.

« saleté des vêtements qu'on lave. »

(χ 50) χαλέρυπον†· τὸ ῥύμ<μ>α τὸ ἀπὸ τοῦ νίτρου γενόμενον, ὅ τινες νίτρωμα λέγουσι.

« eau sale résultant de la lessive, que certains appellent νίτρωμα. »

---

24. Pausanias, Ἀττικῶν ὀνομάτων συναγωγή, χ 1 : χαλιμάς· ἡ πόρνη. ἀπὸ τοῦ χαλᾶσθαι τὸ σῶμα ὑπὸ μέθης ἢ μανίας « χαλιμάς : prostituée, ainsi appelée parce que son corps est relâché par l'ivresse ou la folie » (= *Suda*, χ 22). Hésychius (χ 56) : χαλιμάδες· ἀναίσχυντοι καὶ θρασεῖαι « χαλιμάδες : dévergondées et insolentes. » Eustathe, *Comm. Od.* 1, 131 : χάλις γάρ φασιν, ὁ Διονύσιος. ἐξ ἐκείνου δὲ, καὶ ὁ ἄκρατος οἶνος. ὅθεν καὶ χαλιμὰς γυνὴ κατὰ τοὺς παλαιοὺς, ἡ ὑπὸ μέθης χαλωμένη τὸ σῶμα « χάλις, à ce qu'on dit, est Dionysos. C'est d'après lui qu'on nomme le vin non coupé. D'où aussi la femme χαλιμάς d'après les anciens, celle dont le corps est relâché par l'ivresse. »

25. De même, Manéthon a un κυδόσκοπος (*Apotelesmatica* 4, 35) remplaçant le type ancien en κυδι- (κυδιάνειρα, Κυδίμαχος).

Le mot est ainsi expliqué par Pollux (*Onomasticon* 7, 39) :

ἐν ᾧ δ' ἐξέπλυνον, οὐ μόνον λίτρον [...], ἀλλὰ καὶ χαλαίρυπος, ὡς Κρατῖνος (fr. 452 Ko) ὠνόμασεν.

« l'eau dans laquelle on lavait les vêtements est appelée λίτρον [...] et aussi χαλαίρυπος, comme l'appelle Cratinos. »

Le -αι- est métriquement motivé, comme dans χαλαίποδα, pour éviter un tribraque dans un vers iambique. Le composé est difficile à analyser parce qu'il doit s'agir d'un néologisme de Cratinos, créé pour un contexte particulier et destiné à produire un effet comique, or nous n'avons plus le contexte parce que les lexicographes grecs étaient en général insensibles à ce facteur et ne citent qu'un mot comme ici ou au mieux un vers (Hipponax pour χάλις, Archiloque pour χαλίκρητος). On pourrait comprendre « qui relâche la saleté », avec en premier élément la forme verbale (bien que dans les autres composés de cette série le premier élément soit un adjectif), si l'adjectif s'applique au savon ou à l'eau savonneuse : c'est compatible avec l'explication de Pollux, moins avec les gloses d'Hésychius selon lequel le mot désigne l'eau sale après lessive et serait un synonyme de νίτρωμα, résultat de l'action de νιτρόω « lessiver ». On reviendra sur ce terme plus loin.

Quoi qu'il en soit, aucun de ces composés en χαλι- / χαλαι- n'a de rapport avec le vin. De deux choses l'une : ou χαλίκρητος n'a aucun rapport avec les composés en χαλι-, χαλαι- et a en premier élément un terme homonyme, comme l'enseigne la tradition, ou le premier élément est le même dans ces composés et il faut alors expliquer le sens de ce χαλι-, qui ne saurait être « vin ».

4. Genèse et sens du composé

4.1. Genèse

Pour expliquer la forme, il faut partir du χαλίφρων homérique. Ce dernier signifie « irréfléchi » et est de ce fait plus ou moins synonyme de ἄφρων « insensé ». Chez Homère, on voit du reste qu'il est un substitut de ἄφρων dans un contexte particulier :

Od. 4, 371 : νήπιός εἰς, ὦ ξεῖνε, λίην τόσον ἠδὲ χαλίφρων

« tu es bien naïf, mon hôte, ou bien peu réfléchi. »

Od. 19, 530 : παῖς δ' ἐμὸς εἷος ἔην ἔτι νήπιος ἠδὲ χαλίφρων

« mon fils était encore un enfant naïf et irréfléchi. »

Il. 15, 104 : νήπιοι οἳ Ζηνὶ μενεαίνομεν ἀφρονέοντες·

« naïfs que nous sommes, qui nous irritons contre Zeus, dans notre folie. »

Il semble bien que χαλίφρων, uniquement employé dans la formule de fin de vers ἠδὲ χαλίφρων et coordonné avec νήπιος, soit une variante métrique de ἄφρων, qui apparaît dans la même collocation avec νήπιος en *Il.* 15, 104 sous la forme du dérivé ἀφρονέω. Un passage de l'*Odyssée* en particulier réunit plusieurs composés en une jolie variation opposant deux couples antonymiques :

Od. 23, 11-14 : μαῖα φίλη, μάργην σε θεοὶ θέσαν, οἵ τε δύνανται
ἄφρονα ποιῆσαι καὶ ἐπίφρονά περ μάλ' ἐόντα,
καί τε χαλιφρονέοντα σαοφροσύνης ἐπέβησαν[26].
οἵ σέ περ ἔβλαψαν· πρὶν δὲ φρένας αἰσίμη ἦσθα.

« bonne mère, les dieux t'ont rendue folle, eux qui peuvent changer en insensé même le plus sensé des hommes, et qui font qu'un homme irréfléchi parvienne à une saine réflexion. Ce sont eux qui t'ont atteinte, car auparavant tu étais saine d'esprit. »

Χαλίφρων est ici antonyme non pas de ἀρτίφρων mais du synonyme σαόφρων « à l'esprit sain, sensé ». C'est donc dans le système des composés de φρήν qu'il faut expliquer χαλίφρων. Les composés signifiant « sensé, avisé » *vs* « insensé, irréfléchi » forment un système formulaire dont les valeurs métriques respectives sont les suivantes (on donne la forme du nominatif)[27] :

Terme positif	Terme négatif	Valeur métrique
*ἔμφρων (non hom., Pind.)	ἄφρων	[– –]
ἀρτίφρων (V)	ἀεσίφρων (V)	[– – –] [⌣ ⌣ – –]
σαόφρων (C), ἐχέφρων (V) περίφρων, ἐπίφρων (*Od.*)	χαλίφρων (C)	[⌣ – –]

Il en ressort clairement que χαλίφρων dans ce système fournit un adjectif sémantiquement équivalent à ἄφρων mais de même valeur métrique que

---

26. On donne ici le texte de la vulgate. Doederlein a proposé une correction χαλίφρον' ἐόντα, qui est peut-être la forme ancienne. Mais le jeu de mots chez Hipponax suppose qu'il connaissait le vers avec le dénominatif χαλιφρονέοντα.

27. Ce tableau n'inclut pas les composés de φρήν qui n'appartiennent pas à cette série sémantique comme εὔφρων « bienveillant », ταλασίφρων « endurant », κρατερόφρων « vaillant » etc.

σαόφρων (dont ἐχέφρων est la variante vocalique V)[28]. Pour ἀρτίφρων, qui est l'antonyme sémantique exact de χαλίφρων, il n'est pas couplé avec lui du point de vue métrique mais avec ἀεσίφρων, les deux brèves initiales du second équivalant à la longue initiale du premier[29]. Le système fournit ainsi des couples antonymiques pour trois valeurs métriques différentes. Il n'est pas complet en ce qu'il manque une variante vocalique (V) pour χαλίφρων et que le couple ἀρτίφρων / ἀεσίφρων n'a pas de variante consonantique (C).

Cela donne la clef du composé d'Archiloque, qui est forgé selon le rapport ἄφρων : χαλίφρων :: ἄκρητος : x = χαλίκρητος. Le néologisme χαλίκρητος est simplement un jeu sur le formulaire homérique et sur une série de composés existants. Ce jeu est même plus élaboré encore, parce que φρήν entre dans un autre composé qui a certainement joué un rôle, μελίφρων, épithète en particulier de οἶνος (*Il.* 6, 264 ; 8, 506 et 546 ; 24, 284 ; quatre occurrences dans l'*Odyssée*) et qui, de ce fait, forme un pont entre le système des composés de φρήν et celui des composés en -κρητος qui s'appliquent au vin. Or μελι- figure aussi en combinaison avec -κρητος dans le nom du mélicrat, mélange de miel et d'eau ou de lait souvent associé au vin dans les libations :

> *Od.* 10, 518-519 : ἀμφ' αὐτῷ δὲ χοὴν χεῖσθαι πᾶσιν νεκύεσσι, πρῶτα μελικρήτῳ, μετέπειτα δὲ ἡδέϊ οἴνῳ.
>
> « et verser tout autour une libation pour tous les morts, d'abord de lait mêlé de miel, puis de doux vin. »

L'adjectif μελίκρατος se trouve aussi comme épithète de οἶνος chez Oribase :

> *Collectiones medicae* 31, 11 : ἀγαθὸς δὲ καὶ ὁ μελικρᾶς οἶνος πινόμενος δι' ἡμερῶν εἴς τε κάθαρσιν τοῦ γάλακτος καὶ εἰς χρηστότητα.
>
> « le vin mêlé de miel, bu pendant la journée, est bon pour purifier le lait (de la nourrice) et pour le rendre nourrissant. »

> *ibid.* 31, 34 : τὰς δὲ δυσωδίας κἂν οἶνος εὐώδης [...] κἂν μελικρᾶς οἶνος διορθοῦν δύναιτο.
>
> « les mauvaises odeurs peuvent être atténuées par du vin odorant [...] ou du vin mêlé de miel. »

---

28. Περίφρων, épithète formulaire de Pénélope, n'est attesté qu'une fois dans l'*Iliade*, et ἐπίφρων ne se trouve que dans l'*Odyssée*. Il semble qu'on ait affaire à deux sous-systèmes différents à l'origine, l'un utilisant περίφρων / ἐπίφρων, l'autre σαόφρων / ἐχέφρων, qui finissent par se mélanger dans l'*Odyssée*.

29. Il est possible que dans un état de langue plus ancien ἀρ- < *h_2r- ait été une syllabe brève, si l'on remonte à un stade antérieur à la vocalisation du ṛ, mais dans le système homérique on n'a pas de trace métrique de ṛ pour cette racine.

Substantivé, le terme *mélicrat* dans la littérature médicale désigne un mélange sans vin, mais c'est une spécialisation secondaire. Miel et vin entraient dans la composition du κυκεών, mentionné sous sa forme complète dans *Od*. 10, 234-235, où il est préparé par Circé, et sous une forme incomplète en *Il*. 11, 639-640, où il est préparé par Hécamède et où le miel n'est pas mentionné [30]. Le miel est encore associé au vin dans l'adjectif μελιηδής « doux comme le miel », épithète traditionnelle de οἶνος, et variante de μελίφρων avec lequel il est en distribution métrique complémentaire. Dès lors, μελίκρητος peut avoir suggéré la création de χαλίκρητος comme variante de ἄκρητος, les deux composés ne différant que par la syllabe initiale. La mise en parallèle des deux séries donne le tableau suivant :

μελίφρων (οἶνος)	ἄφρων	χαλίφρων
μελίκρητος (οἶνος)	ἄκρητος (οἶνος)	χαλίκρητος (οἶνος)

La genèse de la forme est donc limpide : χαλίκρητος s'explique simplement par une manipulation active du formulaire homérique et le χαλίκρητον μέθυ d'Archiloque correspond à l'homérique οἴνῳ ἐν ἀκρήτῳ (*Od*. 24, 73). Si χαλίκρητος est un néologisme d'Archiloque, cela montre que ce dernier maîtrisait encore les techniques de composition anciennes. Mais il peut aussi avoir trouvé ce terme dans un hexamètre épique que nous n'avons pas conservé. Le fait que le même syntagme soit repris chez Apollonios de Rhodes, qui n'est pas coutumier des emprunts à Archiloque, fait penser que la source serait plutôt un vers épique perdu – mais il n'est pas exclu non plus qu'un poète épique ait repris le syntagme d'Archiloque et ait ensuite été la source d'Apollonios. Malheureusement, le vers d'Archiloque est cité isolément, ce qui empêche de savoir s'il faisait partie d'un jeu plus développé sur le formulaire épique. De même, les σπονδαὶ χαλίκρητοι d'Eschyle, empruntées à l'ionien vu la forme de l'adjectif [31], correspondent aux σπονδαί τ' ἄκρητοι homériques (*Il*. 2, 341 ; 4, 159). Ce syntagme doit lui aussi reprendre un modèle épique plutôt qu'être emprunté à Archiloque.

4.2. Sens

Cela ne dit pas, toutefois, quel sens Archiloque donnait au composé et s'il entendait χαλίκρητος comme un synonyme de ἄκρητος « pur » ou comme « faiblement mélangé », parallèle à χαλίφρων « faible d'esprit, irréfléchi », variante de ἄφρων mais non synonyme complet. La même évolution vers le sens de « faible » constatée pour les composés en χαλι- par opposition avec

---

30. Sur le lien entre le κυκεών et le rituel du *soma* en Inde, qui indique une origine indo-européenne de ce breuvage, voir Watkins 1978.

31. La forme attique χαλίκρᾱτον se trouve chez Hésychius.

les composés en ἀρτι- s'observe en ionien pour l'adjectif simple χαλαρός et l'adverbe χαλαρῶς « mollement, faiblement, légèrement », notamment dans le vocabulaire médical. On trouve ainsi chez Hippocrate

> Τοῦτον ἢν μὲν ἡ νοῦσος χαλαρῶς λάβῃ
>
> « si la maladie prend cet homme légèrement » (*De morbis* III, 4).
>
> Ὅταν δὲ τούτων ἀπῇ τι τῶν σημηΐων, χαλαρωτέρην δηλοῖ τὴν νοῦσον.
>
> « si l'un de ces signes manque, cela indique que la maladie est plus légère » (*ibid.*, III, 10).

La maladie est un nom abstrait et χαλαρός appliqué à νοῦσος ne peut avoir son sens propre, mais, comme pour χαλίφρων, il s'agit d'un sens évolué. Le verbe χαλάω présente la même évolution et chez Hippocrate il s'applique à une maladie ou à un symptôme qui s'affaiblit et perd en intensité, c'est l'antonyme de ἐπιτείνω « s'intensifier » : ἔστ' ἂν ἡ ὀδύνη χαλάσῃ « jusqu'à ce que la douleur se relâche » (*De morbis* II, 69)[32]. Le verbe χαλατονέω, quant à lui, peut se comprendre aussi bien avec le sens propre « avoir une tension lâche » qu'avec le sens plus général « avoir une tension faible », distinct de ἀτονέω qui indique l'absence de tension.

Le χαλίκρητον μέθυ d'Archiloque est donc soit du « vin pur », soit du « vin faiblement mélangé », autrement dit du « vin peu coupé » : le syntagme redevient par là intelligible, contrairement à « vin mêlé de χάλις ». Les libations d'Eschyle seraient quant à elles de vin pur ou peu coupé : les libations pouvaient se faire avec du vin pur ou coupé, on a ainsi dans une loi sacrée de Cos mention de σπονδὰς [ἄκρατο]ν καὶ κεκραμέναν (*HGK* 1, l. 37, milieu du IVᵉ s.). Et il n'est pas exclu que le χαλαίρυπος de Cratinos ne soit rien d'autre que de l'eau de lessive « légèrement crasseuse ».

La proportion d'eau ajoutée au vin variait suivant les vins et les circonstances. Hésiode parle d'un quart de vin et trois quarts d'eau (*Op.* 596 τρὶς ὕδατος προχέειν, τὸ δὲ τέτρατον ἱέμεν οἴνου « verser trois mesures d'eau et y jeter une quatrième mesure de vin »), Alcée (fr. 41) et Anacréon (fr. 63b) d'un tiers de vin et deux tiers d'eau, d'autres de deux cinquièmes de vin, ou de trois cinquièmes. Le vin trop coupé était appelé ὑδαρής « aqueux ». Les différentes proportions sont discutées chez Athénée, *Deipn.* X, 27-29 et X, 35-37 Kaibel. Les proportions pour le vin à usage thérapeutique pouvaient être encore autres. Hippocrate mentionne le vin ἄκρητος « pur », εὔκρητος « bien coupé »,

---

32. Le verbe conserve aussi son sens propre, tout comme l'adjectif χαλαρός du reste : le sens élargi se développe à côté du sens propre sans l'éliminer, et χαλαρός appliqué à un bandage signifie toujours « lâche, peu serré », et à une articulation « qui permet du jeu ».

*ἰσόκρητος « coupé de moitié » (*De morbis* II, 42) [33]. Pour le vin « peu coupé », le composé transparent ὀλιγόκρατος n'est pas attesté avant Origène (*Homiliae in Psalmos* 12, 5), où il est opposé à ἄκρατος et εὔκρατος.

L'attique emploie pour désigner le vin peu coupé le comparatif absolu ἀκρατέστερος « assez pur ». On le trouve par exemple chez Aristote :

> *Probl.* 3, 3 : διὰ τί μᾶλλον κραιπαλῶσιν οἱ ἀκρατέστερον πίνοντες ἢ οἱ ὅλως ἄκρατον;
>
> « pourquoi ceux qui boivent du vin peu coupé ont-ils plus mal à la tête que ceux qui boivent du vin tout pur ? »
>
> *Probl.* 3, 14 : διὰ τί ἀπὸ τοῦ κεκραμένου μέν, ἀκρατεστέρου δέ, ἔωθεν μᾶλλον πονοῦσι τὴν κεφαλὴν ἢ ἀπὸ τοῦ ἀκράτου;
>
> « pourquoi a-t-on le lendemain plus mal à la tête quand on a bu du vin coupé, mais peu coupé, que quand on a bu du vin pur ? »

De même chez les médecins (Dioclès, fr. 182 et 183a, Érasistrate, fr. 214). On le trouve aussi dans le corpus hippocratique sous la forme ἀκρητέστερος :

> *De morbis* II, 27 : ἐπιπινέτω οἶνον οἰνώδεα ἀκρητέστερον
>
> « qu'il boive avec du vin vineux peu coupé. »
>
> *De diaeta* i-iv, 79 : οἴνῳ δὲ μέλανι ἀκρητεστέρῳ αὐστηρῷ
>
> « et avec du vin rouge, peu coupé, sec. »

Dans une telle série, χαλίκρητος, s'il était compris, non comme « non coupé, pur », mais comme « légèrement coupé », est un équivalent poétique du prosaïque ἀκρητέστερος « peu coupé ». Les lexicographes le glosent par ἄκρατος : cela peut renvoyer aussi bien au vin pur qu'au vin peu coupé puisque le terme désignant ce dernier, ἀκρατέστερος, est le comparatif de ἄκρατος. Dans l'ensemble, donc, l'interprétation des lexicographes est correcte pour χαλίκρητος. On aurait pu en rester là. Mais la création du décomposé χάλις par Hipponax a tout fait dérailler.

---

33. Le manuscrit a ἰσοκρατέϊ, qui ne saurait être la forme d'Hippocrate et doit être un atticisme secondaire pour *ἰσόκρητος parallèle aux autres membres de la série et correspondant à la forme ἰσοκρᾶς mentionnée par Hérodien. Une correction ἰσοκρήτῳ a été proposée par Ermerins (probablement à raison), ἰσοκρῆτι par Schmidt. Ἰσόκρατος est attesté chez Rufus (*De corporis humani appellationibus* 226), qui dit que Praxagoras appelle ainsi un χυμός. Vraisemblablement un ἰσοκράτῳ atticisé a été corrigé par un copiste qui ne connaissait pas cette forme en ἰσοκρατεῖ, du beaucoup plus familier ἰσοκρατής. On a aussi proposé que cette forme soit une correction ancienne pour ἰσοκραέϊ (ἰσοκραής, *Index hippocraticus*, s.v.), là aussi par confusion avec ἰσοκρατής, mais c'est peu probable dans la mesure où les composés en -κραής sont attiques et non ioniens.

Les composés en -κρᾶτος et leur variante en -κρᾶς ont deux types de premier élément : des noms à valeur instrumentale (μελίκρᾶτος « mêlé de miel », d'où substantivé « mélicrat », miel mêlé d'eau ou de lait, ἀργυρόκρᾶτος « mêlé d'argent », γαλακτοκρᾶς « mêlé de lait », χαλκοκρᾶς « mêlé de bronze », ces deux derniers cités par Hérodien, *De prosodia catholica*, Lentz III/1, p. 61), et des adverbes ou des adjectifs employés adverbialement (εὔκρᾶτος « bien mélangé », νεόκρᾶτος « nouvellement mélangé », ainsi que εὐκρᾶς, νεοκρᾶς, ἰσοκρᾶς). L'analyse proposée ci-dessus rattache χαλίκρητος au type à premier élément adverbial. Mais on pouvait aussi interpréter le composé avec un premier élément instrumental, du type μελίκρᾶτος, et c'est cette dernière interprétation qu'a retenue la tradition, à tort. Une fois χάλις créé comme un hypocoristique de χαλίκρητος, avec le sens de « vin pur » ou de « vin presque pur », ce terme a été non seulement réutilisé par d'autres poètes, mais utilisé par les lexicographes pour expliquer les composés anciens. Pour expliquer χαλίκρητος lui-même, comme il est attendu, ainsi qu'on l'a vu avec la scholie à Apollonios de Rhodes, *Arg.* 1, 473 :

χαλίκρητον· τὸν ἄκρατον, τὸν χαλῶντα τὰς φρένας. Ἀθηναῖοι δὲ τὸν ἄκρατον χάλιν λέγουσιν.

« χαλίκρητον : vin non coupé, qui relâche l'esprit. Et les Athéniens appellent le vin pur χάλις. »

Mais aussi pour expliquer le vieux composé homérique χαλίφρων :

scholie D *Od.* 19, 530 : χαλίφρων] κεχαλασμένας ἔχων τὰς φρένας, ἀσύνετος καὶ ἄφρων, ἐναντίος τῷ "πυκινὰ φρεσὶ μήδε' ἔχοντι". ἔνιοι δὲ χαλίφρονα τὸν ἀκρατόφρονα. χάλις γὰρ ὁ οἶνος ὁ ἀναχαλῶν τὰς φρένας. ἐναντίον οὖν τῷ "φρεσὶ γὰρ κέχρηται ἀγαθῇσι" (*Od.* 3, 266.). τὸ δ' αὐτὸ καὶ ἐπὶ τοῦ "χαλιφροσύναι γ' ἔμ' ἔχουσι" (*Od.* 16, 310.), δηλοῦται, οἷον ἀφροσύναι. ZM

« χαλίφρων : ayant l'esprit relâché, inintelligent, sot, antonyme de πυκινὰ φρεσὶ μήδε' ἔχοντι "ayant en son esprit des pensées avisées" (lit. "denses"). Mais d'autres comprennent χαλίφρονα comme "à l'esprit troublé par le vin", car χάλις est le vin, qui relâche l'esprit. Il s'oppose donc à φρεσὶ γὰρ κέχρηται ἀγαθῇσι "car il a de saines pensées". La même chose vaut pour χαλιφροσύναι γ' ἔμ' ἔχουσι, qui équivaut à ἀφροσύναι "folie"[34]. »

---

34. La première partie figure à l'identique chez Apollonius, *Lexicon homericum*, p. 166 : χαλίφρων κεχαλασμένος κατὰ τὰς φρένας, ἀσύνετος, ἐναντίος τῷ ἐναντίος τῷ "πυκνὰ φρεσὶ μήδε' ἔχοντι". ἔνιοι δὲ ἀκρατόφρονα· χάλις γὰρ ὁ οἶνος ὁ ἀναχαλῶν τὰς φρένας.

C'est en substance la traduction en termes d'étymologie du jeu de mots d'Hipponax, comme l'avait déjà noté Masson. Cette explication est largement reprise par les lexicographes anciens. On la retrouve par exemple chez Orion, *Etymologicum*, chi, p. 162 :

> χαλίφρων· κυρίως ὁ ἐν μέθηι ἀφραίνων· 'χάλις' γὰρ ὁ ἄκρατος οἶνος, παρὰ τὸ 'χαλᾶν' καὶ ἀνιέναι ἀραρυίας τὰς φρένας.

> « χαλίφρων : au sens propre, celui que l'ivresse rend insensé, car χάλις désigne le vin pur, <ainsi nommé> du fait qu'il relâche et laisse divaguer les esprits avisés. »

On notera que le commentaire relève l'antonymie entre χαλι- et ἀρτι- sous la forme de ἀραρυίας τὰς φρένας. Comme tous les lexicographes, y compris ceux qui sont réputés sérieux, notamment Hésychius, mentionnent ce mot χάλις (χάλις· ὁ ἄκρατος οἶνος. καὶ <χαλίφρων> ὁ μεμηνὼς καὶ κεχαλασμένος τὰς φρένας, Hsch., χ 57), qui, de fait, est attesté dans la littérature grecque et même épigraphiquement (ci-dessus, 1.), les modernes n'ont pas remis en cause cet enseignement et ont suivi aveuglément les anciens, à quelques nuances près. De manière amusante, l'étymologie synchronique rattachant χάλις au groupe de χαλάω est *in fine* correcte : si l'explication du vin qui relâche l'esprit pour χαλίφρων est fantaisiste, χάλις appartient bien en dernier ressort au groupe de χαλάω, puisque c'est un lointain avatar de χαλίφρων.

5. Nicandre

On trouve chez Nicandre des formes différentes, notamment un dérivé χαλικραίη... δεδαμασμένος οἴνη « dompté par un vin (presque) pur » (*Alex.* 29). Cette forme, que la scholie interprète à tort comme un composé de χαλάω « relâcher » et κάρα « tête »[35], repose sur un doublet *χαλικρᾶς du même type que εὐκρᾶς, νεοκρᾶς, μελικρᾶς (ci-dessus, 4.2.), avec traitement attique de la voyelle longue. Nicandre reprend là le χαλίκρητος des poètes sous la forme du doublet en -κρᾶς, en ajoutant sa marque personnelle par la création d'un adjectif dérivé en -αιος.

Le comparatif χαλικρότερον ποτόν (*Alex.* 59), χαλικροτέρη πόυις οἴνης (*Alex.* 613), qui fait écho au χαλίκρητος ποτός donné comme lemme dans la *Suda* (ci-dessus, 1.), est mentionné dans la composition d'un remède : il est probable que son modèle est justement ἀκρατέστερος avec l'emploi absolu du comparatif et qu'il faut traduire χαλικρότερον ποτόν par « boisson assez peu coupée » et non par « vin pur ». Une scholie au v. 49 glose improprement

---

35. La scholie 29b glose χαλᾷ γὰρ τὸ κάρα εὐανάδοτος.

ἡδύτατον[36], mais une autre scholie au v. 613 glose χαλικροτέρη· ἀκρατοτέρα πόσις οἴνου πολλὴ παραχρῆμα ἰάσαιτο « boire beaucoup de vin peu coupé peut soigner aussitôt » (613b) – ce qui montre que le scholiaste avait compris. Une autre encore glose ζωροτέρως κραθεῖσα « mélangée en mélange fort » (613c), référence à *Il.* 9, 103 κρητῆρα ζωρότερον κέραιε « il mêla un cratère de vin fort ». On considère en général que χαλικρότερος est une variante métrique d'un *χαλικραιότερος, ou qu'il suppose un *χαλικρός qui serait encore une autre variante de l'adjectif. Mais ce n'est pas nécessaire. En effet, les grammairiens anciens notent que ἀκρατέστερος sur ἄκρατος est irrégulier, car on attendrait *ἀκρᾱτότερος, et ils donnent des exemples parallèles de comparatif en -έστερος sur une forme thématique[37]. Or le χαλικρότερος de Nicandre, un comparatif en -ότερος formé sur un adjectif simple athématique *χαλικρᾶς, est le symétrique morphologique de ἄκρατος / ἀκρατέστερος. Il ne suppose pas un doublet thématique mais est directement dérivé de la forme athématique dans une configuration à quatre termes. Nicandre joue là non seulement sur le rapport entre la forme de prose et son équivalent poétique (χαλι- / ἀ-) mais aussi sur les règles morphologiques, par l'exploitation consciente, à des fins de virtuosité poétique, d'une irrégularité soulignée par les érudits contemporains. Ce jeu n'est visible que si l'on prend en compte les deux couples ἄκρατος / ἀκρατέστερος et *χαλικρᾶς / χαλικρότερος et non si l'on ne considère que le dernier couple.

Enfin, le même Nicandre a un Πράμνιον αὐτοκρηές « vin de Pramnos non coupé », lit. « mélangé avec lui-même » (*Alex.* 163). C'est une variante poétique de αὐτόκρᾱτος, attesté chez Phrynichos l'Atticiste (IIe s. apr. J.-C.), Pollux, Athénée et les lexicographes[38] : Nicandre utilise là le même principe que pour

---

36. Cette glose obéit à ce que j'ai appelé le principe de permutation contextuelle, qui consiste à expliquer un syntagme AB, où l'adjectif A est de sens obscur, par un syntagme parallèle CB, où l'adjectif C est clair, en considérant que A et C sont synonymes (Le Feuvre 2015, 37-42). Le syntagme comparant ici est ἡδὺ ποτὸν πίνων (*Od.* 9, 354) : χαλικρότερον ποτόν (AB) = ἡδὺ ποτόν (CB), donc *χαλικρο- = ἡδυ-.

37. Philoxène, fr. 338 (*ap.* Athénée, *Deipn.* 10, 24 Kaibel) : τῷ δὲ ἀκρατέστερον Ὑπερείδης κέχρηται ἐν τῷ κατὰ Δημοσθένους (p. 23 B.3 = p. 24 Jensen) γράφων οὕτως· "εἰ μέν τις ἀκρατέστερον ἔπιεν, ἐλύπει σε". τούτῳ ὅμοιόν ἐστι τὸ "ἀνιηρέστερον" (β 190) καὶ τὸ ἐν Ἡλιάσιν Αἰσχύλου (fr. 72 N.2 = 106 M.) "ἀφθονέστερον λίβα". καὶ Ἐπίχαρμος δὲ ἐν Πύρρᾳ (fr. 121 Kaibel) "εὐωνέστερον" ἔφη « Hypéride emploie ἀκρατέστερον dans son *Contre Démosthène*, où il écrit "si l'on avait bu du vin peu coupé, cela te chagrinait". Cette forme est semblable à ἀνιηρέστερον "plus ennuyeux" (*Od.* 2, 190) et à ἀφθονέστερον λίβα "verse plus généreusement" dans les *Héliades* d'Eschyle ; et Epicharme a employé dans sa *Pyrrha* εὐωνέστερον "meilleur marché". »

38. Phrynichos, *Praeparatio sophistica* (epitome), p. 29 : αὐτόκρατον· ἐπὶ τοῦ ἀμιγοῦς καὶ ἀκεράστου καὶ ἀκράτου οἴνου. παρὰ γὰρ τοῖς πολλοῖς καθωμίληται τὸ αὐτόκρατον ἐπὶ τοῦ συμμέτρως κεκραμένου « αὐτόκρατον : se dit du vin non coupé, non mêlé, pur. Et chez la plupart le mot est employé pour désigner le vin coupé avec mesure. » Pollux, *Onomasticon* 6, 24 : αὐτόκρας ὁ μηδεμιᾶς προσθήκης δεόμενος, καὶ αὐτοκέρας καὶ αὐτόκρατον « αὐτόκρας est celui qui n'a besoin d'aucun ajout, qu'on appelle aussi αὐτοκέρας et αὐτόκρατον. » Athénée, *Deipn.* 1, 59 :

*χαλικρᾶς au lieu de χαλίκρητος en changeant le suffixe du mot. Il s'agit de vin suffisamment doux pour n'avoir pas besoin d'être coupé. La scholie 163d glose ἄκρατον, οὐκ ἔξωθεν ἔχον κρᾶσιν. Peut-être peut-on y voir une allusion au κυκεών, puisque dans les deux exemples homériques de κυκεών il s'agit de vin de Pramnos : le remède de Nicandre est du vin de Pramnos non pas mélangé avec autre chose mais qui se suffit à lui-même. Le composé αὐτόκρᾶτος pourrait avoir fourni le modèle d'après lequel χαλίκρητος a été interprété comme « mêlé de vin pur », si la langue possédait déjà un composé signifiant (vin) « mélangé avec du vin », mais il n'est pas attesté en ionien et Nicandre en fournit la première occurrence. La coexistence de Πράμνιον αὐτοκρηές et χαλικραίη οἴνη est-elle une manière d'affirmer que les deux composés ne sont pas synonymes, contrairement à l'interprétation des érudits contemporains de Nicandre ?

6. Χαλειδοφόρος

En conséquence, il est peu probable que le χαλειδοφόρος attesté à Messène à l'époque impériale (ci-dessus, 1.) ait le moindre rapport avec χάλις si ce dernier est un terme exclusivement poétique. Il s'agit d'une fonction toujours mentionnée après ἀγωνοθέτης et ἱεροθύται, sous leur forme de *koinè*. Si χαλειδοφόρος n'est pas koinéisé, c'est parce qu'il s'agit d'un nom local qui n'avait pas d'équivalent exact en *koinè*. Χάλις « vin pur » étant exclu, il pourrait s'agir d'un *σχαλιδοφόρος « porteur de bâton » : le premier élément serait σχαλίς, -ίδος (ἡ), attesté chez Xénophon, où il désigne un piquet servant de support aux filets de chasse (*Cyn.* 2, 7 ; 2, 8 ; 6, 7 ; 6, 9), chez Oppien d'Apamée (*Cyn.* 1, 151), et mentionné par Pollux (*Onomasticon* 5, 19[39] ; 5, 31, 32) et Hésychius (σ 2951). On sait que les mots à initiale sC- ont souvent un doublet sans [s], consécutif à l'amuïssement du [s] en sandhi[40]. Ce même σχαλίς est du reste attesté sous la forme sans [s] ἀπὸ τῶν χαλίδων chez Themistius (Σοφιστής 297a, sans variante). Le sens précis de σχαλίς dans le vocabulaire de la chasse est sans doute dérivé d'un sens plus large « piquet, bâton », qui serait conservé dans le nom de cet officiel du culte impérial à Messène, où ce « bâton » serait l'équivalent d'un sceptre, peut-être d'une forme particulière, ou d'une baguette, ou d'un κηρύκιον « bâton de héraut ». Le composé s'intègrerait dans la série σκηπτροφόρος / σκηπτοῦχος, ῥαβδοφόρος / ῥαβδοῦχος[41], βακτροφόρος,

---

ὃ μὲν γὰρ αὐστηρός ἐστιν, ὃ δὲ γλυκάζων, ὃ δὲ μέσος τούτων τῇ γεύσει αὐτόκρατος καλεῖται « l'un est sec, l'autre doux, et celui qui est de goût intermédiaire entre eux est appelé αὐτόκρατος. »

39. Pollux a aussi le dérivé σχαλιδώματα (*Onomasticon* 5, 19).

40. Schwyzer, *Gr. Gr.* I, 334, qui cite entre autres (σ)κάπετος « fossé », (σ)κίδνημι « disperser », (σ)φάκελος « carie », (σ)πέλεθος « excrément ».

41. Ce dernier est attesté en Messénie, à Andanie, dans *IG* V, 1 1390 (92/91 av. J.-C.), où il s'agit des mystères de Déméter et où il n'est pas exclu qu'il s'agisse d'une importation du terme attique – l'inscription est mixte, en *koinè* pour l'essentiel mais avec des formes épichoriques.

De même, σκῆπτρον désigne le sceptre aussi bien que le bâton de marche, et βακτηρία le bâton et l'insigne du juge (Démosthène, *Cor.* 210). Le χαλειδοφόρος pourrait exercer une fonction de héraut et être l'équivalent d'un licteur qui porte bel et bien des ῥάβδοι.

La graphie < ει >, constante, fait qu'une erreur due à l'iotacisme est peu probable. Mais ce mot n'ayant pas d'étymologie connue, on ne sait quelle est la forme ancienne : il est possible que *(σ)χαλειδ- soit plus ancien que (σ)χαλιδ- et que ce dernier résulte d'une attraction secondaire au type des féminins en -ίδ-, en expansion en ionien-attique. Oppien d'Apamée, qui fournit la seule attestation en poésie, a un ῐ, mais cela ne garantit pas que cet ῐ est originel, dans la mesure où la source d'Oppien est sans doute Xénophon. La rétention d'une forme ancienne dans un nom de magistrature, vocabulaire par essence conservateur, ne saurait surprendre. Toutefois, Masson parle d'un « composé récent » en raison de l'attestation tardive, et c'est sans doute juste. Ancienneté et date tardive ne sont pas inconciliables. Il est en effet concevable que pour le nouveau culte impérial on ait ressuscité un terme ancien tombé en désuétude et qu'on l'ait utilisé pour forger un nouveau composé en -φόρος. En grec, « licteur » est rendu par ῥαβδοφόρος, mais comme ῥαβδοφόρος est attesté à Andanie dans un contexte différent, celui des mystères de Déméter, on aurait recouru pour le héraut du culte impérial à un autre terme, pour garder distinctes les deux fonctions : exhumer un mot ancien pouvait conférer un certain prestige à cette nouvelle fonction [42].

7. Retour à Hésychius

Le rapprochement de χάλις avec la glose d'Hésychius κάλιθος· οἶνος. Ἀμερίας devient dès lors caduc. On comparait les deux formes en admettant une dissimilation d'aspiration inverse, comme dans χιτών / κιθών / κιτών « tunique », χάλκος / κάλχος « bronze » : on constate de tels flottements dans les mots d'emprunts, d'où l'idée que χάλις était un emprunt. Mais si χάλις est une création du grec, dont on a démonté ci-dessus le mécanisme, cette comparaison ne repose plus sur rien. La glose d'Hésychius, dont on ne sait rien par ailleurs, reste isolée, et l'on ne peut faire que des hypothèses. Une possibilité serait qu'il faille ponctuer non οἶνος. Ἀμερίας mais οἶνος Ἀμερίας « vin d'Ameria ». Ameria était une cité d'Italie située en Ombrie, et le vin produit en Ombrie était et reste réputé. Κάλιθος pourrait être simplement une transcription d'une forme palatalisée du nom de la coupe à boire, lat. *calix, calicis*, lui-même emprunté au grec κύλιξ : un latin tardif [kaliʧe] (it. *calice*), en l'absence d'affriquée sifflante ou chuintante en grec, ne pouvait être rendu que par un équivalent approximatif, qui pourrait être le θ interdental du

---

42. Je remercie P. Hamon et D. Mulliez pour leurs remarques sur ce χαλειδοφόρος.

grec tardif[43]. Qu'un syntagme κάλιθος Ἀμερίας « coupe d'Ameria »[44] soit utilisé au sens de « coupe de vin d'Ameria » et glosé οἶνος Ἀμερίας ne fait pas plus de difficulté qu'en français un *verre de Sauternes*.

8. Conclusion

Il faut donc ajouter χαλίκρητος à la petite série des composés en χαλι-. Ce composé est né d'une manipulation du formulaire homérique et le couple ἄκρητος / χαλίκρητος est directement fait sur le modèle de ἄφρων / χαλίφρων qui sont en distribution métrique complémentaire chez Homère. On ne doit pas se laisser influencer par l'analyse des anciens qui ont raisonné en partant d'un mot qui est en fait un fantôme. Loin que la base soit le χάλις attesté chez Hipponax, et qui « doit déjà être connu d'Archiloque » (Masson) puisqu'il est présent dans χαλίκρητος, il faut renverser la chaîne de dérivation communément admise : la véritable chaîne suit en fait la chronologie des attestations, χαλίφρων (*Odyssée*) → χαλίκρητος (Archiloque, VIIe s.) → χάλις (Hipponax, VIe s.). Cette chaîne repose sur des jeux successifs sur le formulaire poétique : loin que χάλις soit « un terme dialectal, peut-être familier ou vulgaire » (Masson), c'est au contraire une création artificielle propre à la poésie, relevant d'un procédé de décomposition, peu fréquent en grec mais néanmoins productif pour former des hypocoristiques. Ce néologisme, probablement créé par Hipponax pour le plaisir d'un jeu de mots érudit, et repris par quelques poètes postérieurs, a été ensuite pris pour argent comptant par les lexicographes grecs. Comme quoi Hipponax, par son bon mot original, a réussi à brouiller les pistes au-delà de toute espérance.

Claire LE FEUVRE
Sorbonne Université – UMR 8167 Orient & Méditerranée

Bibliographie

Sources

Allen, T.W., 1917-1920 : *Homeri opera* (vol. 1 et 2 *Odyssey*, 2e éd. ; vol. 3 et 4 *Iliad*, 3e éd.), Oxford, Clarendon Press.

---

43. La palatalisation de [k] devant [e] et [i] en latin vulgaire est attestée épigraphiquement au Ve s. seulement (Leumann 1977, 152), mais est plus ancienne.
44. Ceci en supposant que κάλιθος est bien un nominatif et non un génitif, ce qui serait également possible, soit « d'une coupe d'Ameria ». Hésychius respecte en général le cas du lemme dans sa glose, donc le nominatif οἶνος suggère que κάλιθος est aussi un nominatif.

Bekker I., 1833 : *Apollonii Sophistae lexicon Homericum*, Berlin, Reimer (réimpr. 1967 Hildesheim, Olms).
Bethe E., 1900-1931 : *Pollucis onomasticon*, 2 vol., Leipzig, Teubner (*Lexicographi Graeci* 9.1 et 9.2).
Borries J. de, 1911 : *Phrynichi sophistae praeparatio sophistica*, Leipzig, Teubner.
CIRB = Struve, V., *Corpus Inscriptionum Regni Bosporani*, Moscou, 1965.
Downey G., Norman A.F., Schenkl H., 1971 : *Themistii orationes quae supersunt*, vol. 2, Leipzig, Teubner.
Düring I., 1932 : *Porphyrios. Kommentar zur Harmonielehre des Ptolemaios*, Göteborg, Elanders.
Dyck A., 1995 : *Epimerismi Homerici: Pars altera. Lexicon* αἱμωδεῖν, Berlin – New York, de Gruyter.
Ermerins F.Z., 1862 : *Hippocratis et aliorum medicorum veterum reliquiae* vol. 2, Amsterdam.
Ernst N., 2006 : *Die D-Scholien zur Odyssee. Kritische Ausgabe*, Cologne. Édition électronique disponible en ligne : https://kups.ub.uni-koeln.de/1831/1/D-Scholien.pdf
Geymonat M., 1974 : *Scholia in Nicandri alexipharmaca*, Milan, Istituto Editoriale Cisalpino.
HGK = Herzog R., 1928 : *Heilige Gesetze von Kos*, Berlin.
IG V, 1 = Kolbe W., 1913 : *Inscriptiones Laconiae et Messeniae*, Berlin.
IGCyr = Dobias-Lalou C., *Inscriptions of Greek Cyrenaica*. Édition électronique disponible en ligne : https://igcyr.unibo.it
Jacques, J.-M. : *Nicandre, Les Alexipharmaques*, Paris, Les Belles Lettres (CUF).
Jouanna J., 1983 : *Hippocrate, Maladies II* (tome X, 2ᵉ partie), Paris, Les Belles Lettres (CUF).
Latte K., 1953-1966 : *Hesychii alexandrini lexicon*, Copenhague, Munksgaard (vol. 1 et 2, Α – Ο ; vol. 3, Π – Σ par Peter A. Hansen, 2005 ; vol. 4, Τ – Ω par Ian C. Cunningham, Peter A. Hansen, 2009 ; 2ᵉ éd. du vol. 1 par Peter A. Hansen, 2018).
Lentz A., 1867-1870 : *Grammatici Graeci*. Vol. III/1 and III/2, *Herodiani technici reliquiae*, Leipzig (réimpr. 1965 Hildesheim, Olms).
Masson O., 1962 : *Les fragments du poète Hipponax. Édition critique et commentée*, Paris, Klincksieck.
Orlandos A., 1970 : Εργον αρχαιολογικής εταιρείας κατά το 1969, Athènes.
Page D.L., 1962 : *Poetae melici Graeci*, Oxford, Clarendon Press (réimpr. 1967 avec corrections).
Raeder J., 1933 : *Oribasii collectionum medicarum reliquiae*, vol. 4, Leipzig, Teubner (Corpus medicorum Graecorum 6.2.2.).
West M.L., 1971 : *Iambi et elegi Graeci*, vol. 1, Oxford, Clarendon Press.

Dictionnaires

Beekes R.S.P., *EDG* : *Etymological Dictionary of Greek*, Leyde, Brill, 2010.
Chantraine P., *DELG²* : *Dictionnaire étymologique de la langue grecque. Histoire des mots*. 2ᵉ éd. avec supplément par A. Blanc, Ch. de Lamberterie, J.-L. Perpillou, Paris, Klincksieck, 1999.
Fleischer U., Kühn H.J., 1986-1989 : *Index Hippocraticus*, Göttingen, Vandenhoeck & Ruprecht.
Frisk Hj., *GEW* : *Griechisches Etymologisches Wörterbuch*, Heidelberg, Winter, 1960-1972.

Littérature secondaire

Bader F., 1970 : « Neutres grecs en *-ti-* : absolutifs et privatifs verbaux », *BSL* 65/1, 85-136.
Bettarini L., 2017 : *Lingua e testo di Ipponatte*, Pise, Fabrizio Serra.
Blanc A., 1999 : « Etymologies homériques (1. χαλίφρων, 2. ἄκμηνος, 3. ἀβληχρός) », *BSL* 94/1, 317-338.
Blanc A., 2002 : « Disguised compounds in Greek: Homeric ἀβληχρός, ἀγαυός, ἄκμηνος, τηλύγετος and χαλίφρων », *TPhS* 100, 169-184.
Blanc A., 2014 : « Existence, sens et étymologie de l'adjectif ἀπαρτής », *in* I. Boehm, N. Rousseau (éd.), *L'expressivité du vocabulaire médical en Grèce et à Rome. Hommages à Françoise Skoda*, Paris, PUPS, 19-32.
Calame C., 1977 : « Die Komposita mit ἀρτι- im frühgriechischen Epos », *MH* 34/4, 209-220.
Chantraine P., 1933 : *La formation des noms en grec ancien*, Paris, Klincksieck.
Hawkins Sh., 2013 : *Studies in the language of Hipponax*, Brème, Hempen.
Helly B., 1993 : « Accord de sympolitie entre Gomphoi et Thamiai (Ithômé) », *in* E. Crespo, J.L. García Ramón, A. Striano, *Dialectologica Graeca, Actas del II Coloquio Internacional de Dialectologia Griega*, Madrid, Ediciones de la Universidad Autónoma de Madrid, 167-200.
Kuryłowicz J., 1949 : « La nature des procès dits "analogiques" », *Acta linguistica* 5, 15-37.
Le Feuvre C., 2007 : « La reprise décalée, un procédé de renouvellement formulaire dans la poésie lyrique et épique grecque ; sur les composés grecs πολυδήνης / skr. *púrudaṃsas-*, *μελιϝεπής / skr. *mádhuvacas-* », *in* A. Blanc, E. Dupraz (éd.), *Procédés synchroniques de la langue poétique en grec et en latin* (actes du colloque de Rouen, 13-15 oct. 2005), Bruxelles, Safran (*Langues et cultures anciennes* 9), 123-137.
Le Feuvre C., 2015 : Ὅμηρος δύσγνωστος. *Réinterprétations de termes homériques en grec archaïque et classique*, Genève, Droz (*HEMGR* 53).
Leumann M., 1977 : *Lateinische Laut- und Formenlehre* (vol. 1 de la *Lateinische Grammatik* de Leumann-Hofmann-Szantyr), Munich, Beck.
Rau J., 2009 : *Indo-European nominal morphology: The decads and the Caland system*, Innsbruck, Institut für Sprachen und Literaturen der Universität Innsbruck (*IBS* 132).
Robert L., 1970 : Bulletin épigraphique, *REG* 83, 362-488.
Schwyzer E., *Gr. Gr.* : *Griechische Grammatik I*, Munich, Beck (2e éd. 1953).
Watkins C., 1978 : « Let Us Now Praise Famous Grains », *Proceedings of the American Philosophical Society* 122, 9-17.

TITE-LIVE ET CÉSAR AUGUSTE

Tite-Live a connu la célébrité de son vivant et il fut classé, dès l'Antiquité, parmi les auteurs d'époque augustéenne. Il n'y a pas lieu de mettre en cause cette affirmation : presque parfaitement contemporain de César Auguste[1], Tite-Live a composé la quasi-totalité de son œuvre entre 27 av. J.-C. et 14 apr. J.-C. Cependant, la perspective de l'historien contemporain diffère de celle de l'observateur ancien car ce qui subsiste de l'œuvre livienne (trente-cinq livres sur un peu plus de cent-quarante) n'est pas totalement représentatif du travail de Tite-Live. Historien de son époque – plus de la moitié de l'œuvre est consacrée aux guerres civiles et 40 % des événements racontés ont moins d'un demi-siècle – Tite-Live est désormais utilisé pour son récit des débuts de Rome et de la deuxième guerre punique, soit la partie qui, de l'aveu même de l'auteur, intéressera le moins le lecteur.

Œuvre immense, dont la composition s'est étalée sur quatre ou cinq décennies, les *Ab Vrbe condita libri* peuvent apparaître comme un outil historiographique au service du nouveau régime, appuyant les nouvelles pratiques politiques sur des précédents historiques, parfois anciens, issus des premières décennies de l'œuvre. À ce titre, les liens avec César Auguste, dans un contexte de réforme de la République romaine, sont particulièrement importants, mais le peu de données biographiques concernant Tite-Live rend difficile l'analyse de ces rapports. De fait, plusieurs hypothèses ont été avancées, faisant de Tite-Live un partisan de César Auguste[2], un pompéien[3], le dernier historien républicain[4] ou un adversaire des cercles impériaux[5].

La pensée politique de l'historien a été longuement débattue en raison de l'importance des *Ab Vrbe condita libri* pour l'étude de la République romaine. L'ouvrage de Tite-Live constitue en effet, pour de nombreux événements de la République archaïque, la principale source à la disposition des historiens. La lecture qui est faite de ces événements est donc conditionnée par l'orientation politique de l'auteur et par sa volonté de rendre la République augustéenne conforme aux pratiques politiques anciennes. Dans une constitution coutumière, comme l'était celle des Romains, l'historiographie revêt en effet

---

1. Le premier naquit à Rome en 63 av. J.-C. et mourut à Nola en 14 apr. J.-C., le second est réputé être né à Padoue en 59 av. J.-C. et mort au même endroit en 17 apr. J.-C.
2. Syme 1959, p. 27-87 ; Gaertner 2008, p. 27-52 ; Mineo 2013, p. 39-64.
3. Hayne 1990, p. 435-442.
4. Luce 1965, p. 209-240 ; Burton 2000, p. 429-446.
5. Petersen 1961, p. 440-452 ; Walsh 1961a, p. 26-36.

une importance politique particulière dans la mesure où la légalité peut être conditionnée par l'existence d'un précédent historique.

L'ouvrage historique de Tite-Live est considéré comme ayant été composé à l'époque de César Auguste, mais ce contexte d'écriture ne fait pas nécessairement de lui un auteur pro-augustéen, favorable à la République réformée et falsifiant l'histoire au service du pouvoir, notamment pour les parties conservées de l'œuvre (en particulier les livres 1 à 10). La composition du volumineux récit s'est nécessairement étalée sur de nombreuses années et a probablement occupé toute la vie de l'auteur. Si une grande partie de l'œuvre a été composée sous le principat de César Auguste, une autre partie – celle qui nous intéresse : les premières décades – a pu être composée plus tôt, dès l'époque triumvirale. Or un récit composé à l'époque de César, des Triumvirs ou de César Auguste ne saurait être interprété de la même façon et, concernant Tite-Live, les premières décades relèvent d'un contexte politique particulièrement fluctuant. Le sens à donner au début des *Ab Vrbe condita libri* diffère ainsi sensiblement si ceux-ci ont été composés dans les années 40, 30 ou après 27 av. J.C. et si l'auteur était proche ou non des cercles impériaux. En particulier, la première décade, consacrée à l'histoire ancienne de Rome, pour laquelle la documentation primaire était rare et l'interprétation des faits utile pour un historien soucieux de rappeler les bonnes mœurs des temps anciens, peut être interprétée différemment si elle s'inscrit dans le contexte des années suivant la mort de César ou celles suivant la prise par César Octavien du titre d'Auguste. Le sens des livres postérieurs au livre 45, écrits sous César Auguste[6], peut-être dans un sens favorable au régime, importe moins : ces livres ont disparu. C'est le contexte d'écriture des premières décades et l'intention de Tite-Live lors de cette rédaction qu'il est nécessaire d'appréhender.

Pour ce faire, il convient de revenir sur les maigres éléments biographiques connus de Tite-Live afin de déterminer l'époque de composition de la première décade, les occupations extra-historiographiques qui ont pu retarder son travail d'historien, les cercles politiques et littéraires auxquels il avait pu être lié (en particulier ses liens avec César Auguste et Claude) et le sens général qu'il souhaitait donner à son ouvrage. Il semble en effet que le plan d'ensemble des *Ab Vrbe condita libri* ait été défini dès la préface : rédiger une histoire de la cité romaine des origines à son époque :

> *Res est praeterea et immensi operis, ut quae supra septingentesimum annum repetatur et quae ab exiguis profecta initiis eo creuerit ut iam magnitudine laboret sua, et legentium plerisque haud dubito quin primae origines proximaque originibus minus praebitura uoluptatis sint, festinantibus ad haec noua quibus iam pridem praeualentis populi uires se ipsae conficiunt*[7].

---

6. Ainsi le livre 59 serait postérieur à 18 av. J.-C. (Bayet 1940, p. XXI-XXII).
7. Liv., *praef.* 4.

Ces hauts faits réclament en outre un immense travail, puisqu'ils font remonter à plus de sept cents ans et que la cité s'est développée à partir de débuts modestes jusqu'à être désormais mise en danger par son étendue. Je ne doute pas, en outre, que pour la plupart de ceux qui lisent ces origines anciennes et les événements qui les suivent de près, auront moins de plaisir, se précipitant vers notre époque, où, après une longue supériorité, la puissance romaine se détruit elle-même.

La composition de l'ouvrage ne relève pas d'une improvisation mais d'un plan préalable défini avant d'entamer l'écriture et qui devait couvrir sept siècles d'histoire. Après avoir analysé les différents éléments de datation déjà avancés, nous envisagerons un nouvel argument de datation de la troisième décade fondé sur la mention du *princeps senatus* et permettant de déduire une date de composition de la première.

1. Une biographie lacunaire

Il y eut deux Tite-Live : le père et le fils. Tous deux ont entretenu une correspondance qui fut peut-être publiée[8] et circulait au Ier s. apr. J.-C. Le premier était historien et rien n'a été transmis concernant le second. L'un des deux était orateur et avait des disciples[9]. Le reste des informations concernant ces deux Tite-Live est débattu, à commencer par les dates de naissance et de mort de l'historien.

---

8. Quint., *Inst.* 10, 1, 39 : *Apud Liuium in epistula ad filium scripta* (« D'après Tite-Live, dans la lettre écrite à son fils »). Il y eut donc au moins une lettre, dans laquelle il dispensait à son fils des conseils de lecture : Démosthène, Cicéron, puis les autres dans la mesure où ils ressemblaient à Démosthène et Cicéron. On ignore cependant si la correspondance fut publiée ou si Quintilien en avait entendu parler par d'autres moyens.

9. *Souda*, κ 2098 Adler, *s.v.* Κορνοῦτος : <Κορνοῦτος·> δύω συγγραφέε Ῥωμαίων ἤστην, Τίτος Λίβιος, οὗ διαρρεῖ πολὺ καὶ κλεινὸν ὄνομα, καὶ Κορνοῦτος. πλούσιον μὲν οὖν ἀκούω καὶ ἄπαιδα τοῦτον, σπουδαῖον δὲ οὐδὲν ὄντα. τοσαύτη δὲ ἦν ἡ διαφορότης ἐς τούσδε τοὺς ἄνδρας τῶν ἀκροωμένων, ὡς τοῦ μὲν Κορνούτου παμπλείστους ἀκούειν, θεραπείᾳ τε καὶ κολακείᾳ τοῦ ἀνδρὸς συρρεόντων καὶ διὰ τὴν ἀπαιδίαν ἐλπίδι κληρονομίας· τοῦ γε μὴν Λιβίου ὀλίγους, ἀλλὰ ὧν τι ὄφελος ἦν καὶ ἐν κάλλει ψυχῆς καὶ ἐν εὐγλωττίᾳ. καὶ ταῦτα μὲν ἐπράττετο.

(« Il y avait deux auteurs chez les Romains, Titus Liuius, dont le nom se répand et devient grand et connu, et Cornutus. J'entends d'une part que celui-ci était riche et sans enfant, d'autre part qu'il ne valait pas grand-chose. Mais si grande était la différence entre les auditeurs de ces hommes, que beaucoup écoutaient Cornutus et affluaient pour le flatter et le servir, dans l'espoir de l'héritage parce qu'il n'avait pas d'enfant ; assurément [les disciples ?] de Liuius étaient peu nombreux mais il leur était utile dans le domaine de la beauté morale et de l'éloquence. Et il en était ainsi. »).

1.1. Naissance et mort de Tite-Live

Tous les raisonnements et calculs pour déterminer deux dates précises de naissance et de mort semblent voués à l'échec car ils reposent sur la double tradition manuscrite (latine et arménienne) de la traduction (avec ajouts et corrections) par Jérôme de Stridon de la *Chronique* universelle d'Eusèbe de Césarée écrite en grec. D'après ce dernier, Tite-Live le père, l'historien, serait né l'année 5142 depuis la Création, la deuxième année de la 180e olympiade, la 22e du règne de Ptolémée XII Aulète en Égypte et la 9e de celui d'Aristobule II sur la Judée, l'année même où naquit Marcus Valerius Messala Coruinus [10], soit l'année 59 av. J.-C. Il mourut l'an 5217 depuis la Création, la première année de la 199e olympiade, la 4e année du règne d'Hérode et du principat de Tibère, la 19e année du Christ [11], soit l'an 17 apr. J.-C.

Les informations d'histoire littéraire de la *Chronique* de Jérôme de Stridon (comme les dates de naissance et de mort des auteurs latins) n'étaient pas présentes dans la *Chronique* d'Eusèbe de Césarée : elles ont été ajoutées par Jérôme à partir des ouvrages de Suétone consacrés au sujet [12]. Sir Ronald Syme considérait que Jérôme avait alors confondu le consulat de Lucius Iulius Cæsar et de Caius Marcius Figulus (64 av. J.-C.) avec celui de Caius Iulius Caesar et Marcus Calpurnius Bibulus (59 av. J.C.) [13]. Son raisonnement reposait sur l'improbabilité d'une naissance de Coruinus en 59 et sur l'association des deux naissances dans l'œuvre de Jérôme de Stridon. Selon lui, Marcus Valerius Messala Coruinus ne pouvait raisonnablement pas être né en 59 étant donné à la fois le rôle qu'il joua lors de la bataille de Philippes en 42 et la date de son consulat (31). Cependant, Appien souligne le jeune âge de Messala Coruinus au moment des proscriptions en 43, le qualifiant de νέος [14] ce qui conviendrait aussi bien à un jeune homme de seize, dix-sept ou vingt-et-un ans [15]. L'année suivante, il aurait pu commander l'aile droite de Brutus à la bataille de Philippes [16], à l'âge de dix-sept, dix-huit ou vingt-deux ans. Le calcul de l'année de sa naissance à partir de sa durée de vie, indiquée par Jérôme de

---

10. Eus., *Chron.*, f° 78 Palmer ; Hier., *Chron.* p. 154 Helm. Les manuscrits de Valenciennes, B.V. 495 et de Berne, Stadtbibl. 219 indiquent l'année précédente.

11. Eus., *Chron.*, f° 83 Palmer ; Hier., *Chron.* p. 171 Helm. Le manuscrit de Valenciennes, B.V. 495 indique l'année précédente.

12. Vacher 1993, p. XXV-XXVIII ; Inglebert 1996, p. 259-260. À partir notamment des notices de Jérôme de Stridon, August Reifferscheid avant tenté de reconstituer le *De uiris illustribus*, intégrant les deux notices de naissance et de mort de Tite-Live (Reifferscheid 1860, p. 91).

13. Déjà Schanz 1911, p. 22 ; Syme 1959, p. 40-41. La plupart des historiens après Ronald Syme ne se prononcent pas entre ces deux dates (par ex. : Valvo 1983, p. 1666-1669 ; Hinard 1985, p. 540-541 ; Ferriès 2007, p. 481-483 ; Drummond 2013a, p. 463). Pour la conservation des dates traditionnelles, contre Syme : Badian 1993, p. 10 ; Levick 2015, p. 25.

14. App., *BC*, 4, 38, 159.

15. Selon une naissance en 64, 60 ou 59.

16. Vell. 2, 71. L'auteur insiste également sur son jeune âge, le qualifiant de *fulgentissimus iuuenis*.

Stridon est également impossible puisqu'elle varie, selon les manuscrits, entre soixante-douze, soixante-dix-sept et quatre-vingt-deux ans [17]. Le consulat de 31 n'apporte pas plus de précision, puisqu'il aurait pu le revêtir à l'âge de vingt-huit, vingt-neuf ou trente-trois ans [18].

De plus, que Messala Coruinus soit né en 64 (selon sir Ronald Syme), en 60 (selon le manuscrit de Valenciennes et Richard W. Burgess [19]) ou en 59 av. J.-C. (d'après Jérôme) ne permet pas de définir la date de naissance de Tite-Live. La formulation de Jérôme, *Messala Coruinus orator nascitur et Titus Liuius Patauinus scriptor historicus*, semble en effet indiquer que les deux informations ont été ajoutées à des moments distincts [20], la première peut-être pendant la lecture du traité de Suétone sur les orateurs, la seconde pendant celle du traité sur les historiens. Rien ne permet d'affirmer que Jérôme s'était trompé deux fois sur les consulats ou que Suétone avait lui-même mentionné le synchronisme.

Tite-Live naquit donc entre 65 et 55 av. J.-C. et mourut à la fin du principat de César Auguste ou au début de celui de Tibère, entre 10 et 20 apr. J.-C., ce qui signifie que la période de composition pourrait avoir commencé dès 45 av. J.-C., autour de l'âge de vingt ans.

L'idée parfois avancée d'une composition tardive, sous César Auguste, des *Ab Vrbe condita libri* repose sur la possibilité que Tite-Live ait été un rhéteur avant d'être un historien et que sa jeunesse fut consacrée à la rhétorique, idée qu'il convient d'écarter.

---

17. Hanslik 1955, col. 135-137. La date de mort est elle-même controversée.

18. Les tentatives faites pour déterminer la date de naissance de Messalla Coruinus en fonction de ses parents, Marcus Valerius Messalla Niger et Valeria Polla, sont elles-mêmes vaines : Valeria Polla aurait été mariée en premières noces à Lucius Gellius Publicola, consul en 72 av. J.-C. Après sa mort, elle aurait épousé Messalla Niger et Messalla Coruinus serait né de cette union. Toute cette construction généalogique repose sur des éléments trop fragiles (voir récemment Canas 2019, p. 381-397). De plus, on ignore à la fois la date de décès de Gellius Publicola et les raisons du remariage de Valeria Polla (veuvage ou divorce), ce qui ne permet pas de fixer un *terminus post quem* de la naissance de Coruinus.

19. Burgess 2002, p. 31 n. 68.

20. Les données doubles, ajoutées en même temps et concernant un même sujet, font l'objet d'une formulation différente, utilisant un pluriel, par exemple : *Sappho et Alcaeus poetae clari habentur* (Eus., *Chron.*, f° 61 Palmer ; Hier., *Chron.*, p. 99 Helm), *Simonides lyricus et Phocylides clari habentur et Xenophanes physicus scriptor tragoediarum* (Eus., *Chron.*, f° 64 Palmer ; Hier., *Chron.*, p. 103 Helm) : les deux poètes dans un premier temps, le philosophe dans un second. Ou encore : *Hellanicus historiografus et Democritus philosophus et Heraclitus cognomento tenebrosus et Anaxagoras physicus clari habentur* (Eus., *Chron.*, f° 66 Palmer ; Hier., *Chron.*, p. 107 Helm), *Pindarus et Simonides lyrici poetae insignes habentur* (Eus., *Chron.*, f° 66 Palmer ; Hier., *Chron.*, p. 108 Helm), *Choerillus et Frynichus inlustres habentur* (Eus., *Chron.*, f° 66 Palmer ; Hier., *Chron.*, p. 109 Helm), *Sofocles et Euripides clari habentur* (Eus., *Chron.*, f° 66 Palmer ; Hier., *Chron.*, p. 109 Helm). Lorsque les sujets diffèrent et ont pu être trouvés dans des documents différents, la formulation semble marquer des ajouts successifs : *Euripides tragoediarum scriptor clarus habetur et Protagoras sophista* (Eus., *Chron.*, f° 67 Palmer ; Hier., *Chron.*, p. 113 Helm).

1.2. Les activités extra-historiographiques de Tite-Live

Tite-Live aurait fréquenté des écoles de rhétorique, à Rome [21] et peut-être à Athènes [22], puis il aurait composé des ouvrages de philosophie et de rhétorique [23], probablement dans ses jeunes années [24]. Toutes ces activités extra-historiographiques sont cependant purement spéculatives.

Selon Jean Bayet, « l'indice le moins fragile » de l'activité rhétorique de Tite-Live [25] serait un passage de Sénèque le Rhéteur :

> *Pertinere autem ad rem non puto quomodo L. Magius, gener T. Livi, declamauerit, quamuis aliquo tempore suum populum habuerit, cum illum homines non in ipsius honorem laudarent, sed in soceri ferrent* [26].

> Cependant, je ne peux pas estimer comme ayant trait à ce sujet la façon dont Lucius Magius, le gendre de Tite-Live, déclamait, quoique, pendant un certain temps, il eût son public, lequel ne le louait pas pour son talent propre mais le supportait à cause de son beau-père.

Ce passage n'indique rien concernant Tite-Live, si ce n'est son talent, lequel peut renvoyer à ses ouvrages historiques autant qu'à un talent d'orateur : les activités du gendre ne permettent pas de conclusions sur celles du beau-père.

Les autres hypothèses concernant une activité extra-historiographique reposent uniquement sur un passage de Sénèque, dans lequel il classe les auteurs latins (Cicéron, Pollion, Tite-Live), afin d'établir une comparaison avec le philosophe Fabianus Papirius :

> *Nomina adhuc T. Liuium ; scripsit enim et dialogos quos non magis philosophiae adnumerare possis quam historiae et ex professo philosophiam continentis libros* [27].

> Nomme encore Tite-Live. Il a en effet écrit à la fois des dialogues, que tu peux rattacher tout autant à la philosophie qu'à l'histoire, et des livres présentés expressément comme de la philosophie.

Jacques André a fait remarquer que la comparaison de ces auteurs ne valait que sur le style et non sur le contenu des ouvrages, afin d'écarter l'idée de

---

21. Bayet 1940, p. VIII.
22. Graindor 1923, p. 135-143.
23. Anderson 1908, p. 94-99.
24. Canter 1913, p. 24 ; Levick 2015, p. 25.
25. Bayet 1940, p. IX n. 4
26. Sen. Rhet., *Contr.* 10, *praef.* 2.
27. Sen., *Ep.* 100, 9.

compositions philosophiques d'Asinius Pollion[28]. La remarque sur Pollion vaut également pour Tite-Live : les *dialogi* sont autant « de la philosophie que de l'histoire » et l'expression *ex professo philosophiam continentis libros* pourrait être une exagération laudative pour désigner certains passages des *Ab Vrbe condita libri*[29]. La technique littéraire du *dialogus*, si elle est principalement employée dans des ouvrages de philosophie, peut également se retrouver dans les domaines juridiques (comme dans les trois livres du *De iure ciuili* de Marcus Iunius Brutus[30]) ou historiques, comme chez Hérodote[31] ou Thucydide[32]. Chez Tite-Live, qui se réfère à ces deux historiens, on trouve également des dialogues[33] : entre Quintus Fabius Maximus, Scipion et Quintus Fulvius Flaccus en 205[34], entre Caton et Lucius Valerius à propos de l'abrogation de la *lex Oppia*[35], probablement entre Caton et Scipion Nasica à propos de la guerre contre Carthage[36] et entre Caius Papirius Carbo, Caius Gracchus et Scipion Émilien[37]. Toutefois, le terme de *dialogus* semble désigner, chez Sénèque, le genre littéraire généralement utilisé pour la philosophie[38]. Ce terme était déjà employé par Cicéron, dans le même sens[39], mais également pour désigner des discussions informelles, peut-être philosophiques[40], peut-être de manière ironique[41] ou emphatique[42]. Si le terme de *dialogus* employé par Sénèque ne peut désigner les nombreuses antilogies présentes dans les *Ab Vrbe condita libri*,

---

28. André 1949, p. 92.

29. *Contra* Bayet 1940, p. X qui remarquait qu'il n'y avait pas de « discussions philosophiques ou morales dans ce que nous lisons de Tite-Live », mais nous ne possédons plus que 35 des 140-150 livres de Tite-Live ce qui ne permet pas de tirer des conclusions sur l'ensemble de l'œuvre, notamment pour les livres traitant de l'histoire proche ou contemporaine de Tite-Live dans lesquels il aurait pu avoir des réflexions philosophiques qu'on trouve d'ailleurs déjà dans la préface (Liv., *praef.* 4-12). *Contra* également Keeline 2018, p. 201. Sur les aspects philosophiques dans les *Ab Vrbe condita libri* de Tite-Live, voir Mineo 2015a, p. 125-138 et Mineo 2015b, p. 139-152. L'expression *ex professo philosophiam continentis libri* paraît d'ailleurs relativement contournée pour désigner simplement des livres philosophiques.

30. Sur les livres de droit civil de Marcus Iunius Brutus, voir Bremer 1896, p. 24-25.

31. Hdt. 3, 80-83.

32. Th. 5, 84-115.

33. Sur l'utilisation du dialogue comme technique littéraire par Tite-Live, voir Walsh 1954, p. 102-112.

34. Liv. 28, 40, 1-45, 10.

35. Liv. 34, 1, 1-34, 8, 1.

36. Liv., *Perioch.* 48, 24 et 49, 2.

37. Liv., *Perioch.* 59, 11-12.

38. Par exemple ses propres *Dialogi* (sur le terme de *dialogus* appliqué aux traités de Sénèque, voir la synthèse de Matthew Roller dans Roller 2015, p. 54-67). De même chez Suétone, concernant par exemple les *orationes et dialogi* écouté par César Auguste (Suet., *Aug.* 89, 6) ou le *dialogus* d'Asellius Sabinus entre un cèpe, un bec-figue, une huître et une grive (Suet., *Tib.* 42, 6).

39. Cic., *Fam.* 1, 9, 23 ; 9, 8, 2 ; *Att.* 4, 16, 2 ; 13, 15, 1 ; 13, 19, 3 ; *Brut.* 218.

40. Cic., *Att.* 2, 9, 1.

41. Cic., *Att.* 13, 42, 1 : entre Cicéron et son neveu Quintus.

42. Cic., *Att.* 5, 5, 2 : entre Cicéron et Pompée. L'ironie n'est pas exclue (Shackleton Bailey 1968, p. 200)

il pourrait faire référence à des morceaux de l'ouvrage historique de Tite-Live, détachés de l'œuvre pour former des ouvrages à part [43]. S'il s'agissait bien de *dialogi* proprement dits, nous ne pourrions de toute façon pas déterminer s'ils avaient été publiés avant les *Ab Vrbe condita libri* ou plus tardivement, par exemple pendant la pause de composition indiquée par Tite-Live [44]. Enfin, il ne peut pas être totalement exclu que Sénèque évoque les *dialogi* de Tite-Live le fils. Certes, le classement des plus grands rhéteurs, après Cicéron, pourrait laisser envisager qu'il s'agit de Tite-Live le père, le célèbre historien, bien plus illustre que son fils, mais nous ignorons la renommée que pouvait avoir Tite-Live le fils à l'époque de Sénèque. Ainsi, parmi les quatre illustres rhéteurs cités, Cicéron, Asinius Pollion, Tite-Live et Fabianus Papirius, deux (Asinius Pollio et Fabianus Papirius) ne sont connus que par des fragments. L'un d'eux, Fabianus Papirius, n'est cité que par Sénèque le Rhéteur et son fils, tout comme Tite-Live le fils [45].

De la même façon, lorsque Quintilien évoque les discours de Tite-Live [46] et lorsque Tacite évoque son éloquence [47], ils font tous deux référence à l'œuvre historiographique. Les autres passages de Sénèque le Rhéteur concernant la rhétorique de Tite-Live pourraient également se rattacher à l'œuvre historique ou aux lettres de Tite-Live [48] et ce dernier a donc probablement été l'homme d'une seule œuvre, les *Ab Vrbe condita libri*, qui occupa toute une vie. Libéré des activités rhétoriques de jeunesse qu'on a pu lui prêter, Tite-Live aurait donc pu se mettre à l'histoire dès l'âge de vingt ans.

1.3. Une vie à Padoue ?

La seule donnée qui semble certaine est que Tite-Live mourut à Padoue [49]. Il n'est pas possible de prouver qu'il fit ses études en dehors de cette cité et Patrick G. Walsh notait qu'il aurait été inconscient de quitter Padoue pour faire ses études à Rome dans un contexte de guerre civile [50]. Né et mort à Padoue, Tite-Live aurait pu y demeurer toute sa vie.

---

43. Le cas est connu pour les *Histoires* de Timée de Tauroménion : les guerres contre Pyrrhus font parfois l'objet d'une édition séparée (D.H., *Ant. Rom.* 1, 6, 1), comme peut-être Polybe pour la guerre de Numance (Cic., *Fam.* 5, 12, 2).
44. Liv., fr. 68 Jal [= Plin., *Nat. praef.* 16].
45. On peut également se demander si le Tite-Live évoqué par la *Souda*, qui avait une grande renommée et des disciples, n'était pas Tite-Live le fils ou une confusion entre le père et le fils.
46. Quint., *Inst.* 10, 1, 101.
47. Tac., *Ann.* 4, 34, 3.
48. Sen. Rhet., *Contr.* 9, 1, 14, où Tite-Live reproche à Salluste d'avoir affaibli un trait de Thucydide en le traduisant ; Sen. Rhet., *Contr.* 9, 2, 26, où Tite-Live évoque les orateurs.
49. Il est également probable qu'il y naquit : le caractère de *patauinus* que lui donne Jérôme de Stridon et la *patauinitas* qui lui est reprochée par Asinius Pollion sont des indices suffisants.
50. Walsh 1954, p. 2-3.

Les descriptions de lieux qui figurent dans les trente-cinq livres conservés permettent difficilement de déterminer s'il visita l'un d'eux, y compris Rome. Ainsi, la description de la cité de Crotone [51] ne suggère pas « la précision du souvenir visuel plus vraisemblablement que l'exploitation d'une documentation livresque [52] ». Au contraire, l'usage exclusif du passé, sans référence à la situation de Crotone à son époque, suggère l'utilisation d'un auteur qui avait pu, à une époque antérieure, voir la cité [53]. Tite-Live ne fait pas non plus de description détaillée de Rome ni de référence à son époque quant à l'évolution topographique de la cité [54]. Il semble toutefois peu probable qu'il ait jamais visité Rome. Il serait en effet le seul auteur latin connu à n'avoir jamais quitté sa cité natale et avoir acquis la gloire sans se rendre à Rome. De plus, certains passages pourraient laisser penser qu'il vit des monuments du Latium. Ainsi, lorsqu'il évoque les tombeaux des Horaces et des Curiaces, il mentionne le fait qu'ils sont toujours visibles à l'endroit où chacun tomba :

> *Sepulcra exstant quo quisque loco cecidit, duo Romana uno loco propius Albam, tria Albana Romam uersus, sed distantia locis, ut et pugnatum est* [55].

Les tombeaux existent encore, à l'endroit où chacun a trouvé la mort, les deux tombeaux romains en un seul lieu plus près d'Albe, les trois tombeaux albains près de Rome mais en des lieux distants, comme l'avaient été les combats.

S'ils lui permirent de voir les tombeaux situés entre Rome et Albe, ses séjours dans le Latium purent avoir été brefs, insuffisants en tout cas pour avoir une bonne connaissance de Rome. Dans les livres conservés, les seules références contemporaines concernent la cité de Padoue : lors du récit de la campagne de Cléonyme [56], Tite-Live se permet un *excursus* sur l'expédition en Adriatique et l'arrivée de la flotte grecque en Vénétie. La flotte fut en grande partie détruite par les Vénètes, qui exposèrent les dépouilles sur le temple de Junon :

> *Rostra nauium spoliaque Laconum, in aede Iunonis ueteri fixa, multi supersunt qui uiderunt Pataui. Monumentum naualis pugnae eo die quo pugnatum est quotannis sollemni certamine nauium in oppidi medio exercetur* [57].

---

51. Liv. 24, 3, 1-9.
52. *Contra* Girod 1982, p. 1196.
53. Mary Jaeger suggère Cœlius Antipater (Jaeger 2006, p. 389-414).
54. Contrairement à Denys d'Halicarnasse, par exemple, qui indique son arrivée en Italie et son installation en ville (D.H., *Ant. Rom.* 1, 7, 2).
55. Liv. 1, 25, 14.
56. Liv. 10, 2, 1-14.
57. Liv. 10, 2, 14.

Les rostres et les dépouilles des navires des Laconiens furent suspendus dans le vieux temple de Junon. Il reste de nombreuses personnes qui les ont vues à Padoue. Tous les ans, au jour de la bataille, le souvenir du combat naval est célébré par une naumachie organisée au cœur de la cité.

Tite-Live possédait donc une très bonne connaissance des coutumes padouanes semblant indiquer qu'il vivait probablement à Padoue ou qu'il y avait vécu longtemps. S'il ne dit pas avoir vu lui-même les rostres des navires dans le temple de Junon, c'est parce qu'ils n'y étaient plus visibles de son temps [58].

De plus, les fréquentations de Tite-Live peuvent également le situer à Padoue. Plusieurs personnes sont attestées pour leurs liens avec lui : Lucius Magius, Caius Cornelius, Dorus et un habitant de Gadès. Selon Sénèque le Rhéteur, Lucius Magius était le gendre de Tite-Live et il devait avoir une école de rhétorique dont le succès provenait de la célébrité de son beau-père [59]. Ce Lucius Magius est totalement inconnu en dehors de cette mention qui ne permet pas de rapprocher Tite-Live d'un espace géographique autre que Padoue.

Tite-Live avait peut-être entendu lui-même la prédiction de Caius Cornelius lors de la bataille de Pharsale. Ce devin est désigné comme γνώριμος (« familier ») de Tite-Live [60] et son récit devait figurer dans les *Ab Vrbe condita libri*. Cependant, Caius Cornelius n'est pas connu en dehors de sa prédiction. Il appartenait à la noblesse locale, selon Aulu-Gelle [61], et semble avoir été augure [62]. Si la tradition indirecte ne permet pas d'affirmer que Tite-Live entendit bien la prédiction, elle atteste en tout cas qu'il évoluait parmi la noblesse padouane.

Sénèque indique que Tite-Live eut également des liens avec un certain Dorus et qu'il pouvait *accipere* (« recevoir ») ou *emere* (« acheter ») ses ouvrages auprès de ce libraire (inconnu par ailleurs), ce qui ne permet de situer géographiquement ni Dorus, ni Tite-Live [63]. On peut toutefois raisonnablement penser que Dorus faisait commerce à Rome plutôt qu'à Padoue, où Sénèque avait moins de chances de le connaître. Si Tite-Live pouvait se faire envoyer son œuvre par Dorus depuis Rome jusqu'à Padoue, il aurait également pu

---

58. Oakley 2005, p. 64.
59. Sen. Rhet., *Contr.* 10, *praef.* 2, cité *supra* p. 86.
60. Plu., *Caes.* 47, 3-6. L'anecdote est également transmise par Lucain (Lucan. 7, 192), Aulu-Gelle (Gell. 15, 18, 1-3) et Dion Cassius (D.C. 41, 61, 5).
61. Gell. 15, 18, 1-3 : *Cornelius quidam sacerdos et loco nobilis*.
62. Lucan. 7, 192 ; Sidon., *Carm.* 9, 195.
63. Sen., *Benef.* 7, 6, 2.

avoir accès aux œuvres des historiens qu'il utilisait pour la composition de son ouvrage sans avoir le besoin d'être à Rome [64].

Enfin, dans une lettre écrite à son ami Népos [65] entre 97 et 100 [66], Pline le Jeune évoque l'anecdote d'un habitant de Gadès venu voir Tite-Live et reparti aussitôt, afin de convaincre son ami de venir écouter le rhéteur Isée l'Assyrien qui passionnait son auditoire, y compris Pline :

> *Proinde si non ob alia nosque ipsos, at certe ut hunc audias ueni. Numquamne legisti Gaditanum quendam Titi Liui nomine gloriaque commotum ad uisendum eum ab ultimo terrarum orbe uenisse statique ut uiderat abisse ?* Ἀφιλόκαλον, *inliteratum, iners ac paene etiam turpe est non putare tanti cognitionem qua nulla est iucundior, nulla pulchrior, nulla denique humanior* [67].

Viens donc, si ce n'est pour d'autres raisons ou pour nous-même, du moins pour l'entendre, lui. N'as-tu pas lu l'histoire de cet habitant de Gadès qui, impressionné par la renommée de Tite-Live et sa gloire, est venu du bout du monde pour le voir, et aussitôt après l'avoir vu est reparti ? C'est une attitude *indifférente à la beauté*, illettrée, stupide, je dirais presque indigne, que de ne pas estimer à ce prix la rencontre la plus agréable, la plus belle, la plus humaine enfin qui soit.

Pline n'indique pas le lieu où se trouvait Tite-Live, ni les circonstances de la rencontre. On peut cependant considérer l'hypothèse d'une lecture publique, en parallèle avec celles d'Isée, mais Pline indique seulement que le Gaditan avait vu Tite-Live, non qu'il l'avait entendu. D'après Jérôme de Stridon, dans une lettre adressée à Paulin de Nole, le Gaditan se rendit à Rome [68]. Jérôme avait eu connaissance de la vie de Tite-Live par le *De uiris illustribus* de Suétone, dans lequel l'anecdote pouvait figurer et dont il se servit pour rédiger sa *Chronique*, en partie traduite de celle d'Eusèbe de Césarée. Il composa cet ouvrage à Constantinople vers 380 [69], soit environ quinze ans avant la lettre à Paulin de Nole [70]. Rien n'indique qu'il avait conservé une copie de l'ouvrage de Suétone à Bethléem et l'on ignore s'il s'agit d'une simple supposition de Jérôme ou si l'une de ses sources l'indiquait.

---

64. *Contra* Walsh 1961b, p. 5.
65. Peut-être Mæcilius (ou Metilius) Nepos, personnage consulaire (Sherwin-White 1966, p. 146-147).
66. Zehnacker 2009, p. XXVIII, d'après l'accord entre Mommsen, Syme et Sherwin-White.
67. Plin., *Epist.* 2, 3, 8 (traduction H. Zehnacker pour la CUF).
68. Hier., *Epist.* 53, 1.
69. Cavallera 1922, p. 20.
70. Cavallera 1922, p. 44.

Les éléments biographiques de Tite-Live demeurent donc rares et permettent peu de certitudes : une naissance vers 65-55 av. J.-C., à Padoue, une vie presque exclusivement passée dans cette cité, une activité historiographique, probablement à l'exclusion de toute autre, des liens avec les notables padouans et une mort dans sa cité d'origine au début du principat de Tibère.

2. Tite-Live et ses contemporains

Tite-Live fut célèbre dès son vivant [71] et reconnaissait lui-même avoir atteint une gloire suffisante pour se permettre d'arrêter l'écriture de son ouvrage [72]. Velleius Paterculus le plaçait parmi les génies de l'époque augustéenne, avec Virgile, Rabirius, Tibulle et Ovide [73], seul historien et seul prosateur de la liste. Il fut ensuite régulièrement cité par Quintilien [74], qui vantait la qualité de ses narrations et des discours [75].

Plusieurs historiens ont insisté sur la proximité de Tite-Live avec la famille impériale, notamment Claude et César Auguste, à partir d'éléments qu'il est toutefois périlleux d'interpréter en ce sens.

2.1. Tite-Live et Claude

Malgré la notoriété de Tite-Live, ses relations avec les personnages de son temps sont inconnues, si ce n'est le fait qu'il avait encouragé Claude à écrire l'histoire [76]. Cela ne signifie pas un contact régulier entre les deux hommes ni que Tite-Live ait suffisamment fréquenté le cercle de la famille impériale pour connaître les velléités historiographiques de Claude [77]. Celui-ci écrivit des ouvrages historiques dans ses jeunes années (*in adulescentia*), c'est-à-dire entre 17 et 30 ans (peut-être avant, puisque les hommes de la famille impériale sortaient de l'enfance avant les autres, à en juger par leur carrière) donc entre 4 et 20 apr. J.-C., soit au moment où Tite-Live était déjà célèbre (voire mort).

---

71. L'anecdote de l'habitant de Gadès qui fit le voyage en Italie uniquement pour le voir est suffisamment éloquente (Plin., *Epist.* 2, 3, 8).

72. Liv., fr. 68 Jal [= Plin., *Nat. praef.* 16]. Badian estimait que ce fragment appartenait au livre 121. Tite-Live aurait écrit 120 livres, puis fait une pause et repris (Badian 1993, p. 38, n. 59, suivi par Levick 2015, p. 26), mais rien ne permet de l'attester.

73. Vell. 2, 36, 3.

74. Quint., *Inst.* 1, 5, 44 ; 1, 7, 24 ; 2, 4, 19 ; 2, 5, 19 ; 8, 1, 2 ; 8, 2, 18 ; 9, 2, 37 ; 10, 1, 32 ; 10, 1, 39 ; 10, 1, 101.

75. Quint., *Inst.* 10, 1, 101, où il est comparé à Hérodote.

76. Suet., *Claud.* 41, 1 : *Historiam in adulescentia hortante T. Liuio, Sulpicio uero Flauo etiam adiuuante, scribere adgressus est* (« Dans sa jeunesse, il s'essaya à l'écriture de l'histoire, encouragé par Tite-Live et même aidé par Sulpicius Flavus »).

77. On peut encore moins tirer de ce passage le fait que Tite-Live aurait été le précepteur de Claude (*contra* Ratti 2009, p. 128).

On ignore la nature exacte de leurs échanges, si ceux-ci avaient bien existé. Il est possible que Claude ait écrit à l'historien afin de le féliciter ou d'évoquer sa passion pour l'histoire et que Tite-Live ait répondu en l'encourageant à écrire lui-même. Suétone avait pu trouver l'information dans la correspondance publiée de Tite-Live, ou dans la préface d'un ouvrage historique de Claude, si ce dernier débutait son récit en se référant à son illustre prédécesseur et débutant sous son patronage [78]. Rien n'indique cependant que les deux hommes se soient jamais croisés [79].

2.2. Tite-Live et les cercles littéraires augustéens

Contrairement à la plupart de ses contemporains, Tite-Live n'est pas décrit comme appartenant à un cercle littéraire. Il n'est pas non plus cité par ses contemporains qui pourraient appartenir aux mêmes cercles que lui [80] et on ne lui connaît aucun patron.

Les cercles littéraires de l'époque augustéenne sont pourtant bien connus : tous les poètes, historiens, orateurs et philosophes de la période peuvent être rattachés à l'un d'eux, qu'il s'agisse des cercles de Mécène (Virgile, Horace, Properce, Varius, Plotius Tucca, Quintilius Varus, Aristius Fuscus, Valgius Rufus, Domitius Marsus, Æmilius Macer), de Messalla Coruinus (Sulpicia, Tibulle, Ovide, Valgius Rufus, Æmilius Macer) [81], d'Asinius Pollion [82] ou d'autres cercles augustéens [83]. Les liens des auteurs grecs avec la haute société romaine peuvent également être déterminés [84] : Timagène d'Alexandrie avec Asinius Pollion, Strabon d'Amasée avec Ælius Gallus, le poète Parthénius avec Cornelius Gallus, Antipater de Thessalonique et Philodème de Gadara avec Pison le Pontife et Nicolas de Damas, proche d'Hérode et de César Auguste [85]. Autour des Ælii Tuberones, on trouvait Denys d'Halicarnasse, Cæcilius de Calé-Acté, Ammée, Zénon, Démétrios, Théodore de Gadara et Melitius Rufus [86].

---

78. Pour l'influence de Tite-Live sur Claude, notamment dans les discours, voir Last 1958, p. 476-487.
79. *Contra* Hurley 2001, p. 227.
80. Le seul contemporain qui évoque Tite-Live est Asinius Pollion, pour railler son style.
81. Davies 1973, p. 25-35 ; Duret 1983, p. 1452-1478 ; Valvo 1983, p. 1674-1680.
82. André 1949, p. 27-28.
83. Pour les poètes, voir Quinn 1982, p. 75-180 ; Fantham 1999, p. 55-125. Les grammairiens et rhéteurs de l'époque augustéenne sont rattachés par Suétone à un patron ou à des amitiés (Suet., *Gramm. Rhet.* 10, 6-28, 1). Pour les historiens, on peut citer Fenestella, peut-être lié aux Licinii Crassi (Drummond 2013b, p. 489-490), Sénèque le Rhéteur à Asinius Pollion (Levick 2013a, p. 505-506), Verrius Flaccus, Hygin et Julius Marathus à César Auguste (Smith 2013, p. 484), Trogue-Pompée, peut-être dans les cercles de Pompée et de César, puis de César Auguste (Mineo 2016, p. III-X).
84. Bowersock 1965, p. 121-139.
85. Parmentier 2011, p. XIII-XVII.
86. Roberts 1900, p. 439-442. Par extension, les auteurs proches d'Ælius Gallus et de Séjan, comme Strabon.

Tite-Live ne se rattachait à aucun de ces cercles. Certains historiens lui prêtent toutefois une proximité avec César Auguste en personne.

2.3. L'intervention de César Auguste dans les Ab Vrbe condita libri

D'après Suétone, César Auguste était très attentif à la littérature de son temps :

> *Ingenia saeculi sui omnibus modis fouit. Recitantis et benigne et patienter audiit nec tantum carmina et historias, sed et orationes et dialogos. Componi tamen aliquid de se nisi et serio et a praetantissimis offendebatur, admonebatque praetores ne paterentur nomen suum commissionibus obsolefieri*[87].

> Il encouragea de toutes les manières les talents de son époque. Il écouta avec bienveillance et patience ceux qui faisaient des lectures publiques, non seulement de poésie et d'histoire, mais également de discours et de dialogues. Cependant, il lui déplaisait qu'on écrivît à son sujet, si ce n'est de façon sérieuse et par des auteurs particulièrement distingués et il invitait les préteurs à ne pas laisser avilir son nom dans les concours.

Ce passage représente à lui seul une *species*[88], qui n'est pas en lien avec la *species* précédente, laquelle traitait du rapport de César Auguste à la littérature grecque et aux auteurs anciens. Il s'agit donc bien des auteurs de son temps qu'il écoutait avec patience et bienveillance. Parmi les historiens dont il se faisait lire les œuvres, on a pensé à Tite-Live[89] : César Auguste aurait entendu une lecture du livre 4 et demandé à Tite-Live d'effectuer une correction. Rien n'atteste cependant qu'il écoutât effectivement Tite-Live au moment de la publication de la première pentade. Certes, il écoutait des lectures même dans les années où il était particulièrement occupé, comme les années 31-23 av. J.-C.[90], ce qui pourrait inclure des lectures de l'œuvre de Tite-Live, à supposer que César Auguste ait alors entendu parler de lui (Suétone, qui avait déjà rédigé une *Vie de Virgile* et une *Vie de Tite-Live*, au moment où il composa la *Vie d'Auguste*[91], n'évoque aucun des deux auteurs), mais le rapprochement entre *historiae* et l'œuvre de Tite-Live ne repose que sur la méconnaissance

---

87. Suet., *Aug.* 89, 6.
88. Adam 2018, p. 413.
89. Wardle 2014, p. 497.
90. Il écoutait ainsi Virgile peu de temps après Actium et correspondait avec lui lors des campagnes contre les Cantabres (Don., *Vita Verg.* 12-13).
91. Vacher 1993, p. XXVII.

des auteurs d'histoire de l'époque, qui furent pourtant nombreux [92], et sur un passage de Tacite indiquant des liens entre les deux hommes.

Tacite, dans le discours qu'il prête à l'historien Cremutius Cordus au Sénat en 25 apr. J.-C., reprenait les mots de César Auguste concernant Tite-Live :

> *Titus Liuius, eloquentiae ac fidei praeclarus in primis, Cn. Pompeium tantis laudibus tulit ut Pompeianum eum Augustus appellaret ; neque id amicitiae eorum offecit. Scipionem, Afranium, hunc ipsum Cassium, hunc Brutum nusquam latrones et parricidas, quae nunc uocabula imponuntur, saepe ut insignes uiros nominat* [93].

Tite-Live, remarquable entre tous pour son éloquence et sa véracité, avait couvert Cnæus Pompée de tant d'éloges qu'Auguste l'appelait « Pompéien » ; et cependant cela ne fit pas obstacle à leur amitié. Scipion, Afranius, Cassius même et Brutus, dont il est question ici, il ne les nomme jamais brigands ni parricides, termes qui leur sont aujourd'hui appliqués mais il en fait mention comme d'hommes remarquables.

Cremutius Cordus pouvait difficilement inventer dans un discours au Sénat des paroles de César Auguste, surtout devant Tibère, mais les circonstances de son procès restent obscures et très discutées [94]. Si les historiens sont divisés sur la tenue ou non d'un discours lors du procès [95], la plupart s'accorde sur le fait que ce discours devant le Sénat pourrait être une réécriture de Tacite [96] reflétant les problématiques de son époque plus que celles du début du Ier s. [97]. Il n'est donc pas certain que César Auguste ait appelé Tite-Live « pompéien » ni qu'il y ait eu entre eux des liens d'*amicitia*.

---

92. Par exemple Hygin, Lucius Furnius, Octavius Ruso, Octavius Musa, Aquilius Niger, Asinius Pollion, Quintus Dellius, Titus Labienus, Lucius Arruntius, Clodius Licinus, Iulius Marathus, Baebius Macer ou même Agrippa (Bardon 1956, p. 91-102).

93. Tac., *Ann.* 4, 34, 3.

94. Voir à ce sujet la bibliographie donnée par Barbara M. Levick (Levick 2013b, p. 497-498) et Woodman 2018, p. 188 n. 75.

95. Columba 1901, p. 367, suivi par Ciaceri 1918, p. 301-302, Momigliano 1990, p. 113. Jugé trop favorable aux tyrannicides, Cremutius Cordus était accusé par deux clients de Séjan : Sutrius Secundus et Pinarius Natta. Ce dernier était peut-être un descendant de Lucius Pinarius Natta, frère de Fulvie (Cic., *Dom.* 118), ce qui pourrait expliquer l'attaque contre l'apologiste des tyrannicides. Toutefois, le chef d'accusation n'était pas l'écriture de l'ouvrage historique mais une probable tentative de conspiration contre Séjan (Rogers 1965, p. 351-359 *contra* Levick 2013b, p. 498).

96. Syme 1958, p. 337 n. 10 ; Suerbaum 1971, p. 63 ; Levick 2013b, p. 498. Jakob Wisse se montre plus prudent : « *we will never know* » (Wisse 2013, p. 349-350).

97. Sur l'utilisation de Cremutius Cordus par Tacite pour sa propre défense, voir McHugh 2004, p. 391-408.

L'indice le plus important de l'absence de liens entre César Auguste et Tite-Live est donné par l'historien lui-même :

> *Omnes ante me auctores secutus, A. Cornelium Cossum tribunum militum secunda spolia opima Iouis Feretri templo intulisse exposui ; ceterum, praeterquam quod ea rite opima spolia habentur, quae dux duci detraxit nec ducem nouimus nisi cuius auspicio bellum geritur, titulus ipse spoliis inscriptus illos meque arguit consulem ea Cossum cepisse. Hoc ego cum Augustum Caesarem, templorum omnium conditorem aut restitutorem, ingressum aedem Feretri Iouis quam uetustate dilapsam refecit, se ipsum in thorace linteo scriptum legisse audissem, prope sacrilegium ratus sum Cosso spoliorum suorum Caesarem, ipsius templi auctorem, subtrahere testem* [98].

Suivant tous les auteurs avant moi, j'ai exposé qu'Aulus Cornelius Cossus, tribun militaire, avait déposé les deuxièmes dépouilles opimes dans le temple de Jupiter Férétrien ; mais en réalité, outre le fait que celles-ci ne sont des dépouilles opimes selon le rite que si un général les arrache à un général – et nous ne reconnaissons comme général que celui sous les auspices duquel la guerre est menée –, le titre lui-même inscrit sur les dépouilles prouve contre eux et contre moi que le consul Cossus les prit. Comme j'avais entendu dire que César Auguste, fondateur ou restaurateur de tous les temples, entrant dans le temple de Jupiter Férétrien, tombé en ruines à cause de sa vétusté, qu'il restaura, avait lu lui-même l'inscription sur la cuirasse de lin, j'ai été d'avis qu'il serait presque sacrilège d'enlever à Cossus et à ses dépouilles le témoignage de César, bâtisseur de ce même temple.

Tite-Live avait initialement écrit qu'Aulus Cornelius Cossus était tribun militaire dans l'armée du dictateur Mamercus Æmilius, sous le consulat de Marcus Geganius Macerinus pour la troisième fois et Lucius Sergius Fidenas [99], mais cette version se trouvait être en désaccord avec les affirmations de César Auguste, selon lesquelles Aulus Cornelius était consul lorsqu'il déposa les dépouilles opimes. Il est difficile de concevoir que le passage soit autre chose qu'une seconde édition du texte : si Tite-Live n'avait pas publié le livre 4 mais en avait seulement fait des lectures, il lui était possible de reprendre le manuscrit et de supprimer la mention des dépouilles opimes cette année-là pour la replacer l'année du consulat de Cossus [100]. Il ne le fit pas. Il conserva l'ensemble du récit, y compris celui de la bataille, avec la mention des magistrats

---

98. Liv. 4, 20, 5-11.
99. Liv. 4, 17, 7-9.
100. Bayet 1946, p. 110-126 ; Luce 1965, p. 210-215 *contra* Ogilvie 1958, p. 41. Ronald M. Ogilvie a toutefois changé d'avis dans son commentaire de Tite-Live et s'est rangé à la thèse

et des légats, ce qui semble indiquer que son texte était déjà connu et diffusé à Rome : la reprise complète du livre 4 aurait peut-être été trop visible ou trop difficile. La conservation du récit de la bataille et du statut initial de tribun militaire de Cossus peut également s'expliquer par le fait que tous les auteurs antérieurs à lui donnaient une version en contradiction avec la théorie de César Auguste et qu'il était nécessaire de donner non seulement la version augustéenne mais également l'explication de l'erreur des historiens précédents afin d'écarter leurs témoignages, renforçant ainsi la théorie de Cossus consul. La réécriture du livre 4 ne prouve pas qu'il y ait eu une intervention directe de César Auguste[101]. Au contraire, la formulation livienne, relativement vague, laisse plutôt entendre qu'il n'y eut aucun contact entre eux et qu'il ne tenait pas l'information de César Auguste lui-même[102].

Plus que l'historien officiel de César Auguste, il apparaît cependant plutôt comme un historien padouan éloigné des cercles littéraires et politiques de son temps.

3. Le contexte de composition de la première décade de Tite-Live

La réflexion sur la date de la publication de la première décade de Tite-Live est empêchée par l'éventualité d'une seconde édition[103], voire de multiples insertions postérieures[104]. Les dates traditionnellement retenues sont celle des années 31-29 ou peu avant[105] ou 27-25 av. J.C.[106] mais ces dates correspondent plus probablement au remaniement de la décade en vue d'une deuxième édition[107] ; la date de la réédition du livre 4 ne peut être déterminée avec certitude car rien n'indique une correction générale de la première pentade[108].

Trois éléments ont été retenus pour dater la composition ou la correction de la première pentade dans les années 27-25 av. J.-C. : la troisième fermeture

---

d'une correction par l'auteur, ce qui implique une réédition qu'il situe après 24 av. J.-C. (Ogilvie 1970, p. 784).
101. *Contra* Ogilvie 1970, p. 3 ; 564 ; Tarpin 2003, p. 301.
102. Levick 2015, p. 32 *contra* Luce 1965, p. 213 n. 9.
103. Luce 1965, p. 210-211.
104. Soltau 1894, p. 611-617.
105. C'est l'opinion désormais admise par la plupart des historiens (Bayet 1940, p. XVIII-XIX ; Burton 2000, p. 429-446).
106. Klotz 1926, col. 818 ; Ogilvie 1970, p. 94 ; Mineo 2010, p. 385.
107. Généralement daté entre 27 et 25 (Bayet 1940, p. XIX ; Luce 1965, p. 209), c'est-à-dire entre la réception du titre d'*Augustus* et la quatrième fermeture des portes du temple de Janus. L'argument sur le nom d'Auguste est toutefois assez fragile, car le mot pourrait avoir été inséré au cours la tradition manuscrite.
108. Luce 1965, p. 217.

du temple de Janus, l'affaire des dépouilles opimes de Marcus Crassus et le ton de la préface [109].

3.1. Les portes du temple de Janus

Utilisée pour dater la composition de la première décade des années 27-25 av. J.-C., la fermeture des portes du temple de Janus évoquée par Tite-Live donne, tout au plus, la date d'une correction effectuée par l'auteur :

> *Bis deinde post Numae regnum clausus fuit, semel T. Manlio consule post Punicum primum perfectum bellum, iterum, quod nostrae aetati di dederunt ut uideremus, post bellum Actiacum ab Imperatore Caesare Augusto pace terra marique parta* [110].

> Après le règne de Numa, il [*sc.* le temple de Janus] fut ensuite fermé à deux reprises : la première fois après l'achèvement de la première guerre punique, Titus Manlius étant consul, la deuxième fois – les dieux accordèrent à notre génération de voir cela – après la guerre d'Actium, la paix ayant été faite sur terre et sur mer grâce à Imperator Cæsar Augustus.

Cette correction doit avoir été effectuée après l'année 29, lorsque César Octavien reçut le *prænomen* d'Imperator [111], qu'il revint à Rome et procéda à la fermeture du temple de Janus [112]. Cependant, dans la mesure où il ferma trois fois les portes au cours de son principat, elle doit également se situer entre la première et la deuxième fermeture. Cette deuxième fermeture n'est pas connue avec précision : les historiens sont partagés entre 25 et 13 av. J.-C. [113] La date de la deuxième fermeture par César Auguste n'est toutefois pas essentielle pour la datation de la correction livienne : Tite-Live a pu considérer les fermetures suivantes comme étant moins importantes, n'avoir signalé que la première des fermetures ou avoir considéré que les portes avaient été fermées trois fois : la première fois sous Numa, la deuxième après la première guerre punique, la troisième sous César Auguste. Velleius Paterculus lui-même, composant

---

109. La question de la présentation de Camille comme *fatalis dux* dans le but de le présenter comme un précurseur de César Auguste, parfois avancée (Mineo 2003, p. 159-175) peut être écartée : dans la mesure où cette présentation apparaissait déjà dans l'annalistique tardo-républicaine, on peut plutôt supposer l'inverse : la reprise par César Auguste des modèles de Romulus ou de Camille forgés par l'historiographie (Gaertner 2008, p. 27-52).

110. Liv. 1, 19, 4.

111. D.C. 52, 41, 3-4.

112. Richard 1963, p. 361.

113. Scott Ryberg 1949, p. 92-94 (13 av. J.-C.) ; Weinstock 1960, p. 48 n. 54 ; Richard 1963, p. 365-367 (25 av. JC.) ; Syme 1979, p. 189.

son ouvrage en 30 apr. J.-C. ne signale que trois fermetures du temple, de la même façon :

> *Immane bellicae ciuitatis argumentum, quod semel sub regibus, iterum hoc T. Manlio consule, tertio Augusto principe certae pacis argumentum Ianus geminus clausus dedit*[114].

C'est là une preuve incontestable du caractère belliqueux de la cité, que le temple de Janus double ne fut fermé – preuve d'une paix certaine – qu'une première fois sous les rois, à nouveau quand Titus Manlius était consul, une troisième fois Auguste étant prince.

En 30 apr. J.-C., Velleius Paterculus écrivait nécessairement après les trois fermetures de César Auguste mais il n'en mentionne qu'une. Ainsi, les fermetures ultérieures à celle de guerre d'Actium, quelles que soient leurs dates, ne sont pas des éléments de datation déterminants pour la correction du texte livien. Ayant vécu trois fermetures par César Auguste, Tite-Live a pu, comme le fit ensuite Velleius Paterculus, n'en mentionner qu'une seule.

3.2. *Le contexte de réécriture des dépouilles opimes de Cossus*

De la même façon, un passage corrigé de Tite-Live a servi à la datation de la deuxième édition du texte mais, là encore, le doute subsiste.

L'affaire du statut d'Aulus Cornelius Cossus est probablement liée aux dépouilles opimes que Marcus Licinius Crassus voulut déposer en 29[115] et l'hypothèse d'une correction vers 27-25 a été avancée : à nouveau, l'évocation du nom d'*Augustus*, cette fois avec le qualificatif de *templorum omnium conditorem aut restitutorem*, semble indiquer une correction postérieure à 27. Cependant, on ne peut affirmer avec certitude que la correction se fît dans les deux années qui suivirent, dans un besoin de renforcer le pouvoir augustéen, qui aurait été moins nécessaire par la suite[116], puisque les prétentions de Crassus auraient été moins menaçantes pour César Auguste. La construction et la stabilisation du « nouveau régime » ne semblent en effet assurées à partir de 23 que de façon téléologique : c'est la longévité de César Auguste, l'intelligence de Tibère et la division du Sénat entre diverses ambitions à la mort de Caligula[117] qui permirent l'établissement et le maintien de la République augustéenne. La bataille d'Actium n'avait pas éteint les ambitions des grandes

---

114. Vell. 2, 38, 3.
115. Dessau 1906, p. 142-151.
116. Comme l'affirme Torrey J. Luce (Luce 1965, p. 232).
117. L'empire fut, par exemple, proposé à Vinicianus (D.C. 60, 15, 1) et à Valerius Asiaticus (J., *AJ* 19.).

familles[118], les séances du Sénat de janvier 27 non plus, comme le montrent les hésitations institutionnelles postérieures et les nombreuses oppositions à César Auguste, en particulier celle des *gentes* aristocratiques[119] et parmi elles les Licinii Crassi précisément, ainsi que leurs proches qui restèrent une menace pendant toute la période julio-claudienne et au-delà : Marcus Licinius Crassus, le consul de 30 auquel on refusa les dépouilles opimes tomba ensuite dans l'oubli mais son fils, consul en 14 av. J.-C., épousa peut-être une descendante de Sylla[120] et son petit-fils, Marcus Licinius Crassus Frugi, épousa Scribonia, descendante de Pompée[121]. Ils donnèrent à leur premier fils le nom de Cnæus Pompeius Magnus, ce qui démontre leurs ambitions politiques ou leur goût pour la provocation. Une partie de la famille périt entre 45 et 47 apr. J.-C., probablement en réaction à une conspiration contre Claude[122] et le reste de la famille subit par la suite un sort équivalent[123]. La correction du texte pouvait donc être pertinente durant tout le principat de César Auguste et non uniquement durant les années 27-25.

L'éventualité de la correction et la réédition de la première décade, que l'on peut désormais situer entre 27 av. J.-C. et 17 apr. J.-C. rend difficile toute réflexion sur le contexte de rédaction de la première version du texte. Seule la préface (elle-même remaniée) indiquant l'intention de Tite-Live, pourrait permettre une datation de l'œuvre.

3.3. *Le contexte de rédaction de la préface*

La préface semble également avoir été remaniée lors d'une deuxième édition. La première phrase de la préface des *Ab Vrbe condita libri* fut probablement modifiée par l'auteur lui-même[124]. Quintilien indique en effet :

> *Sed initia initiis non conuenient, <ut> T. Liuius hexametri exordio coepit : « facturusne operae pretium sim » (nam ita editum est, [quod]*

---

118. Sur ce sujet, voir Hinard 2003, p. 331-358.
119. Dès 27, par exemple, avec le refus de Messalla Corvinus d'exercer la préfecture urbaine ou les grèves sénatoriales de la période augustéenne.
120. Syme 1960, p. 18 ; suivi par Settipani 2000, p. 299.
121. Syme 1960, p. 18.
122. Syme 1960, p. 19.
123. McAlindon 1956, p. 126-128. Le couple avait eu quatre fils : Cnæus Pompeius Magnus, gendre de Claude (exécuté sur son ordre), Marcus Licinius Crassus Frugi, consul en 64 (exécuté sur ordre de Néron), Lucius Calpurnius Piso Frugi Licinianus, adopté par Galba en 69 (massacré en même temps que lui) et Licinius Crassus Scribonianus, ainsi qu'une fille, Licinia Magna, qui épousa Lucius Calpurnius Piso Frugi (exécuté par Vespasien).
124. Luce 1965, p. 234-238.

melius quam quo modo emendatur), nec clausulae clausulis, ut Cicero : « *quo me uertam nescio* », *qui trimetri finis est*[125].

Mais les débuts < d'un vers > pour les débuts < d'une phrase > ne conviendront pas. Ainsi Tite-Live commençait par l'exorde d'un hexamètre : « *facturusne operae pretium sim* » (c'est en effet ainsi qu'il est publié, ce qui est meilleur que la correction qui est faite). Ne conviennent pas non plus la clausule < d'un vers > pour une clausule, comme Cicéron : « *quo me uertam nescio* » qui est une fin de trimètre.

Aucun des manuscrits de Tite-Live ne donne désormais l'agencement de l'exorde *facturusne operae pretium sim*. Tous indiquent l'ordre *facturusne sim operae pretium*[126]. Une erreur de Quintilien qui insiste sur la façon dont la phrase est écrite, ainsi qu'une erreur de tradition manuscrite – qui supposerait un relâchement de l'attention du copiste dès le deuxième mot du manuscrit – sont peu probables[127]. Une correction de Tite-Live lui-même, auquel on aurait pu reprocher une faute de goût, reste la meilleure explication pour la différence entre le texte de Quintilien et celui des manuscrits. On ne peut cependant savoir si Quintilien avait entre les mains la première édition ou s'il avait connaissance d'une anecdote concernant l'exorde de cette première édition. Il savait en tout cas que deux versions du texte avaient circulé.

Une première version du texte (au moins de la première pentade) avait donc circulé (version dont Quintilien avait connaissance), puis une deuxième, remaniée par l'auteur, peut-être dans le but de rendre le texte moins *patauinus*. Si la phrase citée par Quintilien appartenait à la version initiale des *Ab Vrbe condita libri*, cela signifie que la préface n'a pas été ajoutée lors d'une édition postérieure. Or cette préface contient des éléments qui aident à la compréhension du propos de Tite-Live et à la datation de la première version de son œuvre, laquelle peut désormais être située entre 45[128] et 29 av. J.-C.

L'analyse de la préface de Tite-Live, par les thèmes abordés et les termes employés, révèle une grande proximité avec les *Histoires* de Salluste[129] et une

---

125. Quint., *Inst.* 9, 4, 74-75.
126. Hormis l'*Oxoniensis* (Oxford, Bodl. Auct. T I 24) : *Facturusne si a primordio Vrbis res populi Romani perscripserim operae pretium*.
127. La possibilité d'une erreur dans la tradition manuscrite de Quintilien est plus probable. Mais le renversement de la phrase fait disparaître le rythme du début d'hexamètre *Fāctū/rūsne ŏpĕ/rē prĕtī/ŭm sim* qui est précisément le propos de Quintilien. On ne note aucune variante manuscrite dans le texte de Quintilien, qui cite ensuite le texte de Cicéron (Cic., *Lig.* 1, 1) sans erreur.
128. Rien n'empêche Tite-Live d'avoir commencé son ouvrage vers l'âge de vingt ans, soit en 44 ou 39 selon la date de naissance choisie.
129. Ogilvie 1965, p. 24-25 ; Woodman 1988, p. 130-131. Il faut toutefois se garder de conclure à une trop grande proximité par les termes employés en exorde : *a primordio Vrbis res populi Romani* (Liv., *praef.* 1), *a principio Vrbis* (Sall., *Hist.* fr. 8 M) et *res populi Romani* (Sall., *Hist.* fr. 1 M), *Vrbem Romam a principio* (Tac. *Ann.* 1.1.1), *res populi Romani* (Tac. *Hist.* 1.1.1). Par quels

influence de l'un sur l'autre. Il est très probable que l'influence fut celle de Salluste sur Tite-Live plus que l'inverse. Les deux historiens écrivaient à peu près à la même époque (Salluste entre 44 et 36 [130] et Tite-Live entre 45 et 29) mais si l'on peut attester que Tite-Live connaissait (et critiquait) l'œuvre de Salluste [131], aucun commentaire de Salluste sur l'œuvre de Tite-Live n'a été conservé. La renommée de Tite-Live fut probablement tardive et Salluste avait pu mourir sans avoir entendu parler de lui. On ne sait en effet à partir de quelle époque de sa vie Tite-Live acquit la gloire qu'il évoque dans la préface de l'un de ses livres [132]. Le *terminus ante quem* est la mort d'Asinius Pollion qui survint en 4 ou 5 apr. J.-C. [133], celui-ci étant l'auteur de la formule sur la *patauinitas* reprochée à Tite-Live [134]. L'idée d'une influence de Salluste sur Tite-Live, plutôt que l'inverse, pourrait également être confirmée par un passage d'histoire littéraire donné par Velleius Paterculus, dans lequel Tite-Live est décrit comme *consecutus Sallustium*, auteur augustéen au même titre que Tibulle et Ovide [135]. L'ordre donné par Velleius Paterculus ne permet pas d'indiquer la date de début d'écriture de Tite-Live mais seulement l'époque au cours de laquelle il fut célèbre pour ses écrits. Dans la mesure où la majeure partie de son œuvre fut écrite à l'époque augustéenne, il est logiquement considéré par les auteurs anciens comme un historien augustéen.

À plusieurs reprises, dans sa préface, Tite-Live fait référence à sa propre époque [136] mais de façon évasive, ce qui ne permet pas une datation sûre. Le ton de la préface est peu optimiste et s'accorde mieux avec la période triumvirale qu'avec les débuts de la République augustéenne. Tite-Live indique en effet que l'État romain s'est accru *ut iam magnitudine laboret sua* (« au point d'être désormais mis en danger par son étendue ») et *haec noua quibus iam pridem prœualentis populi uires se ipsae conficiunt* (« notre époque, où, après une longue supériorité, la puissance romaine se détruit elle-même »). Ces deux phrases, au présent, renvoient à un contexte de guerre civile ou au moins de fortes divisions au sein du peuple, plutôt qu'au contexte de la paix et la concorde retrouvées après la guerre d'Actium et la fermeture des portes du temple de Janus.

L'expression *ad haec tempora quibus nec uitia nostra nec remedia pati possumus* (« jusqu'à notre époque, où nous ne pouvons supporter ni les dégénérescences

---

autres mots que *a principio/primordio Vrbis* et *res populi Romani* peut-on en effet commencer une histoire des Romains depuis les origines de la Ville de Rome ?

130. C'est-à-dire entre la fin de sa carrière politique et sa mort. Il écrivit d'abord *La Conjuration de Catilina*, puis *La guerre de Jugurtha* et enfin les *Histoires* (Ernout 1941, p. 31-33).
131. Sen. Rhet., *Contr.* 9, 1, 14.
132. Plin., *Nat. praef.* 16.
133. Sumner 1971, p. 261.
134. Quint., *Inst.* 8, 1, 3.
135. Vell. 2, 36.
136. *Iam* (Liv., *praef.* 4) ; *haec noua* (§ 4) ; *quae nostra tot per annos uidit aetas* (§ 5) ; *haec tempora quibus nec uitia nostra nec remedia pati possumus* (§ 9).

ni les remèdes ») a été rapprochée des réformes augustéennes de 28[137]. Elle renvoie plus probablement aux dérèglements institutionnels en général et aux « remèdes », parfois radicaux comme les proscriptions, le triumvirat ou la perspective d'une dictature[138]. En ce cas, les premiers livres de Tite-Live sont bien à dater de l'époque triumvirale et non de l'époque augustéenne[139]. Après plus d'un demi-siècle de guerres civiles, l'assassinat de César, les proscriptions qui marquèrent les Romains, les luttes entre césariens puis entre les césariens et les tyrannicides, la *lex Titia* instaurant un triumvirat et un partage de l'empire, l'Italie traversée par des légions, des révoltes serviles, des expropriations, des agitations de vétérans et de multiples batailles, peut-on considérer que les désordres et les remèdes évoqués par Tite-Live dès la préface, justifiant l'écriture de ces livres et constituant le sujet vers lequel le lecteur aurait hâte de parvenir seraient le désordre moral et la tentative augustéenne de législation sur le mariage et l'adultère ?

Plus encore, dans la préface, Tite-Live ne fait aucune référence à la perspective de la paix retrouvée ou de la restauration de la République, ce que l'on pourrait attendre d'un auteur écrivant après 27. On peut donc situer la composition de la première décade dans un temps allant de 45 à 29 av. J.C., si l'on conserve l'intervalle le plus large possible.

3.4. La première décade et les Annales d'Ælius Tubero

Un *terminus post quem* pourrait être déterminé en se fondant sur les auteurs cités par Tite-Live dans la première décade même si les noms de certains d'entre eux pourraient également avoir été ajoutés lors de la deuxième édition. Si la plupart des auteurs cités étaient morts avant 45[140], Tite-Live cite au livre 4 Valerius Antias et Ælius Tubero, en désaccord avec Licinius Macer[141]. Les historiens ne s'accordent cependant pas sur l'identité de l'Ælius Tubero, entre Lucius Ælius Tubero, le père, légat de Quintus Cicéron et Quintus Ælius Tubero, le fils, qui participa à la bataille de Pharsale[142].

L'œuvre entière de Tite-Live, y compris la première décade, est postérieure à celle d'Ælius Tubero, puisque ce dernier est cité aux livres 4[143] et 10[144] et les passages cités peuvent difficilement être des ajouts aux textes[145]. On remarque

---

137. Dessau 1903, p. 461-466 suivi par Bayet 1940, p. XX ; Ogilvie 1965, p. 28. Encore récemment : Mineo 2010, p. 385-387 ; Vassiliades 2015, p. 253.
138. Woodman 1988, p. 134 ; Mazza 2005, p. 49-56.
139. Paul J. Burton notait déjà que les considérations de la préface, empreintes de pessimisme, correspondent au contexte antérieur à la bataille d'Actium (Burton 2008, p. 80-91).
140. Comme Fabius Pictor, Cincius Alimentus, Caius Acilius, Polybe ou Licinius Macer.
141. Liv. 4, 23, 1-3.
142. Sur ce débat, voir Oakley 2013b, p. 361-364.
143. *FRHist* 38 F8 = F7 Chassignet [= Liv. 4, 23, 1-3].
144. *FRHist* 38 F9 = F8 Chassignet [= Liv. 10, 9, 10-13].
145. Bien que l'on ne puisse totalement l'exclure.

cependant que dans les deux cas, Tite-Live prend une position différente de celle de Tubero, allant jusqu'à corriger ce dernier à propos de l'élection de 300 av. J.-C., Licinius Macer et Ælius Tubero ayant selon lui commis une grossière erreur de *cognomen*. Dans la mesure où Ælius Tubero écrivait peu de temps avant Tite-Live et avait recours aux livres de lin (sans être à même cependant, d'après Tite-Live, de les comprendre), il pourrait être considéré comme l'un des *noui scriptores* que dénonce Tite-Live dans la préface :

> *Quippe qui cum ueterem tum uolgatam esse rem uideam, dum noui semper scriptores aut in rebus certius aliquid allaturos se aut scribendi arte rudem uetustatem superaturos credunt* [146].

> Pour sûr je vois que le sujet est très ancien et connu par tous, alors que sans cesse de nouveaux historiens croient qu'ils apporteront sur ces sujets un élément plus sûr ou qu'ils surpasseront par leur talent d'écrivain la rugosité ancienne.

L'utilisation du présent indique que les *noui scriptores* sont contemporains de Tite-Live et vivants au moment où il compose la préface. En ce cas, il ne peut s'agir de Licinius Macer qui avait apporté une documentation qu'il jugeait plus sûre, par l'utilisation des livres de lin, mais qui était mort depuis 66 av. J.-C. [147]. Ælius Tubero correspond plus à la description des *noui scriptores* que donne Tite-Live, dans la mesure où il est toujours vivant lorsque Tite-Live débute son ouvrage. De plus, Tite-Live indique qu'il consent à être éclipsé par ces auteurs en raison de leur *nobilitas* et leur *magnitudo* [148]. Quintus Ælius Tubero, issu d'une famille prétorienne de longue date et appartenant à la *nobilitas*, pourrait donc être l'un de ces *noui scriptores*.

Le *terminus post quem* de la composition de la première décade est donc la composition de l'ouvrage historique de Quintus Ælius Tubero. Celle-ci est cependant généralement datée de 40-35 av. J.-C. mais ces dates sont établies en fonction des dates de composition de Tite-Live [149]. La seule donnée certaine concernant les *Annales* de Tubero est qu'elles furent composées avant 7 av. J.-C., date de publication du livre 1 des *Antiquités Romaines* de Denys d'Halicarnasse qui y fait référence [150]. Il est possible que Quintus Ælius Tubero ait débuté l'écriture de l'histoire après l'échec de la condamnation de Quintus Ligarius en 46, s'il se mit à l'historiographie en même temps qu'à l'étude du droit [151].

---

146. Liv., *praef.* 2.
147. Pour la biographie de cet auteur, voir Oakley 2013a, p. 320-331.
148. Liv., *praef.* 3.
149. Par exemple : Oakley 2013b, p. 362.
150. D.H., *Ant. Rom.* 1, 7, 3.
151. Pompon., *Dig.* 1, 2, 2, 46. Sur la production juridique d'Ælius Tubero, voir Bremer 1896, p. 359-360.

C'est toutefois une simple hypothèse supposant que Tubero ait abandonné la carrière juridique pour l'étude du droit et de l'histoire. Il est également possible d'envisager qu'il abandonna ses anciennes occupations (vie publique et histoire) au moment où il se consacra exclusivement au droit[152]. Quintus Ælius Tubero est également connu pour être l'un des protecteurs de Denys d'Halicarnasse, qui écrivit pour lui un traité sur Thucydide, mais outre le fait que l'on ignore si Tubero avait déjà écrit son ouvrage lorsqu'il commanda à Denys le traité, il n'est pas possible de dater avec certitude cet opuscule. Quintus Ælius Tubero, né peut-être vers 80 av. J.-C., écrivit donc des *Histoires* entre 55 et 7 av. J.-C., et l'état actuel de la documentation ne permet pas de réduire l'intervalle. Il ne peut donc pas servir à établir la date de composition des *Ab Vrbe condita libri*.

4. La date de rédaction de la sixième pentade

Deux autres indices permettent de dater la composition de l'œuvre livienne, dont l'un ne peut être un ajout postérieur lors d'une correction de l'œuvre : la mention des guerres cantabriques et l'introduction des *principes senatus*. Ces deux éléments sont situés dans la troisième décade de Tite-Live qui se compose ainsi :

Cinquième pentade			Sixième pentade		
Livre	Années traitées	*Lectio senatus*	Livre	Années traitées	*Lectio senatus*
21	219-218		26	211-210	
22	217-216		27	210-207	X
23	216-215	X	28	207-205	
24	215-213	X	29	205-204	X
25	213-211		30	203-201	

Par la référence qui est faite par Tite-Live à la soumission de l'Hispanie par César Auguste[153], le livre 28 est généralement considéré comme ayant été écrit entre 26 et 19 av. J.C.[154]. Tite-Live indique que la guerre avait été terminée *ductu auspicioque Augusti Cæsaris* (« sous le commandement et les auspices de César Auguste »), ce qui signifie qu'il fait référence aux guerres cantabriques menées par César Auguste, pour lesquelles il reçut un triomphe en 25 av. J.-C.[155]

---

152. Henry Bardon considère ainsi qu'il avait dû commencer son écriture de l'histoire avant 46 (Bardon 1952, p. 261).
153. Liv. 28, 12, 12.
154. Syme 1959, p. 49-50 ; Oakley 1992, p. 549.
155. D.C. 53, 26, 4 : qu'il déclina.

et non à celles menées par Agrippa, sous ses propres auspices, à partir de 20 av. J.C. [156]. Le livre 28 est donc postérieur à 25 et antérieur à 20 av. J.-C.

Un nouvel élément de datation peut être avancé pour situer la composition de la sixième pentade dans les premières années du principat : l'introduction par Tite-Live, au livre 27 de la notion de *princeps senatus*. Dans son récit de la censure de 209 av. J.-C., Tite-Live évoque en effet pour la première fois ce titre :

> *Senatus lectionem contentio inter censores de principe legendo tenuit. Sempronii lectio erat; ceterum Cornelius morem traditum a patribus sequendum aiebat ut qui primus censor ex iis qui uiuerent fuisset, eum principem legerent; is T. Manlius Torquatus erat; Sempronius cui di sortem legendi dedissent ei ius liberum eosdem dedisse deos; se id suo arbitrio facturum lecturumque Q. Fabium Maximum quem tum principem Romanae ciuitatis esse uel Hannibale iudice uicturus esset. Cum diu certatum uerbis esset, concedente collega lectus a Sempronio princeps in senatum Q. Fabius Maximus consul* [157].

Un conflit entre les censeurs à propos du premier à inscrire retarda le recrutement du Sénat. Le recrutement relevait de Sempronius ; mais Cornelius affirmait qu'il fallait suivre la coutume transmise par les Pères et inscrire en premier le plus anciens des censeurs vivants ; c'était Titus Manlius Torquatus ; Sempronius affirmait que les dieux avaient laissé le libre choix à celui auquel ils avaient accordé par tirage au sort le soin du recrutement ; cela, il le ferait selon son propre jugement et désignerait Quintus Fabius Maximus qui était alors, il le démontrerait, le premier dans la cité romaine, y compris du point de vue d'Hannibal. Il y eut un long débat, puis son collègue donna son accord et le consul Quintus Fabius Maximus fut inscrit par Sempronius le premier au Sénat.

Dans ce passage, Tite-Live indique deux règles de désignation du *princeps senatus*, l'une ancienne (le plus ancien censeur vivant devient nécessairement *princeps senatus*) et l'autre nouvelle (libre choix du *princeps senatus* par un censeur), introduite en 209 av. J.-C. par le censeur Publius Sempronius Tuditanus. Pourtant, Quintus Fabius Maximus, désigné *princeps senatus* cette année-là, est le premier *princeps* mentionné dans toute l'œuvre livienne. Cette mention peut être mise en lien avec la réintroduction du titre par César Octavien en 28 av. J.C., après une longue période au cours de laquelle le titre était inusité.

Quintus Fabius Maximus est assurément le premier *princeps senatus* mentionné par Tite-Live et la perte de la deuxième décade ne nous prive en rien

---

156. Hurlet 1997, p. 58-61.
157. Liv. 27, 11, 9-12.

de *principes* liviens qui y auraient trouvé leur place, dans la mesure où les *principes senatus* sont également absents de la première moitié de la troisième décade. À partir de 209, Tite-Live mentionne en effet systématiquement les *principes senatus* lors des censures : Quintus Fabius Maximus (en 204, pour la deuxième fois)[158], Scipion l'Africain (en 194 et 189)[159], Lucius Valerius Flaccus (en 184)[160] et Marcus Æmilius Lepidus (en 179, 174 et 169)[161] mais, avant cette date (209), aucun *princeps senatus* n'est mentionné. Or Tite-Live avait, par deux fois au cours de la cinquième pentade (livres 21 à 25), l'occasion d'indiquer le choix d'un *princeps* : cette pentade contient en effet deux *lectiones* qui auraient dû donner le nom d'un *princeps senatus*[162]. Certes la *lectio* de 216 était particulière puisqu'elle avait été réalisée par un dictateur (Marcus Fabius Buteo) après la défaite à la bataille de Cannes[163] mais celle de 214, réalisée par les censeurs Publius Furius Philus et Marcus Atilius Regulus, était tout à fait régulière[164]. Suivant la règle de désignation indiquée par Tite-Live, le *princeps senatus* de 214 aurait dû être Marcus Fabius Buteo (s'il était encore en vie cette année-là) ou Titus Manlius Torquatus, le plus ancien censeur vivant[165].

L'insertion de la notion de *princeps senatus* a été faite lors de l'écriture originale des *Ab Vrbe condita libri* et ne peut être le fait d'un ajout postérieur : la mention du titre est constante jusqu'à la fin de l'ouvrage et n'apparaît pas pour les années antérieures. En cas de correction du texte pour y ajouter les *principes*, il eut été également judicieux, pour Tite-Live, de mentionner les *principes* antérieurs qui sont intégrés par les historiens postérieurs, comme Manius Valerius Maximus[166] ou Quintus Fabius Maximus Rullianus[167]. L'insertion du principat de Quintus Fabius Maximus doit donc pouvoir être mise en lien avec la réintroduction du titre par César Octavien en 28 av. J.-C. et la composition du livre 27 doit être postérieure à cette date, tandis que le livre 24, incluant la censure de Publius Furius Philus et Marcus Atilius Regulus, au cours de laquelle Tite-Live ne mentionne pas le *princeps senatus* choisi, avait été composé avant cette date.

---

158. Liv. 29, 37, 1.
159. Liv. 34, 44, 4 ; 38, 28, 2. Tite-Live ne mentionne pas le premier principat de Scipion l'Africain mais il n'indique rien de la censure de 199 av. J.-C., si ce n'est que les censeurs étaient en parfait accord et qu'il n'y eut aucune exclusion du Sénat (Liv. 32, 7, 1-3). Lors de la censure de 194, il précise toutefois que Scipion était désigné *princeps* pour la deuxième fois.
160. Liv. 39, 52, 1.
161. Liv. 40, 51, 1 ; 41, 27, 1 ; 43, 15, 6. On trouve également des mentions de ses principats successifs dans les livres perdus (Liv., *Perioch*. 46, 6 ; 47, 5).
162. Tite-Live mentionne également les *principes* reconduits, donc si le précédent *princeps* avait été désigné à nouveau en 216 et 214, il aurait été mentionné.
163. Liv. 23, 23, 1-7.
164. Liv. 24, 11, 6 ; 18, 1-15 ; 43, 2-4.
165. On ne sait rien de Fabius Buteo après sa dictature (216) mais il était mort en 209 lorsque le plus ancien *censorius* était Titus Manlius Torquatus (Liv. 27, 11, 10).
166. *CIL* 11, 1826 = *InscrIt* 13.3, 78.
167. Plin., *Nat.* 7, 133.

Dans ces conditions, si l'on s'en tient à l'écriture d'environ trois livres par an ou cinq livres tous les dix-huit mois [168], en considérant un rythme constant (sans la pause indiquée par Pline l'Ancien), si le livre 24 avait été écrit au plus tard en 28 av. J.-C., le livre 27 au plus tôt la même année et le livre 28 entre 25 et 20 av. J.-C., le début de la composition de l'œuvre livienne pourrait être situé autour de 35 av. J.-C., ce qui ferait de la première décade des *Ab Vrbe condita libri* une œuvre entièrement triumvirale – hormis les ajouts et correctifs postérieurs.

5. Conclusion

Il faut ainsi reconnaître qu'en matière biographique, les certitudes concernant Tite-Live sont maigres. Nous ignorons les dates précises de naissance et de mort de l'auteur. Tout au plus, peut-on considérer qu'il naquit entre 65 et 55 av. J.-C., à Padoue et qu'il y mourut, peut-être au début du règne de Tibère, en tout cas après 9 av. J.-C.

Toutes les autres raisons qui pouvaient pousser les historiens à faire de Tite-Live un auteur entièrement d'époque augustéenne ont pu être écartées : il n'a probablement eu aucune autre activité antérieure – qui aurait pu le détourner de l'historiographie – que l'écriture des *Ab Vrbe condita libri* ; ses liens avec la famille impériale et notamment avec César Auguste ne peuvent être démontrés

La première décade de Tite-Live ne peut être qualifiée d'augustéenne, même si l'auteur pouvait partager une vision politique proche de celle du *princeps*. Si le début de son œuvre ne peut pas être daté avec certitude en raison de l'écran créé par la seconde édition – celle-ci a pu intervenir pendant toute la période augustéenne – un intervalle peut être posé : entre 45 et 31 av. J.C., en raison du ton de la préface. La première décade fut très probablement écrite après la publication des *Histoires* de Quintus Ælius Tubero mais celles-ci ne peuvent être datées avec certitude. Les *Ab Vrbe condita libri* auraient d'ailleurs pu être écrit en réponse à ces *Histoires*. Dès lors, ils peuvent logiquement être en contradiction avec certains passages des *Antiquités Romaines* de Denys d'Halicarnasse, texte augustéen en partie inspiré du récit de Tubero.

C'est seulement à partir de la troisième décade (voire de la deuxième mais en l'absence de texte, la conclusion est inutile pour cette partie) que le texte de Tite-Live s'inscrit dans un contexte augustéen et peut être considéré comme répondant aux attentes historiographiques du pouvoir. L'ouvrage dut être de

---

168. Oakley 1992, p. 548. Il faut toutefois considérer avec prudence l'idée de deux ou trois livres composés chaque année, puisqu'elle est justement calculée à partir d'une période de composition estimée à quarante-sept ans qui repose sur un début de composition vers 30 av. J.-C. Le rythme de composition de Tite-Live est inconnu, même si en moyenne il ne peut être inférieur à deux livres par an.

plus en plus conforme aux attentes d'Auguste au fur et à mesure qu'il acquérait une certaine renommée et la vision livienne des guerres civiles devait être en conformité avec celle de César Auguste, mais la perte du texte rend toute interprétation de la vision livienne de l'époque récente purement conjecturale.

Alexis MÉSZÁROS
UMR 8210 Anhima

Bibliographie

A. Adam, *Genre de vie et genre des vies dans les* Césars *de Suétone*. Thèse de doctorat soutenue à Paris Diderot, le 24 septembre 2018 (non publiée). (Adam 2018)
W. B. Anderson, « Contributions to the Study of the Ninth Book of Livy », *TAPhA*, 39, 1908, p. 89-103. (Anderson 1908)
J. André, *La vie et l'œuvre de C. Asinius Pollion*, Paris, 1949. (André 1949)
E. Badian, « Livy and Augustus », dans W. Schuller (dir.), *Livius, Aspekte seines Werkes*, Constance, 1983, p. 9-38. (Badian 1993)
H. Bardon, *La littérature latine inconnue*, 1, Paris, 1952. (Bardon 1952)
H. Bardon, *La littérature latine inconnue*, 2, Paris, 1956. (Bardon 1956)
J. Bayet (éd.), Tite-Live, *Histoire romaine. Tome 1. Livre I*, CUF, Paris, 1940. (Bayet 1940)
J. Bayet & G. Baillet (éd.), Tite-Live, *Histoire romaine. Tome 4. Livre 4*, CUF, Paris, 1946. (Bayet 1946)
A. B. Bosworth, « Asinius Pollio and Augustus », *Historia* 21,3, 1972, p. 441-473. (Bosworth 1972)
G. W. Bowersock, *Augustus and the Greek World*, Westport, 1965. (Bowerstock 1965)
F. P. Bremer, *Iurisprudentiae antehadrianae quae supersunt*, 1, Leipzig, 1896. (Bremer 1896)
R. W. Burgess, « Jerome explained ; an introduction to his chronicle and a guide to its use », *AHB*, 16, 2002, p. 1-32. (Burgess 2002)
P. J. Burton, « The Last Republican Historian : A New Date for the Composition of Livy's First Pentad », *Historia*, 49,4, 2000, p. 429-446. (Burton 2000)
M. Canas, *Les stratégies matrimoniales de l'aristocratie sénatoriale romaine au temps des guerres civiles (61-30 av. J.-C.)*, Paris, 2019. (Canas 2019)
H. V. Canter, « Livy the Orator », *CJ*, 9/1, 1913, p. 24-34. (Canter 1913)
F. Cavallera, *Saint Jérôme. Sa vie et son œuvre*, 2 vol., Louvain-Paris, 1922. (Cavallera 1922)
E. Ciaceri, *Processi politici e relazioni internazionali : Studi sulla storia politica e sulla tradizione letteraria della repubblica e dell'impero*, Rome, 1918. (Ciaceri 1918)
R. G. Columba, « Il processo di Cremuzio Cordo », *A&R*, 4, 1901, p. 361-382. (Columba 1901)
C. Davies, « Poetry in the "circle" of Messalla », *G&R*, 20, 1973, p. 25-35. (Davies 1973)
H. Dessau, « Die Vorrede des Livius », *Festschrift zu Otto Hirschfelds Sechzigstem Geburtstage*, Berlin, 1903, p. 461-466. (Dessau 1903)
H. Dessau, « Livius und Augustus », *Hermes*, 41,1, 1906, p. 142-151. (Dessau 1906)
A. Drummond, « M. Valerius Messalla Corvinus (61) », dans T. J. Cornell, *The Fragments of the Roman Historians. I. Introduction*, Oxford, 2013, p. 463-471. (Drummond 2013a)

A. Drummond, « Fenestella », dans T. J. Cornell, *The Fragments of the Roman Historians. I. Introduction*, Oxford, 2013, p. 489-496. (Drummond 2013b)

L. Duret, « Dans l'ombre des plus grands : I. Poètes et prosateurs mal connus de l'époque augustéenne », *ANRW*, 2, 30, 3, 1983, p. 1447-1560. (Duret 1983)

A. Ernout (éd.), *Salluste. La conjuration de Catilina. La guerre de Jugurtha. Fragments des Histoires*, Paris, 1941. (Ernout 1941)

E. Fantham, *Roman Literary Culture From Cicero to Apuleius*, Baltimore-Londres, 1999. (Fantham 1999)

M.-Cl. Ferriès, *Les partisans d'Antoine*, Bordeaux, 2007. (Ferriès 2007)

J. F. Gaertner, « Livy's Camillus and the Political Discours of the Late Republic », *JRS*, 98, 2008, p. 27-52. (Gaertner 2008)

R.-M. Girod, « La géographie de Tite-Live », *ANRW*, 2, 30 2, 1982, p. 1190-1229. (Girod 1982)

P. Graindor, « Études sur Athènes sous Auguste : Tite-Live à Athènes », *Musée belge*, 27, 1923, p. 135-143. (Graindor 1923)

R. Hanskik, *RE*, VIII A 2, col. 131-157, *s.v.* M. Valerius Messalla Corvinus (261). (Hanslik 1955)

L. Hayne, « Livy and Pompey », *Latomus*, 49,2, 1990, p. 435-442. (Hayne 1990)

Fr. Hinard, *Les proscriptions de la Rome républicaine*, Rome, 1985. (Hinard 1985)

Fr. Hinard, « Entre République et Principat. Pouvoir et urbanité », dans *Laurea internationalis. Festschrift für Jochen Bleicken zum 75. Geburtstag*, Stuttgart, 2003, p. 331-358. (Hinard 2003)

Fr. Hurlet, *Les collègues du prince sous Auguste et Tibère*, Rome, 1997. (Hurlet 1997)

D. W. Hurley, *Suetonius. Diuus Claudius*, Cambridge, 2001. (Hurley 2001)

H. Inglebert, *Les Romains chrétiens face à l'histoire de Rome*, Paris, 1996. (Inglebert 1996)

M. Jaeger, « Livy, Hannibal's Monument and the Temple of Juno at Croton », *TAPhA*, 136,2, 2006, p. 389-414. (Jaeger 2006)

T. J. Keeline, *The Reception of Cicero in Early Republican Empire*, Cambridge, 2018. (Keeline 2018)

A. Klotz, *RE*, XIII, 1, col. 816-852, *s.v.* T. Livius (9). (Klotz 1926)

D. M. Last & R. M. Ogilvie, « Livy and Claudius », *Latomus*, 17/3, 1958, p. 476-487. (Last 1958)

B. M. Levick, « L.(?) Annaeus Seneca (Maior) », dans T. J. Cornell (dir.), *The Fragments of the Roman Historians. I. Introduction*, Oxford, 2013, p. 505-508. (Levick 2013a)

B. M. Levick, « A. Cremodius Cordus », dans T. J. Cornell (dir.), *The Fragments of the Roman Historians, I. Introduction*, Oxford, 2013, p. 497-501. (Levick 2013b)

B. M. Levick, « Historical Context of the *Ab Urbe Condita* », dans B. Mineo, *A Companion to Livy*, Chichester, 2015, p. 24-36. (Levick 2015)

T. J. Luce, « The Dating of Livy's First Decade », *TAPhA*, 96, 1965, p. 209-240. (Luce 1965)

M. Mazza, « La *praefatio* di Livio : una rivisitazione », dans *Alle radici della casa comune europea*, vol. 5, dans L. Troiani et G. Zecchini (dir.), *La cultura storica nei primi due secoli dell'Impero romano. Atti del Convegno (Milano, 3-5 giugno 2004)*, Rome, 2005, p. 41-59. (Mazza 2005)

D. McAlindon, « Senatorial Opposition to Claudius and Nero », *AJPh*, 77,2, 1956, p. 113-132. (McAlindon 1956)

M. R. McHugh, « Historiography and Freedom of Speech : The Case of Cremutius Cordus », dans I. Sluiter & R. M. Rosen (dir.), *Free Speech in Classical Antiquity*, Leyde-Boston, 2004, p. 391-408. (McHugh 2004)

B. Mineo, « Camille, *dux fatalis* », dans G. Lachenaud & D. Longrée (dir.), *Grecs et Romains aux prises avec l'histoire : représentations, récits et idéologie*, Rennes, 2003, p. 159-175. (Mineo 2003)

B. Mineo, « L'*Ab Vrbe condita* : quel instrument politique ? », *CEA*, 47, 2010, p. 385-408. (Mineo 2010)

B. Mineo, « Tite-Live et la politique apollinienne d'Auguste », *DHA*, Suppl. 8, 2013, p. 39-64. (Mineo 2013)

B. Mineo, « Livy's Political and Moral Values and the Principate », dans B. Mineo (dir.), *A Companion to Livy*, Chichester, 2015, p. 125-138. (Mineo 2015a)

B. Mineo, « Livy's Historical Philosophy », dans B. Mineo (dir.), *A Companion to Livy*, Chichester, 2015, p. 139-152. (Mineo 2015b)

B. Mineo (éd.), *Justin. Abrégé des « Histoires Philippiques » de Trogue Pompée. Tome I. Livres I-X*, Paris, 2016. (Mineo 2016)

A. Momigliano, *The Classical Foundations of Modern Historiography*, Berkeley-Los Angeles-Londres, 1990. (Momigliano 1990)

S. P. Oakley, « Livy and Clodius Licinus », *CQ*, 42,2, 1992, p. 547-551. (Oakley 1992)

S. P. Oakley, *A Commentary on Livy. Books VI-X. Volume IV : Book X*, Oxford, 2005. (Oakley 2005)

S. P. Oakley, « C. Licinius Macer (27) », dans T. J. Cornell (dir.), *The Fragments of the Roman Historians. I. Introduction*, 2013, p. 320-331. (Oakley 2013a)

S. P. Oakley, « L. and Q. Ælius Tubero (38) », dans T. J. Cornell (dir.), *The Fragments of the Roman Historians. I. Introduction*, 2013, p. 361-367. (Oakley 2013b)

R. M. Ogilvie, « Livy, Licinius Macer and the *Libri lintei* », *JRS*, 48, 1958, p. 40-46. (Ogilvie 1958)

R. M. Ogilvie, *A Commentary on Livy. Books 1-5*, Oxford, 1970^2 [1965]. (Ogilvie 1970)

É. Parmentier & Fr. Pr. Barone (éd.), *Nicolas de Damas. Histoires. Recueil de coutumes. Vie d'Auguste. Autobiographie*, Paris, 2011. (Parmentier 2011)

H. Petersen, « Livy and Augustus », *TAPhA*, 92, 1961, p. 440-452. (Petersen 1961)

K. Quinn, « Poet and Audience in the Augustan Age », *ANRW*, 2, 30, 2, 1982, p. 75-180. (Quinn 1982)

St. Ratti (dir.), *Écrire l'histoire à Rome*, Paris, 2009. (Ratti 2009)

A. Reifferscheid (éd.), *C. Suetoni Tranquilli praeter Caesarum libros reliquiae*, Leipzig, 1860. (Reifferscheid 1860)

J.-Cl. Richard, « Pax, Concordia et la religion officielle de Janus à la fin de la République romaine », *MEFRA*, 75,2, p. 303-386. (Richard 1963)

W. R. Roberts, « The Literary Circle of Dionysius of Halicarnassus », *CR*, 14,9, 1900, p. 439-442. (Roberts 1900)

R. S. Rogers, « The Case of Cremutius Cordus », *TAPhA*, 96, 1965, p. 351-359. (Rogers 1965)

M. Roller, « The Dialogue in Seneca's *Dialogues* (and Other Moral Essays) », dans S. Bartsch (éd.), *The Cambridge Companion to Seneca*, Cambridge, 2015, p. 54-67. (Roller 2015)

W. Suerbaum, « Der Historiker und die Freiheit des Wortes : Die Rede des Cremutius Cordus bei Tacitus, *Ann.* 4, 34/35 », dans G. Radke (dir.), *Politik und Literarische Kunst im Werke des Tacitus*, Stuttgart, 1971, p. 61-99. (Suerbaum 1971)

M. Schanz, *Geschichte der römischen Litteratur*, 2,1, Munich, 1911. (Schanz 1911)

I. Scott Ryberg, « The Procession of the Ara Pacis », *MAAR*, 19, 1949, p. 80-101. (Scott Ryberg 1949)

Chr. Settipani, *Continuité gentilice et continuité familiale dans les familles sénatoriales romaines à l'époque impériale*, Oxford, 2000. (Settipani 2000)

D. R. Shackleton Bailey, *Cicero's Letters to Atticus*, 3, 51-50 B.C., Cambridge, 1968. (Shackleton Bailey 1968)

A. N. Sherwin-White, *The Letters of Pliny. A Historical and Social Commentary*, Oxford, 1966. (Sherwin-White 1966)

C. J. Smith, « Julius Marathus », dans T. J. Cornell (dir.), *The Fragments of the Roman Historians. I. Introduction*, 2013, p. 484. (Smith 2013)

W. Soltau, « Einige Nachträgliche Einschaltungun in Livius' Geschichtswerk », *Hermes*, 29/4, 1894, p. 611-617. (Soltau 1894)

G. V. Sumner, « The Lex Annalis under Caesar », *Phoenix*, 25,3, 1971, p. 246-271. (Sumner 1971)

R. Syme, *Tacitus*, Oxford, 1958. (Syme 1958)

R. Syme, « Livy and Augustus », *HSCPh*, 64, 1959, p. 27-87. (Syme 1959)

R. Syme, « Piso Frugi und Crassus Frugi », *JRS*, 50, 1960, p. 12-20. (Syme 1960)

R. Syme, « Problems about Janus », *AJPh*, 100, 1979, p. 188-212. (Syme 1979)

M. Tarpin, « M. Licinius Crassus Imperator, et les dépouilles opimes de la République », *RPh*, 77/2, 2003, p. 275-311. (Tarpin 2003)

M.-Cl. Vacher (éd.), *Suétone. Grammairiens et rhéteurs*, Paris, 1993. (Vacher 1993)

A. Valvo, « Messalla negli studi più recenti », *ANRW*, 2, 30, 3, 1983, p. 1663-1680. (Valvo 1983)

G. Vassiliades, « *Nec remedia pati possumus* (Liv. praef. 9). Tite-Live et les remèdes à la crise de la *res publica* », dans R. Angiolillo, E. Elia & E. Nuti (dir.), *Crisi. Immagini, Interpretazioni e reazioni nel mondo greco, latino e bizantino*, Alexandrie, 2015, p. 249-264. (Vassiliades 2015)

P. G. Walsh, « The Literary Techniques of Livy », *RhM*, 97,2, 1954, p. 97-114. (Walsh 1954)

P. G. Walsh, « Livy and Augustus », *PACA*, 4, 1961, p. 26-36. (Walsh 1961a)

P. G. Walsh, *Livy. His historical Aims and Methods*, Cambridge, 1961. (Walsh 1961b)

D. Wardle, *Suetonius. Life of Augustus*, Oxford, 2014. (Wardle 2014)

S. Weinstock, « Pax and the "Ara Pacis" », *JRS*, 50, 1960, p. 44-58. (Weinstock 1960)

J. Wisse, « Remembering Cremutius Cordus : Tacitus on History, Tyranny and Memory, *Histos*, 7, 2013, p. 299-361. (Wisse 2013)

A. J. Woodman, *Rhetoric in Classical Historiography. Four studies*, Londres-Sydney, 1988. (Woodman 1988)

A. J. Woodman (éd.), *The Annals of Tacitus. Book 4*, Cambridge, 2018. (Woodman 2018)

H. Zehnacker (éd.), *Pline le Jeune. Lettres. Livres I-III*, C.U.F., Paris, 2009. (Zehnacker 2009)

L'ANNÉE PHILOLOGIQUE :
UN SIÈCLE DE MUTATIONS BIBLIOGRAPHIQUES

*Actes du Colloque des Cent ans
de la Société Internationale de Bibliographie Classique,
organisé à l'Université de Lausanne le 5 novembre 2021*

COMITÉ D'ORGANISATION :
Le Bureau de la SIBC :
Pierre Chiron, président, Université Paris-Est
Dario Mantovani, vice-président, Collège de France
Marielle de Franchis, secrétaire générale, Sorbonne Université
Charles Guérin, trésorier, Sorbonne Université

Le Directeur éditorial de *l'Année Philologique*
Pedro Pablo Fuentes González, Universidad de Granada

Danielle van Mal-Maeder, Université de Lausanne
Dee Clayman, City University of New York
Mackenzie Zalin, Johns-Hopkins University
Franco Montanari, Università di Genova
Ilse Hilbold, Universität Bern
Christina Abenstein, Ludwig-Maximilians-Universität München

CONTRIBUTEURS :
Antoine Viredaz, antoine.viredaz@unil.ch
Chris Vandenborre, Chris.VandenBorre@brepols.net
Dee Clayman, DClayman@gc.cuny.edu
Franco Montanari, franco.montanari@unige.it
Pedro Pablo Fuentes González, fuentes@ugr.es
Ilse Hilbold, ilse.hilbold@unibe.ch
Pierre Chiron, pcchiron@wanadoo.fr

OUVERTURE DU COLLOQUE

Dans une brève allocution d'ouverture, Pierre Chiron, président de la SIBC, exprime le plaisir et l'honneur que lui procure la tâche d'ouvrir le colloque du Centenaire de la Société Internationale de Bibliographie Classique, dans des conditions sanitaires qui ne sont pas encore optimales, mais meilleures que celles qui ont prévalu lors de l'assemblée générale de la Société en 2020, puisque la rencontre est majoritairement réelle. Il salue chaleureusement les collègues qui n'ont pas pu se déplacer, des USA notamment, et assistent à l'événement par visio-conférence, en raison des restrictions encore en vigueur.

Il évoque ensuite le motif de cette célébration. Parlant sous le contrôle d'Ilse Hilbold, qui a étudié ces questions avec grand soin [1], il rappelle que la manifestation de Lausanne commémore la création par Jules Marouzeau, sinon de la SIBC du moins de son antécédent immédiat, la *Société de Bibliographie Classique*, qui eut lieu en 1921. La création de *L'Année Philologique* elle-même date de 1926 et les débuts – décisifs – de la collaboration entre Jules Marouzeau et Juliette Ernst de 1929. Autant dire que le présent anniversaire peut être prolongé par d'autres célébrations.

Si des dates méritent d'être commémorées, l'honneur revient aussi à des personnes, Jules Marouzeau, bien sûr, mais aussi la personnalité qui vient juste d'être mentionnée et qu'il est particulièrement opportun d'honorer sur son lieu d'origine : Juliette Ernst [2]. Cette Suissesse, née à Alger en 1900 mais issue d'une famille de Lausanne, morte et enterrée à Lutry, dans le canton de Vaud, il y a 20 ans, a été dans l'entre-deux guerres l'agent le plus fervent de l'internationalisation de la bibliographie classique. Bien avant l'établissement de liens stables avec le Japon, concrétisés cette année-même par la SIBC, elle a séjourné dans ce pays pour y tisser des liens intellectuels. Outre son rôle essentiel dans *L'Année Philologique*, où elle a occupé les fonctions de rédactrice puis de directrice de 1929 jusqu'aux années 1990, soit pendant presque soixante ans, elle a été très active dans la création puis l'administration de la *Fédération Internationale d'Études Classiques* de 1948 à 1974.

---

1. Voir notamment Ilse Hilbold, « Jules Marouzeau and *L'Année Philologique* : the Genesis of a Reform in Classical Bibliography », *History of Classical Scholarship* 1, 2019, p. 174-202.

2. Ilse Hilbold, « Les archives d'une bibliographe des sciences de l'Antiquité : Juliette Ernst et la fabrique des relations internationales », *Anabases* 29, 2019, p. 13-20. Voir aussi P. Chiron, « Juliette Ernst », dans Laure de Chantal, éd., *Femmes savantes. De Marguerite de Navarre à Jacqueline de Romilly*, Paris, Les Belles Lettres, 2020, p. 315-338.

Mais l'essentiel, sans doute plus encore que les dates et les personnes, est le projet qu'incarnent la SIBC et la base de données imprimées ou numériques que cette société internationale constitue, enrichit et diffuse depuis cent ans. Une entreprise que l'on peut qualifier d'humaniste, fondée sur la conviction que le partage de l'étude scientifique de la tradition classique occidentale est ferment de paix et de solidarité entre les peuples. Il est moins admis aujourd'hui de parler de Civilisation avec un grand C et au singulier, parce que la conscience de la richesse des autres traditions a heureusement progressé. Mais le désastre et la menace permanente que représentent les guerres ne se laissent pas oublier, ni non plus le défi essentiel pour tous que recèlent plus que jamais la philologie et, en général, la rigueur intellectuelle et l'exactitude dans la formulation et la transmission des faits et des idées.

Si le cap est clair, la définition, la circonscription de la tradition classique, l'évolution de ses pratiques et de ses usages, les innovations technologiques, les fragilités institutionnelles de l'enseignement des études classiques, avec leurs conséquences sur le financement des rédactions nationales, tout cela invite à réfléchir sur la suite de l'aventure et – pour cela – à faire un pas de côté et à adopter, à l'occasion de ces anniversaires, une position *meta*, pour pasticher Mark Zuckerberg. *Meta* au sens historique, comme l'illustreront quatre interventions rétrospectives, car on n'avance pas sans bien se connaître. *Meta* au sens réflexif et méthodologique, puisqu'une seconde série de deux communications portera davantage sur le présent et l'avenir de la base de données.

Dans un premier temps, donc, Ilse Hilbold illustrera de documents nouveaux l'histoire de *L'Année Philologique* dans les premières décennies de son existence. Franco Montanari proposera ensuite une vue d'ensemble de l'internationalisation progressive de la SIBC. Dee Clayman, qui en fut l'un des agents principaux, évoquera l'histoire de la « digitization » (informatisation) de la base de données grâce à une coopération étroite entre la SIBC, le Graduate Center de la City University of New York (CUNY), et la Society for Classical Studies (SCS), principale société savante regroupant les enseignants-chercheurs américains spécialisés en études classiques. Pedro Pablo Fuentes González, actuel directeur éditorial, soulignera les constantes de l'histoire de *L'Année Philologique* et les valeurs auxquelles elle a su rester fidèle. Ces considérations conduiront directement à la période actuelle. Antoine Viredaz proposera son point de vue de rédacteur à l'antenne suisse, avant que Chris Vandenborre, directeur éditorial chez Brepols, ne compare la base *AnPhil* avec les ressources documentaires qui sont certes accessibles à tout un chacun sur le net, mais sans pouvoir rendre, il s'en faut de beaucoup, des services comparables.

Avant de laisser la parole aux orateurs, le président de la SIBC tient à exprimer une gratitude toute spéciale à la directrice de la rédaction suisse, Danielle van Mal-Maeder et à ses collègues de Lausanne, à l'Université de Lausanne aussi, pour leur accueil et l'organisation efficace et fluide de ces journées. La secrétaire générale de la SIBC, Marielle de Franchis, a veillé jour après jour, malgré une activité de recherche très lourde, à adapter le projet initial à des circonstances imprévues. Elle mérite les remerciements les plus vifs. L'organisation d'une rencontre scientifique est toujours une tâche difficile, mais avec des conditions sanitaires en constant changement, cette tâche se transforme en école de patience.

Des remerciements d'un autre ordre mais non moins vifs sont dus au comité de rédaction de la *Revue de Philologie, de Littérature et d'Histoire anciennes* et à ses deux directeurs actuels, Philippe Hoffmann pour le Grec, Philippe Moreau pour le Latin, pour voir accepté la publication, dans la vénérable revue dont ils ont la charge, des Actes de la rencontre de Lausanne de 2021. On découvrira ci-dessous, sous la plume d'Ilse Hilbold, la logique scientifique et historique qui préside à cette hospitalité : dès 1911, en effet, dès les prémices de sa réforme de la Bibliographie classique, c'est dans le cadre de la *Revue de Philologie* que Jules Marouzeau a publié sa *Revue des comptes rendus d'ouvrages relatifs à l'Antiquité classique*. C'est dire l'ancienneté et la profondeur des liens qui unissent *L'APh* et la *RPh*.

LE SAVOIR EN PARTAGE :
DYNAMIQUES INTERNATIONALES DE LA BIBLIOGRAPHIE
D'ÉTUDES CLASSIQUES (1911-1945)

Savant d'origine hollandaise, Marcus Boas (1878-1941) était un grand spécialiste des *Distiques de Caton* qui montrait comme certains de ses collègues un fort intérêt pour l'actualité bibliographique et, en effet, il rédigea tout au long de sa carrière de riches recensions sur les bibliographies d'études classiques[1]. Dans l'un de ses comptes rendus, en 1931, il en vint à énumérer les erreurs que comptait la bibliographie que Jules Marouzeau publiait depuis 1926 sous le titre de *L'Année Philologique (L'APh)* et il concluait ainsi :

> Et où est l'efficacité de "M. J. Carcopino qui a bien voulu se charger de relire en épreuves l'ensemble du volume" (p. VII) quand ce professeur laisse passer de telles bêtises ?[2]

L'attaque de Marcus Boas, quoique certainement justifiée, était frontale et elle se trouvait dans la droite ligne des commentaires minutieux qu'il avait formulés dès les premiers volumes de la bibliographie de J. Marouzeau[3]. Mais, à côté de l'analyse des défaillances que M. Boas trouvait aux collaborateurs d'une entreprise bibliographique nouvelle, alors récemment entrée dans le paysage éditorial des études classiques, d'autres éléments peuvent susciter l'intérêt.

---

1. Cf. L. Bieler, « Compte rendu de : Disticha Catonis. Recensuit et apparatu critico instruxit Marcus Boas. Opus post Marci Boas mortem edendum curavit Henricus Johannes Botschuyver », *Scriptorium*, 9.1, 1955, p. 154.

2. M. Boas, « Compte rendu de : 1. Bibliotheca Philologica Classica. Band 56. 1929. Bearbeitet von Rudolf Kaiser. Beiblatt zum Jahresb. über die Fortschritte der klass. Altertumswissenschaft. Jahrg. 55 [lees : 56]. 1929. Leipzig, Reisland. 1931. 2. L'Année Philologique, Bibliographie critique et analytique de l'Antiquité gréco-latine, publ. par J. Marouzeau. Tome IV (er stond tome III, maar dit is met een strookje overgeplakt). Bibliographie de l'année 1929 et complément des années antérieures. Paris. Soc. D'Ed. "Les Belles Lettres" 1930 [verscheen erst 1931] », *Het Boek*, 20.1, 1931, p. 172 (traduction personnelle du néerlandais).

3. M. Boas, « Compte rendu de : J. Marouzeau, L'Année Philologique. Bibliographie critique et analytique de l'Antiquité gréco-latine. Deuxième année 1927. Paris, 1928. + Troisième année 1928. Paris, 1929 », *Het Boek*, 20.1, 1931, p. 69 (traduction personnelle du néerlandais) : « il existe beaucoup de maillons faibles parmi les collaborateurs de l'Année (des frères faibles, peut-être aussi des sœurs) qui ne sont en aucun cas suffisamment formés en philologie et qui peuvent se permettre toutes sortes d'inexactitudes ».

Ainsi les critiques de M. Boas sont-elles d'abord le témoignage de l'exigence qu'un savant pouvait avoir à l'égard de son outil de travail et, de façon déterminante, de l'importance qu'ont eue les bibliographies à un moment donné de l'histoire des sciences. Car, si les comptes rendus critiques portant sur les bibliographies ont à peu près disparu de nos jours, ils ont pourtant constitué une rubrique à part entière de la littérature scientifique pendant la première moitié du XXe siècle, comptant parmi les publications très ordinaires et usuelles en raison de la place essentielle qu'avait la bibliographie dans la pratique scientifique. Les diverses recensions rédigées sur les bibliographies d'études classiques – les plus renommées comme *L'APh* ou la *Bibliotheca Philologica Classica (BPhCl)*, ou celles qui l'étaient moins – dessinent d'ailleurs une sphère d'influence particulièrement étendue pour ces outils, puisqu'ils étaient très rapidement reçus et critiqués à l'extérieur de leur pays d'origine par les membres d'une communauté mondiale d'antiquisants que la bibliographie contribue justement à créer. La bibliographie d'études classiques révèle ainsi un large faisceau de pratiques savantes investies par une nette dimension internationale qu'il s'agit de contextualiser.

L'international tel qu'il est vécu et mis en pratique dans le champ des études classiques au XXe siècle est un objet vivant que, dans le sillage des travaux d'histoire croisée ou de *Verflechtungsgeschichte*[4], il est possible d'appréhender par un questionnement portant sur les circulations d'idées et d'individus, sur les transferts culturels et les influences multivectorielles qui traversent le champ bibliographique.

Alors que des études sur d'autres bibliographies et d'autres bibliographes sont à espérer, c'est à *L'Année Philologique* et son histoire au cours des années 1920 à 1950 qu'est consacré cet article qui propose donc de faire porter le regard sur cette période où l'international prend des couleurs, des significations et des formes variées. De fait, on observera d'abord les modalités de communication qui se développent à l'international au sein d'une communauté de savants autour de la réception des bibliographies d'études classiques. Puis, dans un deuxième temps, on s'intéressera à l'une des forces vives qui traverse les sciences dans la première moitié du XXe siècle, le nationalisme scientifique, qui nourrit la modernisation des bibliographies. Enfin, on interrogera les effets des bouleversements engendrés par la deuxième guerre mondiale sur la conception de la coopération internationale en s'appuyant en particulier sur les témoignages laissés par Juliette Ernst, la rédactrice de *L'APh*.

---

4. Cf., par exemple, l'un des articles fondateurs, M. Werner et B. Zimmermann, « Penser l'histoire croisée : entre empirie et réflexivité », *Annales. Histoire, Sciences Sociales*, 58.1, 2003, p. 7-36.

1. Communautés de savants et circulation des savoirs

L'histoire de la bibliographie a cela de fascinant qu'elle permet d'appréhender les modalités de la circulation des savoirs à une époque donnée. Car la bibliographie est un objet qu'on peut aborder de façon historique en interrogeant ses ambitions, les buts qu'elle se donne et qui constituent une réponse aux besoins qui sont exprimés par un public d'utilisateurs. Ces besoins sont inscrits dans un temps, car on ne fait évidemment plus la science aujourd'hui comme on la faisait hier. Ce que l'on peut dire dès l'abord, c'est que la bibliographie sert à informer les savants et qu'elle est un outil de liaison entre eux, créant des liens là où il n'y en a pas ou pas encore. Mais pour obtenir davantage de détails sur les services que les savants du premier XXe siècle attendaient d'une bibliographie et, par voie d'extension, sur leurs propres pratiques scientifiques, ce sont les recensions sur les bibliographies qui offrent le potentiel heuristique le plus intéressant, puisqu'elles permettent d'établir des séries, de comparer les traditions historiographiques nationales et de faire intervenir la chronologie. De plus, ces sources sont d'accès relativement aisé, car il s'agit de sources imprimées – et non pas d'archives manuscrites – qui sont le plus souvent inventoriées dans les bibliographies critiques sous la rubrique des recensions et comptes rendus, ce qui les rend facilement identifiables.

En l'occurrence, l'analyse des recensions des bibliographies d'études classiques, pour ce début de XXe siècle, fait d'abord porter le regard sur la *Bibliotheca Philologica Classica*, le fascicule bibliographique allemand publié dans le *Jahresbericht über die Fortschritte der klassischen Altertumswissenschaft* de Conrad Bursian (1874). Ceux qui rédigent des comptes rendus sur la *BPhCl*, spécialistes de tous pays et de toutes disciplines traitant de l'Antiquité, relèvent en particulier sa régularité et sa rapidité de parution, son exhaustivité et l'intégration de tous les domaines des sciences de l'Antiquité, sa précision et son exactitude, et enfin sa facilité de consultation[5]. La reconnaissance de ces diverses qualités par la communauté scientifique met la *BPhCl* en position hégémonique dans le paysage bibliographique et fait d'elle un modèle à suivre, un étalon même, pour les autres bibliographies. C'est ce qu'expriment par exemple le

---

5. Cf. par exemple P. Graindor, « Compte rendu de : Bibliotheca philologica classica », *Byzantion*, 2, 1925, p. 646 : « La *Bibliotheca philologica classica* est trop connue, les services qu'elle rend sont trop appréciés pour qu'il soit nécessaire d'en faire une fois de plus l'éloge » ; B. Lavagnini, « Compte rendu de : Franz Zimmermann, Bibliotheca Philologica Classica. Beiblatt zum Jahresbericht über die Fortschritte der klassischen Altertumswissenschaft. Band 46 », *Aegyptus*, 4.3, 1923, p. 225-226 ; L. Th. Lefort, « Compte rendu de : Bibliotheca philologica classica. Beiblatt zum Jahresbericht über die Fortschritte der klass. Altertumswissenschaft. Bd. 50 (1923), herausg. von Fr. Vogel, Leipzig, Reisland, 1926. 309 pp. 8°. Prix 8 Rm. », *Le Muséon. Revue d'études orientales*, 40, 1927, p. 52 ; C. Vellay, « Chronique bibliographique (Les Livres) », *L'Acropole. Revue du monde hellénique*, 3, 1928, p. 119-120 ; P. Fraccaro, « Notizie di pubblicazioni (Bibliotheca philologica classica. Beiblatt zum Jahresbericht über die Fortschritte der klassischen Altertumswissenschaft. Bd. 53 (1926). Herausgegeben von Fr. Vogel. 10 Mk.) », *Athenaeum*, 6, 1928, p. 202-203...

byzantiniste anglais Norman H. Baynes en 1922 lorsqu'il évoque le « standard que l'on recherche avec le Bursian »[6] dans sa recension du volume XLV de la *BPhCl* ou, quelques années auparavant, en 1916, l'archéologue allemand Hermann Thiersch qui juge inutile la bibliographie de F. Gatti et Fr. Pellati tant qu'elle n'aura pas atteint la clarté et la rigueur de la *BPhCl* :

> À moins qu'un tout autre soin et une tout autre rigueur ne soient apportés à ce travail, [...] afin de créer une clarté similaire à celle de la bibliographie de notre annuaire archéologique allemand impérial ou de notre célèbre "Bibliotheca philologica classica" publiée par Reisland à Leipzig, si tout cela ne se produit pas, la publication nous sera également très inutile dans son cours ultérieur[7].

L'utilité est de toute évidence le critère le plus déterminant dans l'appréciation d'une bibliographie. Or cette utilité, dont la *BPhCl* est créditée devant tous des décennies durant, inscrit de fait les entreprises bibliographiques dans une relation de service : les usagers des bibliographies n'admettent ni erreur ni approximation car des performances d'une bibliographie dépendent *in fine* celles du savant. Les recensions sur les bibliographies portent la marque de cette relation qui s'exprime en fin de compte dans un véritable droit de regard des savants sur l'instrument de recherche le plus essentiel qui soit au début du XXe siècle, sur celui dont dépend la qualité de leurs travaux. Dans un monde qui considère que la science n'a pas de frontière, cet investissement de la bibliographie est international et il est partagé par une communauté de savants qui est justement en train de construire son identité autour d'une conception interdisciplinaire et internationale des études classiques. Il doit être souligné que la bibliographie joue un rôle dans ce processus de construction dans la mesure où, en choisissant des rubriques et en créant un classement pour les notices, elle dégage des *épistémai*, des catégories auxquelles s'associe la communauté savante ou qu'elle rejette, dans un va-et-vient entre le discours des savants et celui des bibliographes. En l'occurrence, dans ces décennies-là, l'idée que toutes les sciences, y compris celles qu'à l'époque on disait auxiliaires, sont interdépendantes et qu'elles doivent donc être représentées ensemble au sein d'une bibliographie préoccupe le monde des antiquisants qui, tout en cherchant un outil de travail d'usage pratique, défend en même temps une certaine conception des études classiques. Aux formulations, par exemple, du coptologue belge

---

6. N. H. Baynes, « Compte rendu de : Bibliotheca philologica classica. Beilage zum Jahresbericht über die Fortschritte der klassischen Altertumswissenschaft. Bd. XLV. 1918 by Franz Zimmermann », *The Journal of Hellenic Studies*, 42.2, 1922, p. 279-280 (traduction personnelle de l'anglais).

7. H. Thiersch, « Compte rendu de : Fr. Gatti e Fr. Pellati, Annuario bibliografico di Archeologia e di Storia dell'Arte per l'Italia. Anno I – 1911 (1913), Roma », *Historische Zeitschrift*, 115.2, 1916, p. 337 (traduction personnelle de l'allemand).

Louis Théophile Lefort qui conclut en 1926 une recension excellente sur la *BPhCl* en ajoutant que « pour être tout à fait sincères, [...] toute formation orientaliste devrait être assise sur des bases classiques extrêmement solides, et n'en jamais perdre le contact »[8], répond ainsi la longue liste des champs d'études pris en compte dans *L'APh* qu'égrène Jules Marouzeau dans son avant-propos au premier volume :

> [*L'APh*] réunira chaque année, classée par auteurs et par matières, toute la documentation relative aux études gréco-latines, depuis la préhistoire hellénistique, alexandrine, byzantine et romano-médiévale, pour tous les domaines : linguistique et philologie, littérature, histoire et critique des textes, archéologie, épigraphie et numismatique, histoire politique, économique et sociale, ethnographie et topographie, histoire des religions, philosophie, droit, sciences, histoire et méthodes des études[9].

Dans ce contexte, que la directrice de *L'APh* Juliette Ernst résume bien des années plus tard[10], on comprend dès lors que la suppression en 1929 de la rubrique archéologique de la *BPhCl*, qui était déportée pour des raisons budgétaires dans l'*Archäologische Bibliographie*[11], ait suscité de fortes réactions parmi des savants souvent conscients de ce qui se jouait là en termes épistémologiques pour la définition des études classiques :

> Peut-on s'autoriser de ces dispositions pour lui rappeler le grave dommage qu'a subi sa *Bibliotheca* par l'amputation brutale de toute la partie archéologique, et lui demander s'il ne serait pas possible de réparer cet amoindrissement ?[12]

---

8. L.T. Lefort, « Compte rendu de : Bibliotheca philologica classica. Beiblatt zum Jahresbericht über die Fortschritte der klass. Altertumswissenschaft. Bd. 50 (1923), herausg. von Fr. Vogel, Leipzig, Reisland, 1926. 309 pp. 8°. Prix 8 Rm. », *Le Muséon. Revue d'études orientales*, 40, 1927, p. 52.
9. J. Marouzeau, « Avant-propos », *L'Année Philologique : bibliographie critique et analytique de l'antiquité gréco-romaine pour l'année 1927* (APh 1), Paris, 1928, p. V.
10. Cf. J. Ernst, « L'Année philologique, notre aventure », *L'Année Philologique*, 50, 1981, p. XXI.
11. O.R. Reisland et K. Münscher, « Vorbemerkungen », *Bibliotheca Philologica Classica. Beiblatt zum Jahresbericht über die Fortschritte der klassischen Altertumswissenschaft*, 55, 1929, p. III-IV.
12. s.n., « Compte rendu de : Bibliotheca philologica classica, bearb. von W. Rechnitz », *Supplément critique au Bulletin de l'Association Guillaume Budé*, 4, 1932, p. 10-11. Voir aussi A. Caldaro, « Compte rendu de : Bibliotheca philologica classica Band 56 (1929) (Beiblatt zum Jahresbericht über die Fortschritte der kl. Altertumswissenschaft Jahrg. 55, 1929) by R. Kaiser », *Aegyptus*, 11.2, 1931, p. 226 (traduction personnelle de l'italien) : « Il aurait certainement été souhaitable qu'une collection telle que la [*BPhCl*], qui fut à une époque la plus complète, la plus pratique et la plus rapide des collections de bibliographie systématique pour l'étude de l'antiquité, n'ait pas à faire ce sacrifice ». Sans regret par rapport à la suppression de la rubrique archéologique, cf. C. Vellay, « Chroniques », *L'Acropole. Revue du monde hellénique*, 8, 1933, p. 112.

Le droit de regard international des savants sur la bibliographie se traduit donc par un dialogue entre savoirs et outils des savoirs, où la bibliographie reflète des tendances initiées par le monde de la recherche, en même temps qu'elle a un impact sur la production scientifique, sur les modalités de savoirs et, en fin de compte, sur l'*habitus* des savants.

2. Nationalismes scientifiques

Cette importance de la bibliographie dans le monde des savoirs et des savants explique que le champ bibliographique soit largement investi et que cet investissement se développe en différents foyers et sous différentes formes. Un mouvement profond, qui va bien au-delà du champ bibliographique, se fait ainsi jour dès le début des années 1920, au cours desquelles entreprises de modernisation et internationalisation des sciences se conjuguent sur fond de nationalismes.

Pour ce qui concerne la réception des bibliographies parmi les savants, il apparaît d'emblée que les années 1920 sont marquées par un discours nettement plus critique vis-à-vis de la bibliographie allemande, que J. Marouzeau et d'autres de ses collègues nourrissent régulièrement en pointant du doigt une publication qui n'est plus à même de rendre compte de la production scientifique exponentielle et de servir le travail des savants. À Jules Marouzeau, qui constate « le prodigieux accroissement de la production scientifique qui est la caractéristique du dernier demi-siècle écoulé » et l'impossibilité pour les savants à « se hasarder à traiter un sujet sans information préalable sur ce qui a pu en être dit avant eux »[13], le fonctionnement même de la *BPhCl*, avec sa liste de titres sans résumés critiques publiée chaque trimestre, semble dépassé[14]. Aux États-Unis, le philologue Arthur Leslie Wheeler regrette quant à lui dès 1923 le manque d'exhaustivité du dépouillement de la *BPhCl* et ses retards dans la publication :

> Tout savant sait à quel point le Bursian a été incomplet et en retard ces dernières années dans ses comptes rendus de la littérature[15].

---

13. J. Marouzeau, « Le problème de la Bibliographie classique », *Bulletin de l'Association Guillaume Budé*, 17, 1927, p. 13.

14. J. Marouzeau, « Le problème de la Bibliographie classique », 1927, p. 15 : « [La *Bibliotheca Classica Philologica*] avait l'avantage de fournir une documentation rapide, divisée par trimestres, mais avec toutes les redites que comporte ce genre de disposition, et sans résumés explicatifs, même pour les titres les moins explicites. [...] Vers 1920, la *Bibliotheca* de Bursian avait plusieurs années de retard, qu'elle n'a commencé de rattraper qu'au prix de renoncements irréparables ».

15. A.L. Wheeler, « Correspondence », *The American Journal of Philology*, 45.1, 1924, p. 95 (traduction personnelle de l'anglais).

Produits dans différents pays et imprégnés des différentes politiques scientifiques nationales, ces discours critiques révèlent à nouveau un polycentrisme du discours sur la bibliographie. Or, ce discours polycentrique se singularise surtout par les enjeux de rivalité qui gagnent le champ bibliographique. À la suite des travaux pionniers de Brigitte Schröder-Gudehus sur l'internationalisme scientifique [16], il doit ainsi être souligné que, dans un entre-deux-guerres marqué par le sceau des nationalismes, l'effort de réorganisation scientifique est solidaire d'un engagement patriotique qui colore la circulation des savoirs et des techniques d'une compétition entre nations [17]. La communauté scientifique internationale investit ainsi la bibliographie comme un objet de rivalité entre nations, ce qu'un recenseur italien, Plinio Fraccaro, formulait à sa façon en insistant sur les bienfaits que la concurrence entre la *BPhCl* et *L'APh* peut apporter :

> Aujourd'hui, la France aussi a commencé une publication similaire ; et de la concurrence entre les répertoires allemand et français, nous attendons un raffinement des deux, en termes d'exactitude, d'exhaustivité et de rapidité. Et ce sera une situation gagnant-gagnant pour tous [18].

La rivalité scientifique entre nations appartient donc à l'histoire des bibliographies d'études classiques du premier XXe siècle, charpentant un propos qui dit d'abord, de toutes parts, la nette volonté de moderniser les bibliographies existantes et d'améliorer des systèmes bibliographiques qui ne seraient plus à même de donner les informations nécessaires au travail des savants [19]. C'est ainsi

---

16. Cf. notamment B. Schröder-Gudehus, *Les scientifiques et la paix : la communauté scientifique internationale au cours des années 20*, Montréal, 1978, p. 30 : « la recherche scientifique rejoignit l'arsenal des ressources nationales, des facteurs de puissance » ; B. Schröder-Gudehus, « Pas de Locarno pour la science. La coopération scientifique internationale et la politique étrangère des États pendant l'entre-deux-guerres », *Relations internationales*, 46, 1986, p. 173-194.
17. Cf. la formulation limpide de L. Tournès, « L'américanisation de la science française ? La fondation Rockefeller et la construction d'une politique de recherche en biomédecine (1918-1939) », dans J. Krige et H. Rausch (dir.), *American Foundations and the Coproduction of World Order in the XXth Century*, Fribourg, 2012, p. 68 : « C'est dès avant 1914 que l'organisation de la science est devenue un enjeu national, sur fond de rivalité avec l'Allemagne ».
18. P. Fraccaro, « Notizie di pubblicazioni (Bibliotheca philologica classica. Beiblatt zum Jahresbericht über die Fortschritte der klassischen Altertumswissenschaft. Bd. 53 [1926]. Herausgegeben von Fr. Vogel. 10 Mk.) », *Athenaeum*, 6, 1928, p. 203 (traduction personnelle de l'italien). D'autres prises de position sont plus partisanes, cf. F. Peeters, « Chroniques », *Revue belge de philologie et d'histoire*, 11.1-2, 1932, p. 398 : « Sur ce point encore, avantage incontesté de la publication Marouzeau ».
19. Dans un mémoire adressé au secrétaire de la CICI en mars 1923, J. Marouzeau décrit ainsi « une situation anarchique caractérisée par un maximum d'efforts aboutissant à un minimum de résultats » (J. Marouzeau, « Mémoire concernant un projet de bibliographie des sciences philologiques et historiques », 1923, Archives de la Société des Nations, Genève, CICI/B/10).

l'argument d'une lacune dans le champ éditorial bibliographique et d'une nécessaire modernisation des instruments que développe Jules Marouzeau lorsqu'il amorce sa grande réforme bibliographique avec la fondation en 1911 de la *Revue des comptes rendus d'ouvrages relatifs à l'Antiquité classique* au sein de la *Revue de Philologie, de Littérature et d'Histoire anciennes* et c'est ce même argument qui lui permet plus tard d'attirer l'attention de deux nouveaux acteurs eux-mêmes en quête de légitimité dans le champ très concurrentiel de la bibliographie internationale, la Société des Nations (SdN) et la Commission Internationale de Coopération Intellectuelle (CICI)[20]. C'est ainsi dès 1922, soit un an après la fondation de la Société de Bibliographie Classique en 1921 et quatre ans avant celle de *L'APh* en 1926, que Jules Marouzeau entame un dialogue avec la Sous-commission de bibliographie de la SdN, au sein de laquelle il côtoie des membres, comme Henri Bergson ou Marie Curie, et des experts invités comme le directeur de la Bibliothèque Nationale de Suisse Marcel Godet, le directeur de la *London Library* Charles Theodore Hagberg Wright ou J. R. Schramm de l'*American National Research Council*[21]. Il doit donc être souligné que les fondements de la réforme bibliographique de J. Marouzeau appartiennent certes à la Société de Bibliographie Classique, mais pas à *L'Année Philologique*[22], ce qu'illustrent les nombreuses archives conservées à la Société des Nations consacrées au problème bibliographique[23].

À la suite de la fondation de *L'APh* qui résulte de son éviction de la direction de la *Revue de Philologie* en 1926[24], J. Marouzeau poursuit donc ses échanges avec la SdN en profitant du consensus général autour de l'idée que la bibliographie doit être standardisée et normalisée pour garantir l'internationalisation des sciences et la coopération scientifique entre nations[25].

20. Sur les velléités bibliographiques de la SdN et les obstacles qu'elle rencontre face à des acteurs puissants et bien installés dans le champ de la bibliographie, cf. L. Tournès, *Les États-Unis et la Société des nations (1914-1946). Le Système international face à l'émergence d'une superpuissance*, Berne, 2016, p. 211-217 ; avec un regard plus précis sur les études classiques, cf. I. Hilbold, « Jules Marouzeau et la Société des Nations. Étude sur les origines de *L'Année Philologique* », REL, 97, 2019, p. 239-258.
21. « Rapport du Secrétariat sur les travaux de la Sous-commission de bibliographie et de la commission plénière concernant la conférence de bibliographie analytique », 5 mars 1924, Archives de la Société des Nations, Genève, SdN. CICI. B/35/13c/34639/20085, p. 2.
22. Sur tout cela, cf. I. Hilbold, « Jules Marouzeau et la Société des Nations. Étude sur les origines de *L'Année Philologique* », 2019, p. 239-258.
23. Mentionnons notamment cette lettre du 21 octobre 1923 envoyée par J. Marouzeau au secrétaire de la CICI Oskar Halecki pour confirmer sa participation à une conférence sur la bibliographie où il « [représentera] la Société de bibliographie classique qu['il a] fondée il y a deux ans pour assurer la publication de la partie bibliographique de la Revue de Philologie » (Lettre de J. Marouzeau à O. Halecki, le 21 octobre 1923, Société des Nations, Genève, 13_31596_20085_2).
24. Cf. I. Hilbold, « Jules Marouzeau et la Société des Nations. Étude sur les origines de *L'Année Philologique* », 2019, p. 239-258.
25. M. Grandjean, *Les réseaux de la coopération intellectuelle. La Société des Nations comme actrice des échanges scientifiques et culturels dans l'entre-deux-guerres,* Thèse de doctorat soutenue

L'APh est ainsi modelée en fonction des principes nouveaux que défendait la Sous-commission de bibliographie de la CICI et elle devient une bibliographie critique, analytique et périodique qui publie une fois l'an une liste de titres internationaux classés par rubriques et assortis de résumés, de la mention des comptes rendus et, de façon essentielle, de renvois entre les différentes rubriques de la bibliographie [26]. En quelque sorte *L'APh* tend, à ce moment-là, à être le modèle vivant des objectifs que la CICI pourrait ensuite généraliser à toutes les bibliographies scientifiques, toutes disciplines confondues. C'est cette innovation, fruit d'une réflexion menée conjointement avec la CICI sur « 1) les besoins des usagers, c'est-à-dire de ceux qui ont à utiliser les publications bibliographiques ; 2) les situations de fait, c'est-à-dire l'état présent des diverses entreprises de bibliographie ; 3) les possibilités de réalisation et en particulier de collaboration » [27], qui fait très durablement de *L'APh* un « ouvrage de lecture » au caractère encyclopédique, un répertoire pratique, porteur de sens, construit comme un texte argumenté dont le lecteur pourra trouver le sens et la logique autour de la thèse fondamentale d'une « interdépendance de toutes les disciplines dont l'ensemble forme la science de l'antiquité » [28] qui se veut au service d'une recherche dynamique [29].

Pourtant, il faut bien dire que la collaboration de J. Marouzeau et de la SdN dans les années 1920 ne se résume pas tout à fait à un échange donnant-donnant, où les divers intervenants engagés dans la discussion partagent leurs expériences et en tirent des leçons qui profitent à chacun. Si élevées que soient les ambitions bibliographiques de la CICI, elles se heurtent à la réalité d'une rivalité entre nations qui cimente les relations internationales. Ainsi, pour ce qui concerne J. Marouzeau, son projet bibliographique avec la Société de Bibliographie Classique s'était construit sur l'opposition à la *BPhCl* dans le courant alors ordinaire d'une rivalité franco-allemande. Les « Chroniques » que Jules Marouzeau publie dans la *Revue des Études Latines*

à l'Université de Lausanne sous la direction de F. Vallotton, 2018, p. 210 résume la mission de la sous-commission : « rafraîchir les conventions de Bruxelles de 1886 sur les échanges de publications et s'atteler à l'harmonisation des pratiques en matière de référencement des périodiques ».

26. Sur le fonctionnement de *L'APh* à ses origines, cf. par exemple J. Marouzeau, « Le problème de la Bibliographie classique », 1927.

27. J. Marouzeau, « Le problème de la Bibliographie classique », 1927, p. 17.

28. J. Ernst, « L'élaboration d'une bibliographie internationale spécialisée décrite sur l'exemple de "L'Année philologique" », dans G. Varet (dir.), *Les disciplines et leurs bibliographies à l'âge de l'informatique, Table-ronde du CNRS, Besançon, 19-20 novembre 1982*, 1983, p. 37.

29. Lors de la célébration du jubilé de *L'APh* en 1981, la directrice de la revue, J. Ernst, souligne la continuité de l'entreprise et la pérennité de la conception de *L'APh* depuis l'époque de sa création (J. Ernst, « *L'Année philologique*, notre aventure », *L'Année Philologique* 50, 1981, p. XXI). Sur *L'APh* comme ouvrage de lecture qui tend à « équilibrer spécialisation et universalisme » de la recherche et à faire « apparaître les lacunes de notre savoir [pour] susciter des recherches nouvelles », cf. encore J. Ernst, « La coopération intellectuelle. Le problème des revues et de la documentation. Rapport présenté par Mlle J. Ernst, rédactrice de l'Année philologique », dans *Congrès de Grenoble : 21-25 septembre 1948 : actes du Congrès*, Paris, 1949, p. 124.

constituent des sources tout à fait transparentes de cette rivalité qui prend parfois la forme d'invectives piquantes, comme en 1928, lorsqu'il explique que l'un de ses collègues vient de « perdre des heures à chercher la clef d'une référence SBW, qu'aucun index bibliographique ne lui expliquait »[30]. La prosopographie de la bibliographie donne également des informations intéressantes concernant la relation de rivalité que J. Marouzeau entretient avec la science allemande. Les soutiens qu'il cherche et qu'il obtient sont particulièrement explicites, l'associant à des scientifiques comme André Mayer et Charles Moureu qui se sont opposés en 1918 à la démobilisation contre l'Allemagne et à l'écrivain et député parisien de la droite nationaliste Maurice Barrès qui fait voter sur fonds publics les premières subventions pour la Société de Bibliographie Classique[31]. Jules Marouzeau fréquente donc visiblement des cercles qui considèrent que l'international est un espace de légitimité scientifique, mais qui considèrent aussi que les relations internationales doivent servir d'abord l'intérêt national. Pourtant, la compétition entre nations au niveau scientifique n'exclut pas la fréquentation intellectuelle des rivaux et elle admet le plus souvent la reconnaissance du travail. C'est ainsi que J. Marouzeau peut tirer à boulets rouges sur la *BPhCl* en même temps que, dans les « Chroniques » de la *Revue des Études Latines*, il fait la liste la plus précise possible des entreprises scientifiques allemandes[32]. Pour le dire très simplement, la rivalité franco-allemande chez J. Marouzeau n'admet pas de boycott de la science allemande parce que cela serait contraire à son ambition d'internationalisme[33].

Une source très précieuse, parce qu'elle permet de faire un pas de côté pour observer le positionnement de J. Marouzeau tel qu'il est perçu par un tiers, est donnée par la correspondance que Juliette Ernst, rédactrice à *L'APh* depuis 1929, entretient avec son fiancé Paul Tcherniakofsky. On y lit, ici ou là, qu'elle a suivi J. Marouzeau dans cette conception patriote de la bibliographie, comme dans une lettre de 1931, où elle mêle les thématiques de rivalité entre nations et de la nécessité de l'ouverture scientifique. Juliette Ernst y parle ainsi d'une mauvaise recension sur *L'APh*, faite par un « Germain convaincu », à qui elle va « damer le pion » et elle conclut en disant : « Et dans le cas particulier c'est d'autant plus ridicule qu'on connaît l'accueil bienveillant fait par M. Marouzeau à tout ce qui est allemand et de façon générale son manque de

---

30. J. Marouzeau, « Chronique des Études Latines », *REL*, 6, 1928, p. 265.

31. J. Marouzeau, « Le problème de la Bibliographie classique », 1927, p. 17 ; N.I. Herescu, *Entretiens avec Jules Marouzeau, Propos recueillis par N.I. Herescu*, Catane, 1962, p. 87.

32. Actualité scientifique, collaboration internationale sur des projets d'envergure, échanges franco-allemands et migrations universitaires sont ainsi largement documentés dans les pages de la *Revue des Etudes Latines* (cf. I. Hilbold, *Écrire Juliette Ernst*, 2022, p. 159-160).

33. Les aspects biographiques donnent un contexte intéressant à son positionnement, comme son mariage avec une Allemande ou les voyages qu'il fait étudiant en Allemagne – cf. I. Hilbold, *Écrire Juliette Ernst*, 2022, p. 95, n. 39 et p. 157.

préjugés nationalistes »[34]. En 1931, J. Ernst se place donc dans la plus pure continuité de la pensée de J. Marouzeau, elle-même prise dans cette conception compétitive de la science.

3. Visions bibliographiques

Portée par l'émulation que provoque la rivalité générale avec la *BPhCl*, convaincue de la grande importance de la bibliographie pour les études classiques, Juliette Ernst apporte en devenant la rédactrice principale de *L'APh*[35] des perfectionnements majeurs à la revue. Elle amplifie notamment le nombre de revues dépouillées (700 en toutes langues avant-guerre[36]), en particulier en direction de l'archéologie (t. 12, 1938), et elle améliore le maniement des rubriques grâce à des renvois plus nombreux et à la création, par exemple, d'un *Index nominum antiquorum* qui s'ajoute à l'index des noms d'auteurs modernes (t. 13, 1939). Ces efforts sont bien perçus par la communauté savante qui reconnaît dès le début des années 1930 *L'Année Philologique* comme la bibliographie la plus pratique et la plus exhaustive du paysage éditorial, et déclare sans détour la suprématie française sur ses rivaux allemands dans le champ bibliographique :

> L'*Année philologique* est supérieure aux autres publications de ce genre..., c'est le plus complet répertoire de bibliographie du monde classique... et c'est notre devoir rigoureux d'aider le rédacteur dans

---

34. Lettres de J. Ernst à P. Tcherniakofsky, les 14 et 15 mai 1931, Paris-Montpellier (Fonds Tchernia). À ce propos, cf. I. Hilbold, *Écrire Juliette Ernst*, 2022, p. 147-148.

35. Dans l'avant-propos du volume 5, J. Marouzeau remercie Juliette Ernst, « fidèle collaboratrice », à qui « [est due, pour la plus grande part, la rédaction du volume] » (J. Marouzeau, « Avant-propos », *L'Année Philologique : bibliographie critique et analytique de l'Antiquité gréco-romaine pour l'année 1930* (APh 5), Paris, 1931). À la fin de l'année 1933, J. Marouzeau la prévient qu'il veut augmenter sa masse de travail (Lettre de J. Ernst à P. Tcherniakofsky, le 20 octobre 1933, Lausanne-Levallois-Perret, Fonds Tchernia) et, en juin 1934, il lui revient en plus « toute la besogne de révision et de préparation du manuscrit – ce qui incombait au You les autres années » (Lettre de J. Ernst à P. Tcherniakofsky, le 3 juin 1934, Paris-Montpellier, Fonds Tchernia – pour clarification, « le You » est le surnom dont J. Marouzeau a hérité de sa jeunesse creusoise). Voir aussi J. Ernst à P. Tcherniakofsky, le 15 février 1934, Paris-Montpellier, Fonds Tchernia : « À part cela les fiches vont toujours leur train d'enfer : c'est un kaléidoscope d'inscriptions, de peintures de vases, de vers d'Euripide et de problèmes de phonétique, le tout accommodé à la sauce allemande, anglaise ou italienne. Et cela va devenir toujours pire, car, outre que le You, comme je te l'avais dit, veut se décharger encore plus sur moi cette année, M. Lambrino m'a demandé de collaborer avec lui pour certains travaux de bibliographie qu'il doit faire à Paris. M. Bonnard vient aussi de me prier de lui analyser quelque chose ».

36. « CR d'avant-guerre » annoté par J. Ernst, Fonds J.-M. Flamand, sans pagination ; J. Ernst, « The Bibliography of Classics », Exposé de janvier 1938 devant les étudiants de la High School of Librarianship à Londres, tapuscrit, Fonds J.-M. Flamand, Paris, p. 13.

son dur travail de compilation qui doit lui assurer la reconnaissance du monde savant. Cette publication, qui constitue de la part de M. Marouzeau un bienfait inestimable, est allée en se perfectionnant d'année en année, et est devenue un instrument indispensable d'information et de travail... Le dépouillement est très large, l'index des périodiques dépouillés constitue à lui seul un répertoire précieux. En donnant des résumés à des articles originaux, l'*Année philologique* s'assure un avantage considérable sur toutes les autres publications bibliographiques. Pour cette œuvre, M. Marouzeau mérite non seulement d'être loué, mais aussi d'être aidé et soutenu de tous ceux qui bénéficient de son travail. L'*Année philologique* est désormais indispensable aux travailleurs... La Société de bibliographie classique s'est acquis le mérite d'avoir complètement systématisé notre appareil bibliographique »[37].

C'est très consciente de cet état de fait que Juliette Ernst[38] aborde un nouvel aspect de son travail bibliographique en suppléant J. Marouzeau dans un exercice dont, fort de sa position de professeur, détenteur d'une chaire à l'EPHE et à la Sorbonne, il s'était auparavant chargé seul. Dès 1936 en effet, J. Ernst présente des exposés sur son travail à L'APh, profitant des voyages qu'elle a faits dans un premier temps avec lui pour s'exprimer devant les communautés savantes d'Europe et des États-Unis. Or, la situation bien établie maintenant de L'APh lui permet de développer un discours singulier sur la bibliographie, davantage centré sur la pratique professionnelle que ne l'était celui de Jules Marouzeau, occupé qu'il avait été à défendre la revue au sein d'un système concurrentiel. La particularité du discours de Juliette Ernst tient ainsi au fait qu'elle présente une parole experte, au plus proche de la pratique bibliographique. Elle en fait d'abord usage pour communiquer sur l'utilité de la bibliographie, mais aussi pour engager les savants à la soutenir

---

37. « CR d'avant-guerre » annoté par J. Ernst, Fonds J.-M. Flamand, sans pagination, ici avec la mention des références bibliographiques de la recension : « De M. P. Fraccaro, dans la Revue italienne *Athenaeum*, 1931, p. 9 ; 1932, p. 214 ; 1935, p. 164 ; 1936, p. 365 ». Voir aussi, dans le même dossier, « De M. Hugh Last, président de la *Society for the promotion of roman studies*, lettre de 1937 : L'*Année philologique* représente la réalisation suprême de la bibliographie dans le domaine classique ».

38. J. Ernst, « Au service de la documentation dans le domaine de l'Antiquité gréco-latine. Expériences d'une bibliographe », Exposé du 20 février 1942 devant l'*Association vaudoise des femmes universitaires*, au Lyceum de Lausanne, tapuscrit, Fonds J.-M. Flamand, Paris, p. 11 : « L'APh offre, plus commodément peut-être qu'une autre bibliographie, la possibilité de faire cette revue rapide [des publications nouvelles]. Comparée à son aînée, la vénérable *Bibliotheca philologica classica* de Leipzig, j'ose dire – parce que c'est une opinion exprimée dans leurs recensions par bien des savants autorisés – qu'elle est plus "moderne", mieux adaptée aux besoins des travailleurs d'aujourd'hui. Disons, si vous voulez, qu'elle est moins rébarbative, plus humaine, comme il convient à une œuvre conçue par un Français et rédigée par une femme ».

dans son entreprise afin de rendre *L'APh* plus performante grâce aux efforts que pourront fournir ceux-là même qui créent l'information savante. L'aspect technique des exposés de J. Ernst se double donc d'une ambition pédagogique à destination des auteurs, qu'elle entend gagner à sa cause et éduquer à de meilleures pratiques scientifiques qui concernent, de façon générale, l'homogénéité des modes de citation et l'accessibilité des documents. Mais les conseils que J. Ernst adresse aux savants ne se limitent pas à des points techniques – quoique leur importance soit cruciale dans un contexte où la coopération intellectuelle dépend de la circulation de l'information. De fait, J. Ernst porte également son regard sur le contenu des travaux publiés, qu'elle juge sur le fond, forte de l'expertise qu'elle tire de la fréquentation chaque année de plus de 10 000 travaux en toutes langues et sur tous les domaines d'études classiques[39] d'où elle dégage « l'expression d'un caractère personnel ou d'une mentalité collective » :

> À vrai dire, [la bibliographie] est elle-même un voyage que l'on peut accomplir sans quitter son fauteuil. Toute l'humanité, avec ses grandeurs et ses faiblesses, se reflète dans cette production scientifique sur des sujets en apparence si peu propres à l'expression d'un caractère personnel ou d'une mentalité collective[40].

Aussi faut-il souligner que la pratique bibliographique de Juliette Ernst comprend une composante véritablement panoptique dans la mesure où son expertise porte sur l'ensemble du champ des études classiques. Or cette maîtrise de la production scientifique la rapproche indéniablement de l'historiographe, avec qui elle partage la même tâche : la mise au jour et la formulation, grâce au vocabulaire bibliographique, des grandes tendances de la recherche dans le domaine des études classiques. Au moment où l'Antiquité fait l'objet d'une appropriation par des savants séduits par les théories fascistes[41], J. Ernst se trouve pour ainsi dire aux premières loges et elle peut alors identifier les

---

39. J. Ernst, « Au service de la documentation dans le domaine de l'Antiquité gréco-latine. Expériences d'une bibliographe », 1942, p. 16a.
40. J. Ernst, « Au service de la documentation dans le domaine de l'Antiquité gréco-latine. Expériences d'une bibliographe », 1942, p. 20.
41. L'ouvrage collectif de H. Roche & K. N. Demetriou (dir.), *Brill's Companion to the Classics, Fascist Italy and Nazi Germany*, Leiden, 2018 montre plusieurs facettes de l'appropriation fasciste de l'Antiquité ; voir O. Dumoulin, *Le rôle social de l'historien. De la chaire au prétoire*, Paris, 2003, p. 292-298 sur les historiens sous Vichy ; voir S. Rebenich, « Nationalsozialismus und Alte Geschichte. Kontinuität und Diskontinuität in Forschung und Lehre », dans I. Stark (dir.), *Elisabeth Charlotte Welskopf und die Alte Geschichte in der DDR*, Stuttgart, 2005 et S. Rebenich, « Institutionalisierung der Alten Geschichte im 19. und 20. Jahrhundert. Wissenschaftshistorische Überlegungen zur Entwicklung des Faches », dans L. Burckhardt (dir.), *Das Seminar für Alte Geschichte in Basel 1934-2007. Herausgegeben von Leonhard Burckhardt zum 75-jährigen Bestehen des Seminars für Alte Geschichte der Universität Basel*, Bâle, 2010, p. 15-18 sur la nazification de l'histoire ancienne en Allemagne.

dérives des nationalismes en Europe, qu'elle dénonce par exemple à Londres en 1938 devant les étudiants de la High School of Librarianship :

> D'abord, d'un point de vue purement humain, le bibliographe est susceptible de faire des observations très intéressantes. Par exemple, prenons le sujet de l'influence de la politique sur l'érudition. Toutes les unités politiques qui ont été créées, ou restaurées, après la guerre, ont tenu à montrer ce qu'elles étaient capables de faire dans le domaine des humanités et elles ont fondé des revues dont elles sont parfois bien en peine de remplir les pages, et le résultat est une grande quantité de déchets [...]. Mais le nationalisme peut avoir un effet pire encore, lorsqu'il affecte les recherches elles-mêmes. C'est une expérience plutôt amusante que de voir des savants classiques se disputer au sujet de leurs ancêtres. Les historiens italiens, par exemple, se plaignent de l'attitude inamicale de leurs collègues français qui soulignent trop la contribution des Gaulois à l'Empire romain [...]. Et que dire de Platon qui avait prévu l'arrivée du Führer et en avait donné un portrait exact dans son État ? Et si l'on trouvait dans Eschyle la justification des théories nazies de l'éducation ? Qu'en est-il de la démonstration qu'Homère est le poète nordique typique ? [42]

Ces dénonciations que fait Juliette Ernst d'une science soumise au politique, qui l'identifient aux côtés de savants qui élèvent la voix contre les fascismes [43], témoignent très directement de la conception humaniste du savoir qui nourrit sa pratique bibliographique [44]. Or, cette conception lui dicte des prises de parole plus affirmées au moment où la deuxième guerre mondiale éclate et met en

---

42. J. Ernst, « The Bibliography of Classics », 1938, p. 17-18 (traduction personnelle de l'anglais).

43. Jules Marouzeau s'exprimait régulièrement contre le nazisme, initiant ou signant des pétitions diffusées dans les médias. Dans ses exposés et articles, il souligne à plusieurs reprises la décadence de la science allemande. D'autres collègues s'engagent sur un chemin similaire, comme le papyrologue gantois Marcel Hombert qui se demandait en 1938 s'il était possible « que les préoccupations de l'Allemagne actuelle puissent se manifester jusque dans le plan suivi pour une bibliographie de la philologie classique ? » (M. Hombert, « Walther Abel und Gerhard Reincke. Bibliotheca Philologica Classica. Band 63 », L'Antiquité classique, 7.2, 1938, p. 494). Sur le sujet, avec bibliographie complémentaire, cf. I. Hilbold, Écrire Juliette Ernst, 2022, p. 156-158 et p. 168-171 ; sur les différents modes de prises de parole des historiens français face à l'Allemagne nazie et ses savants, cf. O. Dumoulin, Le rôle social de l'historien. De la chaire au prétoire, 2003, p. 283-292.

44. La notion d'humanisme puis celle d'humanisme rénové infusent le XXe siècle : cf., à ce propos, C. Maurel, L'UNESCO de 1945 à 1974, Thèse de doctorat soutenue à l'Université de Paris I (Histoire contemporaine) sous la direction de P. Ory, Paris, 2006. Cf. J. Ernst, « La coopération intellectuelle. Le problème des revues et de la documentation. Rapport présenté par Mlle J. Ernst, rédactrice de l'Année philologique », 1949, p. 129 : « Les tâches souvent ingrates de la documentation ne prennent toute leur portée que si on les considère comme favorisant l'éclosion d'œuvres importantes et durables et les échanges entre les grands esprits. C'est à ce titre qu'elles trouvent leur place, humble mais nécessaire, dans la défense de l'humanisme ».

péril matériellement et intellectuellement la coopération internationale entre savants. C'est ainsi que pour elle « les textes classiques [...] offrent parfois la seule occasion, si bienfaisante, de crier, par la bouche de Thucydide ou de Sophocle, une vérité à l'oppresseur »[45] et c'est ainsi que *L'APh* devient un symbole, condensé de valeurs qu'il s'agit de maintenir en temps de guerre :

> Mais, pour le moment, tous les savants qui, héroïquement, sous les bombes ou dans une chambre non chauffée, recherchent dans le travail désintéressé un dérivatif à leurs souffrances sont, pour la plupart, entourés de cloisons étanches. Ces rapports multiples entre érudits qu'assuraient autrefois les revues, les congrès, les échanges de professeurs sont maintenant abolis (bien des revues qui paraissent sortent à peine de leur pays d'origine). Seule la bibliographie maintient le contact – et c'est pourquoi cela me paraît plus indispensable que jamais. Plus tard, voulant rattraper les années où il sera resté dans l'ignorance de la production mondiale, le savant n'aura qu'à feuilleter *L'APh* pour en avoir du moins une idée. C'est dans cet esprit que je poursuis et poursuivrai mon travail. [...] Vous voyez qu'en continuant, en dépit de toutes les difficultés, à rédiger *L'APh*, je ne fais pas le geste de celui qui se désintéresse des malheurs du temps et se renferme dans sa tour d'ivoire. *L'APh* est un symbole. Cette somme du labeur humain dans un domaine particulier représente l'union internationale d'efforts désintéressés s'exerçant uniquement pour l'enrichissement de l'esprit humain. En la maintenant, j'entends, dans la faible mesure de mes capacités, maintenir ce en quoi j'ai cru, – ce en quoi a cru avec une généreuse imprudence le grand peuple auquel j'appartiens par ma formation spirituelle et auquel j'ai donné mon activité. Je me refuse à penser que cette croyance ait été vaine [46].

Cette fidélité à des valeurs menacées constitue ainsi le moteur, clairement identifié par les exposés que prononce J. Ernst en Suisse, du maintien de la publication durant la guerre, alors que les conditions matérielles deviennent de plus en plus difficiles. Avec cette action, soutenue par J. Marouzeau qui lui avait conseillé de retourner dans son pays natal et d'y poursuivre la rédaction de *L'APh*, Juliette Ernst rejoint des savants du monde entier autour de l'idée de la nécessaire continuité du travail [47] ou, selon les mots de l'époque,

---

45. J. Ernst, « Au service de la documentation dans le domaine de l'Antiquité gréco-latine. Expériences d'une bibliographe », 1942, p. 25.
46. J. Ernst, « Au service de la documentation dans le domaine de l'Antiquité gréco-latine. Expériences d'une bibliographe », 1942, p. 26.
47. Cf. I. Hilbold, *Écrire Juliette Ernst*, 2022, p. 172-174 ; voir aussi V. Duclert, « Les revues scientifique : une histoire de la science et des savants français sous l'Occupation », *La Revue des revues*,

de « faire vivre l'humanisme »[48], dont la France était souvent considérée comme le flambeau[49]. L'engagement de J. Ernst dans le maintien de l'outil bibliographique comme garantie de la survie de l'humanisme s'insère dans ce mouvement patriotique, appropriation humaniste de l'effort de guerre. La particularité du positionnement de J. Ernst, qui rencontre les mouvements civils de résistance intellectuelle de l'époque[50], tient cependant à un facteur biographique puisqu'il se développe en Suisse, où ce qu'elle vit et ceux avec qui elle échange l'amènent à reconsidérer sa définition de la bibliographie et de ses objectifs[51].

C'est ainsi loin de la direction de *L'APh*, loin de Jules Marouzeau resté en France, que Juliette Ernst transforme le patriotisme scientifique qui avait jusqu'alors dicté le cours de *L'APh* en lui substituant une solidarité internationale précoce. De fait, c'est bien avant la fondation en 1948 de la Fédération Internationale des associations d'Études Classiques (FIEC) que Juliette Ernst s'engage sur le chemin de la réintégration des Allemands dans le champ des études classiques en proposant à la Direction d'Éducation Publique, à l'été 1945, l'envoi d'enseignants suisses en Zone Française d'Occupation[52]. Hors de son domaine de compétences habituel puisqu'elle touche là au champ très politique de la rééducation des Allemands[53], Juliette Ernst amorce ainsi une action en faveur de l'Allemagne vaincue que permettait seul, si tôt après la

---

24, 1997, p. 172 : « Travailler apparaît en tout cas comme une valeur essentielle et mobilisatrice pour la communauté scientifique [pendant l'Occupation] ».

48. Cité ici dans s.n., « Section bretonne », *Bulletin de l'Association Guillaume Budé*, 67, 1940, p. 11 ; la même expression est répétée à l'envi parmi les réponses de l'étranger (cf. s.n., « Réponse de l'étranger », *Bulletin de l'Association Guillaume Budé*, 65, 1939, p. 20-27 ; s.n., « Réponses de l'étranger », *Bulletin de l'Association Guillaume Budé*, 66, 1940, p. 10-14).

49. Cf. par exemple P. Mazon, « Assemblée Générale du 26 mai 1940 », *Bulletin de l'Association Guillaume Budé* 1 (nouvelle série), 1946, p. 4.

50. À ce sujet, cf. I. Hilbold, *Écrire Juliette Ernst*, 2022, p. 174-184.

51. Sur la période bâloise de J. Ernst et ses réseaux suisses, dont font notamment partie l'antiquisant Gerold Walser, le romaniste Albert Béguin ou le pasteur Karl Barth, cf. I. Hilbold, *Écrire Juliette Ernst*, 2022, p. 184-201.

52. Seules trois archives témoignent de cette tentative échouée : une lettre de juin 1945 de Juliette Ernst au recteur de l'Université de Bâle Carl Henschen qui lui présente le projet ; la recommandation que le recteur écrit dans la foulée pour J. Ernst et qu'il envoie à son homologue parisien, le recteur Gustave Roussy ; et une lettre d'août 1945 de Raymond Schmittlein à Émile Laffon, le directeur général de la Zone Française d'Occupation en Allemagne, qui situe le projet de J. Ernst dans un plus vaste contexte, en mentionnant les autres organisations suisses impliquées dans la rééducation des Allemands. Cf. à ce sujet, C. Defrance, « L'apport suisse à la "rééducation" des Allemands : l'exemple de la coopération universitaire (1945-1949) », *Revue suisse d'histoire*, 48.2, 1998, p. 236-253 ; plus précisément, cf. I. Hilbold, *Écrire Juliette Ernst*, 2022, p. 201-213.

53. Sur la rééducation des Allemands, cf. dernièrement M.-B. Vincent, « Punir et rééduquer : le processus de dénazification (1945-1949) », dans M.-B. Vincent (dir.), *La dénazification*, Paris, 2008, p. 9-88 ; S. Chauffour, « La dénazification dans les archives de la zone française d'occupation au Centre des archives diplomatiques de La Courneuve », dans S. Chauffour et al. (dir.), *La France et la dénazification de l'Allemagne après 1945*, Bruxelles-Berne, 2019, p. 227-236.

fin des hostilités, le contexte suisse dans lequel elle évoluait, où existait au sein des universités un mouvement d'entraide qui s'appuyait sur l'idée que le pays, qui s'était dit neutre pendant le conflit, avait maintenant un rôle à jouer sur l'échiquier international en transformant sa neutralité en solidarité internationale [54]. C'est cet épisode, que J. Ernst mène de façon autonome par rapport à J. Marouzeau, qui permet de dater le changement de paradigme essentiel qui s'opère dans la conception qu'a Juliette Ernst de la science et de ceux qui la font, adoptant alors une position nouvelle en faveur d'une communauté savante très intégratrice, montrant une ferme volonté de rassembler les savants, quels que soient leur nationalité ou leur parti, et assumant de plus en plus le rôle d'arbitre ou de vigie que lui confère la rédaction de *L'APh*, comme au-dessus de la mêlée.

Au retour de la paix, ce positionnement fait écho au désir général de reprendre ce que la guerre avait empêché et dont témoignent nombre d'acteurs de l'époque, comme le papyrologue Jean Bingen qui, en 2005, rappelait :

> C'était le temps redevenu heureux où nous abandonnions le *battledress* pour retrouver nos élèves et nos recherches, le temps où s'est confortée l'idée que la généralisation au monde entier, hommes et femmes, de l'éducation et des sciences, avec l'aide d'une entreprise pensée à l'échelle du globe, créerait la fraternité universelle dans la dignité et la sécurité reconnues à tous [55].

La bibliographie, pensée depuis ses origines comme instrument de la coopération scientifique internationale, prend ainsi une dimension nouvelle, soutenue par une communauté intellectuelle, académique et politique qui investit à nouveaux frais la question de l'actualité du message classique par le prisme d'un humanisme rénové. Juliette Ernst trouve alors de nouveaux interlocuteurs : le CNRS que *L'APh* intègre en 1945, la Société Internationale de Bibliographie Classique qui remplace la SBC en 1948, la FIEC et les associations internationales membres qui sont plus nombreuses à mesure que J. Ernst étend son réseau, l'UNESCO et le CIPSH qui soutiennent financièrement et

---

54. Pour la position à part de la Suisse concernant l'aide humanitaire, cf. par exemple M. Schmitz, « Die humanitäre und kulturelle Deutschlandhilfe der Schweiz nach dem Zweiten Weltkrieg », dans A. Fleury *et al.* (dir.), *Die Schweiz und Deutschland. 1945-1961*, Munich, 2004, notamment p. 215 ; cf. A. Fleury, « Traditions et rôle humanitaire de la Suisse », *Matériaux pour l'histoire de notre temps*, 93.1, 2009, p. 60-70 ; sur le concept de « neutralité helvétique », cf. notamment H.U. Jost, « Origines, interprétations et usages de la "neutralité helvétique" », *Matériaux pour l'histoire de notre temps*, 93.1, 2009, p. 5-12 ; sur les initiatives d'aides suisses pour beaucoup issues de la société civile, cf. G. Kreis, *Vorgeschichten zur Gegenwart – Ausgewählte Aufsätze Band 4, Teil 2: Schweiz*, Bâle, 2008, p. 46.

55. J. Bingen, « Jean d'Ormesson et le Conseil international de la philosophie et des sciences humaines », *Diogène*, 211.3, 2005, p. 5-8.

intellectuellement *L'APh* et la FIEC. L'intégration de *L'APh* au sein de ces différentes institutions marque ainsi une nouvelle étape qui appelle l'écriture d'une autre histoire où se mêlent l'étude de relations internationales toujours politiques aux prises bientôt avec la guerre froide, celle de la place que laisse le jeune CNRS aux sciences humaines alors qu'il a été fondé autour des sciences exactes ou encore celle de l'importance que prend bientôt la documentation face à la bibliographie (c'est-à-dire l'accès aux documents et non plus uniquement leur recensement). Dans chacun de ces aspects et dans les autres, la parole de Juliette Ernst constitue un fil rouge, maintenant dans la durée l'affirmation de la nécessaire défense de la coopération internationale.

Mais, en conclusion, il convient sans doute de revenir sur un point qui semble particulièrement important, à savoir la puissance heuristique que possède *L'APh* comme objet historique, comme *nouvel* objet historique, que l'on peut étudier avec les outils de l'historienne ou de l'historien, afin de mettre au jour les contextes qui ont construit cette bibliographie au fil du temps. *L'APh* d'aujourd'hui est celle qui hier a été fondée par un professeur ambitieux exclu d'une autre revue bibliographique et qui l'a modelée dans un esprit de concurrence vis-à-vis des bibliographies allemandes ; elle est celle qui hier a créé un nouveau métier, celui d'expert de la bibliographie, qu'auparavant prenaient en charge des professeurs ; elle est aussi celle qui, aux lendemains de la deuxième guerre mondiale, s'est donné l'objectif de recomposer une communauté internationale de chercheurs. La bibliographie, celle d'études classiques comme les autres, offre donc des points de vue particulièrement riches, qui relèvent autant de l'histoire culturelle et intellectuelle que de l'histoire politique et sociale.

Ilse HILBOLD
Universität Bern – Historisches Institut

UN SECOLO DI BIBLIOGRAFIA: TAPPE, LINEE E ORIZZONTI DELL'INTERNAZIONALIZZAZIONE [1]

Desidero anticipare il concetto fondamentale su cui sarà basata la mia esposizione, un concetto duplice: la interdisciplinarietà o meglio la multidisciplinarietà e l'internazionalizzazione, due idee guida della ricerca, che gli studiosi devono avere presenti per il loro lavoro. Siccome mi è stato chiesto di parlare della internazionalizzazione, il mio discorso tratterà soprattutto di questo aspetto, ma voglio anticipare che la multidisciplinarietà si accompagna pressoché naturalmente alla internazionalizzazione, per cui parlare dell'una significa di fatto almeno tenere ben presente anche l'altra, comprendere le due nella visione complessiva in modo organico.

Credo che la multidisciplinarietà e l'orizzonte internazionale siano due aspetti così intrinsecamente connaturati al progetto di Jules Marouzeau, che la storia successiva dell'*Année Philologique* può essere vista di fatto come la storia del processo di effettiva, progressiva realizzazione del progetto iniziale soprattutto da questi due punti di vista. Sarà questo il filo conduttore del mio discorso, che si rivolge in questa occasione a molte persone che hanno contribuito e stanno contribuendo a questa realizzazione, per le quali probabilmente nel mio discorso ci sarà ben poco o forse nulla di nuovo.

Possiamo dire di cominciare dalla fine, ma è solo un modo di dire: sappiamo bene di usare con questo una definizione sbagliata, dal momento che una fine non solo non c'è ancora stata, ma credo proprio che non ci sarà mai, per la buona ragione che di fatto e concretamente una fine non può esserci. Sicuramente sono cambiati e certo cambieranno ancora nel futuro non solo le persone, come è ovvio, ma anche le modalità, i metodi e gli strumenti per redigere, costruire e diffondere la bibliografia dell'*Année Philologique*: tuttavia le ricerche sul mondo antico greco e latino non potranno certo rinunciare ad avere una bibliografia di riferimento, quale che sia il modo di fabbricarla e

---

1. Quando ho preparato questo intervento per il convegno della SIBC a Losanna non avevo a disposizione il libro di Ilse Hilbold, *Écrire Juliette Ernst. Bibliographie et sciences de l'Antiquité au XXe siècle*, Basel, Schwabe Verlag, 2022. L'autrice tratta diffusamente alcuni temi di cui si parla anche nelle pagine che seguono, soprattutto ovviamente il ruolo e l'attività di Juliette Ernst per quanto riguarda le origini e la concezione dell'*Année Philologique* con Jules Marouzeau e le fasi iniziali e fondative della FIEC: il lettore dovrà dunque tenere presente questo volume per queste parti storiche e per la personalità di Juliette Ernst.

l'aspetto che avrà, anche e soprattutto nel mondo globalizzato di oggi e di domani, e con l'espansione del panorama della ricerca da tutti i punti di vista anche nel nostro campo. È per questo che alla domanda che si pone e ci pone qui oggi Chris Vandenborre nel titolo del suo contributo (« Bibliographies aujourd'hui : vestige du passé ou instrument de recherche pour l'avenir ? ») la risposta – a mio avviso e per mia convinzione – non può che essere la seconda, cioè : instrument de recherche pour l'avenir.

Cominciamo dunque col parlare dei lavori in corso dal punto di vista dell'internazionalizzazione, dei quali si è molto parlato in questi ultimi anni nelle Assemblee della SIBC. In primo luogo, dobbiamo ricordare che nel 2019 (precisamente in ottobre) è stata inaugurata e ha iniziato i suoi lavori una nuova redazione della *APh*, vale a dire la redazione Greca, collocata presso l'Accademia di Atene e posta sotto la supervisione del Prof. Antonios Rengakos. La nuova redazione Greca si aggiunge alle redazioni de *L'Année Philologique* già attive da più o meno tempo, vale a dire, nell'ordine cronologico della loro fondazione: la Rédaction française (prima presso il CNRS a Parigi e ora presso l'Université de Lille 3, con il supporto finanziario della Fondation de l'Université de Lille), l'American Office (dal 1965 presso la University of North Carolina a Chapel Hill, ora presso il Department of Classical Studies della Duke University, Durham, North Carolina), la Zweigstelle München (dal 1972 a Heidelberg, ora presso la Ludwig-Maximilians-Universität München), la Rédaction suisse (sotto la responsabilità delle Università di Lausanne e di Genève, finanziata congiuntamente dall'Association suisse pour l'étude de l'Antiquité e dall'Académie suisse des sciences humaines et sociales), il Centro Italiano (fondato dal sottoscritto presso l'Università di Genova nel 1996 e ora passato all'Università di Bologna), la Redacción Española (fondata nel 2000 presso la Università di Granada).

Inoltre, nelle ultime Assemblee della SIBC è emerso chiaramente quello che si può definire uno sguardo verso oriente, cioè verso l'Asia, sul quale vedremo ora qualche informazione di dettaglio. Nel 2019 Xavier Gheerbrant (Professeur Associé de philosophie grecque, Sichuan University in Cina) ha trasmesso le informazioni che ha avuto da Martin Ciesko (della Kyoto University) concernenti la creazione di una redazione comune in Asia, dunque una redazione che potesse occuparsi di tutta la bibliografia dei paesi asiatici. Ma la Classical Society of Japan a rifiutato questa possibilità. Sono dunque continuate trattative separate con il Giappone e con la Cina e nuovi progressi sono registrati nel verbale del 2020. Per quanto riguarda il Giappone, da parte della FIEC era venuta (grazie a Paul Schubert) l'informazione che i contatti della FIEC con il Presidente della Classical Society of Japan, il Prof. Takahashi, sono eccellenti e veniva anche richiamata la necessità di tenere il più possibile conto dei problemi diplomatici.

Nel 2020 infatti ci fu un rapporto sul progetto di creazione di una succursale in Giappone (progetto nato per impulso di Martin Ciesko). Il suo scopo principale era ed è evidente: la Classical scholarship del Giappone, e scritta in lingua giapponese, è stata praticamente una terra incognita per il pubblico internazionale. Almeno una parte di essa certamente richiede di essere resa nota al pubblico degli studiosi e il palcoscenico migliore per questo obiettivo sarebbe avere una partecipazione nella Année Philologique. Il progetto ha sede presso l'Università di Kyoto e sotto l'egida della Classical Society of Japan, la più grande e antica società per la promozione degli studi classici, cioè greci e romani, in Giappone. Ciò di cui c'è bisogno ora è di far conoscere la parte migliore degli studi classici del Giappone a un pubblico internazionale, così che possa a sua volta contribuire allo sviluppo generale degli studi classici. La creazione di un ufficio giapponese de *L'Année Philologique* sarà utile a questo proposito. L'ufficio giapponese sarà istituito come subordinato alla Classical Society of Japan e avrà sede presso l'Università di Kyoto; produrrà circa 30 schede all'anno per *L'Année Philologique*: ciò significa che il nostro progetto non può essere totalmente completo per renderlo fattibile nelle attuali condizioni ristrette. Anche per quanto riguarda la Cina, Xavier Gheerbrant ha informato sui progressi compiuti. La succursale cinese sarà basata presso L'Università di Sichuan (= SCU) e ha ottenuto un finanziamento di 25.000 € all'anno (una parte del quale sarà utilizzata per la pubblicità e diffusione dell'*APh* nel mondo universitario cinese. Il lavoro comporta un centinaio di schede di periodici e circa 25 monografie all'anno, ma lo sviluppo molto rapido degli studi sull'antichità greca e romana in Cina implica che questa cifra crescerà esponenzialmente nel giro di una decina di anni. Werner Schubert si occuperà della verifica della qualità bibliografica delle schede. I colleghi cinesi chiedono l'inclusione delle loro schede nel volume stampato e nella versione on line del nome della Università di Sichuan (Dipartimento di Filosofia); SCU ha appena deciso la creazione di un posto permanente di assistente editoriale per l'*APh*.

Oltre a Giappone e Cina, era stata menzionata anche la Corea del Sud, ma non ho visto informazioni ulteriori a questo proposito. In un primo tempo in verità si era ipotizzato che la supposta succursale asiatica si occupasse anche delle pubblicazioni coreane, ma l'idea di una succursale dell'Asia comune ai paesi dell'estremo oriente non ha funzionato, suppongo (è una mia opinione) perché non teneva abbastanza contro degli aspetti geopolitici e diplomatici. L'Ordine del Giorno dell'Assemblea di domani (6 novembre 2021) non presenta punti su questi argomenti, quindi penso che posso fermarmi qui e non dedicare altro tempo a questo tema: mi limito a evocare quello che avevo chiamato uno sguardo verso oriente, cioè verso l'Asia, della *APh*. Ricordiamoci di questo aspetto, che tornerà fuori un poco più avanti.

Proseguendo sul tema dell'allargamento dell'orizzonte internazionale dell'*APh* e della (conseguente) creazione di nuove antenne, bisogna ricordare e sottolineare un aspetto di grande importanza e direi fondamentale per la qualità del lavoro e del prodotto bibliografico de L'Année Philologique: voglio dire la coerenza editoriale del progetto bibliografico e della sua realizzazione, che si basa molto sulla coordinazione del lavoro delle varie redazioni. Si tratta, per così dire, dell'altra faccia della medaglia, nel senso che l'ampliamento della portata internazionale, e quindi delle redazioni e dello spoglio bibliografico, non deve rischiare di mettere in pericolo appunto la coerenza editoriale del progetto bibliografico, introducendo dannosi elementi di dispersione. Tale aspetto caratterizzante ed essenziale della bibliografia dell'*APh* è garantito dal Direttore Editoriale della *APh*, che è ora il Prof. Pedro Pablo Fuentes González, dell'Università di Granada, direttore della Redacción Española: è stato eletto per questo ruolo dalla Assemblea Generale della SIBC nel 2014 per un mandato di cinque anni rinnovabile ed è stato rieletto per un secondo mandato dalla Assemblea Generale del 2019. Questo ruolo e questa funzione risalgono alle origini dell'*APh*, quando furono incarnate dallo stesso Jules Marouzeau; a lui successe Juliette Ernst (con la quale ricordo di avere parlato più volte di questo argomento; di lei parleremo ovviamente ancora), seguita da Pierre-Paul Corsetti e ora appunto da Pedro Pablo Fuentes González. L'*APh* ha sempre attribuito una grande e decisiva importanza a questo aspetto. Oltre alla presenza e alla funzione del Direttore Editoriale, altra prova tangibile di questo è il peso che l'*APh* dedica alla formazione dei collaboratori, una formazione unitaria e coerente, che è appunto in funzione della coerenza editoriale del progetto bibliografico e della sua realizzazione.

Vediamo ancora un altro poco di storia. *L'Année Philologique* fu fondata a Parigi da Jules Marouzeau (1878-1964), latinista e Professore alla Sorbona [2]. Il progetto ha oggi un secolo di storia alle sue spalle e nasce con l'intento di fornire "une bibliographie sans frontières". Il primo volume fu pubblicato nel 1928 e comprendeva la bibliografia degli anni 1924-1926, il secondo nello stesso anno e registrava la bibliografia del 1927. Ci si riallacciava dunque con rapida efficienza al precedente inaugurale delle Dix Années de Bibliographie Classique, che Marouzeau aveva dato alle stampe in due tomi nel 1927 e 1928 e che riguardava gli anni 1914-1924 [3]. Coperte così le annate dal 1914 al 1927, a partire dal 1929 ogni anno apparve regolarmente un volume con la bibliografia dell'anno precedente e i complementi per gli anni anteriori. Nel 1951 fu pubblicato un volume di Scarlat Lambrino, che copriva gli anni 1896-1914 e colmava dunque il vuoto rimasto rispetto alla Bibliotheca di R. Klussmann [4].

---

2. Cfr. la voce relativa nel *Catalogus Philologorum Classicorum* (CPhCl), consultabile on line al portale ARISTARCHUS (http://www.aristarchus.unige.it/cphcl/index.php).

3. *Dix Années de Bibliographie Classique. Bibliographie critique et analytique de l'antiquité gréco-latine pour la période 1914-1924*, publiée par Jules Marouzeau: *Première partie. Auteurs et textes*, Paris 1927; *Deuxième partie. Matières et disciplines*, Paris 1928.

4. *Bibliographie de l'antiquité classique 1896-1914, Première partie. Auteurs et textes*, par Scarlat Lambrino, Paris 1951; purtroppo la seconda parte (*Matières et disciplines*) non fu mai pubblicata, il che rende la prima parte difficilmente utilizzabile per i numerosi rimandi a un volume che non esiste, per esempio in caso di citazioni abbreviate: per colmare le deficenze, lo studioso può ricorrere alla *Bibliotheca Philologica Classica* dei Bursian. Cfr. anche F. Montanari, *L'Année Philologique*

È evidente lo spirito metodico e sistematico che animava l'iniziativa di Marouzeau[5], insieme alla volontà di guardare a un orizzonte internazionale, ben chiaro nella definizione di "bibliographie sans frontières". La ricerca sul mondo antico greco e latino doveva continuare ad avere una bibliografia "ufficiale" di riferimento, proseguendo senza vuoti e lacune la lunga tradizione che, con J. A. Fabricius, S.F.W. Hoffmann, W. Engelmann – E. Preuss e infine R. Klussmann, aveva fornito agli studiosi una serie di strumenti capace di offrire continuativamente le informazioni dalle prime edizioni a stampa fino al 1896[6]. I volumi uscivano in una collana dal titolo "Collection de Bibliographie Classique", rimasto uguale fino a oggi[7], dapprima pubblicata solo "sous le patronage de l'Association Guillaume Budé"[8], poi anche "par la Société de Bibliographie Classique", che in seguito Marouzeau stesso trasformò in Société Internationale de Bibliographie Classique (SIBC) e che tuttora costituisce l'organo di gestione dell'Année Philologique, la cui responsabilità è dichiarata nel frontespizio dei volumi[9].

---

e il *"Centro Italiano" (CIAPh). L'informazione bibliografica dal XX al XXI secolo*, Eikasmos 17, 2006, pp. 461-472. Pierre-Paul Corsetti mi ha scritto nel 2005: « S. Lambrino, qui avait résidé à Rome de 1941 à 1947, période durant laquelle il exerça les fonctions de directeur de l'École **roumaine**, s'exila ensuite pour des motifs politiques au Portugal, où il vécut jusqu'à sa mort, survenue en 1964. Les raisons pour lesquelles la partie *Matières et disciplines* de son répertoire n'a pas été publiée demeurent obscures. Le matériel réuni pour cette partie resta entreposé à Rome. Difficile à exploiter en l'état, il semble avoir été détruit dans les années '80, avec l'accord de Mlle Ernst ». Dunque il volume pubblicato nel 1951 dovette essere realizzato essenzialmente a Roma: né l'avant-propos di Marouzeau né la prefazione di Lambrino permettono di farsi un'idea precisa del punto in cui era il lavoro per la parte *Matières et disciplines*. Nei volumi dell'APh, la seconda parte del Lambrino è segnalata come « en préparation » fino al vol. XXXV (1964, pubblicato nel 1966), poi non è più menzionata; a partire dal vol. XLVI (1975, pubblicato nel 1977) J. Ernst fece precisare « Il n'est pas envisagé de publier la 2e partie »; a partire dal vol. LXII (1991, pubblicato nel 1993) si legge « Ire partie (seule parue) ». Come indica il suo nome, Lambrino discendeva da una famiglia di boiardi moldavi d'origine greca, stabilitisi in Moldavia nel XVII secolo.

5. Evidenziato nella tavola in *Dix Années*, cit. sopra alla n. 3, p. vii.
6. R. Klussmann, *Bibliotheca Scriptorum Classicorum Graecorum et Latinorum*, Lipsiae 1909-1913, andava dal 1878 (anno al quale si era fermato il precedente Engelmann – Preuss) al 1896. Nella prefazione al Lambrino, cit. alla n. 3, Marouzeau scrive: « Le présent ouvrage représente l'achèvement d'un plan de travail bibliographique conçu dans les années qui ont suivi la première guerre mondiale » (alla fine della prefazione in *Dix années*, p. vii, aveva indicato questa come una « lacune fâcheuse »), e osserva come, dopo il Klussmann (che arriva « jusqu'au début de la période la plus productive dans le domaine de l'antiquité classique »), una funzione di informazione bibliografica nel campo dell'antichità classica era svolto dalla *Bibliotheca philologica classica* inclusa nei *Jahresberichte* di Bursian. Sulle difficoltà dei primi passi e il desiderio di differenziarsi dalla *Bibliotheca* di Bursian, cfr. l'articolo di Juliette Ernst, *L'Année Philologique, notre aventure*, pubblicato come introduzione al tomo L (1979) dell'*APh*, uscito nel 1981 e a lei dedicato, pp. xxi-xxxi.
7. Si veda in testa al frontespizio dei volumi dell'*APh*.
8. « À peine annoncée, l'entreprise se voyait encouragée et soutenue : l'Association G. Budé lui offrit son patronage et consacrait à la publication des dons importants recueillis spécialement à cet effet » : *Dix années*, cit. sopra alla n. 3, p. vi.
9. Le poche fonti d'informazione sulla nascita e il periodo più antico della S(I)BC sono le prefazioni di Marouzeau alle *Dix années* e ai primi volumi dell'APh e Ernst, *L'Année philologique*, cit.

Così scriveva Marouzeau in apertura dell'Avant-propos delle citate Dix Années: « Notre documentation relative à l'Antiquité classique, assurée jusqu'en 1896, en ce qui regarde les auteurs, par la Bibliotheca Scriptorum Classicorum de R. Klussmann, fragmentaire et dispersée après cette date, s'est trouvée depuis 1914 entièrement désorganisée par la guerre et la crise d'après-guerre : pendant une période d'environ dix années, la plupart des publications bibliographiques ont été réduites ou suspendues, en même temps que s'appauvrissaient les collections des bibliothèques, si bien que c'est aujourd'hui une tâche difficile, pour quiconque entreprend une recherche scientifique, de réunir la documentation préalable nécessaire. J'ai pensé faire œuvre utile en rassemblant dans un recueil aisément accessible le matériel bibliographique de cette période critique ». Accanto allo spirito sistematico, in queste parole iniziali di quella che sarà la serie dell'*Année Philologique* emerge un tema essenziale per comprendere lo spirito del tempo e l'impulso da cui nacque l'impresa, con le sue connessioni tuttora vive e operanti. Ancora nella prefazione delle Dix Années, p. vi, si legge: « Il se trouve qu'ainsi conçue la présente bibliographie répond assez exactement aux vœux qui ont été formulés par la Sous-commission de bibliographie déléguée par la Commission internationale de coopération intellectuelle de la Société des Nations ». Si sentiva il bisogno di riparare i disastri della guerra, di riprendere i rapporti e la cooperazione intellettuale, di ricostituire quel quadro internazionale che aveva sempre caratterizzato gli studi classici, per loro natura aperti a un orizzonte che supera le nazioni e i continenti. Lo strumento bibliografico, anch'esso per natura comune a studiosi e paesi, condiviso ed ecumenico, svolgeva un ruolo concreto ed evidente, di cui non sfuggiva il significato nell'insieme delle iniziative di ripresa e rilancio. La questione divenne di nuovo attuale qualche decennio dopo, nel secondo dopoguerra, e ci fu bisogno dello stesso spirito di iniziativa e della stessa volontà di ripresa.

Nel settembre 1948, nella sede dell'UNESCO a Parigi si tenne la riunione costitutiva della Fédération Internationale des associations d'Études Classiques (FIEC). I motivi che hanno spinto alcuni antichisti nell'immediato dopoguerra a istituire la FIEC si ricostruiscono con facilità. Si trattava, da una parte, di ristabilire tra gli specialisti i legami internazionali interrotti dal conflitto, dall'altra di riavviare un grande numero di pubblicazioni, specialmente tedesche, la cui attività era stata sospesa a causa della guerra. È evidente, del resto, che fra i promotori della FIEC il ruolo principale è stato giocato da Jules Marouzeau e da Juliette Ernst. L'impresa dell'*Année Philologique*, rallentata ma

---

sopra alla n. 6; cfr. anche F. Paschoud, *Cinquant'anni di storia della Fédération Internationale des associations d'Études Classiques (1948-1998)*, Eikasmos 12 (2001), pp. 385-397 (§ 6. *Rapporti con la Société Internationale de Bibliographie Classique (SIBC)*, pp. 394 sg.): una versione francese dell'articolo è pubblicata in Eos, Suppl. 84 (1996), pp. 5-17, ed è accessibile in rete al sito della FIEC (http://www.fiecnet.org, rubrica "Histoire/History", § 6. *Relations avec la Société Internationale de Bibliographie Classique (SIBC)*.

non interrotta dalla guerra, faceva di loro le sole o le poche persone che nel 1948 avevano mantenuto una fitta rete di contatti internazionali. La presenza a Parigi della neonata UNESCO e della sede dell'*APh*, così come la posizione centrale della città, bastano a spiegare perché, fra le diverse capitali dei paesi vincitori, fu proprio questa la prescelta»[10]. La SIBC aderì immediatamente alla FIEC e Marouzeau la rappresentò alla riunione costitutiva[11]. Su Juliette Ernst torneremo in seguito.

«L'UNESCO aveva subito previsto la creazione di organismi intermediari che avrebbero rappresentato al suo interno le diverse discipline scientifiche raggruppate in federazioni. Per la filosofia e le scienze umane, questo ruolo toccò al Conseil International de la Philosophie et des Sciences Humaines (CIPSH), che giaceva ancora nel limbo quando la FIEC fu fondata. L'UNESCO tuttavia pretese come condizione sine qua non per il suo appoggio che la FIEC decidesse di aderire fin dalla sua nascita al CIPSH. L'assemblea costituente della FIEC deliberò in tal senso... L'assemblea costituente del CIPSH ebbe luogo a Bruxelles fra il 18 e il 21 gennaio del 1949. La FIEC vi fu rappresentata da C. Høg, Jules Marouzeau e Ronald Syme »[12].

Assieme ad altri organismi non governativi per diversi settori scientifici e di ricerca, il CIPSH fu creato nel quadro dell'UNESCO con lo scopo di promuovere e favorire nei vari ambiti la ripresa dell'attività di ricerca dopo le devastazioni della guerra, ristabilendo strutture di riferimento nazionali e relazioni internazionali. Nell'entusiasmo di una vera e propria rinascita, di cui la cultura umanistica era vista come un aspetto e una spinta irrinunciabili, le scienze dell'antichità giocarono ancora una volta un ruolo di primo piano: la FIEC fu subito uno dei membri più attivi del CIPSH, grazie soprattutto alla efficace e tenace presenza di Juliette Ernst, Segretario Generale della FIEC dal 1954 al 1974. Tutto questo ha segnato la seconda metà del XX secolo e costituisce un'eredità che arriva fino ad oggi: il CIPSH ha continuato a servire da intermediario fra la FIEC e l'UNESCO, soprattutto per i sussidi accordati a imprese fondamentali nella ricerca sull'antichità greca e latina, in primo luogo *l'Année Philologique*, ma anche il Thesaurus Linguae Latinae e il Supplementum Epigraphicum Graecum. Questo ruolo di intermediario per i finanziamenti è ora finito, dopo che la crisi dell'UNESCO ha obbligato a sopprimere i sussidi alle attività culturali.

Poggiano su questa base storica le relazioni istituzionali che ancora esistono fra la FIEC (membro del CIPSH) e *l'Année Philologique* attraverso la Société Internationale de Bibliographie Classique (membro della FIEC). La SIBC è una

---

10. Cfr. Paschoud, *Cinquant'anni di storia*, cit. sopra alla n. 9, p. 386 (§ 2. *Gli esordi*); cfr. anche P. Grimal, *Du bon usage des bibliographies*, in APh L (1979), Parigi 1981, p. xvii.

11. Alla quale rappresentava anche la Société des Études Latines, da lui stesso fondata nel 1923: cfr. Paschoud, *loc. cit.* alla n. 9.

12. Cfr. Paschoud, *Cinquant'anni di storia*, cit. sopra alla n. 9, p. 388 (§ 2. *Il Conseil International de la Philosophie et des Sciences Humaines (CIPSH) e le sovvenzioni versate dall'UNESCO alla FIEC*).

sorta di consiglio d'amministrazione che gestisce l'*APh* sul piano istituzionale e che si costituisce e si rinnova per cooptazione. Il presidente è stato a lungo *ex officio* il presidente in carica della FIEC: un legame dunque organico, fondato sull'idea che «nel vasto dominio delle scienze dell'antichità, l'ecumenismo dell'una si riflette nell'ecumenismo dell'altra. Tutto ciò si manifesta tangibilmente nel fatto che l'*APh*, fra tutti i progetti sostenuti dall'UNESCO su richiesta della FIEC, è stata la pubblicazione più costantemente e cospicuamente sovvenzionata. Finché Juliette Ernst ha diretto l'*APh*, la SIBC ha avuto soltanto un'attività limitata: essa non si riuniva che durante i Congressi FIEC... Quando Pierre-Paul Corsetti è succeduto a Juliette Ernst[13], si è resa necessaria una riorganizzazione della SIBC. Un nuovo statuto fu approvato all'Assemblea Generale del 27 ottobre 1994; fu soppressa la clausola in base alla quale il presidente della FIEC risultava *ex officio* presidente della SIBC, perché la sua applicazione si era rivelata alquanto difficile »[14]. Oggi la SIBC è composta da membri di diritto e membri attivi e la FIEC vi è rappresentata per statuto[15].

Naturale che il secondo dopoguerra presentasse analogie con il primo. Ancora una volta, dopo poco più di un quarto di secolo, il mondo si trovava nella condizione di affrontare e superare una catastrofe terribile. Nel fervore delle iniziative per far ripartire le attività di ricerca e nello slancio per ristabilire le reti di rapporti fra gli studiosi, associazioni e attività che erano e sono essenziali per l'affermarsi e il consolidarsi di un settore scientifico nelle singole nazioni e nel quadro internazionale, le imprese bibliografiche e le scienze dell'antichità giocarono ancora un ruolo di primo piano. È appena il caso di sottolineare come ieri e oggi, sempre e dovunque, la presenza forte e qualificata di un settore culturale nel contesto e negli organismi internazionali, attraverso le varie associazioni nazionali e disciplinari che lo individuano e gli danno corpo, sia una condizione necessaria per identificarne la posizione e l'incisività politico-culturali, il valore e il ruolo nella società, le possibilità di mantenere ed espandere la propria funzione e influenza. Bisogna avere coscienza del valore e dell'importanza del patrimonio ereditato, soprattutto quando alcune parti o segmenti di esso rischiano di entrare in crisi. Il valore simbolico dell'esistenza stessa di organi e istituzioni, che indenticano in ambito nazionale e internazionale gli studi e la cultura legati al mondo antico

---

13. Nel 1994 la Direzione Generale dell'*Année Philologique* venne assunta da Pierre-Paul Corsetti, che firma come tale per la prima volta il vol. 64 (1993), uscito nel 1996.

14. Paschoud, *Cinquant'anni di storia* cit, p. 394; cfr. Ernst, *L'Année philologique*, cit. alla n. 6, p. xxviii.

15. Jean Irigoin, ultimo presidente *ex officio* con il vecchio statuto, fu rieletto per il periodo 1994-1999; a lui è succeduto Birger Munk Olsen (1999-2004), Jean-Claude Fredouille (2004-2009), Margarethe Billerbeck (2009-2012), Marie-Odile Goulet-Cazé (2013-2014), Dee Clayman (2015-2019) et Pierre Chiron (2020-). Sono membri di diritto anche i responsabili delle diverse redazioni dell'*APh*, vedi più avanti.

greco e latino, non solo non diminuisce, ma anzi aumenta quando le mutate condizioni storiche e politiche richiedono una operatività di diverso tipo, quando lo spirito del tempo indica uno sforzo non più per ripartire, bensì per salvaguardare e conservare, magari con gli opportuni adattamenti, per mettere la scienza e la ricerca sull'antichità sui binari adeguati per conservarsi svilupparsi al meglio nel contesto attuale e futuro. Dobbiamo essere coscienti della storia nella quale siamo inseriti e della responsabilità che abbiamo nei confronti delle nostre discipline: se oggi appare che le nostre discipline attraversino un momento di crisi e di difficoltà, è esattamente questo il momento di stringersi intorno alle istituzioni che abbiamo ereditato e che ci identificano nel panorama internazionale.

La redazione più antica dell'*APh*, diciamo pure la redazione originaria, è stata ovviamente quella francese e la sede era Parigi: molti di noi (forse quasi tutti, a parte quelli veramente giovani), compreso il sottoscritto, hanno conosciuto *L'Année Philologique* basata a Parigi, dove la sede centrale e la direzione erano collocate presso il CNRS. Così voleva la storia e così è stato fino a pochi anni fa, quando è avvenuto un cambiamento importante, che forse potremmo definire epocale. Il deterioramento dei rapporti fra la SIBC e il CNRS ha portato a una dolorosa rottura e di conseguenza alla fine della presenza dell'*APh* presso il CNRS e a Parigi. Fortunatamente una nuova redazione francese dell'*APh* ha trovato spazio a Lille e l'attività di una équipe francese non si è interrotta, malgrado le ovvie difficoltà delle fasi di passaggio. Se in futuro questo rapporto potrà riprendere in qualche modo, questo giace sulle ginocchia di Zeus e toccherà ai responsabili del momento valutarne l'opportunità. Questo cambiamento ha comportato il fatto che la SIBC non fosse più vincolata a una riunione parigina della Assemblea Generale, ma divenisse per così dire itinerante: è un aspetto che si aggiunge a sottolineare il carattere internazionale della nostra associazione e dell'*APh*.

La linea di internazionalizzazione seguita fin qui è stata quella del progressivo ampliamento dell'*APh* con le varie redazioni in diversi paesi e quella della presenza dell'*APh*, attraverso la SIBC, nella rete degli organismi internazionali legati al supporto della ricerca umanistica. Ma c'è un'altra strada che dobbiamo evocare: quella della digitalizzazione e del passaggio on line della base dati bibliografica. Questa linea è rappresentata in primo luogo dall'attività di Dee Clayman e sarà ovviamente oggetto del suo intervento: per non creare quindi una inutile duplicazione e invece ridurre l'inevitabile overlapping, mi limito a pochi cenni, in attesa di ascoltare loro. Fu essenziale per questo il supporto della American Philological Association, oggi Society of Classical Studies (membro della FIEC). Dopo che Dee Clayman aveva lanciato il progetto di un Database of Classical Bibliography (DCB) su CD-ROM, nel 1988 Juliette Ernst, con l'approvazione della SIBC, autorizzò Dee Clayman a digitare i volumi retrospettivi e nel 1989 il progetto fu finanziato dal National

Endowment for the Humanities degli USA. Nel 1995 e nel 1997 furono pubblicati i primi due CD-ROM; nel 2002 fu aperto un sito web comune SIBC/DCB e nel 2009 il progetto si concluse avendo digitalizzato 63 volumi dell'*APh*, che coprivano gli anni dal 1924 al 1992. Il seguito è storia più recente e riguarda la digitalizzazione completa del lavoro bibliografico, dalla fabbricazione alla diffusione, realizzata con diversi software nel corso del tempo. Lo sbocco finale di questo percorso è l'attuale sito web gestito dall'editore Brepols, dopo che fu abbandonato un altro caposaldo storico dell'*APh*, vale a dire la pubblicazione digitale da parte delle Belles Lettres. Il database dell'*APh* è oggi consultabile completamente on line e non è difficile prevedere che in tempi non lunghi la pubblicazione del volume cartaceo dovrà essere abbandonata.

La linea del passaggio al digitale – nelle mani di un editore come Brepols, esperto nel settore delle pubblicazioni on line e in particolare delle bibliografie elettroniche – è senza dubbio un altro capitolo del processo di internazionalizzazione dell'*APh*, che è oggi un dato acquisito, un processo realizzato che non può che continuare e svilupparsi.

Posso dunque concludere riprendendo quanto dicevo all'inizio (con una classicissima ringkomposition), cioè che la multidisciplinarietà e l'internazionalizzazione (intrinseche e irrinunciabili in una bibliografia che comprende praticamente tutti i campi degli studi sul mondo antico greco e latino e si rivolge agli studiosi di ogni paese) sono due aspetti così intrinsecamente connaturati al progetto di Jules Marouzeau fin dalle origini, che la storia di un secolo della *APh* e della SIBC è di fatto la storia del processo di effettiva realizzazione del progetto da lui concepito, certamente anche al di là di quello che egli poteva vedere e prevedere sia dal punto di vista della multidisciplinarietà che dal punto di vista dell'orizzonte internazionale, che prosegue secondo le direttrici indicate sopra.

Permettetemi solo di aggiungere poche parole, insieme di auspicio e di esortazione. La rete di rapporti internazionali che lega la SIBC, e dunque l'*APh*, alla FIEC e al CIPSH attraverso la FIEC, è qualcosa che ha storicamente qualificato e sorretto questa impresa bibliografica. Il CIPSH ha avuto in anni recenti un periodo di grave crisi, che ha fatto temere per la sua esistenza: ora invece sta fortunatamente vivendo un importante rilancio e una nuova vita, a vantaggio e a sostegno delle scienze umane (inter alia, anch'esso con uno sguardo verso oriente e l'Asia, come abbiamo visto per la *APh*). La FIEC è più che mai viva ed ha recentemente portato il suo congresso mondiale da quinquennale a triennale. Questi legami vanno conservati e mantenuti il più possibile vivi e attivi, a vantaggio della presenza internazionale della SIBC e della *APh*, che non solo non va perduta ma anzi va sostenuta e incrementata per il significato che riveste per le scienze dell'antichità. Lo so che l'ho già detto e sottolineato, ma voglio ribadirlo in chiusura, a suggello del mio discorso.

Franco MONTANARI
Università degli studi di Genova

THE DIGITIZATION OF THE *ANNÉE PHILOLOGIQUE*[1]

Since its founding in 1928 until the last decade of the twentieth century the *Année Philologique* (*APh*), like other research tools in the humanities, was fabricated entirely by hand and printed annually in bound volumes. This essay chronicles its transformation into an online database through a unique, co-operative effort of the Société Internationale de Bibliographie Classique (SIBC), the Graduate Center of the City University of New York (CUNY), and the Society for Classical Studies (SCS), the principal learned society in North America for the study of ancient Greek and Roman languages, literatures and civilizations.[2]

1. Juliette Ernst and the founding of the American Office of the APh

Juliette Ernst's vision of Classical bibliography was always international in scope,[3] and in 1936 she spent five months in America first at Harvard University in Cambridge, MA where she met the Latinists Arthur Stanley Pease, Edward Kennard Rand, and the theologian Arthur Darby Nock and at Bryn Mawr College in Pennsylvania where she visited the Roman historian Lily Ross Taylor.[4] Pease and Taylor were both Directors of the American Philological Association (APA) that year.[5] Though there is no evidence that Juliette Ernst attended the Association's annual meeting in Chicago, she surely learned about the APA from conversations with her hosts. She stayed in contact with her American friends and almost 30 years later in 1965, when the Paris office of the *APh* was overwhelmed with work and the Centre National de la Recherche Scientifique refused to increase its funding, she joined with the American Philological Association in founding an overseas office at the

---

1. This paper was originally part I of a presentation made jointly with Mackenzie Zalin at the « Colloque Anniversaire des 100 ans de la SIBC » at the Université de Lausanne, 5-6 Novembre, 2021. Many thanks to the organizers: Pierre Chiron, Marielle de Franchis and Danielle Van Mal-Maeder.
2. The Society for Classical Studies was founded as the American Philological Association in 1869 and changed its name to the Society for Classical Studies in 2014 to increase public understanding of its mission (*Minutes* of the meeting of the Board of Directors, Sept. 20-21, 2013). In this paper I will call it by its original name which was in use when the events described here took place.
3. See the papers of I. Hibold and F. Montanari in this volume.
4. « L'Année Philologique : notre aventure », *APh,* 50, 1981, p. xxii.
5. Proceedings, *TAPhA* 67, 1936, p. iii. Pease became President in 1939 (Proceedings, *TAPhA* 70, 1939, p. iii) and Taylor, in 1941 (*TAPhA* 72, 1941, p. iii).

University of North Carolina in Chapel Hill under the directorship of T. Robert Broughton.[6]

2. The advantages of digitization

This was the first significant collaboration of the *Année Philologique* and APA whose members were among its most avid readers. They appreciated its unparalleled contribution to classical studies, but like other scholars were frustrated by the challenges of consulting it in printed form. The great size of the *APh,* its lack of a subject index and its annual publication in bound volumes that had never been cumulated meant that a thorough search of the bibliography was a slow, painstaking process. In 1980 the issue was raised at a meeting of the APA's Ad Hoc committee on Research Tools which recommended the creation of a digitized bibliography for classical studies.[7] Ideally, it would include the entire contents of the *Année Philologique* recast in a new form.

3. A meeting in New York

Repackaging the *APh* was in essence republishing it and this required permission from SIBC which owned the copyrights. The following year, the APA's new Subcommittee on Classical Bibliography invited Juliette Ernst to a colloquium at Columbia University in New York to discuss the future of classical bibliography and the possibility of transforming it into a database.[8] Minutes of the meeting indicate that M[lle] Ernst herself was present along with several eminent French scholars including Jean Irigoin and Gerard Losfeld from Lille, a great pioneer in the digital humanities.[9]

The events in New York included a trip downtown to observe the online bibliography of the Modern Language Association. This was housed in a large computer at 62 Fifth Avenue and had been in operation for three years. Its director was Eileen Mackesy who was there to welcome the visitors and to

---

6. « L'Année Philologique : notre aventure », *APh,* 50, 1981, p. xxvi-vii. Broughton was editor of *TAPhA* from 1941-1943, Director of the Association in 1945, and President in 1954. There is a photograph of Juliette Ernst with Broughton on the website of the University of North Carolina which commemorates this event.

7. Roger Bagnall, *Research Tools for the Classics: The Report of the Ad Hoc Committee on Basic Research Tools.* The American Philological Association Pamphlets 6. Ann Arbor, 1980.

8. The meetings were held on October 23-24, 1981 at Columbia University in New York with funding provided by the National Endowment for the Humanities, an agency of the American government that had been supporting the American Office in Chapel Hill since its birth.

9. The unpublished minutes of the meeting are housed in box 45 of the APA's archives at Butler Library, Columbia University in New York. They had been approved by the attendees and were shared with me by Roger Bagnall who organized the meeting.

demonstrate the computer for them.[10] The next day was given over to discussion and it was agreed that a joint committee would be formed to explore the possibility of digitizing the *APh*. A pilot project was begun at Chapel Hill to test whether printers' tapes could be exploited for data input, but neither the APA nor the Paris office had funding or staff to contribute further to this effort.

4. Juliette Ernst approves digitization

The momentum was lost until 1986 when the APA invited me to try to revive the project. I began what was to become a long correspondence with M[lle] Ernst that culminated in a letter that I received from her on February 20, 1988 in which she announces that she and Pierre Petitmengin give me permission to begin the work of digitizing the retrospective volumes of the *APh*.[11] She also agrees that we can distribute the data electronically in a format to be determined later and notes our readiness to pay fair royalties, to ensure scholarly use of the data, and to delay updating the database to protect sales of the printed volumes. Finally, she limits these permissions to the retrospective volumes of the *APh* and remarks that SIBC intends to computerize its own operations in the future. This is the key document in the history of the project though the terms of the agreement that it outlines have evolved over the years. Soon afterwards I visited her in Paris where we reviewed the arrangements with Pierre Petitmengin.

5. The first meeting in Chapel Hill

SIBC's intention to automate its own data collection raised the specter of incompatibilities in hardware and software so to forestall this possibility there was a meeting in Chapel Hill in October of that year to discuss formats and database design so that the new data and the retrospective data would be compatible.[12] Agreements were also reached on two questions left unresolved by the authorization letter of Feb. 20, 1988: how the database would be distributed and how it would be updated. All participants favored the widest

---

10. A review of online bibliographies available at this time is found in Eileen MacKesy, «Perspectives on Secondary Access Services in the Humanities». *Journal of the American Society for Information Science* 33.3, 1982. P. 146-151.

11. The letter is preserved in the « Dee L. Clayman Collection » in the Brooklyn College Archives and Special Collections, Accession #2018-007, Box 5, folder 9. For further information visit https://archives.brooklyn.cuny.edu/repositories/resources.

12. The meeting was sponsored by the National Endowment for the Humanities and an account of it can be found in the first and subsequent applications of the Database of Classical Bibliography to the NEH, 1989. «The Dee L. Clayman Collection» (above nt. 11) Box 6.

possible distribution at the lowest possible price. It was further agreed that a compact disc with read-only memory (CD-ROM) was the most effective method of distribution at the time although other media could be considered later. As for updating the data, the arrangements set forth in Mlle Ernst's letter would stand, the addition of new data would stay three years behind the printed volumes in order to protect sales.[13]

6. The Database of Classical Bibliography, principles and procedures

As a result of the agreements reached in Chapel Hill, the Project to digitize the retrospective data, now named the Database of Classical Bibliography or DCB, received its first grant from the National Endowment for the Humanities which supported the project throughout its 19-year history.[14]

The DCB's Herculean task of turning the printed volumes into a database officially began in 1989, but even before that plans had to be made to address the special qualities of its source material. Its enormous size and the high standards of documentation in classical scholarship inspired the first two general principles that guided decisions about how the database would be made: no new information would be added to the data at any point and the maximum possible automation would be used. The multilingual character of the data and the high standards of its readership of philologists led to a third principle: that no linguistic information would be lost between the printed page and magnetic medium. This prohibition was quickly extended to include all information in the bibliography: the database would not have less information than the printed source. Finally, the *APh*'s international readership demanded that the data be output in a wide variety of formats and this led to two further principles: that the data would be divided into logical units (fields) of the smallest possible size and that the database itself would preserve no formatting information and as little punctuation as possible except in the abstracts.

It was these principles that governed decisions about data entry, coding, database design, tagging, searching and output.[15] Given the quantity of data,

---

13. Since the *APh* needed two years to fabricate each volume this effectively codified a 5-year gap between the time a book or article was published and its appearance in the database. The gap remained in place until the development of the website that seamlessly joins the new and the retrospective data (see below).

14. I was the General Editor of the DCB and directed all of its operations including fundraising. The first grant was RC-21735-89, a two-year grant for $150,000 with a $100,000 matching component in the Division of Preservation and Access. Matching grants were received from the Getty Grant Program of the J. Paul Getty Trust, the Florence J. Gould Foundation, and the Samuel H. Kress Foundation.

15. The principles and the solutions were reported in an unpublished paper I delivered at a joint meeting of the Association of Literary and Linguistic Computing and the Association for Computing and the Humanities in Oxford, UK, April 8, 1992.

optical scanning seemed like a promising choice for data entry, but it was still in a primitive state in 1989 and the results had too high a level of errors. Instead, copies of the printed volumes were first sent to the Philippines and later to India where operators, who knew none of the relevant languages, entered the data manually at large consoles. The principle that no linguistic information be lost required that all characters, no matter how exotic, be coded, and in 1989 the multilingual nature of the data meant that no single code would be adequate. Nonetheless, International standards were followed wherever possible. ASCII was used where ever it could be. Beta code, developed for the Thesaurus Linguae Graecae, was used for Greek characters, and others were designed following the conventions of the Standard Generalized Markup Language (SGML).[16]

Manual data entry was done twice, then the results were compared and where they disagreed, corrections were made, again by hand. It was a long, slow, expensive process. The data was returned to our offices in New York still formatted like the printed page, but now it was machine-readable and ready for data processing. To manage that task I wrote 1,900 lines of computer code in the "C" language which read the data and reformatted it automatically into a formally articulated database designed with 71 flat fields to maximize flexibility. The program performed a syntactic analysis of the data augmented with look-up tables prepared from a volume that had been tagged by hand.[17] The tables were highly accurate because for sixty-two years the *APh* had been edited and proof-read by a single person whose precision and consistency were legendary.

Teams of graduate students carefully proofread the output and made corrections wherever necessary.[18] The process took 19 years and cost close to 3 million dollars. If the project were started today it would require a fraction of the time and cost, but the old methods produced the versatile, robust database that still underlies the one Brepols presents online today.

7. The first contract

At the meeting in 1988 the conversation was about possible futures, but soon enough actual data was being processed and a formal contract was necessary to clarify the agreements between the DCB and the SIBC.[19] A contract, signed

---

16. ISO 8879. Characters coded in Beta or SGML were tagged with escape sequences so they could be printed correctly by the output software. This violated the principle of adding no additional information to the database, but was necessary to control the output.

17. A description of the program and details about the database design can be found in Dee L. Clayman, «Automatic Parsing of Classical Bibliography», in F. Tremblay (ed.), *Mélanges Rodrigue LaRue*, p. 111-117. *Cahier des Études Anciennes*, 25, 1991.

18. The chief Editorial Assistants were Sean Redmond, Emily Fairey and Colin Pilney.

19. A copy of the contract with original signatures can be found in the archives of the APA/SCS in the Rare Book and Manuscript Library, Columbia University, call number: MS#0029, Box 45.

in 1993 by Pierre Petitmengin and the Secretary-Treasurer of the APA, William Ziobro stipulated that the APA had a non-exclusive right to create a database at its own expense from the retrospective volumes of the *APh* staying three years behind the date of the most current printed volume. Furthermore, the underlying copyrights would be retained by SIBC which would receive royalties of 10 % in return. The only medium of distribution permitted was a compact disc with read-only memory which would prevent the data from being easily copied. Within two years the DCB published two CD-ROMS: Version 1, in 1995 with volumes 47-58 of the *Année philologique* and version 2 in 1997 with volumes 45-60.[20]

8. Automating input of new data

While the DCB was creating CD-ROMs in New York, in Paris Richard Goulet began work on *AnPhil* which he designed to automate the input of new data.[21] It was first used in the production of volume 66 (1995) and by 1999 a networked version became operational. This essentially linked all of the offices of the *APh* and standardized data input which increased its efficiency and accuracy. The success of *AnPhil* inspired a second joint meeting in Chapel Hill April 10-11, 1999 and it was there that the decision was taken to create a joint website where retrospective data from the DCB and new data from *AnPhil* would be merged together.[22]

9. The second contract and the joint website

A second contract was signed on July 8, 2000 to regulate the operations of the joint website.[23] In a reversal from the first contract, the DCB agreed to provide SIBC with data and to receive royalties in return. The joint database, searchable at its website, "The *APh* Online," opened to the public in 2002. SIBC contributed newly collected data from *AnPhil,* and the DCB, newly converted retrospective data.[24]

Users subscribed to the service through Les Belles Lettres or EBSCO, but the administrative, editorial and technical aspects were all managed by the

---

20. The CD-ROMs with a multilingual users guide were published by the Scholars Press, Athens GA with software developed by AND Software b.v. of Rotterdam.

21. *AnPhil* was a highly customized front end for 4th *Dimension*, a multi-purpose, relational database developed in France by Laurent Ribardière in 1984.

22. The proposal was approved by SIBC at the General Assembly of Nov. 6, 1999 and by the Board of Trustees of the APA one month later.

23. It was signed by Julia Gaisser who was then president of the APA and Birger Munk Olsen, president of SIBC.

24. The joint website was created and maintained by Jouve SAS.

SIBC, in effect by Eric Rebillard, the Directeur des services et publications numérique de la SIBC. The DCB continued to contribute retrospective data until its mission was complete in 2009. Altogether it converted 63 volumes of the *APh*, 1924-1992 from the printed page to 765,700 database records.

10. Migration to a full-service, digital publisher

The work of maintaining the joint database was the sole responsibility of the SIBC, and in 2012, when tensions arose between the CNRS and the SIBC, the fragility of the arrangement became clear. *AnPhil* had to be retired in 2015,[25] Eric Rebillard heroically patched together a temporary substitute, and SIBC began to look for a full-service, digital publisher. A request for proposals was circulated, the best was received from Brepols and a contract was signed with them in 2016.[26] On July 1, 2018 the *Année Philologique* first became available to the public through Brepols which assumed all the responsibilities for maintaining the database and making it available by subscription to scholars worldwide. SIBC continues to oversee data collection and all the editorial functions with tools and authority files provided by Brepols.

11. Significance

The transformation of the *APh* from the printed page to a modern, relational database available online with a rich suite of continually evolving tools for searching has fundamentally changed how research is done in the classics. In addition to the obvious advantages of increased speed and accuracy in searching, the database improves access to the riches of the *APh* and increases its dissemination world-wide. When used in tandem with other databases in related fields, it increases the contribution of classics to interdisciplinary studies. And finally, it preserves its precious source material in a form that will make it more useful to future generations.

With the completion of the DCB, the APA stepped back from its active role in the creation of the database, but it continues to be firm in its support of the American Office and its interest in the future direction of classical bibliography.

Dee L. Clayman
Prof. of Classics, The Graduate Center
City University of New York

---

25. At this point the version of the 4-D database on which *AnPhil* ran was no longer maintained by its developer and could not be upgraded as the digital world continued to evolve.

26. The signers were Paul De Jongh, Managing Director of Brepols, and Dee L. Clayman, President of SIBC.

L'ANNÉE PHILOLOGIQUE, UNE INTERLOCUTRICE ET UN GUIDE QUASI CENTENAIRES DE LA COMMUNAUTÉ SCIENTIFIQUE SUR L'ANTIQUITÉ GRÉCO-LATINE

À Pierre-Paul Corsetti († 2019),
ancien directeur de *L'Année Philologique* et mon modèle,
en souvenir affectueux et reconnaissant.

La voix autorisée d'une *servante* de l'humanisme

L'objectif que je me suis fixé pour ma contribution à ce colloque est d'explorer et de mettre en évidence les clés principales du dialogue, aussi honnête qu'engagé, que l'*Année Philologique* (désormais *APh*) a entretenu dès le début avec ses destinataires : les spécialistes dans les différents domaines de l'étude sur l'Antiquité gréco-latine et le public en général qui s'y intéresse. Elle a en effet toujours animé avec eux un dialogue fécond et réussi, à en juger par sa longévité et par la richesse de sa production, incarnée dans les pages de ses quatre-vingt-dix volumes parus à ce jour et dans la base en ligne où l'ensemble de tout cet héritage bibliographique est disponible, à en juger également par le prestige international dont elle a toujours bénéficié. Elle s'est érigée ainsi comme une sorte de phare capable de guider constamment ses utilisateurs dans leurs pratiques et leurs enquêtes scientifiques.

Je m'interroge sur les clés de son identité si nette et de son fort ascendant auprès de la communauté scientifique internationale, pour les expliquer certes d'un point de vue historique mais aussi (ce qui m'intéresse également en tant que directeur éditorial actuel) pour être conscient de ce qu'il faut respecter si on veut maintenir dans les années à venir cette identité et cet ascendant déjà presque séculaires. Et la première de ces clés est à mes yeux d'avoir su rester toujours fidèle à elle-même, sans toutefois avoir jamais manqué de faire face aux problèmes présents et aux défis de l'avenir, mais tout en sachant résister aux diktats des modes dominantes tout autant qu'aux chants de sirènes séduisantes ou aux tendances plus ou moins menaçantes. « Servante » de l'humanisme, comme Juliette Ernst l'avait qualifiée à juste titre en 1948 dans les mélanges offerts au fondateur Jules Marouzeau[1], l'*APh* n'a jamais été servile. Sa voix, dans le dialogue qu'elle a entretenu avec la communauté scientifique, a toujours été une voix autorisée, qui a su illuminer la recherche scientifique sur l'Antiquité gréco-latine.

Si la voix de l'*APh* a joué ce rôle d'autorité pendant quasiment un siècle, c'est sans doute parce qu'elle a été capable de créer et de transmettre dès le début un *ethos* propre respectant sa mission scientifique telle que Marouzeau l'avait conçue et mise en place, avec le concours décisif, dès 1929, de Juliette Ernst. Mon intérêt ici n'est autre que d'essayer d'analyser les éléments qui permettent de reconstituer l'essentiel de cet *ethos,* de cette identité discursive qui explique la crédibilité et la position d'honneur qu'occupe l'*APh* parmi les entreprises bibliographiques sur la scène mondiale, tout en réfléchissant aux défis actuels qu'elle doit affronter et à son avenir immédiat.

Cette voix de l'*APh* qu'il me paraît important d'évoquer à l'occasion de ce colloque anniversaire se trouve exprimée notamment dans les avant-propos qui précèdent les livraisons annuelles de la bibliographie, et je vais donc m'en servir à plusieurs reprises. Je tiens en passant à souligner ainsi la valeur de mémoire des volumes imprimés, moins utilisés certes dans les derniers temps mais qui ont encore beaucoup à nous dire. Au fur et à mesure que ces volumes se succèdent, ils mettent en évidence la solidité et la matérialité du projet, assurant, comme le voulait non sans témérité Marouzeau, la continuité sans défaut de la tradition bibliographique sur l'Antiquité gréco-latine, à travers la succession des années et des décades. C'est un aspect important de notre bibliographie que je tiens à souligner, et qui s'est même exprimé d'une manière plastique à travers les couleurs de couverture identifiant les différentes décades. Avec le volume 90 qui paraîtra au mois de décembre 2021, nous venons juste de commencer la dernière décade de ce centenaire, et j'ai considéré pertinent, pour souligner la valeur d'un cycle accompli, de revenir symboliquement à l'élégante couleur grise de la première décade.

L'effort préalable de justification et d'affirmation

Une autre clé du succès de l'*APh* est à chercher dans l'effort préalable que Marouzeau réalisa pour justifier son projet d'une nouvelle bibliographie de l'Antiquité gréco-latine dans le contexte scientifique des lendemains de la Première Guerre mondiale. Il suffit de lire l'avant-propos de ses *Dix années de bibliographie classique* qui sont le précédent immédiat de l'*APh*[2]. Marouzeau

---

1. Cf. J. Ernst, « La bibliographie, servante de l'humanisme », dans *Mélanges de philologie, de littérature et d'histoire anciennes, offerts à J. Marouzeau par ses collègues et élèves étrangers*, Paris, 1948, p. 153-160.

2. Cf. J. Marouzeau, *Dix années de bibliographie classique : bibliographie critique et analytique de l'Antiquité gréco-latine pour la période 1914-1924*, Première partie, Paris 1927, p. VII.

y représente clairement la bibliographie classique comme un *instrumentum* qui remonte au XVIIIe siècle et dont la pleine utilité exige qu'il n'y ait pas de lacunes chronologiques. C'est tout d'abord dans la perspective de la continuité de cette tradition bibliographique qu'il tient à justifier son propre projet, tout en étant conscient qu'il s'agissait d'une « entreprise téméraire ». La *Bibliotheca Philologica Classica*, publiée par trimestres à Berlin, puis à Leipzig, dans le *Jahresbericht über die Fortschritte der Klassischen Altertumswissenschaft* qui avait été fondé par Conrad Bursian, avait assuré à ses yeux la continuité de la tradition entre 1896, l'année finale couverte par l'ouvrage bibliographique antérieur qu'avait dirigé Rudolf Klussmann[3], et 1914[4]. À vrai dire, la *Bibliotheca Philologica Classica* couvrait déjà la bibliographie depuis l'année 1874, mais Marouzeau semble vouloir présenter les différents relais dans la tradition bibliographique comme se succédant les uns les autres sur des dates précises. En tout cas, il identifia une lacune importante dans cette bibliographie allemande pour la période critique de la Première Guerre mondiale et de l'après-guerre, et c'est cette lacune qu'il se donna pour tâche de combler en premier. Il le fit préalablement à travers les sections bibliographiques de la *Revue de Philologie, de Littérature et d'Histoire Anciennes* (fondée en 1845 par Léon Renier)[5], et finalement en publiant ses *Dix années,* qui couvrent la bibliographie de la période 1914-1924 ; et il se proposa par la suite d'assurer la continuation à travers l'*APh*. C'est ainsi, et même sans le dire plus explicitement, qu'il signala dans cet avant-propos inaugural de son propre projet les limites et les difficultés de la bibliographie contemporaine qui pouvait lui faire concurrence.

En fait, comme Ilse Hilbold l'a souligné dans ses recherches sur la genèse de l'*APh*, plusieurs articles de Marouzeau datant des années 1920 montrent comment il signale plus ouvertement et non sans arrière-pensée les faiblesses de la *Bibliotheca Philologica Classica* de l'époque[6]. Cela ne l'empêcha pas de la qualifier de « vénérable », sans doute parce qu'il jugeait sincèrement qu'elle avait rendu un service inestimable pendant 50 ans déjà à la communauté scientifique des antiquisants. Mais il évoque en particulier les difficultés de l'équipe allemande pour respecter les délais de publication, le caractère très limité et incomplet de la documentation fournie, consistant en une simple liste

---

3. Cf. R. Klussmann, *Bibliotheca Scriptorum Classicorum et Graecorum et Latinorum, die Literatur von 1788 bis 1896 einschliesslich umfassend*, 2 vol. (*Scriptores Graeci* et *Scriptores Latini*), Leipzig, 1909-1913.

4. La *Bibliotheca Philologica Classica,* avec sa propre numérotation, figurait dans le quatrième fascicule de chaque année du périodique. Celui-ci avait aussi un complément nécrologique intitulé *Biographisches Jahrbuch für Altertumskunde*.

5. Dans la Deuxième partie de ses *Dix années,* parue en 1928, il ajoute sur la page de titre : « publiée avec l'aide des revues bibliographiques annuelles de la *Revue de philologie, de littérature et d'histoire anciennes*, de la Société de Bibliographie Classique, et des bibliographies courantes ».

6. Cf. I. Hilbold, « Jules Marouzeau and *L'Année Philologique* : the genesis of a reform in classical bibliography », *HCS*, 1, 2019, p. 174-202, notamment p. 184-185.

de titres, ou le manque d'index (à part celui des auteurs modernes) susceptibles d'aider les utilisateurs dans la consultation. Et il critique aussi le caractère « protéiforme » de la publication, ne serait-ce qu'en raison de la fluctuation des formules avec lesquelles elle était nommée[7]. C'était sans doute pour lui une façon de mieux justifier l'existence de sa propre bibliographie dès le moment où elle voyait le jour.

La 50e année d'existence de l'*APh* fut célébrée dans le volume de l'année en question (publié en 1981). À cette occasion Juliette Ernst y publia un article intitulé significativement « *L'Année Philologique*, notre aventure »[8], où elle faisait aussi en quelque sorte l'autocritique des premiers volumes publiés par Marouzeau. Elle n'hésitait pas à affirmer que celui-ci publia ces volumes « dans la hâte » pour affirmer l'existence de sa nouvelle bibliographie, alors que sa création, en face de la *Bibliotheca Philologica Classica*, était loin de s'imposer aux yeux de tous. Elle évoquait le petit nombre de collaborateurs occasionnels que Marouzeau avait à l'époque, et elle considérait que s'il persévéra c'était « dans l'intention d'offrir au public international – et en tout premier lieu aux savants français – un ouvrage plus humain qu'une simple énumération de titres », ce qui correspondait à sa vision de la bibliographie allemande, et à sa conviction qu'il était important de « rendre compte de l'interdépendance de toutes les disciplines relatives à l'Antiquité ». À ce sujet, Juliette Ernst évoquait aussi une circonstance qui favorisa le projet élaboré par Marouzeau de fournir un instrument bibliographique plus développé et plus ambitieux : le fait qu'en 1928 les responsables de la *Bibliotheca Philologica Classica* décidèrent (en raison de difficultés financières[9]) d'abandonner le domaine de l'archéologie. De la sorte, *L'APh* demeurait la seule bibliographie qui avait pour ambition de couvrir l'ensemble des sciences de l'Antiquité.

Marouzeau était persuadé que ce nouvel instrument qu'il envisageait était destiné à prendre le relais de la *Bibliotheca Philologica Classica* dans la tradition bibliographique qu'il concevait comme une continuité. Il faut reconnaître toutefois que la bibliographie allemande opposa une concurrence féroce à *L'APh* jusqu'à la chute du régime d'Hitler. En effet, la Seconde Guerre mondiale, en décimant son équipe, s'avéra fatale pour ce projet allemand, qui, après avoir couvert les années 1874 à 1941, cessa de paraître en 1942[10]. Dès 1956,

---

7. Cf. J. Marouzeau, « Chronique », *REL*, 6, 1928, p. 259-266, notamment p. 265, cité *ap.* Hilbold, « Jules Marouzeau and *L'Année Philologique*», art. cit., p. 184 n. 36: « Je viens de voir un collègue perdre des heures à chercher la clef d'une référence SBW qu'aucun index bibliographique ne lui expliquait ; qui n'a pas été agacé par l'aspect protéiforme d'un périodique qui s'appelle tantôt "le Jahresbericht de l'antiquité classique", tantôt "le Bursian", tantôt "la Bibliotheca philologica classica", tantôt "la Bibliotheca de Vogel", tantôt "le JAW", tantôt "le BPhC", tantôt le Burs Jb", etc. ? ».

8. Cf. J. Ernst, « *L'Année Philologique*, notre aventure », dans *APh*, 50, 1981, p. XXI-XXXI, notamment p. XXI.

9. Cf. I. Hilbold, « Jules Marouzeau and *L'Année Philologique* », art. cit., p. 184.

10. Cf. J. Ernst, « *L'Année Philologique*, notre aventure », art. cit., p. XXIV.

il sera récupéré par la publication périodique de *Lustrum* à Göttingen[11]. La disparition de la *Bibliotheca Philologica Classica* dut sans doute confirmer aux yeux de Marouzeau la vision qu'il avait eue dans les années 1920, et il me paraît très curieux de signaler aussi comment il s'est efforcé de couvrir les années de 1896 à 1914, comme s'il voulait ainsi remplacer le rôle joué par la *Bibliotheca Philologica Classica* dans le relais de l'ouvrage de Klusmann. En fait, il confia la tâche de couvrir la lacune entre la *Bibliotheca* de Klussmann, qui se terminait en 1896, et ses *Dix années...*, qui commençaient en 1914 et qui se prolongeaient dans les volumes de l'*APh*, à Scarlat Lambrino, un roumain francophone épigraphiste et archéologue. La première partie de la *Bibliographie de l'Antiquité classique 1896-1914* de celui-ci, laquelle correspondait aux *Auteurs et textes*, ne fut publiée qu'en 1951 (le « Lambrino »)[12]. La deuxième, correspondant aux *Matières et disciplines*, n'a jamais vu le jour.

Pour faire en sorte que sa créature vienne au monde sous les meilleurs auspices, Marouzeau a pris aussi le soin de bien choisir et de bien fixer dès le début le titre : *L'Année Philologique* ; et le sous-titre : *Bibliographie critique et analytique de l'Antiquité gréco-latine*. Ainsi, en s'écartant de ce qu'il jugeait chez son concurrent immédiat un caractère moins profilé et moins stable, il voulait sans doute assurer une identité le plus nette possible à sa bibliographie et également mieux garantir son influence ultérieure. Il va sans dire que son choix a été très heureux : un titre bref et fort, bien conçu d'un point de vue publicitaire, et un sous-titre clair et précis, dicté, lui, par un point de vue plus scientifique. En effet, ce titre, et même sans accompagnement du sous-titre, a joué un rôle très important dans la communication du projet de Marouzeau à travers le temps. Pour une publication de caractère bibliographique c'est peut-être un cas unique de titre qui a survécu sans changement pendant près d'un siècle maintenant.

Pour le titre, et en particulier pour son premier élément qui marquait la volonté d'une parution annuelle, Marouzeau a pu s'inspirer sans doute d'autres publications périodiques françaises, et en particulier de *L'Année Épigraphique*, revue d'épigraphie, créée en 1888 par René Cagnat, professeur au Collège de France, d'abord liée à la *Revue Archéologique*, jusqu'au numéro daté de 1964, puis devenue une publication autonome des PUF bénéficiant d'une subvention du CNRS[13]. Pour ce qui est du deuxième élément du titre, il faut reconnaître cependant qu'il a pu être envisagé comme un peu problématique, surtout lorsqu'on a perdu la conscience de l'acception propre que le mot « philologique » avait dans l'esprit de Marouzeau, où il était encore très lié à la vision

---

11. Cf. *Lustrum : Internationale Forschungsberichte aus dem Bereich des Klassischen Altertums*, Göttingen.

12. Cf. S. Lambrino, *Bibliographie de l'Antiquité classique (1896-1914)*, vol. I : *Auteurs et textes*, Paris, 1951.

13. On pourrait penser aussi à *L'Année Psychologique*, revue de psychologie cognitive créée en 1894 par Alfred Binet et Henry Beaunis.

de la philologie classique qu'on avait au XIXe siècle où on la considérait comme couvrant l'ensemble des sciences de l'Antiquité, c'est-à-dire comme *Altertumswissenschaft*. En fait, lorsque J. Ernst porte un premier regard systématique vers le passé et vers l'avenir de *L'APh* dans un colloque sur les *Aspects des études classiques* publié à Bruxelles en 1977, elle se fait l'écho de ce qui pouvait être considéré par certains comme une limitation, si on interprétait le terme « philologique » dans son sens le plus étroit [14]. Pouvant ressentir ce terme comme une difficulté pour une bibliographie déclarant son caractère éminemment encyclopédique, elle va, dans ce contexte, jusqu'à affirmer : « *L'APh*, à vrai dire, devrait porter un titre plus général ». Et si elle n'envisage pas la possibilité d'un changement de nom c'est par « l'inconvénient majeur » que cela impliquerait pour « une publication déjà anciennement connue comme la nôtre ». Or, dans l'article déjà cité qu'elle avait écrit en 1948 pour les mélanges offerts à Marouzeau, on voit bien comment elle justifie pleinement le qualificatif de « philologique » pour sa bibliographie précisément du point de vue de la nécessité des rapports interdisciplinaires dans l'ensemble des études classiques, et comment cette interdisciplinarité s'incarne par excellence dans la figure du philologue. Je cite le texte qui me paraît fort intéressant :

> Dans l'impossibilité où est donc le savant d'acquérir une préparation complète dans tous les domaines, il a recours aux compétences qui lui sont nécessaires au cours de ses travaux. Ainsi l'épigraphiste interrogera le dialectologue, l'économiste ou le juriste, suivant la nature des problèmes qui se posent à lui, et ce sera l'occasion d'incursions utiles dans des secteurs qui lui deviendront peu à peu familiers. Le philologue en use de même dans la mesure du possible, mais c'est à chaque pas qu'il doit s'écarter du chemin tracé ; il a besoin, plus que tout autre, d'embrasser du regard le vaste horizon de l'antiquité. C'est donc à lui surtout que furent destinées à l'origine les bibliographies courantes, et ce n'est pas en vain que l'*Année philologique* porte ce nom [15].

Par conséquent, on peut considérer que l'adjectif « philologique » obéit à un choix très conscient et médité de Marouzeau dans son dessein de remplacer par sa bibliographie la *Bibliotheca Philologica Classica*, tout en continuant à évoquer la prestigieuse tradition de l'*Altertumswissenschaft* contenue dans l'adjectif « *philologica* » de son prédécesseur allemand.

Pour ce qui est du sous-titre, le projet de Marouzeau fournissait une caractérisation bien précise du genre de bibliographie courante offert : analytique et

---

14. Cf. J. Ernst, « La bibliographie de l'Antiquité gréco-latine : problèmes d'actualité et perspectives d'avenir », dans J. Bingen et G. Cambier (dir.), *Aspects des études classiques. Actes du colloque associé à la XVIe Assemblée Générale de la Fédération Internationale des Associations d'Études Classiques*, Bruxelles, 1977, p. 17-25, notamment p. 23.

15. Cf. J. Ernst, « La bibliographie, servante de l'humanisme », art. cit., p. 154.

critique. Et c'est là que se situe la grande innovation et le grand avantage de sa bibliographie par rapport à la *Bibliotheca Philologica Classica*. À la différence de celle-ci, l'*APh* est analytique, dans la mesure où elle offre dès le début des résumés en particulier des articles de revue. Et elle est aussi critique parce qu'elle fournit également, pour ce qui est des monographies, y compris les recueils, un registre des comptes rendus dont elles ont fait l'objet. L'origine de cet intérêt très particulier de l'*APh* pour les comptes rendus est à chercher sans doute dans la *Revue des comptes rendus*, créée par Marouzeau en 1911 comme l'un des compléments bibliographiques de la *Revue de Philologie*[16].

Une bibliographie, ses institutions et ses finances, ses normes et son personnel

J'aborde maintenant un autre aspect complexe qui me semble capital pour expliquer la création de la valeur propre et du prestige international de l'*APh* : il s'agit, d'un côté, des institutions qui ont été mises à contribution pour l'entreprise ; et, de l'autre, du personnel qui assure le travail bibliographique ainsi que des normes qui président inlassablement au produit de ses efforts.

Le prestige personnel de Marouzeau a joué ici un rôle décisif, de même que le poids des institutions auxquelles il a fait appel à un moment ou à un autre ou qu'il a créées lui-même, pour assurer le succès et la permanence de son entreprise, conscient qu'il était des difficultés qui accompagnent toujours un projet bibliographique, comme l'exemple allemand l'avait bien montré. Ces institutions furent l'Université de la Sorbonne (son *alma mater*), la Société des Nations, en particulier sa Commission Internationale de Coopération Intellectuelle[17], la Confédération des Sociétés Scientifiques Françaises, notamment la Société de Bibliographie Classique, que Marouzeau fonda en 1921[18] et qu'il mua heureusement en Société Internationale de Bibliographie Classique (SIBC) à la suite de son adhésion à la Fédération Internationale des Associations d'Études Classiques (FIEC), fondée à Paris en 1948 à l'instigation de l'Association Guillaume Budé[19]. La FIEC, on le sait bien, allait en fait jouer un rôle capital pour l'internationalisation de l'entreprise, grâce à l'impulsion courageuse de J. Ernst et au rôle qu'elle y joua comme secrétaire générale, si bien que l'*APh* devint en quelque sorte « l'organe » de la FIEC[20]. Il ne faut

---

16. Cf. I. Hilbold, « Jules Marouzeau and *L'Année Philologique* », art. cit., p. 175.
17. Le but de cette organisation de la Société des Nations était de promouvoir les échanges culturels et intellectuels entre scientifiques, universitaires, artistes et intellectuels.
18. Sur la date de fondation, cf. I. Hilbold, « Jules Marouzeau and *L'Année Philologique* », art. cit., p. 179-180.
19. Cf. J. Ernst, « *L'Année Philologique*, notre aventure », art. cit., p. XXIV.
20. Cf. J. Ernst, « *L'Année Philologique*, notre aventure », art. cit., p. XXXII. C'est en 1964, à l'Assemblée Générale de la FIEC à Philadelphie, sur la demande de J. Ernst, que la SIBC a été

pas oublier non plus le Centre National de la Recherche Scientifique (CNRS), qui procura un poste à J. Ernst dès 1947 [21]. Un deuxième poste allait suivre en 1952 pour un collaborateur, poste qui serait occupé à partir de 1957 par Marianne Duvoisin [22], et d'autres postes seraient disponibles dans les années qui suivirent [23]. J. Ernst succéda officiellement à Marouzeau comme directrice de l'*APh* en 1963 [24], un an avant le décès de celui-ci. Elle avait été sa rédactrice principale et sa rédactrice en chef pendant plus 30 ans, y compris par conséquent durant les années difficiles de la Seconde Guerre mondiale, au cours desquelles seuls ses efforts héroïques ont maintenu en vie la bibliographie. Elle commença alors avec détermination le processus d'internationalisation du travail de rédaction, convaincue qu'il n'était plus possible, avec le personnel disponible à Paris, de répertorier la production mondiale, compte tenu de l'impossibilité où était le CNRS d'assurer de nouveaux postes [25]. Elle créa la rédaction américaine (en 1965) [26] et la rédaction allemande (en 1972) [27]. Dans le courant des années 1970, la rédaction centrale française est devenue une *Équipe de Recherche Associée*, dépendant conjointement du CNRS et de l'Université de Paris-Sorbonne (Paris IV). C'est ainsi qu'« une équipe d'une qualité exceptionnelle » [28] se constitua peu à peu, complétée en 1978 par l'incorporation tout particulièrement appréciée par J. Ernst de Pierre-Paul Corsetti.

---

reliée étroitement à la FIEC, le président de celle-ci devenant *ex officio* aussi son président, et l'*APh* devenant pour ainsi dire l'organe de la FIEC (cf. J. Ernst, « La Bibliographie de l'Antiquité gréco-latine », art. cit., p. 17). La FIEC ouvrit « toutes les portes » à J. Ernst, qui devint en fait secrétaire de la fédération en 1953 : « Ainsi se sont établis des rapports étroits entre l'*APh* et les savants du monde entier. Les relations personnelles et professionnelles ainsi nouées procurèrent à l'*APh* une plus grande audience, lui valurent aussi de recevoir en hommage nombre de revues difficiles d'accès, de monographies, de tirages à part » (cf. J. Ernst, « *L'Année Philologique*, notre aventure », art. cit., p. XXIV).

21. Il s'agissait d'un poste d'agent contractuel (Ingénieur 2A) que J. Ernst occupa jusqu'à sa retraite (cf. J. Ernst, « *L'Année Philologique*, notre aventure », art. cit., p. XXIII).

22. Il s'agit de Marianne Duvoisin, épouse Bammate.

23. Cf. J. Ernst, « *L'Année Philologique*, notre aventure », art. cit., p. XXV.

24. Cf. J. Marouzeau et J. Ernst, dans *APh*, 32, 1963, p. V.

25. Cf. J. Ernst, « *L'Année Philologique*, notre aventure », art. cit., p. XXVI-XXVII.

26. L'American Office était rattaché depuis sa création jusqu'à 2004 à l'University of North Carolina. Après avoir été déplacé entre 2005 et 2009 à la Cincinnati University, il se trouve maintenant rattaché à la Duke University (Durham). Voici ses directeurs successifs : T. Robert S. Broughton (1965-1968), George Kennedy (1968-1974), William C. West (1974-1987), Laurence Stephens (1988-1991) et Lisa Carson (1992-). La rédaction américaine s'occupe du traitement bibliographique des publications originaires des États-Unis, du Royaume Uni, d'Irlande et des pays (membres actuels ou anciens) du Commonwealth britannique.

27. La rédaction allemande s'occupe du traitement bibliographique des publications allemandes et autrichiennes. Après avoir été rattachée depuis sa création à la Heidelberger Akademie der Wissenschaften, sous la dénomination de Zweigstelle Heidelberg, elle se trouve depuis 2012 rattachée à la Ludwig-Maximilians-Universität München (Zweigstelle München). Voici ses directeurs successifs : Viktor Pöschl (1972-1997), Ernst A. Schmidt (1998-2012) et Martin Hose (2012-).

28. Cf. J. Ernst, « *L'Année Philologique*, notre aventure », art. cit., p. XXV.

En 1976 des correspondants ont été trouvés en Italie et en Espagne [29], en 1977 en URSS [30], et en 1978 en Suisse [31]. À partir de 1992, après le renoncement volontaire de la Sorbonne, l'équipe de l'*APh* fut rattachée directement à une unité propre de recherche du CNRS (UPR 76). C'était une époque délicate du point de vue du personnel, car plusieurs personnes sont parties à la retraite, si bien que J. Ernst, préoccupée par l'existence même de l'*APh*, manifesta dans l'avant-propos du volume 61 (publié en 1992) tous ses remerciements à Marie-Odile Goulet-Cazé, à l'époque directrice de l'UPR, pour les démarches qu'elle avait entreprises « avec beaucoup de détermination » auprès de la Direction scientifique du CNRS pour le renforcement de l'équipe française [32]. P.-P. Corsetti prit la direction de l'*APh* en 1993 [33]. Sous sa direction et pour compléter le processus d'internationalisation du travail, qui s'avérait encore nécessaire, furent créées la rédaction italienne (en 1996) [34] et la rédaction espagnole (en 2000) proprement dites [35].

29. Cf. J. Ernst, dans *APh*, 45, 1976, p. VII. Le Consiglio Nazionale delle Ricerche d'Italie a mis alors à disposition comme correspondante Giannina Solimano Astengo, de l'Université de Gênes. Elle fut remplacée en 1988 par Umberto Todini de l'Università di Roma – La Sapienza (cf. J. Ernst, dans *APh*, 57, 1988, p. VII) et en 1990-1991 par Lucia Maria Raffaelli (cf. J. Ernst, dans *APh*, 60, 1991, p. VII). En ce qui concerne l'Espagne, la rédaction française avait depuis 1976 comme correspondante pour les publications espagnoles María Amalia Somolinos d'Ardois, archiviste de l'Instituto Antonio de Nebrija du CSIC, qui a dispensé ses services jusqu'à 1985 (cf. J. Ernst, dans *APh*, 54, 1985, p. VII). Dans les années suivantes jusqu'à 1996, et sur la recommandation de Francisco Rodríguez Adrados (élu membre actif de la SIBC en 1969), la rédaction française avait fait appel pour obtenir des renseignements sur les publications espagnoles à Antonio Alvar Ezquerra et Alicia Arévalo González, qui lui communiquaient généreusement les données de leur publication périodique *Bibliografía de los estudios clásicos en España* (dernier volume de 1990, publié en 1995 ; cf. P.-P. Corsetti, dans *APh*, 64, 1996, p. X).
30. Cf. J. Ernst, dans *APh*, 47, 1978, p. VII. Le correspondant, Serge N. Mouraviev, de Moscou, a dispensé ses services à l'*APh* jusqu'à 1993 (cf. P.-P. Corsetti, dans *APh*, 62, 1993, p. VII).
31. Cf. J. Ernst, dans *APh*, 49, 1980, p. VII. Le Fonds National Suisse de la Recherche Scientifique procura en la personne de Brigitte Coutaz une correspondante pour traiter les publications helvétiques. Celle-ci a dispensé ses services à l'*APh* jusqu'en 2013, quand lui a succédé Antoine Viredaz.
32. Cf. J. Ernst, dans *APh*, 61, 1992, p. VII. Je tiens à souligner les très bons résultats en termes de postes qu'obtint M.-O. Goulet-Cazé, directrice de l'UPR entre 1991 et 1998 et entre 2000 et 2010.
33. J. Ernst quitta ses responsabilités éditoriales en 1992, mais elle a continué à figurer à titre honorifique à la tête de l'entreprise comme directrice générale. P.-P. Corsetti figura d'abord officiellement comme rédacteur en chef de l'*APh* et directeur de la rédaction principale (cf. *APh*, 62, 1993, p. IV et *APh*, 63, 1994, p. VII), et seulement à partir du volume 64 il a été nommé directeur général (cf. *APh*, 64, 1996, p. VIII).
34. Cf. P.-P. Corsetti, dans *APh*, 63, 1994, p. IX-X. Dans le Centro Italiano, qui s'occupe du traitement bibliographique des publications italiennes, participent depuis le début trois universités : l'Università di Genova, l'Università di Bologna et l'Università di Pavia. Il a été dirigé entre 1996 et 2019 par Franco Montanari (Università di Genova) et il l'est depuis 2020 par Camillo Neri (Università di Bologna).
35. Cf. P.-P. Corsetti, dans *APh*, 70, 2001, p. XV. J'ai l'honneur de diriger depuis sa création au sein de l'Universidad de Granada la Redacción Española, qui s'occupe désormais du traitement bibliographique non seulement des publications parues en Espagne, mais aussi au Portugal et en Amérique latine.

Voilà seulement quelques éléments pour décrire tous les efforts que les responsables de l'*APh* ont mis en place pour assurer la puissance et la permanence de cette bibliographie en même temps que sa qualité scientifique, sa cohérence et sa rigueur formelle. Depuis le début Marouzeau a compris combien il était important que le travail bibliographique soit soumis à des normes précises et à un contrôle institutionnalisé, et c'est dans cette perspective qu'il faut interpréter l'enquête internationale qu'il a entreprise afin de déterminer quel genre de bibliographie demandait la communauté scientifique dans le cadre de la Société des Nations, comme l'a bien montré I. Hilbold, en particulier à travers la Commission de Bibliographie de l'Institut International de Coopération Intellectuelle (IICI)[36]. Il suffit de lire l'avant-propos du premier volume de l'*APh*, publié en 1928 (ou déjà celui des *Dix années* publié l'an précédent), où Marouzeau déclare que la bibliographie qu'il offre répond aux directives formulées par cette commission.

J'insiste ici sur le rôle que les avant-propos de *L'APh* joueront dorénavant : ils transmettent la mémoire, mais ils expriment aussi la reconnaissance à l'égard de certaines personnes et institutions, et de plus en plus ils formulent les normes et les procédures suivies dans l'élaboration de la bibliographie ainsi que la bonne façon pour les utilisateurs de la consulter. On y peut voir l'évolution de tous ces éléments jusqu'à nos jours. Comme je l'ai déjà dit, ces pages préliminaires des volumes imprimés sont le principal véhicule de communication entre l'*APh* et ses destinataires[37]. C'est dans les avant-propos de ces volumes que sont évoquées aussi les expressions de reconnaissance que témoigna la communauté scientifique internationale à l'égard de l'*APh* au cours de son histoire. Ainsi, elle a été distinguée à plusieurs reprises par l'Académie des Inscriptions et Belles-Lettres, qui a décerné à ses directeurs successifs, J. Marouzeau, J. Ernst et P.-P. Corsetti, le prix Brunet, destiné à honorer une bibliographie savante. J. Ernst fut décorée aussi de la Légion d'Honneur en 1958, et elle considérait que c'était en quelque sorte l'*APh* qui l'était en sa personne[38]. Et déjà en 1936, à l'occasion du départ à la retraite de son maître Frank Olivier, Juliette Ernst avait reçu le titre de docteur *honoris causa* de l'Université de Lausanne, avec la mention suivante :

> Pour lui témoigner ainsi quelque peu de la gratitude que lui doit la science de l'antiquité gréco-latine, puisque, dès 1929 rédactrice

---

36. Cf. I. Hilbold, « Jules Marouzeau and *L'Année Philologique* », art. cit., p. 190. L'Institut International de Coopération Intellectuelle, créé à Paris en 1924 sous les auspices du gouvernement français, était une branche permanente de la Commission Internationale de Coopération Intellectuelle.

37. Dans le premier volume, Marouzeau fait appel aux auteurs et éditeurs en tant que directeur de la SBC ; dans le deuxième, il mentionne aussi l'autorité du IICI.

38. Cf. J. Ernst, « *L'Année Philologique*, notre aventure », art. cit., p. XXV-XXVI. Ernst y rappelle aussi qu'en 1937 l'Imprimerie Darantière obtint une médaille d'or pour l'impression et la présentation de l'*APh*.

principale de *L'Année philologique,* elle porte depuis 1934 l'essentielle responsabilité de cet indispensable instrument de travail dont elle a fait en dix ans un modèle accompli [39].

Il va sans dire que cette valeur de modèle accompli ne se fait pas sans exigences et sans normes. Et pour cela il faut une autorité qui soit en mesure d'assurer à tout moment leur respect, d'où l'importance d'une structure de travail nettement hiérarchisée sous le contrôle d'un directeur. Les normes de l'*APh* ont certes évolué tout au long des années jusqu'à constituer un corpus très développé et précis qui fait que le travail d'un rédacteur ne peut nullement s'improviser. Je tiens ici à souligner l'importance du rôle joué en particulier dans cet effort de normalisation par Corsetti, qui a adapté aux besoins et aux particularités de l'*APh* les principes de la Description Bibliographique Internationale Normalisée (ISBD), notamment dans la description des monographies [40]. Concernant plus concrètement le plan de classement, une évolution s'est produite aussi dès le début. Les changements ne furent pas très significatifs jusqu'à l'année 1996, qui correspond au volume 67. C'est à nouveau sous la direction de Corsetti, et avec le concours du directeur adjoint de l'époque Éric Rebillard, que fut entreprise une nouvelle structuration en profondeur du plan de classement général, que nous continuons à appliquer, avec seulement de légères modifications, aujourd'hui [41].

Concernant le personnel, il suffit de parcourir les avant-propos des volumes successifs pour constater que ce fut une difficulté constante d'avoir les personnes compétentes, formées et expérimentées pour accomplir le travail bibliographique extrêmement exigeant de l'*APh*. Et il va sans dire que le problème ne peut pas se dissocier des difficultés financières. Déjà dans les *Dix années* on voit Marouzeau faire appel à des institutions comme l'Association Guillaume Budé et même à des donateurs individuels [42]. Lorsque l'*APh* adhère à la FIEC en 1948, la SIBC put prétendre à une subvention de l'Unesco, sur la recommandation du Conseil International de la Philosophie et des Sciences humaines (CIPSH) : comme le disait J. Ernst, c'est un « bienveillant appui »[43] qui s'est maintenu, même si ces derniers temps c'était d'une façon purement

---

[39]. Cf. J. Ernst, « *L'Année Philologique*, notre aventure », art. cit., p. XXII.

[40]. Cf. P.-P. Corsetti, dans *APh*, 66, 1998, p. XIV.

[41]. Cf. P.-P. Corsetti, dans *APh*, 67, 1999, p. XVI : « Notre principal objectif a été, d'une part, de tenir compte des directions actuelles de la recherche (c'est le cas, par exemple, pour la section "Littérature"), d'autre part, de faciliter la consultation de certaines sections trop touffues (comme "Histoire et civilisation") en les subdivisant. Nous espérons que les lecteurs n'auront pas trop de peine à s'habituer à ce nouveau classement ».

[42]. Cf. Marouzeau, *Dix années, op. cit.,* p. VII : il cite en particulier le banquier juif américain d'origine française David Weil, mécène important en France et aux États-Unis, et Roland Grubb Kent (1877-1952), savant américain, fondateur de la Linguistic Society of America (LSA ; cf. https://dbcs.rutgers.edu/all-scholars/8840-kent-roland-grubb).

[43]. Cf. J. Ernst, « *L'Année Philologique*, notre aventure », art. cit., p. XXIV.

symbolique, à travers les ans. En 1977, J. Ernst se plaignait encore du fait que ses collaborateurs n'étaient pas assez nombreux et qu'elle n'avait pas de crédits pour en engager des nouveaux[44]. D'où la parution dès le début de la figure des collaborateurs dévoués et bénévoles, français ou étrangers, professeurs ou étudiants, qui consacrent une partie de leur temps à cette bibliographie « par vocation ou pour complaisance », comme le disait, reconnaissant, Marouzeau dès l'avant-propos des Dix années, conscient qu'il était de la témérité de son entreprise[45]. Mais un travail aussi exigeant et aussi absorbant que la rédaction de notices pour l'*APh* ne pouvait pas être assuré par un professeur d'université comme l'était Marouzeau, avec le concours ponctuel de collègues ou d'étudiants. C'est pourquoi le recrutement de Juliette Ernst en 1929 fut capital. Elle a pu ainsi se charger de la plus grande partie, puis de la totalité des dépouillements[46]. Et heureusement, comme je l'ai déjà évoqué plus haut, une équipe consacrée à cette tâche s'était constituée peu à peu grâce au CNRS, même s'il fallut continuer à recourir à des collaborations étrangères et en particulier à la création de plusieurs rédactions pour faire face à la masse croissante des publications dans l'ensemble des zones géographiques couvertes. Par ailleurs, le bénévolat a continué à jouer un rôle important, comme aujourd'hui encore, en particulier dans les rédactions italienne et espagnole. De toute évidence, cette dimension d'un travail *gratis et amore* n'a jamais représenté une situation idéale, et c'est de plus en plus manifeste.

En tout cas, bénévole ou non, celui qui consacre son temps à la rédaction de fiches pour l'*APh*, ne peut pas être n'importe qui. C'est à juste titre que J. Ernst s'attaqua avec force en 1977 au préjugé selon lequel ceux qui s'occupent de bibliographie sont « des gens de médiocre intelligence, incapables de réussir dans l'enseignement ou la recherche »[47]. Très fière du personnel dont elle disposait et dont elle dit qu'elle ne saurait « souligner assez la compétence et l'inlassable dévouement », elle affirme que, pour collaborer à l'*APh*, « il faut bien entendu être bon helléniste et bon latiniste, avoir une bonne formation en philologie et en histoire, être initié aux différentes sciences auxiliaires de ces deux disciplines »[48]. Elle rappelle aussi l'importance des compétences linguistiques, en français, anglais, allemand, italien et espagnol, « pour être capables de lire très rapidement et de résumer des articles rédigés dans ces idiomes », sans oublier non plus la connaissance du grec moderne et du russe. Elle conclut de la sorte :

---

44. Cf. J. Ernst, « La Bibliographie de l'Antiquité gréco-latine », art. cit., p. 20. Elle ajoute aussi qu'elle ne dispose d'aucun crédit pour des abonnements, et que « le volume de l'*APh* ne saurait faire l'objet d'un échange avec quelque Revue ou quelque Recueil que ce soit » (p. 21).
45. Cf. J. Marouzeau, Dix années, op. cit., p. VI.
46. Cf. J. Ernst, « L'Année Philologique, notre aventure », art. cit., p. XXI.
47. Cf. J. Ernst, « L'Année Philologique, notre aventure », art. cit., p. XXX.
48. Cf. J. Ernst, « La Bibliographie de l'Antiquité gréco-latine », art. cit., p. 20.

Qui possède toutes ces capacités pourrait aisément prétendre accéder à l'enseignement supérieur ; il faut donc encore s'intéresser à la bibliographie et avoir les qualités de caractère indispensables : la conscience, le sens de la responsabilité, la patience et l'obstination dans la recherche. Les fautes commises restent longtemps inaperçues et se rattrapent difficilement [49].

Disposer d'une telle équipe humaine demande bien des ressources financières, et la Société Internationale de Bibliographie Classique, en tant que responsable de la gestion de la l'*APh*, peut y remédier (et elle le fait en particulier à partir de 2006) mais seulement de façon limitée à travers les ressources provenant des droits de la publication. Il faut dire que la période du rattachement de la rédaction centrale au CNRS représenta en ce sens une situation très favorable, car cette institution assurait le financement d'un personnel fonctionnaire assez nombreux pour assumer une partie importante des tâches de rédaction et surtout celles de révision finale et d'édition, sous la responsabilité de la direction, assurée aussi par un fonctionnaire CNRS. C'est pourquoi nous ne pouvons que regretter le fait que le CNRS se soit retiré du projet en juin 2014 [50]. Dans le cadre des nouveaux statuts approuvés alors par la SIBC, la structure des équipes a été modifiée : la nouvelle rédaction française désormais implantée à l'Université de Lille étant une rédaction comme les autres, nous avons maintenant un ensemble de rédactions autonomes [51], la coordination du travail ainsi que sa cohérence et sa qualité étant assurées par un directeur éditorial élu par la SIBC parmi les rédacteurs. Depuis 2015 j'ai l'honneur d'accomplir cette fonction, ce que je fais non sans un grand sacrifice personnel, étant donné que je dois la rendre compatible avec ma fonction propre de professeur à l'Université de Grenade pour laquelle je suis exclusivement payé.

Le problème du financement n'est pas nouveau. *L'APh* a toujours dû faire face à des difficultés, et c'est sans doute un défi de plus en plus préoccupant, à une époque où les travaux bibliographiques se trouvent plus que jamais écartés des subventions prévues dans nos pays pour les recherches scientifiques. Non seulement ces travaux ne sont pas considérés comme de la vraie recherche (même si tout un chacun est conscient que la bibliographie est fondamentale pour toute recherche), mais les appels d'offres disponibles ne prévoient pas le financement de projets à long terme et moins encore à durée indéterminée (en principe illimitée), comme c'est le cas de *L'APh*.

---

49. Cf. J. Ernst, « La Bibliographie de l'Antiquité gréco-latine », art. cit., p. 21.

50. Après le départ à la retraite de P.-P. Corsetti, l'*APh* avait été dirigée ou codirigée par : Emmanuelle Capet (2009-2010), Dina Bacalexi et Sébastien Grignon (2010-2012), Dina Bacalexi et Julie Giovacchini (2012-2014).

51. La correspondance suisse est devenue par la suite une rédaction, dirigée par Danielle Van Mal-Maeder, à l'Université de Lausanne.

L'Année Philologique comme ouvrage de lecture encyclopédique

Pour expliquer l'identité et le prestige de *L'APh*, il faut aussi rappeler deux points que J. Ernst répéta souvent : d'une part, la bibliographie doit être « non seulement un répertoire destiné à être consulté, mais aussi un ouvrage de lecture » ; d'autre part, il faut, « dans une tranche chronologique donnée, lui imprimer le caractère encyclopédique que justifie l'étendue des connaissances qui furent celles des Anciens, et, par les nombreux renvois d'une rubrique à l'autre, montrer la nécessité de leurs relations »[52].

Comme *ouvrage de lecture*, *L'APh* ne se borne pas à être le « véhicule des faits et des idées particulières », à renseigner sur les découvertes, dans un monde où le volume de cette documentation augmente sans cesse. Si elle restait à ce niveau purement positiviste elle n'accomplirait pas complètement son rôle. Elle doit aussi être capable d'animer et de féconder les nouvelles recherches, ou, pour le dire avec J. Ernst dans son article de 1948, de susciter l'« édification du public érudit », et pour ce faire, il faut qu'elle ne soit pas uniquement un *ouvrage de consultation*, mais un *ouvrage de lecture*, si paradoxale que cette idée puisse paraître :

> Pour qui sait lire entre les lignes, une bibliographie courante n'enregistre pas seulement ce qui est fait, elle suggère ce qui est à faire : loin d'être tournée exclusivement vers le passé, elle contient en germe les travaux de demain, et peut-être, dans les cas les plus favorables, les suscite-t-elle. Toute une littérature | peut éclore autour d'un article et s'élever d'un problème particulier à des idées générales. Ce processus, il est vrai, s'accomplit souvent par l'intermédiaire des revues elles-mêmes, des congrès, des relations personnelles entre savants, c'est-à-dire en dehors de l'intervention de la bibliographie courante, mais il s'y trouve toujours du moins consigné pour l'édification du public érudit. Car tel est le second aspect du rôle joué par la bibliographie : non seulement elle risque d'être l'instrument de cette liaison si nécessaire entre travailleurs de disciplines voisines, ou même éloignées les unes des autres, mais elle procure chaque année un aperçu de ce qui a été accompli dans tout le domaine des études classiques. Si paradoxal que cela puisse paraître, une bibliographie courante ne doit pas, à mon sens, être uniquement un ouvrage de consultation, mais un ouvrage de lecture. Elle devient par là le meilleur des palliatifs à une spécialisation à outrance, ou plutôt elle contribue à abolir cette antinomie que certains veulent, à tort, voir entre spécialisation et universalisme.

---

52. Cf. J. Ernst, « *L'Année Philologique*, notre aventure », art. cit., p. XXI ; *Ead.*, « La bibliographie, servante de l'humanisme », art. cit., p. 154-155 ; *Ead.*, « La Bibliographie de l'Antiquité gréco-latine », art. cit., p. 18-23.

> Toujours à l'écoute, inlassablement, elle prend note, elle transmet, elle informe. Elle ne permet à personne de perdre de vue que les différentes disciplines se fécondent les unes par les autres ; dans le tableau général qu'elle présente, tous les détails de l'érudition prennent leur place et leur sens, toutes les méthodes leur portée.
> Pour que la bibliographie réalise ainsi son objet, il faut qu'elle soit d'une consultation aussi facile que possible, c'est-à-dire qu'elle repose sur un classement systématique. En établissant celui-ci, on se gardera de simplifier à l'excès ; d'autre part, trop de subtilité dans la distinction des rubriques nuit à la clarté du schéma ; on multipliera donc, au lieu des subdivisions, les renvois et les rappels d'une rubrique à l'autre. Les index fourniront au consultant une aide appréciable. Mais, si la bibliographie veut être l'organe d'information générale que je définissais plus haut, elle ne saurait se passer de fournir des résumés succincts des articles de revues. Ces résumés seront rédigés de façon à donner une idée claire du contenu de l'article, de ses conclusions et, sans comporter de critique explicite, à permettre autant que possible au lecteur un jugement de valeur[53].

Dans son article de 1977, J. Ernst reviendra sur cette valeur de L'APh comme *ouvrage de lecture* pour la comparer aux premières bibliographies internationales spécialisées qui commençaient à être faites par ordinateur aux États-Unis :

> Leur présentation est correcte, mais leur donne l'aspect de répertoires à consulter rapidement sur tel ou tel point. L'ambition de l'*APh* est autre : elle a la prétention d'être en même temps un ouvrage de lecture. Chacune de nos rubriques constitue un chapitre qu'il est passionnant pour le spécialiste de lire d'un bout à l'autre pour être renseigné sur l'actualité des découvertes, sur les tendances de la recherche, sur ses résultats. L'aspect même de notre bibliographie, dans sa clarté et son élégance, y invite. Que de fois n'ai-je pas reçu ce témoignage de savants de tous âges qui se proclament lecteurs de l'*APh* ! Ils constituent un pourcentage peut-être relativement faible de nos usagers, mais c'est surtout pour eux que nous travaillons, car c'est sur eux, et non sur une foule pressée de faire carrière, que repose véritablement l'avenir de nos études[54].

Cette image de L'*APh* comme *ouvrage de lecture* peut certes nous choquer en particulier aujourd'hui, quand le nombre de ceux qui la lisent dans sa version imprimée (même pour une consultation occasionnelle) est vraiment très

---

53. Cf. J. Ernst, « La bibliographie, servante de l'humanisme », art. cit., p. 154-155.
54. Cf. J. Ernst, « La Bibliographie de l'Antiquité gréco-latine », art. cit., p. 25.

réduit. Mais à mon avis l'affirmation de J. Ernst reste pour l'essentiel toujours parfaitement valable, car ce qu'elle met en évidence, c'est une conception du travail bibliographique d'une extrême qualité, un travail de dépouillement et d'analyse réalisé toujours de première main et « by brain and hand »[55] ; j'aurai l'occasion d'y revenir.

Concernant son caractère encyclopédique, *L'APh* a toujours mis en valeur l'importance historique de la bibliographie comme instrument pour organiser l'information produite dans les divers domaines de connaissance. C'est pourquoi, dans le cadre de sa longue chronologie (du 2e millénaire av. J.-C. jusqu'à l'an 800) et en tenant compte de tout le monde connu des Anciens, elle a toujours persévéré dans ce caractère encyclopédique qui la pousse à couvrir tous les aspects des études sur l'Antiquité gréco-latine. Pour le dire avec J. Ernst, « elle ne saurait négliger aucune activité de l'esprit humain, l'apport de toutes ces activités littéraires, philosophiques, scientifiques, politiques, sociales, religieuses constituant la civilisation qui est à la base de la nôtre »[56]. Cette position n'a pas été facile à maintenir, notamment à cause de la prolifération croissante de la production dans tous les domaines. C'est pourquoi tout au long de ces années les responsables du projet ont dû en discuter de façon plus ou moins récurrente et prendre certaines décisions pour faire face au problème du manque de personnel et à celui de l'extension des volumes imprimés. Certaines restrictions ont été considérées finalement comme souhaitables et logiques, dès l'époque de J. Ernst. C'est ainsi que pour les études bibliques, on a décidé finalement d'exclure dans la rubrique *Testamenta* tout ce qui n'intéressait que la théologie ou la vulgarisation (et bien sûr la piété), vu qu'il existait des bibliographies spécifiques comme l'*Elenchus Bibliographicus Biblicus* ; de même, on a décidé de prendre en compte de façon uniquement sélective les publications relatives au néo-latin et à l'humanisme, du fait de l'existence de la *Bibliographie Internationale de l'Humanisme et de la Renaissance*[57]. Par ailleurs, l'exclusion de tout ce qui concerne l'enseignement fut un choix qui finit pour s'imposer dès le début, de même que l'exclusion de la tradition classique moderne[58]. En revanche, d'autres domaines plus ou moins problématiques à un moment donné n'ont jamais été abandonnés, et cela à juste titre à mon avis. Ainsi, J. Ernst s'est toujours refusée à abandonner l'archéologie et la numismatique, même si elles bénéficiaient chacune d'une bibliographie spécialisée :

---

55. Cf. J. Ernst, « La Bibliographie de l'Antiquité gréco-latine », art. cit., p. 24.
56. Cf. J. Ernst, « La Bibliographie de l'Antiquité gréco-latine », art. cit., p. 19. Rappelons aussi que Marouzeau avait considéré l'abandon de l'archéologie par les responsables de *Bibliotheca Philologica Classica* comme une circonstance qui contribuait à renforcer la position de l'*APh* naissante comme la seule bibliographie à couvrir l'ensemble des sciences de l'Antiquité.
57. Cf. J. Ernst, dans *APh*, 38, 1969, p. VIII ; dans *APh*, 43, 1974, p. VII ; dans *APh*, 47, 1978, p. V-VI ; dans *APh*, 48, 1977, p. VII-VIII ; dans *APh*, 50, 1981, p. XXIII ; dans *APh*, 61, 1992, p. VIII ; ou dans *APh*, 62, 1981, p. VII.
58. Cf. J. Ernst, « *L'Année Philologique*, notre aventure », art. cit., p. XXIX.

J'ai été toujours opposée – et je le reste – à la politique qui laisserait de côté une discipline, fût-elle pour nous auxiliaire [...]. C'est moi qui fais personnellement les renvois d'une rubrique à l'autre, et je suis mieux placée que personne pour juger de l'appauvrissement qui résulterait, pour les disciplines conservées, de l'absence des autres [59].

J. Ernst rappelle qu'elle a personnellement assisté au déclin de la *Bibliotheca Philologica Classica* à partir du moment où celle-ci a laissé tomber l'archéologie et elle affirme qu'on ne saurait justifier la suppression d'une discipline sous prétexte qu'il existe à son propos une bibliographie spécialisée. Dans le domaine de l'archéologie ou de la numismatique, elle était prête à laisser à d'autres le soin de dépouiller uniquement les petits périodiques locaux [60].

Ainsi le succès de l'*APh* s'explique par le fait qu'elle a respecté, malgré toutes les difficultés, son caractère encyclopédique, en procurant seulement les équilibres nécessaires dans certains domaines particuliers. Car il faut aussi être conscient d'un problème capital : les ressources humaines de l'*APh*, fluctuant tout au long des années, ne seraient pas en mesure d'assurer un travail de dépouillement et de traitement sérieux d'une masse bibliographique toujours croissante si on n'appliquait pas les restrictions déjà établies, ou bien si on souhaitait introduire des domaines qui n'ont jamais fait partie de ceux propres à notre bibliographie, comme celui de la tradition classique moderne – malgré tout son intérêt – ou celui de la didactique.

Une bibliographie, modèle à suivre pour le chercheur

Arrivé à ce point, je voudrais insister sur le fait que l'*APh* depuis le début a toujours eu vocation d'être une bibliographie en quelque sorte « édifiante », appelée à servir de guide pour le chercheur. Pour J. Ernst, le bibliographe tel

---

59. Cf. J. Ernst, « La Bibliographie de l'Antiquité gréco-latine », art. cit., p. 22.
60. Cf. J. Ernst, « La Bibliographie de l'Antiquité gréco-latine », art. cit., p. 23. Cf. *Ead.*, dans *APh*, 61, 1990, p. VIII, où la mise en place de ces restrictions à partir du volume 62 est expliquée : « Elles porteront sur l'archéologie et, dans une moindre mesure, sur la numismatique et le droit, domaine où les spécialistes disposent aujourd'hui de nombreuses sources d'information parfaitement adaptées à leurs besoins. Adoptant le même principe que pour les études bibliques ou les travaux sur l'humanisme (cf. l'avant-propos du tome XXXVIII), nous avons jugé que l'existence de ces instruments de travail, dont la liste tenue à jour figure dans les rubriques correspondantes de chaque volume de *L'Année philologique*, nous autorisait à ne plus fournir sur ces matières qu'une documentation sélective : négligeant de manière délibérée les publications trop techniques ou de détail, nous accorderons la priorité aux travaux qui, dépassant le cadre strict des disciplines concernées, sont susceptibles d'intéresser toutes les catégories des usagers de notre bibliographie. Touchant l'archéologie, je ferai observer que des mesures assez proches de celles que je viens d'indiquer avaient été arrêtées dès 1978 (cf. l'avant-propos du tome XLVII) ». En effet, elle y avait déjà exclu les revues archéologiques mineures, d'intérêt local, et les actes de petits colloques régionaux (cf. *Ead.*, dans *APh*, 47, 1978, p. VI).

qu'elle le conçoit est le modèle par excellence du bon chercheur. À l'encontre du préjugé que la bibliographie est un travail mécanique et impersonnel, fait par des gens qui n'ont pas réussi à faire carrière dans l'enseignement ou la recherche, elle affirme dans le volume 50 publié en 1981 :

> La bibliographie est d'abord une école de conscience et d'exactitude. Combien de savants auteurs, auxquels des comptes rendus sérieux de leurs œuvres reprochent des références approximatives et des fautes d'impression, auraient intérêt à se soumettre à cette discipline !
> D'autre part, dès qu'il comporte des résumés d'articles, une participation au classement des fiches, le travail du bibliographe requiert un esprit très vif, discernant rapidement ce qu'une étude comporte d'important et de novateur, l'exprimant avec toute la clarté et la concision désirables, reconnaissant la rubrique où elle sera le mieux à sa place [61].
> Tant de richesse est, je crois, lié à une certaine conception de la bibliographie qui écarte tout mécanisme inhumain et qui correspond, dans le vaste champ de la recherche érudite, à un certain type de démarche procédant progressivement, allant de découverte en découverte au fil des lectures, changeant d'orientation si la nécessité s'en fait sentir, – démarche approfondie et patiente en quête d'un résultat toujours susceptible d'être remis sur le chantier. Cette conception s'oppose à l'accumulation, dès le début de l'enquête, sur le sujet choisi, d'une quantité accablante de données impossibles à assimiler rapidement, imposant un choix difficile et souvent arbitraire. Par ses tendances, par sa forme même, l'*APh* entend contribuer à maintenir et à promouvoir la recherche dans ce qu'elle a de plus enrichissant et de plus prometteur pour l'esprit humain [62].

Dans ce même sens, Juliette Ernst affirmait déjà en 1977 au colloque de Bruxelles :

> J'ai toujours pensé que, pour maintenir la qualité et par conséquent la valeur des études tendant à la connaissance toujours plus approfondie de l'antiquité gréco-romaine, l'*APh* devait être la gardienne d'un certain type d'érudition qui repose sur l'examen direct des documents, que ceux-ci soient archéologiques, épigraphiques, numismatiques, papyrologiques, littéraires [63].

---

61. Cf. J. Ernst, « *L'Année Philologique*, notre aventure », art. cit., p. XXX.
62. Cf. J. Ernst, « *L'Année Philologique*, notre aventure », art. cit., p. XXXI.
63. Cf. J. Ernst, « La Bibliographie de l'Antiquité gréco-latine », art. cit., p. 18.

Dans le contexte de ce colloque[64], elle n'éprouve aucune hésitation à lancer une série de critiques et à donner une série de conseils qu'elle juge nécessaires pour la meilleure réalisation et la meilleure évolution des recherches sur l'Antiquité gréco-latine, comme si c'était pour elle un « devoir » de l'*APh* d'attaquer des tendances de la recherche qui étaient clairement nuisibles et ne faisaient que s'aggraver avec le temps[65]. À ses yeux, toutes les disciplines des études classiques « sont étroitement solidaires », si bien qu'un chercheur ne devrait pas se renfermer dans le cadre simple de sa spécialité. Elle s'attaque à la prolifération des revues et des recueils ainsi qu'à la précarité de leur diffusion, aux mélanges *in honorem* ou *in memoriam* contenant nombre d'articles manquant de qualité et ne répondant qu'à un simple compromis d'amitié, des mélanges d'une diffusion souvent très limitée ; aux actes de congrès de plus en plus nombreux, parfois d'une utilité contestable, paraissant souvent avec un grand retard et très peu diffusés[66].

J. Ernst fait ces remarques en vertu, dit-elle, du « caractère international et absolument désintéressé de notre entreprise »[67]. Dans cette fonction pour ainsi dire pédagogique, elle ne faisait ainsi qu'insister sur des problèmes qu'elle avait déjà abordés en 1948 dans les Mélanges offerts à Marouzeau, en adressant un bon nombre de demandes et conseils à l'attention des savants, dans le dessein aussi de réduire les difficultés du bibliographe[68]. Cela me semble intéressant d'en faire le recueil, afin de constater le niveau d'engagement et de précision de cette pédagogie :

- Les auteurs devraient signer toujours de la même façon.
- Ils devraient rédiger les titres d'ouvrages et d'articles de façon à en indiquer sommairement le contenu ; donner aux revues « un titre formé d'un ou deux mots originaux et, si possible, parlants, suivis à volonté d'un sous-titre explicatif » (p. 155-156) ;
- On devrait accomplir certaines réformes dans le domaine de la littérature périodique de l'après-guerre : assurer la stabilité des revues (à propos du phénomène de revues d'existence éphémère dans l'Italie fasciste, souvent ressuscitées quelques années après sous un nouveau nom ; appel aux « vrais savants italiens » pour « qu'ils se groupent pour nous donner peu de revues de qualité et pour

---

64. Il s'agissait d'y faire le point sur les buts, les méthodes, les projets, les problèmes et les perspectives de différentes disciplines des études classiques, y compris la bibliographie de la SIBC représentée par Juliette Ernst.

65. Cf. J. Ernst, « La Bibliographie de l'Antiquité gréco-latine », art. cit., p. 19-25.

66. Elle s'attaque même à l'habitude de plus en plus répandue à l'époque de diffuser tous ces recueils de façon incohérente et désordonnée, d'abord sous forme de tirés à part quelques années avant la parution des volumes.

67. Cf. J. Ernst, « La Bibliographie de l'Antiquité gréco-latine », art. cit., p. 20.

68. Cf. J. Ernst, « La bibliographie, servante de l'humanisme », art. cit., p. 156-160.

leur assurer un statut viable ») ; appel en général dans tous les pays qui devront reconstituer entièrement leur production périodique à « travailler dans le sens de l'unité et de la simplification, renonçant à toute dispersion des efforts, à toute concurrence d'écoles ou de clans, évitant que renaissent des revues trop semblables » (p. 157).
– L'idéal serait que tous les articles fussent rédigés dans une des grandes langues de civilisation les plus répandues dans le monde savant (français, anglais, allemand, italien), même chez les auteurs qui n'ont pas ces langues comme maternelles, « dans l'intérêt du rayonnement de leur travail » (p. 157-158). La solution de l'usage du latin comme langue d'échange ne serait pas toujours heureuse : « si le latin, en effet, se prête bien aux discussions de caractère uniquement philologique, il est peu propre à exprimer certaines nuances de la pensée moderne, où, pour parler plus modestement, nous le connaissons trop mal pour nous risquer à établir certaines équivalences de vocabulaire » (p. 158).
– Prière aux auteurs « de nous fournir de leur article un résumé aussi développé que possible rédigé dans une des quatre langues susmentionnées », précédé d'un titre dans la même langue, conformément au « système déjà employé dans plusieurs revues de l'Europe centrale et orientale, dont les langues restent malheureusement tout à fait inaccessibles à qui ne les a pas étudiées spécialement » (p. 158).
– De fournir des citations et références « intelligibles du premier coup à chacun » (p. 158) ; d'adopter les sigles *APh* ; de ne pas utiliser les abréviations sans avertissement pour « les ouvrages originaux, les collections, les manuels, si connus qu'ils soient » (p. 158)[69].
– Il faut « conjurer les auteurs de se rappeler qu'en général le lecteur connaît moins bien qu'eux le sujet qu'ils se proposent de traiter » (p. 159) ; insister aussi sur l'importance de « rendre attrayante et facile la lecture de notre littérature savante » (*ibid.*) : ce n'est pas seulement une question de style et de composition ; souvent il suffit, « par une annonce du sujet traité, par une rédaction en paragraphes, par une conclusion clairement formulée, de produire un exposé direct, utile, au lieu d'un amas de faits confus et rébarbatifs, où l'on n'accorde pas même au lecteur le répit d'un alinéa, où, loin d'être rejetées en notes, les recherches préliminaires et accessoires obscurcissent l'objet du travail et le but poursuivi » (*ibid.*) ; insister enfin sur l'importance de se servir aussi de « certains artifices de la typographie propres à mettre en relief les idées essentielles, à rendre sensible à l'œil la structure de l'argumentation », sans abuser, ce qui leur enlèverait toute efficacité.

---

69. J. Ernst veut aussi par cela rompre une lance en faveur des débutants.

– Il faut adresser un « appel pressant à ces précieux collaborateurs du bibliographe professionnel que sont les auteurs de recensions », à une époque où les exemplaires d'un ouvrage étaient encore très rares : un appel à citer le noms des auteurs avec précision, ainsi que le lieu et date de parution, maison d'édition, nombre de pages, d'illustrations, de planches…, car le bibliographe, dans bien des cas, n'a pas le moyen de vérifier ces données ; et (si c'est un ouvrage collectif), un appel à mentionner toutes les contributions, avec leur pagination (p. 150-160).
– Puisque les recensions se font parfois longtemps attendre, il faut adresser un appel aux revues de donner (certaines le font déjà) une liste, établie avec soin et comportant les indications énumérées plus haut, des ouvrages parvenus à la rédaction (p. 160)[70].

J. Ernst justifie de n'offrir à son maître que des considérations d'ordre pratique (rappelons que ces propos sont publiés dans les Mélanges dédiés à J. Marouzeau), en affirmant :

ce sont là questions qu'il n'a jamais jugées négligeables, dont il a été même des premiers à se préoccuper, réservant à la bibliographie, parmi toutes les sciences auxiliaires des études classiques, sa place de servante la plus humble, mais non la moins utile, de l'humanisme[71].

Revenant à l'année 1977 et au volume qui célébrait le 50ᵉ anniversaire de l'*APh*, je tiens à évoquer aussi, à propos de la dimension pédagogique de notre bibliographie, l'article (« Du bon usage des bibliographies ») qu'y publie Pierre Grimal, qui était déjà membre de l'Académie des Inscriptions et Belles-Lettres et qui était alors responsable de l'équipe de recherche associée CNRS-Paris-Sorbonne à laquelle *L'APh* se trouvait rattachée[72]. En partageant pour l'essentiel les idées exprimées par J. Ernst, il expliquait que le chercheur, grâce à une bibliographie comme *L'APh*, pouvait non seulement avoir accès aux données de sa propre spécialité mais aussi se mêler à la communauté des savants d'autres spécialités, et dynamiser ainsi le processus (inévitablement personnel et subjectif) par lequel toutes ces données doivent être intégrées dans une construction intellectuelle qui demande de la patience et du temps.

---

70. C'était une époque où la rédactrice de l'*APh* ne recevait aucun ouvrage ni aucune revue, « puisqu'elle ne dispose d'aucune monnaie d'échange, l'*Année philologique* ayant un tirage trop limité et étant d'une impression trop coûteuse pour pouvoir être distribuée à titre de pièce justificative » (*ibid.*, p. 160).
71. Cf. J. Ernst, *ibid.*, p. 160.
72. Cf. P. Grimal, « Du bon usage des bibliographies », dans *APh*, 50, 1981, p. XVII-XX. C'est grâce à l'intervention de Grimal que la rédaction parisienne a obtenu le statut d'Équipe de recherche associée (cf. P.-P. Corsetti, dans *APh*, 64, 1996, p. X).

Cette lenteur du travail « philologique », qui nous rappelle le Nietzsche du prologue de l'*Aurore*, était opposée par P. Grimal à la hâte des recherches de son époque qui s'est encore accentuée aujourd'hui et, en même temps, à un nouveau modèle de bibliographie électronique qui commençait alors à se manifester : la « banque de données ». Les lemmes de ces bibliographies fournies par les machines ne favoriseraient pas à ses yeux le recul nécessaire, « le loisir de l'esprit sans lequel tout n'est qu'affolement stérile », et il concluait [73] :

> Que la bibliographie ne soit pas un alibi, qui nous évite les efforts parfois douloureux pour inventer notre vérité ; qu'elle ne nous empêche pas, qu'elle nous permette plutôt de jeter nos regards dans mille directions, dont beaucoup, peut-être, sont en apparence inutiles, mais qui, si elles nous étaient fermées, nous laisseraient aveugles.

Une bibliographie informatisée, l'homme et la machine

Si P. Grimal exprime ici une vision en quelque sorte méfiante à l'égard d'une bibliographie informatisée, il faut l'interpréter surtout dans le contexte de sa défense d'une recherche lente et réfléchie. En tout cas, il faut rappeler qu'en 1977 J. Ernst considérait déjà l'utilisation de l'ordinateur comme une perspective d'avenir [74]. Elle mentionnait à l'occasion le projet du P. LaRue, de l'Université du Québec à Trois Rivières, de mettre sur fiches numériques toute la documentation bibliographique depuis Fabricius [75] jusqu'à nos jours, un projet dont les premiers résultats étaient déjà disponibles dans un Service International de Bibliographie en Antiquité Classique (SIBAC) [76]. Et, même si elle ne concevait pas encore la possibilité de réaliser les travaux de dépouillement et d'analyse de *L'APh* autrement qu'à la main, elle allait jusqu'à dire :

> La possibilité de reproduire par machine I.B.M. le manuscrit tel que nous l'établissons aujourd'hui et le remettons à l'imprimeur, puis de le confier à des bandes magnétiques est à l'étude. (William C. West, directeur de l'American Office, a été chargé de cette tâche, en rapport

---

73. Cf. P. Grimal, « Du bon usage des bibliographies », art. cit., p. XX.
74. Cf. J. Ernst, « La Bibliographie de l'Antiquité gréco-latine », art. cit., p. 24-25.
75. L'œuvre de Johann Albert Fabricius (1668-1736) ouvrait la tradition bibliographique tracée par Marouzeau. Elle englobait la production depuis les débuts de l'imprimerie jusqu'au XVIIIe siècle : *Bibliotheca Graeca*, en 14 vols., Hamburg, 1705-1728 (éd. de Gottlieb Christophoro Harles en 12 vol., 1790-1838) ; et *Biblioteca Latina*, en 3 vols., Hamburgo, 1697-1722 (éd. de Johann August Ernesti, Leipzig, 1773-1774).
76. Cf. F. Tremblay et R. LaRue, « *Thesaurus Bibliographiae Graecae et Latinae* : an experiment in computerizing data with a scanner and storing them on CD-ROM's », *RISSH*, 27, 1991, p. 213-231.

avec David W. Packard, spécialiste en Amérique de l'emploi des ordinateurs pour les langues anciennes) [77].

Quelques années plus tard, dans l'avant-propos d'*APh* 57, 1988, p. VII, on voit combien ce projet d'informatiser la bibliographie commençait à se matérialiser, si bien que J. Ernst affirme que P.-P. Corsetti a été chargé d'étudier dans le détail les problèmes qu'impliquait « ce changement de méthode de travail et de production ». Et dans l'avant-propos d'*APh* 58, 1989, p. VII, elle rend compte du voyage qu'elle réalisa à Chapel Hill avec lui, à l'invitation de l'American Office, pour envisager avec Dee L. Clayman « les modèles de création d'une base de données des études classiques ». De toute évidence, l'informatique non seulement ne représentait aucun danger pour la bibliographie mais elle a été clairement pour l'*APh* une planche de salut dans les dernières décennies. Il suffit de rappeler comment le projet de transformer les volumes imprimés dans une base électronique fut initié dès 1989 avec la *Database of Classical Bibliography (DCB)*, éditée sous la direction de D. L. Clayman, dans le cadre de l'*American Philological Association (APA)*, en collaboration avec la SIBC et l'Université de New York, en 1995 et 1997 [78].

Par ailleurs, l'informatisation *ab initio* de tout le processus de fabrication des volumes imprimés commença avec le volume 66 des publications de 1995 (paru en 1997) [79]. Après trois tentatives avortées [80], l'*APh* eut la chance que Richard Goulet, chercheur à l'UPR 76, mette généreusement ses compétences informatiques au service du projet ambitieux et exigeant qui consista à créer et à développer, à partir de 1994 et pendant de nombreuses années, le logiciel *AnPhil*, l'instrument le plus adapté au travail de *L'APh*, pour le dire avec P.-P. Corsetti [81]. Celui-ci, engagé avec détermination dans ce projet, avait comme directeur adjoint É. Rebillard, qui s'acquitta avec efficacité de la tâche délicate de s'occuper de l'édition des premiers volumes entièrement saisis et mis en page à l'aide d'*AnPhil*. Dans l'avant-propos du volume 66, É. Rebillard affirme que ce logiciel « a permis non seulement la saisie par les rédacteurs de leurs fiches dans une base de données centralisée, mais aussi la fabrication d'un

---

77. Cf. J. Ernst, « La Bibliographie de l'Antiquité gréco-latine », art. cit., p. 24-25.

78. La deuxième version (bilingue anglais et français) de ce CD-ROM, correspondant aux volumes 45-70 (1974-1989), fut publiée en 1997 (la première était de 1995).

79. Cf. É. Rebillard, dans *APh*, 66, 1998, p. XV.

80. On avait tenté de faire servir des logiciels de bibliothéconomie à une entreprise bibliographique qui présentait des exigences foncièrement différentes.

81. Cf. P.-P. Corsetti, dans *APh*, 66, 1998, p. XIII-XIV : « Conçu avec notamment le souci de faciliter au maximum la rédaction des différents types de fiches, le programme *AnPhil*, dans sa version actuelle, réunit un ensemble de qualités permettant à tout bibliographe qui en maîtrise l'utilisation de s'acquitter sans peine de tâches considérées souvent comme rebutantes mais néanmoins essentielles, comme la saisie exacte des données, le classement des notices ou la confection des fiches de renvoi, et par suite de se concentrer sur les aspects les plus scientifiques de son activité (résumé, choix des termes d'indexation) ».

texte remis à l'imprimeur *camera ready* »[82]. Et il se joint aux remerciements de P.-P. Corsetti à R. Goulet, sans le soutien et l'aide généreuse duquel il dit qu'il n'aurait pas pu « relever le défi de faire paraître un volume de l'*Année Philologique* en à peine plus d'un an »[83].

En fait, à part tous les autres avantages de simplification et d'harmonisation du travail, ce nouveau système eut l'heureuse conséquence d'abréger de manière significative les délais de fabrication et parallèlement le décalage entre la date de la parution des publications signalées et celle du volume correspondant de *L'APh*. C'était un problème capital, car on traînait déjà un décalage de trois ans, voire plus. *AnPhil* permit de faire paraître en 1997 le volume 66, en 1999 les volumes 67 et 68, en 2000 le volume 69 et en 2001 le volume 70. Dans cette même année 2001 est sorti finalement le volume 65, correspondant aux publications de 1994, le dernier fabriqué selon le procédé traditionnel des fiches sur papier (avec un décalage donc de 7 ans par rapport à la date des publications)[84]. Il est donc évident que le nouveau système permit de revenir à un rythme de parution raisonnable. Ce système impliqua par ailleurs, comme le signalait Corsetti, que désormais chaque rédacteur devait « se considérer comme responsable, en dernier ressort, de son travail »[85]. Si le rythme de parution n'avait pas été régularisé grâce à l'informatique, une bibliographie courante comme l'*APh* serait devenue peu utile, car trop obsolète. Par ailleurs, la mise en place d'une base de données d'accès public à partir de 2002 permit de communiquer en ligne à l'avance aux utilisateurs les notices validées. Cette base permettait de consulter dans un premier temps les volumes 30 (1959) à 75 (2004). Les autres volumes précédents et postérieurs furent progressivement intégrés.

En 2015 et dans le cadre des nouveaux statuts de la SIBC, Rebillard fut élu directeur des services informatiques de l'*APh* et il géra en tant que tel la création d'une nouvelle base de données qui devait rester active jusqu'en 2016[86]. Après avoir constaté la complexité croissante des bases de données bibliographiques professionnelles, l'*APh* (avec les données de tous les volumes publiés) se trouve gérée depuis 2017, à la suite de la signature d'un accord de collaboration entre la SIBC et la maison d'édition belge Brepols, dans la plateforme de saisie et de gestion bibliographique de celle-ci (il s'agit d'une base de données relationnelle). Et parallèlement, toutes les données publiées

---

82. Cf. É. Rebillard, dans *APh*, 66, 1998, p. XV.

83. *Ibid.*

84. P.-P. Corsetti, qui s'occupa de son édition, a voulu sans doute se récréer dans la révision de ce dernier volume élaboré entièrement « by brain and hand », poussant à l'extrême ses qualités d'exactitude et de soin minutieux. Le volume est dédié à la mémoire de J. Ernst, décédée le 28 mars 2001, dans sa cent deuxième année, à Lutry (Suisse), où elle s'était retirée en 1993 (cf. P.-P. Corsetti, dans *APh*, 65, 2001, p. XI).

85. Cf. P.-P. Corsetti, dans *APh*, 66, 1998, p. XIV.

86. Elle fut développée (en *SGML*) par les informaticiens de l'entreprise française Jouve.

se trouvent disponibles dans le portail de publications en ligne *Brepolis*, y compris les notices validées du volume en préparation. Il s'agit d'environ un million et demi de notices.

L'informatique continue ainsi à rendre le meilleur service au travail des rédacteurs et aux usagers de notre bibliographie. Il faut remarquer notamment la puissance du moteur de recherche dans cette base en ligne, ainsi que l'ajout de nouvelles fonctionnalités par rapport au volume papier, par exemple un index thématique et un index chronologique. Et, même si l'*APh* ne s'est jamais occupée de bibliométrie, la nouvelle base permet de soumettre ses données à des analyses utiles de ce point de vue. Pour ce qui est de la saisie des notices, une fonctionnalité d'importation est disponible, même s'il faut reconnaître que son efficacité et donc son utilité réelle dépendent de la qualité des sources d'importation. Tant que ces sources ne respectent pas les règles fondamentales de la bibliographie, comme celles de l'indexation des noms des auteurs modernes, cette utilité paraît illusoire, en tout cas pour une bibliographie comme l'*APh* qui se fonde sur un travail de première main, ou du moins sur un travail toujours vérifié à travers les sources les plus fiables. L'homme devra donc toujours être placé au-dessus de la machine et de ses automatismes.

Une bibliographie informatisée, le numérique et le papier

I. Hilbold affirme dans un article récent :

> Seuls les moteurs de recherche et les bases de données développés les toutes dernières années mettent en question l'*APh* et son fonctionnement général, quoique la machine ne puisse rivaliser en tous points avec l'homme[87].

Je dirais à mon tour que c'est un faux débat d'opposer dans une bibliographie comme la nôtre le format imprimé et celui en ligne. Loin d'être concurrents, ils sont à mes yeux tout à fait complémentaires. Les index extrêmement précis des volumes imprimés présentent des qualités irremplaçables et permettent notamment de renforcer la cohérence de la bibliographie et de ses fichiers d'autorité. Même si la figure du lecteur de *L'APh* telle que la décrivait et l'admirait J. Ernst semble aujourd'hui appartenir au passé, il y aura toujours des utilisateurs pour préférer avoir sous les yeux l'ensemble d'une rubrique parfaitement mise en page, et pouvoir se servir des index traditionnels, sinon de façon habituelle, au moins occasionnellement. Ce serait à mon avis une erreur de priver hâtivement les utilisateurs de cette possibilité. Il va sans dire

---

87. Cf. I. Hilbold, « Juliette Ernst et l'internationalisation des Sciences de l'Antiquité au 20ᵉ siècle », *Collegium Beatus Rhenanus*, 20, 2017, p. 14-15, notamment p. 14.

que la plupart se serviront en premier ou même exclusivement de la base en ligne, avec toutes ses possibilités de recherches automatisées et avec des liens vers d'autres bases de données interconnectées, mais laissons aussi le papier et le numérique entretenir entre eux un dialogue fructueux. Ils se renforcent et même se protègent mutuellement. Ainsi, la volonté de persistance du volume papier empêcha, au moment du passage à la base Jouve, la disparition des sous-sections, et cette même volonté de maintien du papier empêcha plus tard, au moment du passage à la base de Brepols, la disparition des sigles des périodiques. Ces deux éléments étaient en principe présentés comme incompatibles avec les bases de données respectives, mais j'ai insisté, et un dialogue constructif a finalement trouvé la façon de les concilier. Qu'aurait-on dit aujourd'hui, par exemple, si les sigles des périodiques n'étaient plus utilisés dans L'APh, alors que c'est elle qui est utilisée depuis toujours comme modèle pour l'emploi des sigles dans la plupart des publications sur l'Antiquité gréco-latine au monde ?

À la limite on pourrait ne plus sortir le volume papier ou le sortir à un tirage très limité et il continuerait à être énormément important pour garantir la qualité du produit bibliographique offert. Combien d'erreurs de tout genre, combien d'incohérences ne sont visibles qu'à l'occasion de la correction des épreuves. Car l'élaboration du volume imprimé n'est pas une perte de temps ni une question de simples coquilles, comme certains ont tendance à vouloir le croire. Cette vision est absolument aveugle et erronée. Bien au contraire, l'élaboration du volume imprimé assure la pleine qualité et la pleine cohérence bibliographique de l'ensemble, dans tous les éléments de description propres d'une fiche, y compris tous ceux qui concernent son classement et les rapports internes avec les autres fiches de la même section ou d'autres sections. La qualité des résumés est aussi un élément qui mérite d'être particulièrement pris en compte. Par ailleurs, de nombreuses erreurs de classement et même d'attribution de paternité passeraient complètement inaperçues si on faisait de L'APh un pur réservoir cumulatif en ligne de type *googleien*. Par ce biais on finirait par laisser la tâche de la correction fine des notices aux utilisateurs, et le nombre des corrections nécessaires après publication deviendrait tellement visible que cela aurait des conséquences irréversibles sur le prestige de notre entreprise. En échange, la présence de la base en ligne aura toujours l'avantage de permettre une correction en permanence des erreurs que L'APh, comme toute œuvre humaine, comportera toujours.

Conclusion

Un produit bibliographique n'est vraiment utile que s'il a le plein souci de la qualité et de la précision, qu'il se trouve en ligne, sur papier ou sur n'importe quel autre support, inventé ou à inventer. Si un jour on décidait pour une raison ou une autre de supprimer le volume papier, il faudrait absolument maintenir l'essentiel du processus de correction et de révision qui est actuellement mis en place pour le produire. Si cela était supprimé, *L'APh* perdrait très vite toute soumission aux protocoles et aux contrôles de qualité fort précis qui la caractérisent et qui sont assurés par la direction éditoriale ; par la suite, elle perdrait tout ce qui fait son identité et son prestige international. Ce sont ses labels de qualité bien connus qui vont conduire *L'APh* bientôt à son centenaire, tout en gardant le même prestige dont elle a toujours joui auprès de la communauté scientifique internationale. C'est dans la mesure où *L'APh*, ou pour mieux dire ceux qui doivent veiller à sa gestion (à commencer par la SIBC dont on fête aujourd'hui le centenaire) resteront fidèles à ces labels, que pour ma part je considérerai qu'il vaut la peine que je continue à consacrer mon temps et mes énergies à cette tâche à laquelle je ne suis lié que par un engagement strictement moral et par un dessein purement altruiste. Je suis persuadé que la SIBC tiendra toujours à ces labels de qualité. Sinon, la figure du directeur éditorial, au moins à mes yeux, n'aurait plus de sens.

À mon avis, le grand défi de l'avenir sera pour tous ceux qui aiment *L'APh* d'être capables de trouver le bon équilibre entre les *vieux* idéaux scientifiques et bibliographiques auxquels on ne devrait jamais renoncer, la réalité inflationniste de la production et les besoins des utilisateurs. Il faudra veiller également au bon équilibre entre les besoins en ressources humaines des rédactions et les capacités financières de la SIBC, des diverses institutions de tutelle des rédactions ou d'autres institutions auxquelles on puisse faire appel. Si on sacrifiait les idéaux aux réalités, on pourrait peut-être assurer une survie temporaire de *L'APh*, mais à quel prix et la survie de quelle *APh* ? Une *APh* qui ne serait qu'un concurrent un peu plus sérieux que *Google Scholar* (ou ses successeurs éventuels) dans le domaine des études sur l'Antiquité gréco-latine ? Je forme en tout cas le vœu qu'on ne voie jamais *L'APh* réduite à une telle réalité. Je souhaite qu'elle soit toujours à la hauteur de cette voix qui fut modulée par Jules Marouzeau, Juliette Ernst ou Pierre-Paul Corsetti, afin qu'elle puisse continuer à exercer son rôle paradoxal d'*ancilla scientiae* dont l'autorité est reconnue par l'ensemble de la communauté scientifique des antiquisants.

Pedro Pablo Fuentes González
Directeur éditorial de *L'Année Philologique*
Universidad de Granada

RÉDIGER UNE BIBLIOGRAPHIE CRITIQUE ET ANALYTIQUE DE L'ANTIQUITÉ GRÉCO-LATINE : OBJECTIFS DE *L'ANNÉE PHILOLOGIQUE* ET MÉTHODES DE RÉDACTION DES NOTICES BIBLIOGRAPHIQUES

1. Une bibliographie de référence pour les sciences de l'antiquité

1.1. Introduction

Depuis son premier tome, paru en 1928, *L'Année Philologique* (*APh*) se propose d'offrir au public une bibliographie de référence dans le domaine des sciences de l'antiquité. Le présent article vise à illustrer par quelles méthodes les équipes œuvrant à ce projet entendent atteindre cet objectif. Il ne sera pas possible de détailler chaque aspect du travail bibliographique ; mais, après un bref exposé des méthodes définies à l'origine pour l'élaboration de l'*APh*, j'illustrerai quelques problématiques liées à divers types de notices : traitement des ouvrages individuels et collectifs et de leurs comptes rendus ; description des articles de revues et de recueils. Ce modeste aperçu aidera, je l'espère, le lectorat de *L'APh* à appréhender la nature des informations qui y sont recueillies et la manière dont elles sont collectées.

1.2. Les objectifs et les méthodes de L'APh

La note de consultation placée en tête du tome le plus récent de *L'APh* formule en quelques mots les objectifs de cette bibliographie : elle s'efforce de décrire les publications récentes relatives à l'Antiquité gréco-latine « de façon à donner à l'utilisateur un aperçu fidèle de leur contenu et à lui permettre d'évaluer leur pertinence pour ses propres recherches »[1]. Les ambitions de *L'APh* sont ici exprimées clairement : il s'agit, d'une part, d'offrir à la communauté scientifique une vue d'ensemble des publications portant sur l'antiquité classique ; mais aussi, d'autre part, de fournir des éléments de description permettant à son lectorat de déterminer facilement quelles publications présentent ou non un intérêt scientifique pour ses recherches. Pour atteindre ce but, *L'APh* repose sur une méthode bibliographique que son fondateur

---

1. *L'Année philologique : bibliographie critique et analytique de l'antiquité gréco-latine*. Tome LXXXIX, *Bibliographie de l'année 2018 et compléments d'années antérieures*, [Turnhout], 2020, p. XV.

J. Marouzeau a résumée en deux qualificatifs : *critique* et *analytique*. Elle se définit ainsi comme critique « en ce sens qu'elle fournit pour les ouvrages autonomes l'indication des comptes rendus dont ils ont été l'objet »[2] ; elle est en outre analytique « en ce sens qu'elle donne des résumés succincts des articles de périodiques »[3].

À cet égard, il importe de souligner que la vocation « critique » de *L'APh* ne la porte nullement à émettre un jugement de valeur sur les publications qu'elle signale. Elle s'attache au contraire à les présenter de telle sorte que ses utilisatrices et utilisateurs puissent former leur propre évaluation de la littérature. La tâche critique à strictement parler, consistant à juger de la qualité des ouvrages, se voit donc déléguée aux recensions paraissant dans les revues, auxquelles la bibliographie renvoie scrupuleusement.

Quant à la dimension analytique de *L'APh*, si la définition qu'en a donnée J. Marouzeau paraît la circonscrire à la rédaction des résumés, cette conception semble aujourd'hui trop étroite. Car il serait trompeur d'interpréter le sous-titre de « bibliographie critique et analytique » comme renvoyant mécaniquement à la bipartition entre ouvrages indépendants et articles – le signalement des premiers présentant un aspect critique par le référencement des comptes rendus, et la description des seconds revêtant seule un caractère analytique grâce à l'ajout de résumés. En réalité, si *L'APh* offre actuellement l'un des meilleurs exemples de « bibliographie analytique », c'est surtout en raison de son classement thématique. Les publications de toute nature – ouvrages indépendants ou articles – y sont en effet catégorisées selon un plan très élaboré couvrant toute l'étendue du champ disciplinaire des études classiques[4].

L'APh cherche donc à offrir une information bibliographique de qualité, qui se distingue par l'exactitude et l'abondance de ses données. Ces exigences, et en particulier celle de fournir des renseignements exacts, imposent de privilégier l'autopsie aux informations de seconde main fournies, par exemple, par les catalogues de bibliothèques. Seul, en effet, l'examen personnel d'un ouvrage peut garantir la précision des indications bibliographiques : auteurs, titre, lieu de publication, maison d'édition, millésime, pagination, illustrations, nombre d'index, etc. Cette préférence accordée à la description « livre en main » nécessite la répartition du travail de dépouillement bibliographique selon des zones géographiques. *L'APh* compte ainsi sept bureaux répartis dans le monde, chargés chacun des publications parues dans une aire définie. La proximité géographique entre les équipes de rédaction et la source de l'information

---

2. J. Marouzeau, *L'Année philologique : bibliographie critique et analytique de l'antiquité gréco-latine. Tome I, (1927) : bibliographie des années 1924-1926,* Paris, 1928, p. V.

3. *Ibid.*

4. On en trouvera le plan par exemple dans le dernier tome paru de *L'APh, op. cit.* (n. 1), p. XIX-XXII. Ce classement thématique présentait, jusqu'au tome LXVI, une articulation légèrement différente.

bibliographique garantit un accès facilité aux documents et une meilleure compréhension de ceux-ci.

L'abondance des données est quant à elle assurée par un riche système d'indexation associant à chaque fiche un ensemble de mots-clés : un classement thématique selon la table des matières de L'APh ; les auteurs anciens étudiés ; les noms géographiques, personnages antiques et modernes mentionnés ; enfin, la langue du titre. Ceux-ci sont indispensables à la composition de la version imprimée de L'APh. Ils déterminent en effet le classement des notices dans les diverses parties du volume, leur ordre d'apparition et leur signalement dans les index. S'y ajoutent des mots-clés destinés spécifiquement à faciliter la consultation de la version numérique de la base de données : langue de la publication, classement thématique général, siècles concernés.

C'est grâce à ce travail minutieux, associant veille bibliographique et analyse détaillée des contenus, que les équipes de L'APh parviennent à produire un aperçu détaillé des nouvelles parutions en sciences de l'antiquité. Dans la suite de cet article, j'illustrerai plusieurs aspects de cette activité bibliographique et leur application à divers types de publications. La section 2 présentera ainsi quelques considérations relatives au traitement des ouvrages indépendants (monographies, recueils) et de leurs comptes rendus. Quant à la section 3, elle exposera diverses contraintes stylistiques et compositionnelles liées aux résumés des notices d'articles.

2. Une bibliographie critique : le traitement des ouvrages indépendants et des comptes rendus

On l'a vu, le traitement par L'APh des monographies et recueils comporte une dimension critique, dans la mesure où sont également signalés les comptes rendus parus dans des périodiques. Les utilisatrices et utilisateurs peuvent ainsi estimer, à partir de recensions plus vite lues que les livres eux-mêmes, la pertinence de ces derniers pour leurs recherches. L'APh n'entretient certes pas la prétention de recueillir de manière exhaustive tous les avis critiques publiés au sujet d'un ouvrage. Mais elle tente du moins d'en rassembler suffisamment pour en donner une idée nuancée.

L'établissement du lien entre la notice de monographie et le compte rendu qui lui est consacré constitue en principe un procédé fort simple. Il s'agit, en dépouillant un fascicule de revue, d'ajouter à la base de données une fiche pour chaque recension concernant un livre traitant de l'Antiquité. Lorsque l'ouvrage qui en est l'objet se trouve déjà dans la base, il suffit de l'indiquer dans un champ prévu à cet effet sur la fiche de compte rendu. La tâche peut cependant se révéler plus complexe lorsque le livre en question n'apparaît pas encore dans la base. Dans le meilleur des cas, il ressortit à la même aire géographique que la recension, et doit donc être traité par la même rédaction.

Celle-ci peut d'ordinaire se le procurer sans peine, ou du moins trouver les informations pertinentes, par l'intermédiaire d'une bibliothèque locale.

Mais que faire s'il appartient à la zone de compétence d'un autre bureau et qu'il n'est pas facilement disponible pour celui qui traite le compte rendu ? Car il arrive que des parutions récentes manquent dans les bibliothèques universitaires et que les informations de seconde main tirées de catalogues n'aient pas la précision recherchée par *L'APh*. Dans de tels cas, les rédactions peuvent être placées face à un choix entre deux possibilités : soit créer la fiche d'un livre extérieur à son aire de compétence en s'appuyant sur des informations potentiellement invérifiables ; soit renoncer à signaler le compte rendu en attendant que l'équipe responsable ait traité l'ouvrage. Les deux options présentent un risque de perte d'information : perte de l'information bibliographique si la notice est fondée sur des données de seconde main ; perte de l'information critique si l'on renonce au compte rendu ou que l'on remet à plus tard la création de sa fiche. L'arbitrage entre ces deux inconvénients est laissé au jugement des chefs de rédaction et la pratique concrète peut varier de l'une à l'autre.

La prise en compte des recensions critiques ne se limite donc pas à une opération mécanique d'enregistrement. Elle exerce une réelle influence sur la qualité et l'abondance des données livrées par *L'APh* et ne peut pas être traitée avec négligence. Au contraire, elle requiert des équipes de rédaction une certaine réflexion stratégique lorsqu'il existe un risque de perte d'information. On verra qu'un degré non moindre d'attention est nécessaire pour les autres tâches bibliographiques, et en particulier pour la composition des résumés d'articles.

3. Une bibliographie analytique

3.1. La composition des résumés dans les notices d'articles de périodiques

Le résumé des articles représente un enjeu central dans l'utilisation de *L'APh*, puisque c'est sur lui, peut-on supposer, que se focalise en priorité l'intérêt de ses lectrices et lecteurs. Pourtant, dans le travail effectif, la rédaction du résumé n'occupe pas la place la plus essentielle. De fait, la préoccupation principale des contributrices et contributeurs de *L'APh* reste sans doute le choix du classement thématique.

Mais quoi qu'il en soit, l'importance accordée au résumé par le lectorat de *L'APh* justifie qu'on lui accorde un soin tout particulier. Sa composition s'entoure de toute une série de règles et recommandations formelles qui l'élèvent presque au rang d'un véritable genre littéraire. Si la concision constitue naturellement le maître-mot, il existe d'autres critères à respecter. On dispose, d'une part, d'une phraséologie traditionnelle de l'*APh* – « concerne principalement l'Antiquité tardive », « fait suite à l'article noté XX-YYYYYY », « époque romaine p. XX-YY », etc. D'autre part, il convient de s'en tenir à une hiérarchisation stricte des informations : d'abord les renvois internes à d'autres notices ou tomes de *L'APh*, ensuite la description formelle du contenu [5].

On pourrait s'interroger sur l'opportunité d'une telle minutie. Pourquoi, après tout, une bibliographie ne pourrait-elle pas se contenter de copier ou de traduire les résumés ou *abstracts* qui figurent souvent au début des articles ? La raison en est que les résumés fournis par les revues et ceux de *L'APh*, malgré une ressemblance superficielle, poursuivent des buts différents, voire opposés. Les *abstracts* cherchent en principe à donner envie de lire la contribution qu'ils résument. En conséquence, ils adoptent souvent une stratégie discursive visant à susciter une attente que seule la lecture de l'article comblera. Les notices de *L'APh*, au contraire, sont destinées à dévoiler à peu près immédiatement la teneur d'un article. Elles permettent ainsi à leurs lectrices et lecteurs de trier entre les publications qui leur paraissent pertinentes et celles qui leur seront moins utiles. Il est important de noter cela, car on touche ici à la fonction propre du résumé dans *L'APh*.

Cette fonction est triple. Le résumé a pour vocation, premièrement, de justifier la présence de l'article dans *L'APh*. Autrement dit, il doit manifester la pertinence de l'article pour les sciences de l'Antiquité. Il s'agit de glisser quelque part, si une telle information ne figure pas déjà dans le titre, une indication spatio-temporelle : « à l'époque romaine », « dans la Grèce classique », etc. Deuxièmement, le résumé doit légitimer le classement de la publication dans la ou les rubriques où la rédaction a décidé de le faire figurer. Il doit ainsi indiquer à quel domaine des sciences de l'Antiquité l'article se rattache. Par exemple, on peinera à comprendre qu'un rapport de fouille archéologique reçoive un classement secondaire en numismatique s'il manque à sa notice la formule « catalogue des monnaies découvertes p. XX-YY ». Enfin, il est nécessaire de donner un aperçu clair du contenu, critère fondamental pour juger de la pertinence d'un article pour tel ou tel domaine de recherche. Il faut donc montrer succinctement quel est le problème étudié, les méthodes appliquées, idéalement la thèse défendue et les principaux traits de la conclusion.

Il est évident que les équipes de rédaction pourront s'aider des résumés fournis par les revues pour composer ceux de leurs notices. Mais le plus souvent, une reprise pure et simple se révèle impossible, car les *abstracts* manquent souvent des ingrédients indispensables à un résumé de *L'APh*. Il faut presque toujours les remanier en s'appuyant sur d'autres éléments, tels qu'une liste de mots-clés, des titres intermédiaires, voire une lecture cursive de l'article ou de sa conclusion.

La composition du résumé, même si elle occupe un rôle secondaire vis-à-vis du classement thématique et de l'indexation, est donc une tâche plus

---

5. L'ordre inverse prévaut dans les livraisons de *L'APh* antérieures au tome 89. Celui qui est décrit ici a été introduit, pour des raisons techniques, lors d'un changement du système de saisie dû à la collaboration avec la maison Brepols.

complexe qu'il n'y paraît. Elle obéit à de nombreuses contraintes formelles et fonctionnelles et ne peut pas être traitée avec négligence. Enfin, le résumé est une contribution originale du collaborateur de *L'APh*, qui ne peut pas se contenter de copier mécaniquement les informations fournies par un *abstract*.

3.2. Le dépouillement des articles de recueil

L'APh peut toutefois adopter des pratiques bibliographiques quelque peu différentes dans les notices consacrées à d'autres types d'article. C'est le cas en particulier des articles de recueils, qui sont l'objet d'un dépouillement plus sommaire que ceux parus dans des revues. Leurs notices sont ainsi généralement plus courtes et leurs résumés présentent un caractère plus succinct. Il arrive même qu'il soit entièrement absent si d'autres éléments de description bibliographique – titre du recueil ou de l'article – suffisent à légitimer le classement thématique.

Ce traitement elliptique des articles de recueils trouve sa raison d'être dans la nécessité, pour les équipes de *L'APh*, de répondre à deux tendances actuelles de la production scientifique. D'un côté, le nombre de nouveaux recueils – mélanges *in honorem*, actes de conférences, numéros monographiques de revues, etc. – a connu une explosion au cours des dernières décennies. Si ce type d'ouvrages formait une part minoritaire des publications au temps de la fondation de *L'APh*, il n'en va plus de même aujourd'hui. Au contraire, la coordination d'un livre collectif représente désormais une sorte de passage obligé dès les premiers stades d'une carrière scientifique. Il en résulte une croissance notable de ce type d'ouvrages, dont il devient toujours plus difficile, avec des moyens limités, de garder une vue d'ensemble.

Mais d'un autre côté, il importe de signaler ces articles qui jouissent souvent d'une moins bonne visibilité que ceux publiés dans des revues. Ces derniers paraissent aujourd'hui fréquemment en *open access* et se trouvent par conséquent plus aisément par des moyens de recherche moins spécialisés que *L'APh* (catalogues de bibliothèques, moteurs de recherche généralistes, etc.). Un dépouillement sommaire des ouvrages collectifs offre donc un compromis satisfaisant entre le besoin de mettre en évidence les articles de recueils et la difficulté de traiter cette imposante masse documentaire.

4. Conclusion : ce que l'on peut attendre de *L'APh* et ce que l'on n'y trouve pas

Les quelques pratiques bibliographiques illustrées dans le bref exposé qui précède permettent, pour conclure, de formuler plusieurs observations quant aux ambitions que poursuit *L'APh*. Premièrement, il convient de remarquer que *L'APh* n'entretient pas de prétention à l'exhaustivité. Malgré les efforts consentis par les équipes de rédaction pour s'en approcher, il faut inévitablement composer avec des contraintes matérielles. Comme on l'a vu, un bureau n'a souvent pas accès à toutes les publications qui lui sont dévolues ; et bien souvent, le personnel à disposition ne suffit pas à traiter l'ensemble de la masse documentaire. Deuxièmement, *L'APh* ne possède pas de dimension critique au sens où elle porterait elle-même un jugement de valeur sur les publications qu'elle signale. Elle se borne au contraire à renvoyer aux comptes rendus, laissant à ses lectrices et lecteurs le soin de se former une opinion sur cette base. L'absence de certains articles ou ouvrages ne signifie donc pas que *L'APh* les juge indignes d'être signalés. Le plus souvent, un tel manque doit au contraire être imputé à la difficulté matérielle de traiter l'ensemble d'une production scientifique en constante augmentation.

Si *L'APh* ne prétend ni à l'exhaustivité, ni à l'expression de jugements critiques, elle poursuit en revanche des objectifs élevés quant à la qualité et la quantité des données bibliographiques. Elle offre ainsi un dépouillement détaillé de nombreuses revues scientifiques de référence dans le domaine de la littérature et de l'histoire anciennes, de même qu'en archéologie et dans les domaines annexes des sciences de l'Antiquité. En outre, les périodiques qu'elle répertorie ne se limitent pas aux grands titres à diffusion internationale. Elle accorde au contraire un soin égal à de nombreuses publications scientifiques d'importance nationale, voire régionale. Enfin, elle propose un signalement des monographies et recueils dont les rédactions ont connaissance et un dépouillement sommaire de ces derniers.

L'APh maintient donc, un siècle après sa fondation, les objectifs de qualité qui sont les siens depuis le début. En s'appuyant sur des méthodes de travail éprouvées et rigoureuses, elle s'attache à offrir aux spécialistes de l'Antiquité ainsi qu'aux étudiantes et étudiants des disciplines classiques la meilleure orientation possible dans la littérature scientifique de ce domaine.

Antoine VIREDAZ
Universität Bern, Historisches Institut

BIBLIOGRAPHIES AUJOURD'HUI : VESTIGE DU PASSÉ OU INSTRUMENT DE RECHERCHE POUR L'AVENIR ?

L'essor d'internet a changé profondément la façon dont les informations sont recueillies, de manière générale, mais aussi pour celles ayant un contenu scientifique[1]. Les métadonnées et le texte intégral sont de plus en plus disponibles sur des plateformes en ligne telles que JSTOR, *Persée*, *Revues.org* etc. Le contenu est accessible en seulement quelques clics. Alors pourquoi faire appel à une bibliographie quand on dispose d'outils comme *WorldCat* et *Google Scholar* ?

Dans la première partie de cet article quelques exemples concrets sont élaborés, qui illustrent les différences entre les résultats de recherche obtenus par *Google Scholar* et par une bibliographie. Les exemples donnés proviennent de *L'Année Philologique*, la bibliographie de référence pour les études sur l'Antiquité gréco-latine, accessible sur www.brepolis.net. Dans la deuxième partie de cette communication, *L'APh* est présentée comme un instrument de travail qui dépasse la fonction primaire de recherche de notices en permettant des applications bibliométriques.

Google Scholar et *L'Année Philologique*

Dans le premier exemple, nous recherchons des publications sur l'auteur classique « Virgile » (voir figure 1). À gauche les résultats de la recherche obtenus par *Google Scholar* et à droite les résultats de la bibliographie. Au vu du nombre de résultats (100 000 pour *Google Scholar* < > 14 000 pour *L'APh*), la bibliographie ressemble bien à un dinosaure du passé qui a fait son temps, mais réservons un instant notre jugement et regardons les résultats plus en détail :

- Premier constat : avec *Google Scholar*, « Virgile » apparaît toujours littéralement sous la forme d'une chaîne de texte dans le titre de la publication (sur la première page des résultats), le corps du texte ou les notes de bas de page (pages suivantes). Cette observation est illustrative de

---

1. Je tiens à remercier Pedro Pablo Fuentes González, directeur éditorial de *l'APh*, pour la relecture de cet article.

la méthode de recherche : Google recherche littéralement l'occurrence du mot « Virgile ». Ce n'est pas le cas dans la bibliographie : « Virgile » n'apparaît pas une seule fois sur cette page de résultats [2]. La méthode de recherche n'est pas fondée sur une chaîne de texte qui doit apparaître dans le titre/le corps du texte/la note de bas de page, mais elle est fondée sur le mot-clé « Vergilius Maro (P.) » attribué à chacune de ces notices par le bibliographe. Je reviendrai sur ce sujet plus tard.

- Deuxième constat : chez *Google Scholar*, toutes les publications sont en français ; cela est aussi directement lié à la méthode de recherche de chaîne de texte. Le terme de recherche « Virgile » est français et les résultats sont donc également en français. Dans la bibliographie, en revanche, nous obtenons une image complètement différente comportant des publications en différentes langues grâce à la méthode de recherche par mots clés et à l'attribution de ces mots clés par des spécialistes.

La méthode de recherche par chaîne de texte de *Google Scholar* peut également donner lieu à des résultats faux et non pertinents. Dans le deuxième exemple, nous recherchons des publications sur l'époque romaine à Aix-la-Chapelle (voir figure 2). Sur la première page de *Google Scholar*, un seul résultat est pertinent (encadré en noir). La présence des autres résultats obéit au fait que « Aachen » ou « Roman » apparaissent quelque part dans la publication, mais ils n'ont rien à voir avec le sujet recherché. Dans la bibliographie, en revanche, tous les résultats sont pertinents car le mot-clé « Aachen » a été volontairement attribué par les bibliographes de l'*APh*.

Il est important de rappeler que *Google Scholar* est un sous-ensemble de Google, qui contient toutes les disciplines académiques (non seulement les sciences humaines, mais aussi les sciences exactes) et qui, en combinaison avec la recherche par chaînes de texte, est responsable de beaucoup de bruit.

Le Thesaurus, moteur de recherche de la bibliographie

Les exemples présentés plus haut illustrent bien le fait qu'une bibliographie produit des résultats de recherche plus pertinents, mais pourquoi ? Examinons plus en détail une notice bibliographique et regardons les éléments de classement : ce sont ces éléments qui permettent d'engager des recherches qui dépassent le niveau des mots qui figurent ou qui ne figurent pas dans le titre ou dans le résumé (voir figure 3).

---

2. « Vergilius Maro (P.) » est le mot-clé utilisé dans le Thesaurus de l'*APh*.

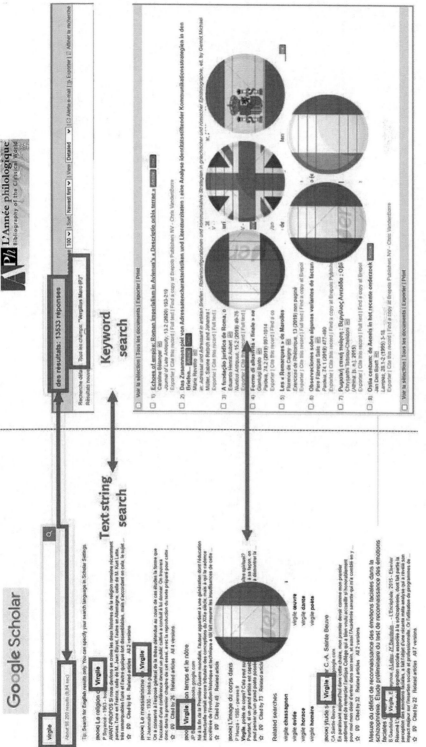

Figure 1 : Comparaison entre les résultats de *Google Scholar* et de l'*APh* dans une recherche sur « Virgile »

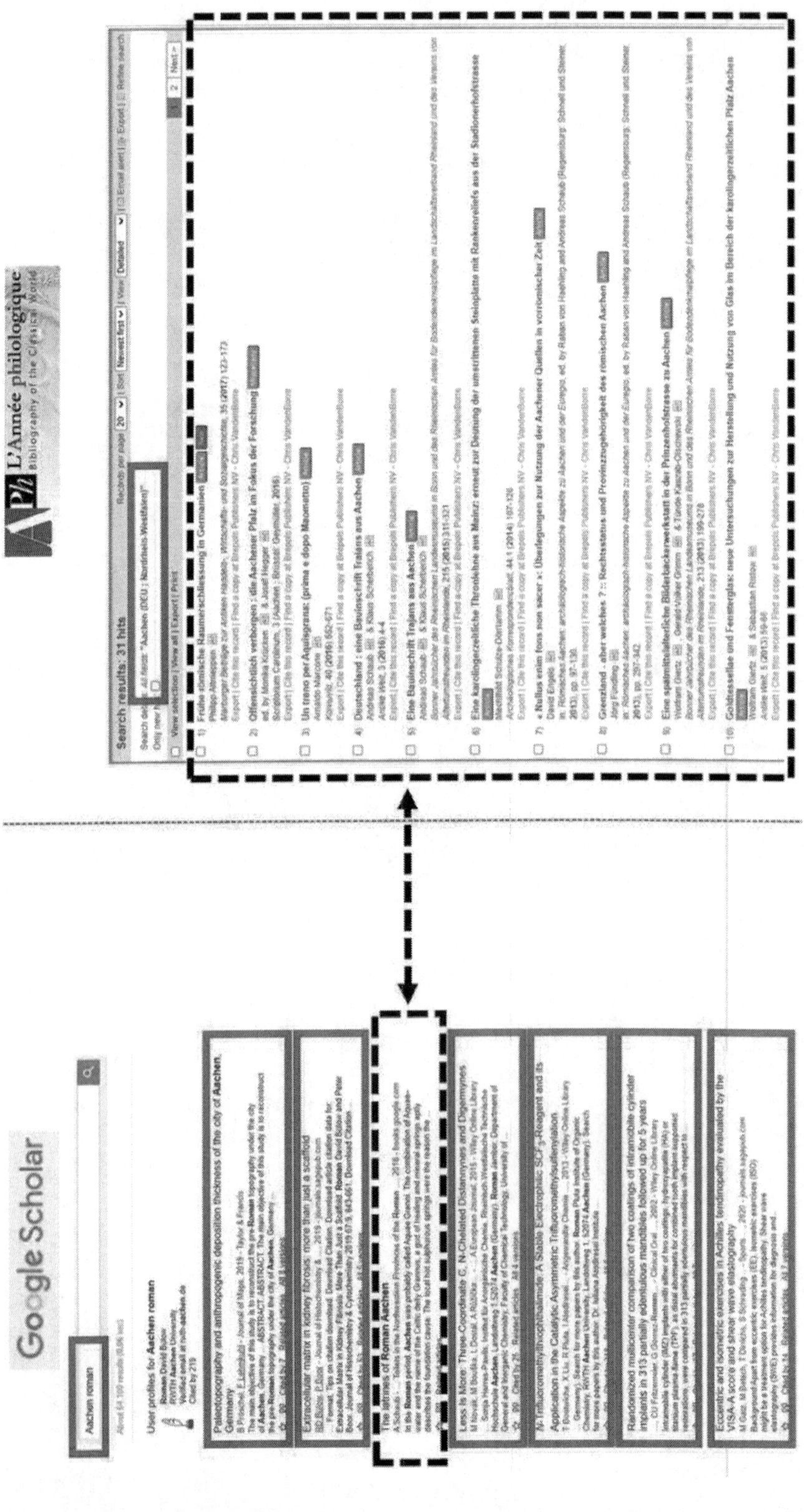

Figure 2 : Comparaison entre les résultats de *Google Scholar* et de l'*APh* dans une recherche sur l'époque romaine à Aix-la-Chapelle

Plusieurs catégories de classement peuvent être distinguées :
1. La rubrique dans le sommaire de la version papier
2. Un ensemble de noms propres : auteurs anciens, leurs textes et citations, personnages historiques et lieux
3. En raison de l'importance du Thesaurus, deux nouvelles catégories ont été développées en 2021 :
    i. Un arbre de sujets avec plus de 3 000 mots clés qui comprend tant des concepts larges (comme « Littérature ») que des notions très spécifiques (comme « Narratologie »). Le Thesaurus est disponible en 5 langues.
    ii. Un classement chronologique avec l'indication des siècles.

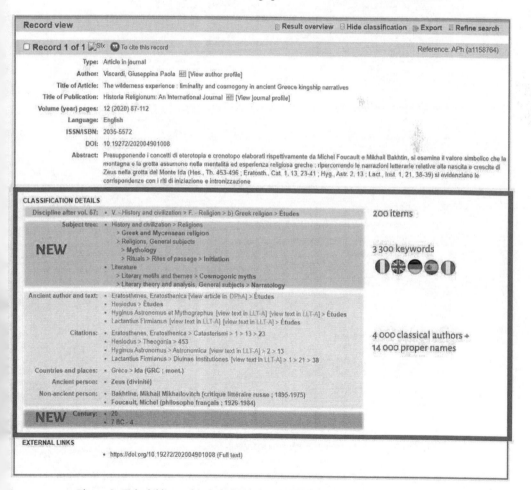

Figure 3 : Fiche bibliographique de l'APh avec les différentes catégories de classement

L'introduction de ces deux catégories permet de poser de nouvelles questions qui demeuraient insolubles auparavant et qui représentent un grand avantage par rapport à *Google Scholar*. La figure 4 illustre les possibilités de recherches sur les aspects économiques à l'époque grecque, à l'époque romaine ou dans l'Antiquité tardive. Les exemples font usage d'une notion large de l'arbre de sujets en combinaison avec une recherche par siècles. Contrairement à *Google Scholar*, l'*APh* est donc un instrument raffiné et sophistiqué qui permet de mener des recherches aussi bien générales que spécifiques grâce à un Thesaurus d'une richesse sans égal.

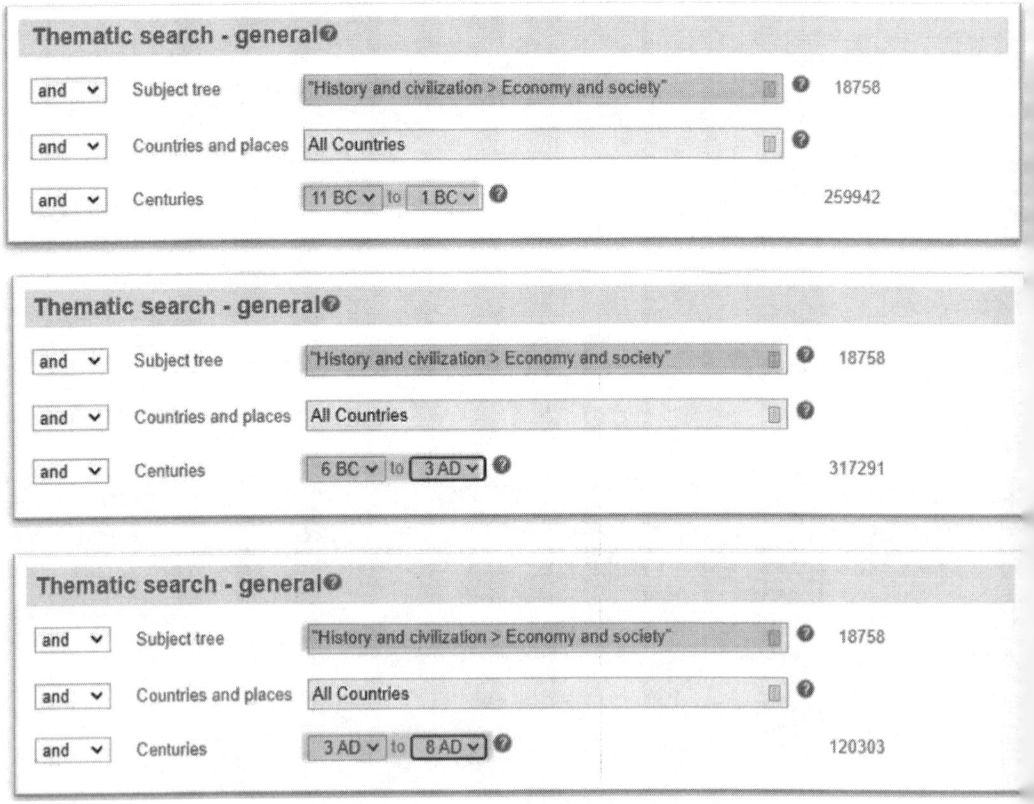

Figure 4 : Trois exemples d'une recherche chronologique et thématique dans l'*APh*

Possibilités de recherches bibliométriques

Le premier rôle d'une bibliographie est de renseigner sur les publications relevant d'un domaine de recherche selon des critères précis et de permettre aux utilisateurs de maintenir leur documentation à jour, mais les bibliographies en ligne de Brepols offrent aussi d'autres possibilités. Le vaste nombre de métadonnées et d'éléments de classement contenu dans la bibliographie permet aussi d'adopter un autre point de vue et de regarder l'ensemble des données avec des lunettes bibliométriques. C'est une fonctionnalité relativement récente qui permet d'afficher des profils d'auteur, revues, collections ou de consulter l'analyseur de sujets. Cette fonctionnalité est accessible à partir de l'onglet « author & journal profiles », mais à l'intérieur des fiches bibliographiques se trouvent aussi des renvois directs.

L'analyseur de sujets est disponible pour chaque mot-clé du Thesaurus ; pour les concepts, mais aussi pour les noms propres. Sur la figure 5 on peut observer le « top 50 » des auteurs du mot-clé « Vergilius Maro (P.) » ; ce sont les auteurs qui ont le plus grand nombre de publications sur Virgile à leur actif. On y trouve aussi des tops 50 pour les revues, les collections de livres et les maisons d'édition. L'analyseur de sujets peut servir aux jeunes chercheurs à trouver un lieu de publication, mais aussi aux organisateurs de congrès à trouver un intervenant.

Metrics

Source: L'Année philologique
Metrics search details: *All index terms*: "Vergilius Maro (P.)" and *Year of publication*: 1900 to 2021

Total publications

Subject	Total	%
Vergilius Maro (P.)	13543	100%

Author Top 50

Author	Total	%	Author	Total	%
PARATORE, Ettore	63	0%	HARRISON, Stephen J.	30	0%
GAGLIARDI, Paola	61	0%	GEYMONAT, Mario	30	0%
HORSFALL, Nicholas	59	0%	BUCHHEIT, Vinzenz	28	0%
McKAY, Alexander G.	56	0%	O'HARA, James J.	28	0%
PUTNAM, Michael C. J.	56	0%	STOK, Fabio	28	0%
DELLA CORTE, Francesco	51	0%	PEROTTI, Pier Angelo	28	0%

Publisher Top 50

Publisher	Total	%	Publisher	Total	%
Vergilian Society	401	3%	Sociedad Española de Estudios Clásicos	60	0%
Oxford University Pr.	342	3%	Mondadori	57	0%
Latomus	191	1%	Clarendon Pr.	56	0%
Cambridge University Pr.	189	1%	Serra	55	0%
Steiner	189	1%	De Boccard	54	0%
Brill	177	1%	Verl. der Osterreichischen Akademie der Wissenschaften	54	0%

Figure 5 : Quelques détails du profil de sujet « Vergilius Maro (P.) » : le top 50 des auteurs et des maisons d'édition

La figure 6 montre un profil d'auteur comportant des détails sur les différents types de ses publications, les langues utilisées, le contenu desdites publications ainsi que sur d'éventuels co-auteurs.

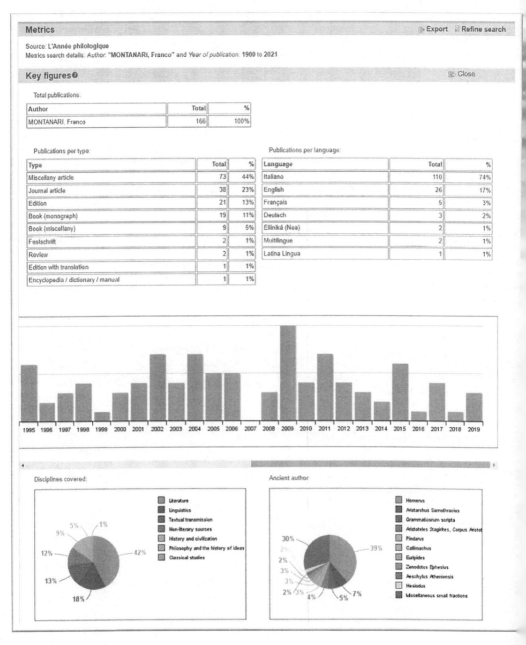

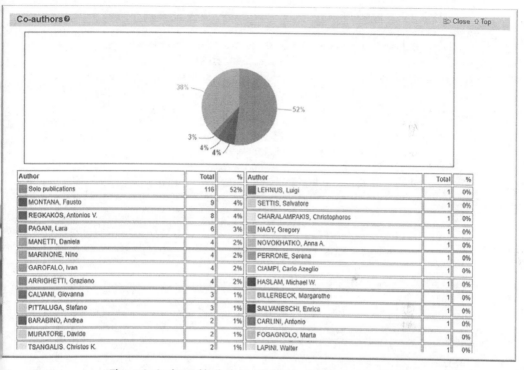

Figure 6 : Quelques détails du profil d'auteur de « Franco Montanari »

Les fonctionnalités bibliométriques en œuvre à l'intérieur de la base relèvent bien d'une perspective autre que la fonction purement bibliographique, mais elles permettent aussi de porter sur l'*APh* un regard plus distancié et riche d'informations nouvelles. En effet, par sa taille considérable et par sa longue histoire, l'*APh* constitue dans son ensemble une réflexion sur le domaine des études sur l'Antiquité gréco-latine et sur son évolution au fil des années. On pourrait donc prendre cette bibliographie comme source primaire pour étudier l'évolution des études classiques et pour identifier des changements d'intérêts intervenus chez les chercheurs. Bien sûr, il faut faire preuve de circonspection sur ce point, car l'ensemble des notices dans une bibliographie est d'abord le reflet direct des choix et des pratiques des équipes de bibliographes qui l'ont produite. Mais, cela dit, on peut indirectement tirer des déductions. Je me borne ici à présenter quelques chiffres plutôt généraux, mais qui révèlent quand même certaines caractéristiques ou évolutions significatives.

Le graphique 1 montre l'évolution du rapport relatif des langues principales (l'anglais, l'allemand, l'italien, le français et l'espagnol) par décennies. Il est important de préciser la définition de la catégorie « other » : c'est l'ensemble des autres langues et des publications sans identification de langues. Quelques observations :

o Ce n'est pas une surprise de constater que l'anglais (classé premier) soit devenu plus important dans les dernières années au détriment de l'allemand (classé deuxième) et du français (classé quatrième).
o Le rapport de l'italien est relativement stable.
o L'espagnol est absent avant 1990, mais sa partie se trouve en réalité cachée dans la catégorie « other », car le label de langue « espagnol » ne semble pas avoir été systématiquement ajouté dans les notices avant la création de la rédaction espagnole en 2000, laquelle, d'après ce que m'apprend son directeur, avait pu faire le rattrapage des publications précédentes justement jusqu'à celles de 1990.
o Malgré ces évolutions, les études classiques restent un milieu très multilingue sans prédominance d'une seule langue.

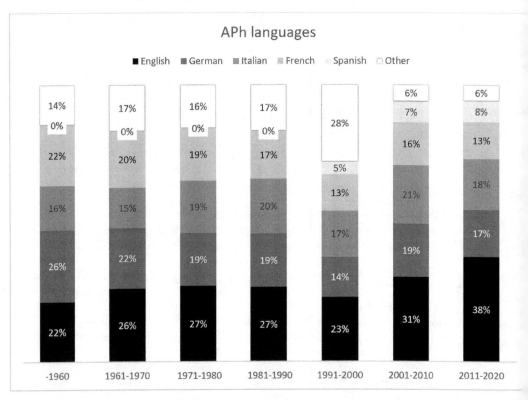

Graphique 1 : L'évolution du rapport relatif des langues principales (l'anglais, l'allemand, l'italien, le français et l'espagnol) par décennies (source : *L'APh*)

L'évolution par type de publication (article de revue/de livre ou livre [monographie, édition ou collectif]) peut être appréciée dans le graphique 2. Malgré la tendance à publier de plus en plus dans des revues, la part de celles-ci reste plutôt stable autour de 50 %. L'autre moitié des publications est représentée par les monographies, les éditions de textes et les articles de recueils.

Dans la dernière bande, les chiffres des études classiques sont comparables à ceux que l'on trouve dans les études médiévales et modernes [3], bien que la part des revues y soit un peu moins élevée. Le constat selon lequel les articles de revues ne représentent pas plus de 50 % de la production est important, surtout pour ceux qui font appel à des bases comme *Scopus* ou *Web of Science* dont le contenu est presque exclusivement orienté vers des articles de revues ; par leur sélection, ces bases sont aveugles, au moins pour la moitié de la réalité [4].

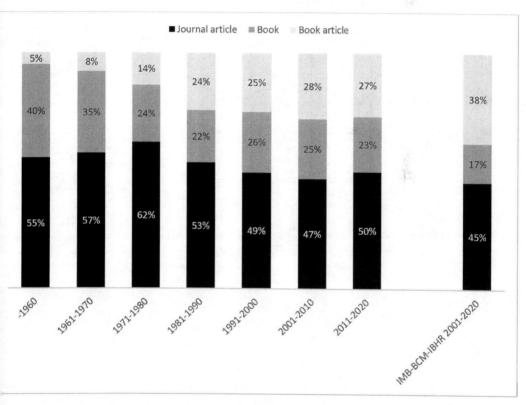

Graphique 2 : L'évolution du rapport relatif des types de publications par décennie
(source : *L'APh*)

3. Sources : *International Medieval Bibliography*, *Bibliographie de Civilisation Médiévale* et *International Bibliography of Humanism and the Renaissance*.

4. Sur la couverture des sciences humaines dans *Scopus* et *Web of Science* : D. W. Aksnes & G. Sivertsen, « A criteria-based assessment of the coverage of Scopus and Web of Science », *Journal of Data and Information Science*, 4 (1), 2019, p. 1-21 ; Ph. Mongeon & A. Paul-Hus, « The journal coverage of Web of Science and Scopus : a comparative analysis », *Scientometrics*, 106, 2016, p. 213-228.

Les données de *L'APh* peuvent aussi être utilisées pour suivre l'évolution du nombre des maisons d'édition actives dans les études classiques (graphique 3). Les bandes dans le graphique représentent le nombre total des maisons d'éditions actives en études classiques ; depuis les années 60 le nombre de ces maisons d'édition a diminué de 5 000 à 3 000 (-40 %). La ligne dans le graphique représente les maisons les plus actives qui sont dans l'ensemble responsables de 50 % de toutes les publications. Dans les années soixante, environ 100 maisons produisaient la moitié de tout le contenu ; aujourd'hui le nombre est tombé à 60. Cette diminution montre un mouvement de concentration chez certaines maisons d'édition au fil des années.

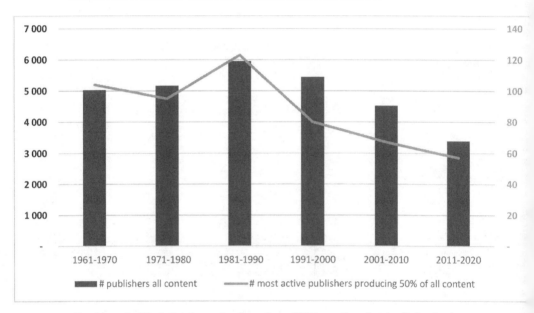

Graphique 3 : L'évolution du nombre des maisons d'édition actives dans les études classiques (source : l'*APh*).

Dans les tables suivantes apparaît un relevé des maisons d'éditions (Table 1) et des revues (Table 2) les plus actives aujourd'hui.

Table 1 : Liste des maisons d'édition les plus actives dans le domaine des études classiques entre 2011 et 2020 (source : l'*APh*)

Austria	Verlag der Österreichischen Akademie der Wissenschaften		Habelt	Harrassowitz
Belgium	Antiquité classique			Herder
	Brepols			Ludwig-Maximilians-Universität, Historisches Seminar
	Latomus			Mohr Siebeck
	Peeters			Oldenbourg
Canada	University of Toronto Press			Schwabe
France	Ausonius			Steiner
	De Boccard			Vandenhoeck und Ruprecht
	Institut d'études Augustiniennes			Winter
	Les Belles Lettres			Zabern
	Maison de l'Archéologie, Université Michel de Montaigne-Bordeaux III	Italy	Istituti Editoriali e Poligrafici Internazionali
	Presses Universitaires du Mirail		Edipuglia	
	Presses universitaires de France		L'Erma di Bretschneider	
Germany	Akademie Verlag		Loffredo	
	Aschendorff		Marcelliana	
	Beck		Pàtron	
	Böhlau		Serra	
	De Gruyter		Vita e Pensiero	
	Evangelische Verlagsanstalt			
Netherlands	Brill			
Poland	Wydaw. KUL			
Spain	Sociedad Española de Estudios Clásicos			
	Universidad Complutense, Servicio de Publicaciones			
United Kingdom	Cambridge University Press			
	Clarendon Press			
	Oxford University Press			
	Routledge			
	Society for the Promotion of Hellenic Studies			
	Society for the Promotion of Roman Studies			
United States	Bryn Mawr College			
	Duquesne University Press			
	Johns Hopkins University Press			
	Journal of Roman Archaeology			
	New Press			
	University of Chicago Press			
	Wiley-Blackwell			

Table 2 : Liste des revues les plus actives dans le domaine des études classiques entre 2011 et 2020 (source : l'APh)

Country	Journal	Country	Journal
Austria	Anzeiger für die Altertumswissenschaft		Theologische Literaturzeitung
Belgium	Antiquité Classique		Theologische Revue
	Antiquité Tardive		Zeitschrift der Savigny-Stiftung für Rechtsgeschichte. Rom. Abt.
	Ephemerides Theologicae Lovanienses		Zeitschrift für Antikes Christentum
	Latomus		Zeitschrift für die Alttestamentliche Wissenschaft
	Nouvelle Revue Théologique		Zeitschrift für Papyrologie und Epigraphik
	Revue Biblique	Netherlands	Mnemosyne
Canada	Phoenix		Biblische Zeitschrift
Czech Republic	Eirene		Lexis
Finland	Arctos		Novum Testamentum
France	Anabases		Phoenesis
	Dialogues d'Histoire Ancienne		Vigiliae Christianae
	Revue Archéologique	Poland	Vox Patrum
	Revue d'Études Augustiniennes et Patristiques	Portugal	Euphrosyne
	Revue des Études Anciennes		Humanitas
	Revue des Études Grecques	Spain	Exemplaria Classica
	Revue des Études Latines		Emerita
Germany	Antike Welt		Gerión
	Archiv für Papyrusforschung und Verwandte Gebiete		Tempus
	Bonner Jahrbücher des Rheinischen Landesmuseums	Switzerland	Museum Helveticum
	Gnomon	USA	American Journal of Archaeology
	Göttinger Forum für Altertumswissenschaft		American Journal of Philology
	Gymnasium		Ancient Philosophy
	Hermes		Bryn Mawr Classical Review
	Historische Zeitschrift		Bulletin of the American Society of Papyrologists
	Klio		The Classical Journal
	Pleiades		Classical Philology
	Sehepunkte		Classical World
Great Britain	Britannia		Greek, Roman and Byzantine Studies
	Classical Review		Journal of Early Christian Studies
	Classical Quarterly		Journal of Roman Archaeology
	Histos		
	The Journal of Ecclesiastical History		
	The Journal of Hellenic Studies		
	The Journal of Roman Studies		
	The Journal of Theological Studies		
Hungary	Acta Antiqua Academiae Scientiarum Hungaricae		
Italy	Athenaeum		
	Adamantius		
	Aevum		
	Atene e Roma		
	Augustinianum		
	Bollettino di Studi Latini		
	Eikasmos		
	Index. Quaderni Camerti di Studi Romanistici		
	Maia		
	Medioevo Greco		
	Paideia		
	Rivista di Filologia e di Istruzione Classica		

Pour conclure :

Les bibliographies en général et *L'APh* en particulier sont, grâce notamment à leur Thesaurus, des instruments raffinés qui permettent de naviguer dans un océan de publications et d'identifier ce que l'on cherche sans bruit d'information parasite. En même temps, par sa couverture de l'ensemble des études sur l'Antiquité gréco-latine, *L'APh* permet d'obtenir des vues d'ensemble sur ce domaine et sur ses évolutions. Voilà deux bons arguments pour mettre en avant les bibliographies comme un instrument de recherche pour l'avenir.

Chris VANDENBORRE
Directeur éditorial *Brepols Publishers*

BULLETIN BIBLIOGRAPHIQUE

Philostrate, *Vies des sophistes. Lettres érotiques*, textes introduits, traduits et commentés par Gilles Bounoure et Blandine Serret, préface de Pierre Sorlin, La Roue à Livres, Paris, Les Belles Lettres, 2019, XXIV + 346 pages.

Malgré quelques réserves exposées ci-dessous, il faut saluer la publication dans la collection « La Roue à livres » des *Vies des sophistes* et des *Lettres érotiques* de Philostrate par G. Bounoure et B. Serret. Grâce à eux sont mis à disposition du public francophone deux textes qui n'avaient pas été traduits en français depuis les années 1880, dans des travaux largement inaccessibles et obsolètes. *Sur les héros* ayant fait récemment son entrée dans la CUF (2017), ce sont maintenant, dans le corpus de Philostrate, la *Vie d'Apollonios de Tyane* et *De la gymnastique* qui attendent une présentation et une traduction mises à jour.

L'ouvrage est composé d'une introduction générale, suivie des deux traductions et d'une riche annotation (une centaine de pages). En appendice, les auteurs ont judicieusement ajouté les deux courtes διαλέξεις transmises sous le nom de Philostrate, l'une (probablement due à son neveu Philostrate de Lemnos) portant sur l'art épistolaire, l'autre sur le thème sophistique du rapport entre φύσις et νόμος. L'ensemble est précédé d'une préface.

Cette préface due à P. Sorlin, historien du monde contemporain et du cinéma, attire l'attention du lecteur sur l'analogie entre les sophistes de Philostrate et les « nouveaux philosophes » apparus dans le paysage médiatique et intellectuel français vers le milieu des années 1970 ; les uns et les autres se rejoindraient dans le relativisme, l'imitation maladroite de la philosophie, l'habitude des propos péremptoires et provocateurs. Ce texte m'a laissé perplexe. Qu'on lise un phénomène contemporain au prisme de l'Antiquité n'a évidemment rien de choquant, mais le propos crée ici une certaine confusion : d'une part, il véhicule une conception très réductrice et superficielle de la première, *a fortiori* de la Seconde sophistique ; et surtout, il adopte sur elle un point de vue polémique et agressif – point de vue platonicien, ou philosophique, très éloigné, voire opposé à celui de l'auteur qu'il est censé présenter. On ne pouvait imaginer, me semble-t-il, manière plus incongrue d'amener le lecteur vers Philostrate.

Curieusement, le léger malaise suscité par la préface n'est pas dissipé par la lecture de l'introduction. Au fil des pages reviennent les jugements féroces à l'égard des deux œuvres et de leur auteur. Les *Lettres* illustrent « un sens de la mesure et du ridicule défaillant » (p. 6) ; les *Vies* frappent le lecteur par « la désinvolture, l'inconséquence et la superficialité » (p. 7) ; elles souffrent d'« omissions grossières » et d'« insuffisances criantes » (p. 11) ; Philostrate agace le traducteur par son « usage passablement flottant » du vocabulaire (p. 19) ; c'est un « platonicien de carnaval » (p. 30), coupable, dans la Lettre 73, d'une « filouterie intellectuelle » ; il « déçoit » et il « choque » en portant aux nues les sophistes de l'époque impériale, qui n'avaient pas l'envergure intellectuelle de leurs prédécesseurs (p. 22), et sont effectivement les lointains ancêtres du « club des beaux parleurs » aujourd'hui habitués des plateaux de télévision (p. 40). Bref, les auteurs du livre épousent fondamentalement le point de vue hostile, ou dédaigneux, exprimé dans la préface. Les *Vies des sophistes* n'ont d'intérêt à leurs yeux que comme « document » – document souvent lacunaire et difficilement maniable, portant sur des figures elles-mêmes assez médiocres. De fait, si l'arrière-plan historique et les enjeux politiques et culturels de la Seconde sophistique sont correctement présentés, on ne peut pas en dire autant des enjeux poétiques ou esthétiques des *Vies* elles-mêmes : on aurait pu attendre, par exemple, des éclaircissements sur l'approche du genre biographique par Philostrate, sur ses catégories stylistiques, sur sa conception de l'éloquence. Il est frappant aussi que les *Vies* et les *Lettres* ne soient quasiment pas mises en perspective, dans l'introduction, avec les *Images*, l'*Héroïkos* ou la *Vie d'Apollonios*. Manifestement, il a échappé aux auteurs que ces deux œuvres résonnent avec un corpus d'un intérêt littéraire exceptionnel. Que les *Vies des sophistes*, d'autre part, qui auraient pu se suffire à elles-mêmes, occupent le centre du livre, et que les auteurs lui consacrent la plus grande partie de l'introduction, est parfaitement normal ; on peut néanmoins leur reprocher une présentation trop sommaire des *Lettres érotiques* (deux paragraphes, p. 6-7), dès lors qu'ils avaient choisi de les inclure dans l'ouvrage. Ce recueil énigmatique, très difficile à approcher, n'est signalé qu'au titre de « témoignage relativement vague » sur les mœurs amoureuses, les écarts de fortune, le statut de la citoyenneté à l'époque des Sévères. Le situer dans l'histoire de la forme épistolaire, et le comparer, ne serait-ce que sommairement, aux recueils plus ou moins contemporains d'Élien et d'Alciphron, aurait mieux permis au lecteur d'apprécier son étonnante singularité.

Pour leur traduction, G. Bounoure et B. Serret ont tiré profit de la nouvelle édition des *Vies des sophistes* due à R. Stefec (OCT, 2016). S'agissant des *Lettres*, ils ont essentiellement utilisé les éditions de Kayser (Teubner, 1871) et de Bonner & Fobes (Loeb, 1949). Rendre en français la langue de Philostrate, ses poétismes, sa syntaxe volontiers alambiquée, était une tâche extrêmement ardue, dont ils se sont acquittés avec les honneurs. Dans l'ensemble, leur traduction est minutieuse et rigoureuse ; ils se sont efforcés, en particulier, de conserver à cette prose son caractère imagé en n'affadissant pas les métaphores, ou en respectant son goût des tours ampoulés, comme celui qui consiste à placer le sujet logique en position de complément (*e. g.* en 492 le typique Σικελία Γοργίαν ἐν Λεοντίνοις ἤνεγκεν, « La Sicile fit naître Gorgias à Léontium... »). Certains termes rhétoriques ou techniques ont fait l'objet de choix discutables : par exemple ἰδέα (mot habituel de Philostrate pour désigner le « style » d'un sophiste) souvent traduit par « forme » (502, 542, 568) ; εὔροια (notant la fluidité dans l'improvisation) par « faconde » (491, 509, 586...), διάλεξις et διαλέγεσθαι (qui se réfèrent à la « causerie » du sophiste avant la déclamation) par « discours » (572, 579) ou « leçon » (528), οἱ φυσιογνωμονοῦντες (les maîtres de la physiognomonie) par « les physionomistes » (618). Le souci de précision, surtout – et peut-être aussi le peu de considération pour le texte traduit ? – leur a fait admettre quelques « calques » ou gaucheries évitables, notamment dans les dialogues rapportés où Philostrate, qui varie les registres, sait faire usage de simplicité. Malgré leur saveur dans le texte original, le lecteur butera sans doute ici sur les conversations de Denys de Milet et Dorion (525), d'Amphiclès et Philagros (578), de Mégistias et Hippodromos (619 : τίνα σοι νοῦν ἔχει τοῦτο, « quel sens cela a-t-il pour toi ? », au lieu du simple « que veux-tu dire par là ? »), qui manquent totalement de naturel.

Les auteurs accompagnent leur traduction d'une annotation généreuse et utile. S'agissant des *Vies*, on y trouve en particulier de riches indications prosopographiques sur les sophistes et les différents personnages cités par Philostrate, et des éclaircissements sur les institutions ou les réalités économiques romaines ; les nombreuses allusions poétiques et mythologiques, l'arrière-plan historique des sujets de déclamation mentionnés, sont souvent bien élucidés. Sur le plan matériel, les auteurs ont balisé le texte des *Vies* à la fois par la pagination de l'édition Olearius (utilisée dans le TLG) et par la numérotation séquentielle des biographies au sein de chaque livre. Dans les *Lettres*, ils ont judicieusement composé en italiques les sections du texte qui ne figurent que dans la seconde des deux familles de manuscrits identifiées par Kayser (et que Bonner & Fobes indiquaient entre crochets). L'ensemble de ces marques permet de naviguer agréablement dans le livre, et contribue à en faire un instrument de travail utile.

Jean-Philippe Guez

Pseudo-Arcadius' *Epitome of Herodian's* De Prosodia Catholica, édition avec introduction et commentaire par Stephanie Roussou, Oxford Classical Monographs, Oxford – New York, Oxford University Press, 2018, xxxviii + 596 pages.

Les travaux d'Hérodien, qui constituent dès l'Antiquité la référence en matière d'orthographe, de prosodie et de grammaire grecques, nous sont presque entièrement parvenus sous forme de fragments ou par le biais d'abrégés. Le texte du *Traité de prosodie générale* – *De prosodia catholica* ou Περὶ Καθολικῆς Προσῳδίας (désormais ΠΚΠ) –, aujourd'hui disparu, et que Lentz a tenté de reconstituer dans son édition de 1867-1870 (*GG* III 1)[1], nous est connu essentiellement par deux épitomés, l'un de Jean Philopon, l'autre attribué à Arcadius. En 2015, G.A. Xenis a proposé, après Dindorf, la réédition du premier[2]. Le livre de Stephanie Roussou achève de compléter ce précieux travail de mise à jour du texte d'Hérodien en proposant, après Barker et Schmidt[3], une nouvelle édition critique de l'épitomé d'Arcadius.

L'ouvrage se présente, comme il est traditionnel dans ce genre de production, en trois parties : une introduction (p. 1-109), une édition critique (texte et apparats) [p. 111-350] et un commentaire (p. 351-523). À la fin du volume figurent une bibliographie (p. 525-534) et un copieux index (p. 535-596). La bibliographie regroupe indistinctement éditions de textes anciens (avec les entrées par éditeurs et non par auteurs) et études (sources secondaires). Les quelque 6200 termes grecs, dont l'unique index dresse la liste, sont essentiellement des mots cités dans l'épitomé pour leur accentuation, les abréviations *I(ntroduction)*, *T(ext)* et *C(ommentary)* renvoyant aux lieux où figurent les occurrences. Les termes techniques, ne faisant pas l'objet de discussion spécifique dans le commentaire[4], n'y figurent pas en tant que tels. On eût certainement

---

1. A. Lentz, *Herodiani Technici Reliquiae*, I. *Herodiani Prosodia catholica*, Leipzig, 1867.
2. G.A. Xenis, *Iohannes Alexandrinus Praecepta tonica*, Berlin, 2015 ; G. Dindorf, Ἰωάννου Ἀλεξανδρέως Τονικὰ παραγγέλματα, Leipzig, 1825.
3. E.H. Barker, Ἀρκαδίου Περὶ τόνων, *e codicibus Parisinis*, Leipzig, 1820 ; M. Schmidt, Ἐπιτομὴ τῆς καθολικῆς προσῳδίας Ἡρῳδιανοῦ, Iena, 1860.
4. Il faut toutefois mentionner ici les pages 58-75 de l'introduction. Voir ci-après.

tiré profit d'un index des noms propres (auteurs anciens et modernes) renvoyant aux pages de l'introduction et du commentaire.

Si elle comprend, comme on le verra, quelques éléments de commentaire de texte, l'introduction vise pour l'essentiel à faire la lumière sur le contenu et sur la tradition textuelle du ΠΚΠ. On apprécie le travail remarquable de reconstitution des sources et l'efficacité de la présentation. Roussou limite à un très bref exposé la première partie de son introduction sur la vie et les travaux d'Hérodien (p. 1-2)[5], rappelant surtout que, à l'exception du Περὶ Μονήρους Λέξεως (sur la singularité lexicale), le seul traité qui nous soit parvenu à peu près en entier, l'œuvre imposante n'a survécu à son auteur qu'à l'état de fragments ou sous la forme d'abrégés. La deuxième partie, qui occupe les trois quarts de l'introduction, est consacrée à la présentation du traité d'Hérodien (p. 2-80) : comme la quasi-totalité de son œuvre, le ΠΚΠ ne nous est donc pas parvenu dans sa forme originale. Plusieurs témoins, en particulier les préfaces des épitomés de Jean Philopon (VIᵉ s.) et d'Arcadius (?IIᵉ-VIᵉ s.), ont permis de reconstituer sa structure d'ensemble (20 livres : 19 sur les règles d'accentuation + 1 sur les aspirations et les quantités vocaliques) ainsi que le contenu de son introduction, où l'on apprend notamment qu'il s'agissait d'un ouvrage très volumineux qui s'adressait à des lecteurs avertis[6]. On s'explique ainsi la nécessité de créer des abrégés destinés à un usage scolaire (p. 7).

La datation et la paternité ne pouvant en être établies avec certitude[7], c'est par convention que l'épitomé a été attribué à Arcadius et situé entre le IVᵉ et le Vᵉ s. Roussou passe en revue chacune des sources directes à partir desquelles il est aujourd'hui possible de reconstituer un tel traité (p. 8-75) : non seulement les deux épitomés, mais également, pour les livres 5 à 7, deux autres témoins découverts au siècle dernier, un palimpseste de la 1ʳᵉ moitié du Xᵉ s. et un parchemin datant du IVᵉ s. Elle fait alors, après Göttling[8], la démonstration que l'épitomé de Jean Philopon[9] (p. 9-12) est le plus éloigné d'Hérodien, mais présente l'intérêt de contenir de nombreuses citations d'auteurs anciens qui ne figurent pas chez le Pseudo-Arcadius. Elle défend ensuite (p. 12-16), contre Hunger[10], la thèse selon laquelle le palimpseste du Xᵉ s. est bien un épitomé et non un fragment du ΠΚΠ original, dressant une liste convaincante de points communs avec les deux autres sources les plus proches. Enfin (p. 16-20), elle prouve, après Wouters[11], que le parchemin Codex *P. ANT. 2. 67* est une partie d'un épitomé du livre 5 et non un cousin éloigné du ΠΚΠ[12].

Dans la partie suivante de son exposé (p. 26-58), Roussou analyse avec une grande précision le contenu du texte afin de déterminer quelles sont les sections douteuses.

---

5. Parmi les études auxquelles elle suggère, en note, de se reporter, nous signalons en particulier Dickey 2014, pour un catalogue raisonné des travaux d'Hérodien.

6. Les 550 pages et plus de l'édition de Lentz (*op. cit.*) permettent de s'en faire une certaine idée.

7. Les raisons en sont exposées en détail p. 20-26.

8. C. Göttling, *Allgemeine Lehre vom Accent der Griechischen Sprache*, Iena, 1835.

9. Voir G.A. Xenis, *op. cit.*

10. H. Hunger, « Palimpsest-Fragmente aus Herodians Καθολικὴ Προσῳδία, Buch 5-7 », *Jahrbuch der Österreichischen Byzantinischen Gesellschaft*, 16, 1967, p. 1-33.

11. A. Wouters, *The Grammatical Papyri from Graeco-Roman Egypt: Contributions to the Study of the "Ars Grammatica" in Antiquity*, Brussel, 1979.

12. C'est la thèse de J.W.B. Barns et H. Zilliacus, cf. *The Antinoöpolis Papyri*, Part II, Egypt Exploration Society, 1967.

Répertoriant ainsi et étudiant l'ensemble des indices qui ont permis tantôt de rattacher le livre 15, qui pose de nombreux problèmes d'authenticité, au ΠΚΠ[13], tantôt de l'en dissocier, elle réfute la thèse de Galland[14], qui voit dans l'emploi de certains termes techniques étrangers au style d'Hérodien une preuve de son inauthenticité, et adoucit nettement celle de Schmidt[15], qui avait relevé dans le traitement des cas obliques des éléments contradictoires avec la doctrine du maître alexandrin telle qu'elle est présentée par Choiroboscos. La comparaison systématique de nombreux passages de l'épitomé du Pseudo-Arcadius aux *Canons* de Théodose et à l'épitomé de Philopon permet à Roussou de mettre au jour des indices (choix d'exemples, notamment) qui tendent à montrer de manière convaincante que ces trois textes avaient tous pour source le ΠΚΠ original ou un épitomé plus étendu du ΠΚΠ (p. 42) et l'invite à reconnaître l'authenticité du livre. Roussou ne propose aucune hypothèse à propos des deux sections jugées interpolées à la fin du livre 17[16] et conserve la section du livre 18 sur l'anastrophe de la préposition, qu'elle pense pourtant, suivant Hiller[17], n'être pas à sa place. Elle supprime en revanche la seconde partie du livre 19, jugée interpolée. Quant au livre 20, sur les aspirations et quantités vocaliques, qui ne nous a été transmis que par un seul des cinq manuscrits conservés de l'épitomé, il ne devait pas même figurer dans l'archétype, selon Roussou (p. 54), qui l'exclut de son édition. Enfin, l'appendice qui est mentionné dans la préface de l'épitomé du Pseudo-Arcadius est exclu de même, n'ayant été transmis par aucun manuscrit.

Dans la section intitulée « Grammatical Terminology and Concepts » (p. 58), Roussou dresse une liste des huit (groupes de) termes ou concepts grammaticaux récurrents dans l'épitomé et en propose un commentaire (βαρύτονος ; « concepts of syllable division » ; termes indiquant le genre dans les noms ; προσηγορικόν ; κύριον ; ἐθνικόν ; κοινός ; ὁμότονος/ὁμοτονέω). Parmi les problèmes soulevés par certains de ces termes fondamentaux, deux me paraissent remarquables. Roussou montre ainsi que βαρύτονος « baryton », terme qui qualifie, comme dans toute la tradition grammaticale antique, un mot non accentué de l'aigu sur la finale (*i.e.* un paroxyton, un proparoxyton ou un périspomène), est plus spécifiquement employé dans l'épitomé pour désigner un mot dont l'accent est « récessif » : le fait que le Pseudo-Arcadius appelle presque toujours *barytons* les mots de plus de deux syllabes à finale longue qui ont l'aigu sur la pénultième (p. 60-61) suggère qu'il devait exister à l'époque tardive une conception claire de la récessivité. Un autre passage, qui soulève plus d'interrogations, est celui où sont recensées et analysées les occurrences du terme προσηγορικόν. En effet, Roussou entend montrer, exemples à l'appui, que le terme qui désigne traditionnellement ce que, dans la terminologie moderne, nous appelons le « nom commun » est aussi employé, dans l'épitomé, dans un sens plus large pour désigner un *nominal* (p. 67 : « in other words covering adjectives as well »). Cette interprétation va à l'encontre

---

13. C'est la thèse de Lentz, *op. cit.*
14. C. Galland, « Über die Interpolationen in dem Sogenannten Arcadius », *Hermes*, 17/1, 1882, p. 24-33.
15. K.E.A. Schmidt, « Über den Inhalt, den Ursprung, und die neueste Behandlung des fünfzehnten Buches der dem Arkadios beigelegten Schrift περὶ τόνων », *Zeitschrift für das Gymnasialwesen*, 15, 1861, p. 321-353.
16. Voir C. Galland, « Arcadius und der Codex Matritensis », *Rheinisches Museum für Philologie*, 41, 1886, p. 292-301.
17. E. Hiller, *Quaestiones Herodianeae*, Bonn, 1866.

de tout ce que véhicule la tradition grammaticale, portée notamment par Apollonius Dyscole, le père d'Hérodien[18]. À première lecture, il me semble qu'il serait possible d'interpréter autrement que ne l'a fait Roussou au moins quatre des cinq occurrences relevées dans sa démonstration[19]. Quoi qu'il en soit, un examen critique plus poussé devrait permettre de (re)définir avec précision les emplois de ce terme important du vocabulaire des parties du discours.

Après les sources directes, Roussou consacre quelques pages à la recension et à la description des sources indirectes. Ces ouvrages d'érudits de l'Antiquité tardive et d'époque byzantine – Étienne de Byzance, Georges Choiroboscos, Théognoste, les *Lexiques* et les *Épimérismes* –, qui puisaient directement dans le ΠΚΠ, dont ils reprenaient les exemples ou les règles d'accentuation pour servir leurs propres objectifs, sont de précieux outils pour reconstituer le texte parfois corrompu de l'épitomé[20].

Avant la présentation des éditions antérieures de l'épitomé, quelques pages sont consacrées au ΠΚΠ de Lentz (*GG* III 1, 1867). Sans manquer de lui reconnaître le mérite d'être la seule à offrir une reconstitution de l'œuvre du maître orthographiste, Roussou dénonce avec raison les limites de cette édition[21], à laquelle elle reproche essentiellement son manque de fiabilité dans l'attribution de ses sources et l'insuffisance de sa base manuscrite (p. 81). Les deux sources principales du ΠΚΠ sont les épitomés de Philopon et du Pseudo-Arcadius : Lentz ignorait l'existence des deux épitomés fragmentaires (le palimpseste et le parchemin du IVe s.).

La tradition manuscrite est ensuite recensée et décrite sur près d'une vingtaine de pages (p. 83-100) : après une présentation matérielle détaillée des cinq principaux manuscrits, M, O, A, B et C (p. 83-87), l'éditrice analyse et compare les différentes affiliations proposées par Galland et Schneider[22], puis propose un nouveau stemma, sur lequel se fonde sa nouvelle édition (p. 100).

Dans sa critique raisonnée des éditions antérieures, Roussou condamne sans réserve l'*editio princeps* de Barker, qui, se fondant sur les deux plus mauvais manuscrits, B (*Paris. Gr.* 2603) et C (*Paris. Gr.* 2102), a laissé passer de nombreuses erreurs évidentes. Elle reconnaît, en revanche, l'importante contribution de Schmidt – « essentially the first critical edition of the text » (p. 103) –, en particulier pour ses nombreuses bonnes

---

18. Ce qui ressort de chacune des références (Lallot, Matthaios, Giannakis) dont Roussou s'autorise pour soutenir que le terme προσηγορικόν pourrait désigner l'adjectif aussi bien que le nom commun, c'est que les grammairiens n'ont pas distingué l'appellatif (le nom commun) de l'adjectif dans la catégorie du nom (ὄνομα). Dans aucun ouvrage, à ce qu'il me semble, il n'est dit que le nom et l'adjectif pouvaient se confondre en une seule et même sous-catégorie. Voir J. Lallot, « L'adjectif dans la tradition grammaticale grecque », *Histoire Épistémologie Langage*, 14/1, 1992, p. 25-35 ; S. Matthaios, *Untersuchungen zur Grammatik Aristarchs. Texte und Interpretation zur Wortartenlehre*, Göttingen, 1999 ; G. Giannakis (dir.), *Encyclopedia of Ancient Greek Language and Linguistics*, Leiden, 2014.

19. Voir l'épitomé du Pseudo-Arcadius, 214, 1-2 : *non liquet*.

20. Cf. par exemple, app. cr. *ad* 127.9 ; 217.1 ; 218.5 (Étienne de Byzance, VIe s.) ; 126.10 ; 136.14 ; 274.11 ; 298.4 ; 309.8 (Choiroboscos, VIIIe-IXe s.) ; 162.3 ; 177.9 (bis) ; 188.10 ; 194.5-6 ; 209.2 (Théognoste, IXe s.).

21. P. 80-81 : « It is, however, unreliable (as well as difficult to work with) because of the extremely speculative nature of its reconstruction of Herodian's work. »

22. Voir Galland, « Über den Inhalt... », 1882 et « Arcadius... », 1886, cités précédemment ; R. Schneider, *Bodleiana*, Leipzig, 1887.

conjectures. Mais elle lui reproche un trop grand nombre d'erreurs de lecture héritées de l'édition de Barker, qui lui a fourni sa base textuelle, à laquelle il a ajouté les variantes du manuscrit A (*Hauniensis regius* 1965). La nouvelle édition proposée ici prend en compte l'ensemble des sources manuscrites (p. 103), c'est-à-dire les manuscrits A, B, C, auxquels elle ajoute les deux plus anciens témoins, les manuscrits M (*Matritensis* 4575) et O (*Bodl. Baroccianus* 179), tous deux dérivés de la παλαιὰ βίβλος, aujourd'hui perdue[23].

Pour l'édition critique, Roussou adopte une présentation sur trois niveaux : le texte, les sources secondaires (*testimonia*) et l'apparat critique. (1) Le texte, sobrement mis en page dans la partie supérieure, se répartit désormais des pages 113, 1 à 350, 13. Roussou a toutefois conservé, entre parenthèses, les références aux pages de l'édition de Schmidt (1 à 211), jusqu'alors édition de référence. (2) Sous le texte, une première moitié de l'apparat est consacrée au volumineux recensement des témoins indirects : Roussou référence et cite les passages parallèles d'auteurs anciens qui tirent leur matière d'Hérodien (Théodose, Choiroboscos, Théognoste, les scholies grammaticales, les lexiques) et peuvent être ainsi confrontés à l'épitomé pour permettre d'en éclairer ou d'en discuter le sens. (3) Pour l'édition proprement dite, l'éditrice a fait le choix d'un apparat critique exhaustif. Par conséquent copieux – et donc parfois difficile à manipuler[24] –, cet apparat a le mérite de permettre au lecteur de se faire une idée très précise du contenu des sources (l'édition de Schmidt est systématiquement confrontée au texte des manuscrits M et O). En outre, le souci de signaler la moindre variante graphique, notamment de l'accent, de l'aspiration et de la quantité vocalique[25], n'est pas dénué de pertinence, s'agissant d'un traité de prosodie[26]. On l'aura compris, les apports de cette nouvelle édition sont riches et nombreux. Pour permettre au lecteur de s'en faire une simple idée, je dresse ci-après une liste des lieux où Roussou intervient personnellement, le plus souvent fort à propos, sur le texte (cette liste ne tient pas compte des hypothèses de lecture, telles que 137, 11 « fortasse aliquid excidit » ou 176, 3 « possis etiam etc. ») :

(1) corrections : 113, 26. 114, 11. 12. 26. 116, 2. 13. 118, 3. 120, 4. 124, 11. 18. 131, 9. 136, 1. 139, 13. 17. 143, 3. 145, 3. 153, 4. 161, 12. 164, 5 (*retinui*). 174, 11. 177, 7. 10. 180, 14. 187, 3. 14. 188, 9. 189, 6. 191, 2. 193, 9. 194, 5. 201, 2. 202, 2. 212, 6. 214, 7. 216, 18. 235, 3. 241, 2. 244, 9. 247, 17. 249, 2. 266, 2. 296, 8. 300, 4 (bis). 7 (bis). 8. 301, 5. 305, 9. 306, 6. 309, 8. 314, 8. 9. 318, 15. 321, 4. 330, 12. 331, 10. 332, 3. 345, 15. 347, 3. 12. 348, 7.

(2) ajouts : 113, 21. 130, 10. 196, 7. 209, 18. 268, 6. 296, 5. 310, 15. 315, 20. 319, 6. 332, 2.

---

23. Mentionnée par C. Lascaris dans le *Cod. Matritensis* 4689 (cf. p. 24, n. 96).

24. L'inconvénient d'un tel apparat est qu'il mêle sans distinction d'authentiques problèmes d'édition (cf. *e.g.* 123, 4 λαμβάνεται/ λαμβάνοιτο) à de simples accidents dus à la transmission du texte, qui ne présentent aucun intérêt pour son établissement : de la simple faute de copie (238, 19 μηαρυιά) à l'aberration graphique (305, 13 ὡςχ ὡς) ou accentuelle (219, 16 ὑπέρδισύλλαβα), en passant par les innombrables cas d'homophonie dus à l'iotacisme (172, 2 λιθίνη/ ληθίνη).

25. Cf. *e.g.* 124, 5 ; 136, 5 ; 172, 2 ; etc.

26. Cf. p. 108 : « Given that our text is a treatise on accents, special attention has been paid to reporting in the critical apparatus the transmitted accent of the manuscripts which have been taken into consideration. »

(3) suppressions : 115, 9. 119, 4. 140, 13. 237, 15. 313, 11. 338, 23. 349, 5. 350, 9.
(4) conjectures (non imprimées) : 113, 10. 147, 7. 148, 11. 186, 9. 197, 3. 227, 13. 234, 19.
(5) passages suspectés lacunaires : 126, 12. 128, 3. 154, 14. 228, 6. 236, 5. 240, 15. 259, 13. 261, 17. 278, 9. 337, 11. 338, 17.
(6) transpositions de texte : 322, 12. 330, 30.

J'ai relevé encore deux passages modifiés (peut-être parmi d'autres), qui sont sans mention dans l'apparat critique : 179, 12 (ἄφωνον ἔχει Schmidt) ; 204, 9 (ἐπίθετα Schmidt).

Le commentaire, modérément étendu, vise pour l'essentiel à éclairer le lecteur sur les choix éditoriaux (cf. *ad* 164, 5 ; 209, 18 ; 338, 23 ; etc.)[27], les conjectures (cf. ci-avant « conieci », *e.g.* 113, 10 ; 147, 7, p. 406 ; etc.), le sens d'un mot – Roussou se hasarde alors, ponctuellement, à la traduction d'un mot ou d'un passage (cf. *ad* 112, 5 ; 192, 11 ; 208, 8 ; etc.) ou à une glose (*ad* 113, 6 ; 284, 6 ; etc.). L'éditrice y propose également l'explication d'un passage un peu dense ou elliptique (cf. *ad* 284, 12), du sens d'un terme technique (*ad* 228, 17) ou d'une forme douteuse (*e.g. ad* 215, 17…), toujours avec une prudence louable (*e.g. ad* 215, 19). Enfin, on relève de nombreuses remarques paléographiques (cf. αἰζήν *ad* 115, 17 ; ἄπωρ *ad* 131, 12…) et le signalement d'un hapax ou d'un mot-fantôme (« ghost word »[28], cf. p. 109).

Il est très clair que Roussou a voulu mettre l'accent sur l'édition du texte. En conséquence, les concepts grammaticaux ne sont expliqués que dans les strictes limites de l'épitomé et ne sont jamais discutés ni mis en perspective par rapport à l'histoire des théories linguistiques (rappelons qu'ils ne figurent pas dans l'index des termes grecs). En dehors de quelques termes analysés en introduction, le lecteur est renvoyé à la littérature secondaire, par exemple : comm. *ad* 112, 9 « στοιχεῖον : "letter". For the use of the term in other grammarians see Sluiter (1990) 43-4 and Lallot (1997) II 9, and for a more general history of the term see Lallot (1997) II 9, (1998) 95-8. » Autre exemple : comm. *ad* 112, 9 « πάθος : "transformation/ modification in the form (of the words)". For further literature, see Dickey (2007) 250. »

Il ne faut pas voir dans ces quelques observations le reproche d'une lacune au sens propre du terme, puisque cet ouvrage, remarquable à plus d'un titre, atteint ses objectifs : c'est une édition claire, sérieuse, très complète et (faut-il le préciser ?) presque irréprochable sur un plan formel[29]. En somme, le livre de Stephanie Roussou constitue, à l'évidence, un outil indispensable pour tous ceux que les questions d'accentuation et d'orthographe dans l'Antiquité, et plus largement l'histoire des théories linguistiques antiques, intéressent.

Lionel DUMARTY

---

27. Certains nous échappent cependant, comme σημείωσαι *vs.* σεσημείωται (cf. 200, 1 et 201, 15 et app. crit.).

28. À ne pas confondre avec ce j'ai appelé « forme fantôme » (L. Dumarty, *Apollonius Dyscole. Traité des adverbes*, Paris, 2021, p. 50), et qui correspond, dans son classement, à ce que Roussou appelle "hypothetical form", une forme restituée artificiellement.

29. Je n'ai relevé qu'une poignée d'erreurs typographiques. Je signale, par ailleurs, une note circulaire : p. 64, l. 19 renvoie au commentaire *ad* 271.12, qui, sans plus d'explications, renvoie à son tour à la p. 64 de l'introduction.

BULLETIN BIBLIOGRAPHIQUE

Claire Le Feuvre et Daniel Petit (dir.), Ὀνομάτων ἴστωρ. *Mélanges offerts à Charles de Lamberterie*, Collection linguistique publiée par la Société de Linguistique de Paris, 106, Leuven – Paris, Peeters, 2020, XXXII + 696 pages.

Cet ample volume réunit quarante-trois articles en hommage à Charles de Lamberterie, membre de l'Académie des inscriptions et belles-lettres, professeur émérite à Sorbonne Université et directeur d'étude émérite à l'École pratique des hautes études, à l'occasion de son soixante-quinzième anniversaire. Les articles sont précédés d'une brève préface rédigée par Cl. Le Feuvre et D. Petit et de la bibliographie du jubilaire, établie par P. Ragot et dont l'envergure le dispute à la variété, avec une monographie (*Les adjectifs grecs en -υς. Sémantique et comparaison*, 1990, 2 vol.), quatre ouvrages co-dirigés, près de 95 articles et chapitres d'ouvrages, environ 250 notices étymologiques parues dans les *Chroniques d'étymologie grecque* (*CEG*) et 30 dans les *Chroniques d'étymologie latine* (*CEL*), une soixantaine de comptes rendus et plus d'une quinzaine de références de traductions, préfaces, nécrologies et résumés de conférences. Dans ses multiples travaux, Ch. de Lamberterie a exploré différents champs des études indo-européennes, à commencer par l'arménien et le grec, mais aussi le sanskrit, le latin, le baltique, le slave ou le gotique, en adoptant toujours une méthode rigoureuse fondée sur une double approche, philologique et linguistique, ainsi qu'il a su l'enseigner à ses élèves lors des différentes fonctions qu'il a occupées au cours de sa carrière d'enseignant. À l'instar des travaux du récipiendaire, les contributions de cet ouvrage, réparties en quatre grandes parties thématiques, se caractérisent par leur richesse et leur diversité.

La première section, intitulée « Linguistique et philologie arméniennes », comporte onze articles.

Cinq d'entre eux sont dévolus à des questions d'étymologie. P. Kocharov (p. 61-69) plaide ainsi pour un rapprochement entre le thème verbal d'aoriste arménien *boys-/bus-* et celui du parfait grec πεφυκ- < *b^he-b^huH-k-*, en le justifiant formellement dans le cadre des changements phonétiques connus pour le proto-arménien et en proposant, pour l'aspect sémantique, une lexicalisation du thème de parfait avec le sens intransitif de « pousser », ce qui irait dans le sens d'une proximité entre le grec et l'arménien. D. Kölligan (p. 71-87) livre quatre analyses étymologiques, que l'on ne peut que résumer succinctement ici : 1) *herik*ʻ « suffisant », dérivé en *-kʻ* de l'ancien locatif i.-e. **seri* (louv. cun. *šarri*, lyc. *hri*° « au-dessus, dessus », gr. ἐρι°, cf. ἐρι-κυδής « qui a une haute gloire », et peut-être ῥίον « sommet d'une montagne, promontoire »), passant du sens « all the way up, reaching the top » à « suffisant » ; 2) *tʻaṙam* « fané, flétri », plutôt qu'un dérivé de i.-e. **ters-* « sécher » (véd. *tṛ́sya-* « être assoiffé », got. *þaursjan* « id. », lat. *torreō, -ēre* « dessécher, griller », etc.) avec un suffixe *-am-* autrement non attesté en arménien, serait un bahuvrīhi **tṛs-o-sm-ó-* > **tʻaṙo(h)mo-* → *tʻaṙ-am-* « having a dry summer, exposed to a dry summer », d'où « dried, withered » (premier membre **ters-* au degré zéro ; second membre *am*, ici avec le sens originel d'« été » < **smeh$_2$-* « première moitié de l'année, saison chaude », cf. av. instr. sg. *hama*, gén. sg. *hamo* « été », v.irl. *sam* « id. ») ; 3) malgré quelques difficultés phonétiques, toutes surmontables, *sovor* « habitué » représenterait un composé **h$_1$uko-b^horo-* « qui a une habitude » (**h$_1$uko-* « habitude » < **h$_1$euk-* « apprendre, s'habituer à », cf. véd. [parf.] *uvoca*, [prés.] *ucyati* « être habitué à », lit. *jùnk-stu, jùunkti* « s'habituer à », v.sl. [caus.] *učǫ, učiti* « enseigner ») ; 4) selon un procédé métaphorique non sans parallèles, *aṙewc* « lion » reflèterait l'étymon i.-e. *$h_3rēĝ-ō^n$*, *$h_3rĝ-n-és$* « roi », au paradigme amphikinétique (cf. véd. *rájan-*, nom. *rája*/gén. *rájñaḥ*)[1] : nom. sg. *$h_3rēĝ-ō^n$ > *ari(w)cu*, gén. sg. *$h_3rĝ-n-és$ > *arcnes* > *arnes*, avec généralisation du *ṙ* à l'ensemble du paradigme, *ari(w)cu* : *arnes*, et flexion comme thème en *-u-* à partir du nominatif. V. Martzloff (p. 101-114) suggère un ingénieux parallèle entre l'arménien *zokʻančʻ* « belle-mère, mère de l'épouse », issu de la substantivation d'une proposition interrogative elliptique *zo-kʻan-čʻ* « qui plutôt que non ? », et l'ossète *kais, kajys* « père de la femme et les membres de sa famille », qui procède de l'univerbation de la séquence **kah-aisci* (**kah* + **asti*) « qui est-il ? » et auquel correspond le mot alain καιτζ, attesté chez Tzétzès : non seulement ces termes auraient ainsi une structure comparable, mais ils pourraient également témoigner l'un et l'autre d'un tabou visant la belle-mère et le beau-père. J. Russell (p. 125-127) livre une courte enquête philologique et étymologique autour de l'hapax arménien *vahangi*, terme originellement musical qui désignerait une composition littéraire. Pour expliquer les différentes formes du paradigme de *tiw* « jour », R. Viredaz (p. 147-160) avance l'analyse diachronique suivante : à partir d'un thème i.-e. élargi **diw-i*, passé régulièrement à la flexion en *u*, la forme des cas obliques a phonétiquement abouti à **tiw*, entraînant de ce fait une homophonie avec la forme de nominatif-accusatif, ce qui aurait justifié la création d'un autre thème oblique, *tuənǰean*, forme originellement adjectivale reflétant **tiwunǰ-ián* (ancien adjectif **tiwúnǰo* > **tiwúnǰ*, recaractérisé ensuite avec le suffixe d'adjectif **-ián*).

Deux contributions traitent de problèmes phonétiques propres à l'arménien. J. Clackson (p. 33-44) élargit ainsi la question du double traitement de **o*, tantôt préservé, tantôt ouvert en *a*, en versant au dossier le sort de *o* dans les emprunts arméniens au grec : l'auteur suggère que **o* hérité est devenu *a* en syllabe ouverte non finale dans une période comprise entre le IVᵉ et le Vᵉ siècle, comme semblent l'indiquer les quelques emprunts au grec concernés par ce changement (*episkapos* ← ἐπίσκοπος, *katʻalikos* ← καθολικός, *apahiwpat* ← ἀπούπατος et *takawsawkʻ*, instrumental de *tokosik*, dérivé de *tokos* ← τόκος), qui sont généralement attestés dans des documents arméniens antérieurs au IXᵉ siècle. Toutefois, les variantes présentes dès les premières attestations (*episkapos/episkopos, katʻalikos/katʻolikos*) peuvent indiquer que ce changement ne s'est pas diffusé partout mais qu'il était limité à certains locuteurs ou dialectes, ce qui pourrait expliquer les apparentes exceptions au changement **o > a* dans les syllabes ouvertes non finales (on corrigera, dans la conclusion, p. 42 « non initial open syllables » en « non final open syllables ») dans des termes hérités comme *hoviw* « berger », *mozi* « veau », *erkotasan* « douze » et *əndocin* « serviteur ». B.A. Olsen (p. 115-124), quant à elle, examine à nouveaux frais le sort des diphtongues **eu̯* et **ou̯* en arménien et parvient à la conclusion suivante : dans un premier temps, **eu̯* hérité aboutit à *iw* (p. ex. **téu̯h₂os* > *tʻiw* « nombre ») et **ou̯* à *oy* (p. ex. **bʰou̯h₂-no-* > **bʰou̯-no-* > *boyn* « nid, tanière ; chambre »), tandis que **eu̯* issu d'une ancienne séquence dissyllabique après chute de *-h-* (< **-s-*) ou de **-h₁-* devient *oy*, après un stade **ou̯* (p. ex. **su̯esōr* > **kʰehur* > **kʰeu̯r* > *kʻoyr* « sœur »).

La syntaxe de l'arménien est représentée dans ce volume par la contribution de R. Faure (p. 45-60), qui, après avoir étudié la distribution synchronique de *or* et *ov*

---

1. Cf. M. Weiss, « King : Some observations on an East-West archaism », dans B.S.S. Hansen *et al.* (dir.), *Usque ad radices. Indo-European Studies in Honour of Birgit Anette Olsen*, Copenhagen, Museum Tusculanum Press, 2017, p. 793-800.

dans le corpus des Évangiles, montre que, si le premier est prototypiquement relatif et le second prototypiquement interrogatif, *ov* peut être utilisé pour exprimer une relative indéterminée et *or* s'immisce parfois dans le domaine de l'interrogation indirecte avec les prédicats résolutifs, auquel cas il est muni de l'article, reflétant alors une opération d'ajustement dans un contexte de connaissance.

La linguistique est associée à la philologie dans deux articles, à commencer par celui de R.V. Chétanian et A. Ouzounian (p. 3-32), qui porte une attention minutieuse aux citations scripturaires de la version arménienne de la *Démonstration de la prédication apostolique* d'un point de vue linguistique, tout en relevant les différences que les versions arméniennes comportent vis-à-vis du texte grec de la Septante, qu'il s'agisse de la leçon retenue dans cette dernière ou de manuscrits aux variantes écartées par les éditeurs modernes. J.-P. Mahé (p. 89-99), quant à lui, plaide avec raison pour un développement et un approfondissement de la philologie arménienne pour mettre au jour certains vestiges linguistiques, attestés dans la tradition manuscrite mais bannis par les éditeurs, à l'image de *dieal*, participe de *dnem* « je pose », corrigé à tort en *dreal*, alors qu'il en constitue la forme attendue, ensuite dotée de l'augment dans la forme classique *edeal* [edyal], probablement lorsque *dieal* [di-yal] a tendu à devenir monosyllabique ([dyal]).

La littérature arménienne, enfin, fait l'objet de l'étude de Th. van Lint (p. 129-145), qui présente le corpus poétique de Kostandin d'Erznka (auteur ayant vécu au tout début du XIVe siècle) : un examen attentif de la poésie de Kostandin révèle son ancrage dans la spiritualité chrétienne de l'amour divin et humain.

Portant le titre « Linguistique et philologie grecques », la deuxième partie est la plus longue du volume, avec dix-huit contributions.

Dans un livre d'hommages rendus à l'un des principaux acteurs des *Chroniques d'étymologie grecque et latine*, il n'est pas surprenant qu'une grande place soit accordée aux questions étymologiques. A. Blanc (p. 197-217) reprend ainsi à nouveaux frais le rapprochement effectué depuis Solmsen[2], mais avec de réels problèmes formels, entre la racine de ἁλίσκομαι, aor. ἑάλων « être pris à la guerre » et εἵλωτες « hilotes » : le nom des hilotes reposerait sur l'ancien participe parfait intransitif *ue-ulh_3-$uós$- > *ϝε-ϝλω-ϝόh- >> *εἰλω(ϝ)ότ- avec initiale εἴ- – conformément à la phonétique attique et par analogie avec ἑλεῖν –, contraction de ω + ο et accent récessif en accord avec la loi des appellatifs. É. Dieu (p. 225-239) montre que le substantif τινθός « vapeur brûlante (d'un chaudron) » est très probablement un néologisme de Lycophron créé à partir de l'adjectif τινθαλέος (Call.), διατινθαλέος (Ar.) « très chaud, brûlant, bouillant », pour lequel il avance une étymologie audacieuse : il pourrait résulter, selon l'auteur, de l'haplologie d'une forme à redoublement *τιν-θαλπ-αλέος (cf. θάλπω « chauffer, échauffer ») avec la chute du /p/ destinée à préserver la suffixation en -αλέος. J.L. García Ramón (p. 261-282), grâce à une étude minutieuse des constructions et des collocations phraséologiques, met en lumière l'équivalence entre gr. κότος « rancune » et hitt. *kattau̯atar* « tort, grief », qui s'insèrent, tout comme véd. *śátru*- « ennemi, rival », dans le système de Caland d'une racine i.-e. *$\hat{k}otú$- « hostile, ennemi ». R. Garnier (p. 283-289) fait remonter hom. ὀψείοντες « désireux de voir » à *ὀψά́-ϝων, -ονος

---

2. F. Solmsen, *Untersuchungen zur griechischen Laut- und Verslehre*, Strassburg, Trübner, 1901, p. 251.

« épieur, curieux » *uel sim.*, avec passage au type en -οντ-, et propose des parallèles morphologiques (ὀπᾱ́ων, anthroponymes en *-ᾱ́-ϝων et, peut-être, γείτων) et un prolongement vers la paire hom. μεδέων/μέδοντες. O. Hackstein (p. 291-305) étend le dossier étymologique de gr. ἐριούνης, ἐριούνιος[3] au tokharien en démontrant que les verbes tokh. B *au-n-* et A *o-n-* « frapper, donner un coup » (actif) et « commencer » (moyen) sont à rattacher à la racine i.-e. *$h_2eu̯h_1$-* « se précipiter vers (pour aider ou attaquer) » (pour le sens moyen, cf. fr. *s'attaquer à faire qqch*), dont le pivot serait, en tokharien, le subjonctif VII tokh. B *au-ñ-*, A *o-ñ-*, découlant de i.-e. *$h_2ou̯h_1$-ne-i̯e/o-* et formant une équation avec l'impératif arcadien οὔνη « cours ! » et ionien *οὔνει. Selon une méthodologie éprouvée dans plusieurs de ses précédents travaux[4], conjuguant un examen approfondi des contextes et une analyse linguistique complète, Cl. Le Feuvre (p. 323-340) s'empare du dossier étymologique de νῆϊς, -ϊδος « ignorant » : analysé en synchronie comme un composé privatif de *u̯eid-* « savoir », alors même qu'il n'existe aucune trace du nom-racine *-u̯id-* en composition en grec, il reflète originellement le composé privatif de *$h_2(e)u̯is$-* « entendre » (cf. gr. ἀΐω, αἰσθάνομαι, lat. *audiō*), *n̥-h_2u̯is-* > *νᾱϝισ-* > ion. *νηϝι(h)-, dont le sens serait passé de « qui n'a pas entendu parler de » à « ignorant de » (cf. ἀνήκοος). M. Meier-Brügger (p. 341-343) récapitule les différents produits de la racine i.-e. *b^hend^h-* « lier » en grec (πεῖσμα « lien », φάτνη « crèche, mangeoire », πενθερός « beau-père, père de la femme »), auxquels il propose d'adjoindre πάσσω (< *$b^hn̥d^h$-i̯e/o-*) *« lier » > « tisser, p. ex. des fleurs sur une broderie » et, secondairement, « saupoudrer ». Dans un riche article, G.-J. Pinault (p. 353-390) convoque notamment les données indo-aryennes et tokhariennes pour expliquer la formation du grec δένδρον, hom. δένδρε(ϝ)ον « arbre », qui reflète, comme véd. *daṇḍá-* « bâton », un prototype *$dr̥$-n-dr-ó-* avec redoublement de la racine *der-* « fendre, déchirer, faire éclater » et infixe nasal, prototype qui se trouve également à la base de tokh. B *tsirauñe* « force, énergie » (adj. *tsire*). Après avoir étudié naguère[5] le sémantisme de l'adjectif ἀδηφάγος « qui mange à satiété ; vorace, glouton ; dévorant ; cher, coûteux », P. Ragot (p. 391-412) l'explique ici du point de vue morphologique comme un composé présentant au premier membre un ancien instrumental (cf. accusatif adverbial ἄδην « à satiété ») et, au second, l'élément -φάγος ; l'auteur fait l'hypothèse que ce composé se serait substitué à *ἀδηστής < *ἁαδ-ηδ-τᾱς (-ηδ- étant le résultat de la réfection du degré zéro de la racine « manger » *-h_1d-), sur le modèle de ὠμηστής « qui mange de la chair crue », remplacé par ὠμοφάγος.

En complément à l'étymologie, l'histoire des mots et des noms grecs fait également l'objet de plusieurs contributions. M. Casevitz (p. 219-224) expose le problème présenté par l'hapax homérique σιφλώσειε (*Il.* 14.142), diversement glosé d'après le contexte (« que [le dieu] l'aveugle, le rende blâmable », « qu'il l'épuise », « qu'il le fasse disparaître », etc.) et à la base duquel doit se trouver l'adjectif σιφλός, connu grâce à de rares attestations dans la poésie hellénistique, mais dont le sens « infirme » (cf., pour le suffixe, τυφλός, χωλός, ψιλός, τραυλός, etc.) et l'origine restent incertains. L. Dubois

---

3. Voir notamment la notice de É. Dieu, *CEG* 15, 2016, *s.u.*
4. Citons Cl. Le Feuvre, « Νήποινος, νηποινεί, ἀνάποινος, ἄποινα and ποινή », *Glotta*, 97, 2021, p. 107-157, complémentaire du présent article.
5. P. Ragot, « Entre mesure et démesure : remarques sur les différentes significations de l'adjectif ἀδηφάγος et de ses dérivés », *REG*, 132, 2019, p. 247-261.

(p. 253-260) prolonge un article du dédicataire[6] en revenant sur deux nouveaux termes récemment apparus dans un décret thessalien de la fin du IIIe siècle av. J.-C. publié par B. Helly, λάχος « légume vert » et ἱμιτο-λαχία « demi-*lakhia* » (*λαχία désignant probablement la « demi-part cultivée en légumes verts ») : le premier, dont l'homonymie avec λάχος « part, lot » (cf. λαγχάνω) explique le renouvellement en λάχανον hors de la Thessalie, se retrouve au premier membre de λαχείδης, épithète de φρῦνος « crapaud » (Nic, *Alex.*, 568), et pourrait être à la base du verbe λαχαίνω avec le sens original de « soigner les légumes en serfouant la terre autour ou en les serfouant », d'où « creuser ». C. Dobias (p. 241-252) exploite les données épigraphiques pour éclairer les emplois et les sens de trois termes : ἑκυρός « beau-père, père du mari » et ἑκυρά, d'emploi quasi-exclusivement poétique dans les sources littéraires, sont attestés dans plusieurs inscriptions du début de l'époque romaine, à Tégée ainsi que dans les régions périphériques du monde hellénique, à l'exception de la Cyrénaïque (la lecture ἐκ[υρ]ώς de *CIG* 9136, relayée par *LSJ* et *DELG*, est fautive) ; ὀπή « vue », puis « endroit par où l'on voit, trou, orifice », signifie aussi, dans le vocabulaire technique de l'architecture, « baie » et, dans plusieurs inscriptions cyrénéennes, « *loculus*, baie donnant accès au caveau où était placé le caveau » ; ὑπερδικέω « formuler une accusation » contre un propos, « plaider en sa faveur », apparaît dans des actes d'affranchissement d'Élatée et, en contexte religieux, en Cyrénaïque, où le titre de ὑπερδικεῖσα, employé dans le cadre du culte de Déméter, pourrait refléter le sens original de l'adjectif ὑπέρδικος « très juste ». J. Klein (p. 307-321) montre que, en plus de leur sens strictement temporel de « maintenant », qui était celui de i.-e. *nu (cf. *néu̯os « *of now, relating to now* », d'où « *new* »), les particules véd. *nú*, gr. hom. νυ et got. *nu* sont secondairement utilisées comme des particules de discours, valeur qui est également à la base des emplois de v.sl. *nŭ*, hitt. *nu* et v.irl. *no*, où le sens temporel n'est pas identifiable ou alors très faiblement perceptible. S. Minon (p. 345-352) mène une enquête détaillée sur les noms béot. Ἐχθάτιος et cyrén. Ἐχθατιαν (si cette lecture est correcte), pour lesquels les hypothèses d'un rapprochement avec ἐσχατιά « extrémité, bordure, frontière », d'une part, et ἔκστασις « déplacement, stupéfaction, excitation », de l'autre, ne résistent pas à l'épreuve de la phonétique ; ils pourraient, en revanche, avoir été bâtis sur le thème plausible ἐχθ-ᾰτ- d'un neutre hétéroclitique résiduel ἐχθᾶρ « haine », certes attesté uniquement dans la tradition grammaticale impériale et byzantine (à côté de δέλεαρ/δεῖλαρ, ὄνειαρ et πεῖραρ), mais qui se trouve probablement à la base de ἀπ-εχθάνομαι « haïr » et ἐχθαίρω « *id.* » (Hom. +). N. Rousseau (p. 413-428) s'intéresse aux termes techniques καινοτομεῖν et καινοτομία, signifiant respectivement « ouvrir une nouvelle carrière ou galerie » et « ouverture d'une nouvelle carrière ou galerie » (en tant qu'action à proprement parler ou en tant que résultat), puis, rapidement, « innover » et « innovation » dans les textes littéraires, où la métaphore s'est probablement lexicalisée très tôt (vraisemblablement déjà chez Aristophane et Platon) : l'étude précise de leurs emplois révèle que ces mots sont employés dans tous les domaines pour désigner une « innovation » au sens large, selon une image inscrite dans une matrice métaphorique où le fait d'« innover » est perçu comme l'ouverture d'une nouvelle brèche, ainsi que l'illustrent aussi l'anglais *ground-breaking* et l'allemand *bahnbrechend*. Fr. Skoda (p. 429-447) étudie l'histoire du mot *chémosis*, qui désigne un type d'infection oculaire et qui repose sur χήμωσις, attesté depuis Galien : pour ce terme rapproché depuis l'antiquité de

---

6. C. de Lamberterie, « Λάχεια, λαχαίνω, λόχος », *RPh*, 49, 1975, p. 232-240.

χήμη « chame/came », nom de mollusque bivalve, les médecins et les lexicographes modernes retiennent généralement le sens de « trou », probablement influencés par la glose d'Hésychius χήμη· χάσμη, χηραμὶς λεῖα « chame : ouverture, chéramis lisse » ; or, outre que les médecins anciens recouraient aux termes βοθρίον (plutôt que βόθριον) et κοίλωμα pour désigner un « trou », le rattachement de *chémosis* à la désignation du coquillage repose davantage sur les signes de l'infection oculaire : son suffixe -ωσις, caractéristique des noms de maladies, indique que l'on a affaire à un nom de procès, dénotant, comme conséquence de l'irritation de la conjonctive, la transformation de l'œil en coquillage entrouvert et laissant apparaître une chair blanche.

La syntaxe et la métrique poétiques font l'objet de deux articles. Sur la syntaxe de la description chez Homère, N. Bertrand (p. 163-181) explore la question de l'enjambement en ayant recours au concept d'unité d'intonation et montre que l'enjambement a une valeur fonctionnelle : c'est grâce à sa position en rejet que l'adjectif apposé, en projetant l'attente d'une description, peut introduire cette dernière. M. Biraud (p. 183-196), quant à elle, dans un article particulièrement technique, poursuit un travail de M. Borea[7] (nom à corriger dans la bibliographie) et met en lumière l'organisation de l'*Idylle* 28 de Théocrite en trois strophes, dont le nombre de vers est impair (7 – 11 – 7), composées d'unités syntaxiques de trois ou quatre vers et comportant en leur centre un nom important (celui du calame des poètes dans la première et celui de la destinataire du poème dans les deuxième et troisième strophes) ; la description de la ligne mélodique des vers du poème fait apparaître, de plus, la présence d'échos mélodiques aux fonctions plurielles (soulignement de fins de phrases, charnière entre strophes, composition d'une ouverture et d'un finale avec des agencements mélodiques chatoyants).

La troisième partie, qui réunit dix contributions, est consacrée à d'autres langues indo-européennes, même si l'on a vu que plusieurs d'entre elles étaient déjà convoquées dans les études précédentes.

Deux de ces articles s'inscrivent dans le domaine italique, à commencer par la note que E. Dupraz (p. 461-468) livre au sujet de l'inscription osque Vetter 86 = Rix Cp 31 = Crawford CAPVA 22 (qui fait partie de la série des iúvilas, annonçant ou commémorant des consécrations), pour laquelle il propose plusieurs interprétations nouvelles. N. Guilleux (p. 469-481) défend un sens originellement technique pour lat. *ōrdior* « ajuster (sur le métier) la nappe des fils de chaîne », d'où « commencer (une prise de parole) », à partir d'un substantif **ord-i-s* « fil de chaîne » ou collectif « nappe des fils de chaîne », allant dans le sens d'un lien étymologique avec *ōrdō* et *ōrnō* : tous ces termes reposeraient sur **h$_2$or-d-*, comme aussi probablement les termes grecs ὄρδημα, ὄρδικον et ὠρδυλευσάμην, dont l'analyse est limitée puisqu'ils sont uniquement connus grâce à Hésychius.

Déjà représenté dans l'article de V. Martzloff (cf. *supra*, Première partie), le groupe indo-iranien fait l'objet de trois articles. A. Christol (p. 451-459) tente de rapprocher l'ossète *lasyn* « tirer », interprété comme un dérivé muni du suffixe inchoatif **-s-* (< **-sk-*) de la racine *lā-*, variante dialectale de *rā-*, peut-être lié au skr. *rā-* « prendre, saisir »,

---

7. M. Borea, « L'architecture rythmique des idylles éoliennes de Théocrite (*Id*. XXVIII-XXX) : une double lecture », dans C. Cusset, C. Kossaifi et R. Poignault (dir.), *Présence de Théocrite*, *Caesarodunum*, L-LI bis, Clermont-Ferrand, Centre de recherches A. Piganiol – Présence de l'Antiquité, 2017, p. 137-160.

dont le sens « tirer » pourrait se retrouver dans véd. *rātrī* « nuit », qui se comprendrait littéralement comme « celle qui tire (une peau ou un voile sombre sur les poteaux de l'univers) » dans le cadre de la phraséologie des « huttes cosmiques ». S. Jamison (p. 483-494) réactualise, pour le groupe de véd. *iṣudhyá-* et v.avest. *išu̯idiia-*, une étymologie autrefois proposée par Grassmann pour *iṣudhy-*, selon laquelle il s'agirait d'un composé de *íṣu-* « flèche » et √*dhā* « placer », permettant ainsi de rendre compte des différentes significations de ces termes : en plus du sens littéral martial « arrow-aiming » se serait développé pour le composé i.-ir. **išudh-*, à partir de « aim praise like an arrow at the gods », le sens de « aim (any type of ritual honor) at the gods », d'où les deux orientations sémantiques « honor/praise the gods » et « aim at the target desired ». R. Schmitt (p. 575-587) offre quatre petites analyses sur le vieux perse, respectivement consacrées à l'anthroponyme *Ardumaniš*, au toponyme **Patikara-*, au problème *l/r* dans les emprunts et, enfin, à la forme *Sakām* (DB V 21-22).

P.-Y. Lambert (p. 495-513) propose une mise à jour sur la question de l'instrumental-sociatif en gaulois, en partant de l'instrumental pluriel en *-bi*, identifié par M. Lejeune, et de sa variante tardive *-be*, dont les exemples peuvent être interprétés comme des instrumentaux ou des sociatifs, avant de rechercher d'éventuelles autres formes d'instrumental-sociatif dans différentes flexions (instr. pl. en **-ōis > -ūs* des thèmes thématiques, instr. sg. en *-a* des thèmes en *-ā*, peut-être un instr.-soc. sg. *dekantem* de thème consonantique et instr.-soc. sg. en **-ōi > -ūi* ensuite simplifié en *-ū* des thèmes thématiques), en concédant que des effets de syncrétisme rendent l'identification souvent difficile.

Le groupe celtique fait également l'objet, aux côtés du baltique, de la contribution de D. Petit (p. 555-574), qui examine à nouveaux frais une correspondance établie jadis – et tombée entre temps dans l'oubli – entre le nom celtique du « temps » (v.corn. *prit*, m.corn. *prys*, gall. *pryd*, bret. *pret*) et le lituanien *kar̃tas* « fois », alors ramenés à une racine **kʷert-* « couper », avec une labiovélaire reconstruite sur la seule base du celtique : en affrontant les difficultés posées par la multitude des formes baltiques susceptibles d'être concernées et en élargissant la question aux données d'autres langues indo-européennes, l'auteur conclut qu'il est seulement permis de poser deux racines simples, **kʷer-* (hitt. *kuerzi* « couper, amputer, mutiler », louv. cun. *ku̯arti* « couper » ; **kʷr̥-tu-* « coupure, chose coupée, taillée » > celt. **pritu-* « temps » et « poésie ») et **ker-* (gr. κείρω « couper), et une racine élargie, **kert-* (lit. *kir̃sti* « couper », *kartùs* « amer », *kar̃tas* « fois »), tandis que la racine **kʷert-* ne peut être reconstruite avec certitude, réfutant ainsi définitivement la correspondance balto-celtique proposée autrefois.

A. Lubotsky (p. 515-520) publie une nouvelle inscription phrygienne retrouvée sur une stèle brisée de Kadınkuyu, près de Başara – et qui serait restée incomplète si un collectionneur n'avait pas envoyé une photo de la stèle intacte à Thomas Drew-Bear quelques années auparavant –, consistant en une formule de malédiction caractéristique des épitaphes ; l'inscription est accompagnée de quelques commentaires linguistiques et de trois photos en couleur.

Pour l'anatolien, C. Melchert (p. 541-553) convainc lorsqu'il défend, en s'appuyant sur ses différentes occurrences, le sens « solide, sûr » pour l'adjectif hittite *tarru-/tarrau̯-*, pour lequel il reconstruit un paradigme protérokinétique **dérH-u-/*dr̥H-éu̯-*, à partir d'une racine *seṭ* garantie par la géminée *-rr-* – excluant, de fait, un rapprochement avec **dór-u/*dr-éw-* « bois » ; le verbe tardif *tarrawā(i)-* « établir, instituer » < ***« rendre fixe » peut être dérivé directement du thème oblique de *tarru-/tarrau̯-* ou bien d'un emprunt à un terme louvite apparenté, tandis que l'adjectif louvite du premier millénaire *tarrawann(i)-*, dérivé en *-ann(i)-* de **tarrau̯-*, a développé le sens de

« juste, justifié » selon une évolution sémantique que l'on retrouve aussi pour la base proto-germanique *trewwa- « sûr ; loyal, digne de confiance, vrai » (got. *triggws*, v.isl. *tryggr* « loyal, digne de confiance, vrai », féroïen *tryggur* « stable ; fiable, sûr » ; dérivé pr.-germ. *trewwiya- > v.angl. *trēowe*, v.h.all. *gi-triuwi*, v.sax. *triuwi* « loyal, digne de confiance, vrai »), qui repose, quant à elle, sur un dérivé *vṛddhi* *dréuH-o- de *druH-ó- (cf. v.isl. *trúr* « fiable, loyal »), avec un degré zéro *druH- également attesté dans lit. *drū́tas* « épais, fort, rapide (en parlant du sommeil) » (< *druH-to-).

Déjà abordé dans l'article précédent, le germanique est au cœur de l'article de A. Mathys (p. 521-540), qui, grâce à l'étude des verbes déclaratifs dans les corpus poétiques anciens des principales langues germaniques (vieil anglais, vieux haut allemand et vieil islandais), contribue à notre compréhension du statut de la proposition infinitive en vieil islandais, où elle est bien plus fréquente que dans les langues apparentées ; en fait, les divergences entre ces langues concernent seulement l'emploi de *kveða* « dire » et des verbes apparentés, v. angl. *cweðan*, v.h.all. *quedan* : l'usage de la proposition infinitive avec *kveða* est une innovation, qui pourrait trouver sa source dans la réanalyse d'emplois en incise de ce verbe.

La dernière partie, qui comporte quatre articles traitant de sujets variés, ouvre les perspectives « [a]u-delà de la linguistique indo-européenne ».

Fr. Bader (p. 591-606) éclaire ainsi d'une lumière nouvelle la biographie d'Émile Benveniste à travers le prisme de ses noms : prénommé *Ezra* par ses parents Matathia Benveniste (ou Benvenisti) et Marie Malkenson – appartenant aux communautés juives respectivement sépharade et ashkénaze –, il songea d'abord, selon le principe de l'acronymie, à adopter le prénom *Étienne* (d'après celui de « l'enfant maudit » du roman éponyme de Balzac), avant de choisir *Émile* d'après un double codage, qui renvoie, d'une part, à Rousseau (avec la profession de foi du Vicaire savoyard, dans l'*Émile*, qui, tout comme Benveniste, a quitté le séminaire) et à Plutarque (« Sur l'ε de Delphes ») et, d'autre part, à l'enseignement qu'il reçut au séminaire pour le calcul de son nombre d'homme suivant les principes de l'isopséphie grecque (et non plus ceux de la gématria hébraïque). J. Haudry (p. 607-615) tente de rapprocher la figure de Minos, auquel sont attachés nombre de récits mythologiques, et les représentants du *Yama indo-iranien (*Yama* védique, dieu des morts, *Yima* avestique, bâtisseur du *vara*, et *Imra* kafir, double de *Māra* « Mort ») ; l'hypothèse étymologique selon laquelle Μίνως se rattacherait au nom indo-européen de la lune *meh₁n- laisse, en revanche, plus dubitatif. J.-P. Levet (p. 617-635) ouvre une fenêtre sur le nostratique, dans un article dédié aux travaux d'Albert Cuny, qui proposait, dans la première moitié du XXᵉ siècle, une origine commune de l'indo-européen et du chamito-sémitique : présentant en détail la méthode employée et les résultats obtenus par ce disciple de A. Meillet, l'auteur les critique à la lueur des données disponibles aujourd'hui ; après A. Cuny, le nostratique, qui a vu son aire linguistique élargie – considéré comme la langue-mère de l'indo-européen, de l'altaïque, de l'ouralien, de l'afro-asiatique (avec le chamito-sémitique), du dravidien et du kartvélien –, a fait l'objet de plusieurs études souvent érudites mais à la méthode inadaptée : la macro-famille supposée étant très vaste, l'auteur suggère de se tourner d'abord vers les langues eurasiatiques – les plus susceptibles, selon l'auteur, de présenter des vestiges communs – en se concentrant sur la morphologie et la morphosyntaxe, bien plus fiables que la phonétique et l'étymologie en la matière. J.-L. Perpillou (p. 637-650) s'intéresse à la formule multiplicative τρὶς ἐννέα « trois fois neuf », un chiffre extrême d'abord employé dans l'*Iliade* lors de l'ultime assaut de Patrocle habité par la transe guerrière (τρὶς ἐννέα φῶτας ἔπεφνεν, *Il.* 16.685), avant qu'Apollon n'intervienne pour l'empêcher d'atteindre l'innombrable ; τρὶς ἐννέα apparaît ensuite dans des contextes en lien avec le surnaturel (oracles, sentences de devins, offrandes, etc.), ainsi que dans des prescriptions rituelles en Grèce, mais aussi à Rome, où l'on trouve, en outre, la mention *ter nouies* dans des ordonnances de philtres et de remèdes comportant une dimension magique ; la littérature celtique d'Irlande témoigne, enfin, d'un usage proverbial du chiffre *trois fois neuf*, pour souligner l'héroïsme de Cuchulainn en contexte épique sous la forme du syntagme *trí nónbhar* « trois fois neuf hommes », en référence aux guerriers adverses tués, mais aussi en contexte civil.

Le lecteur trouvera, en toute fin de volume, un index des mots (p. 651-683), commodément classés par langues, un index des notions (p. 685-690) et, enfin, la table des matières (p. 691-695).

Cet ouvrage est, en conclusion, un admirable hommage rendu au savant Charles de Lamberterie par ses amis, collègues et disciples : à l'image des travaux du jubilaire, les contributions qui y sont réunies, et dont les quelques observations précédentes ne sauraient refléter que très partiellement la richesse, méritent toute l'attention de la communauté des philologues, des linguistes et des indo-européanistes.

Florian RÉVEILHAC

Gérard Lambin, *Aspects du divin dans la Grèce antique*, Religions et Spiritualité, Paris, L'Harmattan, 2021, 246 pages.

Spécialiste de poésie grecque, Gérard Lambin, qui a déjà consacré plusieurs études à Homère, à Anacréon ou à Lycophron par exemple, choisit ici de se pencher sur la religion grecque. Encadrés par une introduction et une conclusion générales, les six chapitres de l'ouvrage abordent quelques-uns des « aspects » les plus saillants de la question religieuse : la nature des entités divines, l'importance de l'institution religieuse des Mystères ou d'un courant spirituel comme celui de l'orphisme, l'existence enfin d'une profonde aspiration à croire dans l'au-delà. À parcourir ainsi la table des matières, on pourrait croire qu'il s'agit d'un ouvrage relativement convenu, revenant pour la énième fois sur les thématiques les plus classiques de la question religieuse et auxquelles chaque étude consacrée à la religion grecque fait immanquablement une place. Il s'agit pourtant d'une impression trompeuse que dément la lecture de l'ouvrage, où se révèle un projet plus singulier, explicité dès l'introduction : questionner ce qui, selon l'auteur, le serait rarement, à savoir la nature même d'un dieu grec, « la divinité des divinités » (p. 8). Il ne faut donc pas s'attendre à trouver dans ce livre certains développements qui figurent habituellement dans les ouvrages de synthèse consacrés à la religion grecque (sur la religion civique et la structure du culte, par exemple) ; ces développements sont supposés connus par ailleurs, et l'auteur les laisse de côté d'autant plus volontiers qu'ils ne permettraient pas de préciser les contours de la conception grecque de la divinité.

Les bases de l'enquête sont posées dès l'introduction (p. 7-23), où un questionnement étymologique permet de mettre au jour ce qui constituerait les deux aspects principaux de la conception grecque du dieu, chacun étant le produit d'un héritage indo-européen complexe. D'un côté, le rapprochement étymologique de θεός avec la famille de τίθημι exprimerait une tendance rationnelle à poser, tel un postulat, l'existence d'un dieu, par définition inconnaissable et indémontrable (p. 9, 12-13). De l'autre, les travaux de Benveniste, qui rattachent la notion de dieu au *deiwos*, soulignent l'importance du dieu-lumière, assimilé en priorité à Zeus (Διός), et qui aurait permis de rendre pensable le dieu-postulat, en lui prêtant les traits d'un roi céleste (p. 22-23).

Le premier chapitre (p. 25-51), qui aborde le balancement entre unité et multiplicité, confronte la tendance monothéiste exprimée par cette double source étymologique (le dieu-postulat, le dieu-lumière) à l'atomisation des figures divines, qui se particularisent selon les activités, les lieux, les occasions de la vie. L'auteur s'emploie toutefois à montrer que ce développement polythéiste n'a jamais totalement effacé le « monothéisme primitif » (p. 48), comme l'enseigne le culte du bon dieu. Un polythéisme bigarré cohabiterait donc avec un sentiment monothéiste profond et ancien.

C'est une autre ambivalence dans la conception grecque des dieux que G. Lambin envisage dans le deuxième chapitre (p. 53-80), où est mis en évidence le contraste entre les dieux visibles – entités naturelles ou célestes, associées à la notion d'âme ou d'intellect (p. 53-57) – et les dieux invisibles du panthéon grec. C'est alors l'occasion d'essayer de préciser les sources et les origines de ces dieux invisibles, dont Homère et Hésiode sont les chantres et que l'auteur présente comme les dépositaires des anciens récits des aèdes et d'une rationalisation du divin qui aurait commencé à l'ère mycénienne (p. 62-63).

Cette double enquête sur la nature des dieux s'accompagne, dans le troisième chapitre (p. 81-105), d'une étude sur les génies. Bon ou mauvais, protecteur ou faisant obstacle aux projets humains, le génie est toujours un intermédiaire entre les hommes et les dieux et comblerait ainsi un besoin que la représentation des dieux laisse insatisfait : celui de la proximité, d'une présence qui, par contraste avec un dieu lointain, apporterait un remède à la solitude existentielle de l'homme et donnerait du sens aux événements (p. 104).

On touche ici à l'une des idées récurrentes de l'ouvrage : la religion civique, qui répond à des préoccupations sociales et culturelles, serait incapable de répondre à certains besoins religieux, à certaines questions portant sur le sens de l'existence et la possibilité d'un au-delà (p. 205, 214). Ce sont ces besoins et la réponse qu'y apportent d'autres institutions et croyances religieuses qui font plus particulièrement l'objet des trois derniers chapitres de l'ouvrage. C'est le cas, en tout premier lieu, des Mystères (p. 107-135), que l'auteur interprète comme un rituel convoquant les dieux, non pour s'en rapprocher, mais pour qu'ils accompagnent un processus par lequel l'homme porte la condition humaine à son achèvement, en se préparant à la mort et à une autre vie (p. 121-124).

L'examen de la figure d'Orphée, au chapitre suivant (p. 137-173), exprime des enjeux semblables. L'orphisme témoignerait d'une pensée pré-philosophique, remontant à l'époque mycénienne et à ses grands poètes. Si, de l'aveu de l'auteur, l'orphisme est un nom fourre-tout dont il faut user avec prudence, il témoignerait toutefois de l'importance de certaines préoccupations eschatologiques (p. 152-156) auxquelles il apporte une réponse teintée d'un moralisme encourageant à un mode de vie différent (p. 156-158).

Ce sont ces préoccupations qui font plus particulièrement l'objet du dernier chapitre (p. 175-208), consacré à « la vie après la vie » et que l'auteur documente essentiellement par l'examen détaillé de certaines lamelles d'or, permettant de retracer la variété des représentations de l'au-delà et de l'âme. Sans relever d'un enseignement doctrinal précis, ces vestiges témoigneraient toutefois d'une pensée philosophique ou pré-philosophique, issue d'un fonds religieux très ancien, sans rapport avec les dieux du panthéon et des ornements du mythe (p. 207) et distinct de la religion civique qui n'aborde pas la question de l'au-delà (p. 205).

Loin donc d'une énième synthèse sur la religion grecque, l'ouvrage propose une étude originale de la conception grecque de la divinité, appuyée sur une érudition impressionnante, dont témoigne une bibliographie qui, quoique « sélective », puise dans tous les domaines de la littérature grecque (poésie, philosophie, épigraphie, papyrologie), ainsi que dans des études d'histoire, d'archéologie, de linguistique et même de psychanalyse. L'abondance de l'information fait regretter qu'aucun index, aucune chronologie, aucune carte ou illustration ne viennent enrichir l'ouvrage ou en accompagner la lecture. Il s'agit toutefois là d'un détail en comparaison de deux regrets plus substantiels.

Le premier concerne la manière relativement monolithique dont l'auteur manipule l'immense documentation à son service. Ni la variété des époques, ni celle des registres de discours ne sont toujours explicitées. Si l'ouvrage cherche à dessiner les contours du sentiment religieux grec, il n'en fait pas vraiment l'histoire et, sans bannir de son vocabulaire toute périodisation, il ne permet pas d'en saisir certaines évolutions ou certains tournants. La périodisation retenue est certes vaste, et l'héritage indo-européen ou l'ère mycénienne sont souvent évoqués, mais cela est fait d'une manière qui reste assez allusive. Il en va de même du statut des discours convoqués, dont les nuances (selon qu'il s'agit de poésie ou de philosophie, par exemple) sont souvent minorées. La religion grecque prend alors l'aspect d'un phénomène relativement statique et uniforme, et les inflexions et les questionnements qui l'animent n'apparaissent pas pleinement.

Un second regret, plus profond, porte sur la méthode et les catégories conceptuelles parfois mises en œuvre par l'auteur. On peut s'avouer gêné par certaines affirmations, centrales dans la démonstration, mais non pleinement étayées. Il en va ainsi, dès les premières pages, concernant un élément fondamental de l'étude : celui du sens donné au rapprochement étymologique entre θεός et τίθημι et dans lequel l'auteur voit l'expression d'un postulat de la raison confrontée à l'impossibilité de démontrer le dieu. Rien ne vient vraiment conforter cette interprétation, qui s'offre comme une reconstruction séduisante, mais gratuite en l'état. On pourrait également citer le sens que l'auteur accorde à l'étymologie du vocabulaire des Mystères. Les notions d'achèvement ou de clôture (qui sont au cœur de ce vocabulaire) auraient pour objet la condition humaine, sans que l'on comprenne toutefois bien ce qui le nécessite. Le tout conduit à des nuances relativement inintelligibles (p. 124), où τελετή exprime « *l'achèvement recherché* » dans le rituel, μυστήριον « la *clôture* achevant cet achèvement », ὄργια « le *travail* de réalisation de l'achèvement conduisant à la clôture »… Mais, plus fondamentalement, de la lecture de certains passages parmi les plus thétiques du livre on retire l'impression d'une reconstruction, cohérente et habile, mais peut-être trop systématique, où Xénophane voisine avec Saint Thomas et Kant, où Jung s'offre comme une clef de lecture des textes antiques. Tout semble parfois répondre à tout, dans une interprétation qui, pour riche et intéressante qu'elle soit, paraît aussi parfois un peu floue dans la manière dont elle manie certaines catégories conceptuelles, comme celle de la pensée philosophique ou pré-philosophique, qui reste sans délimitation nette.

Que l'on ne s'y trompe pas : on apprend beaucoup au cours de cette étude très claire, et qui offre, lorsqu'elle se penche en détail sur les textes, des éclairages précieux et convaincants, impressionnants de maîtrise. Pour le reste, on y trouve aussi souvent, sinon une démonstration contraignante, en tout cas matière à riche réflexion, grâce à une relecture savante de la religion en Grèce ancienne.

Fabienne BAGHDASSARIAN

Étienne Helmer, *Oikonomia. Philosophie grecque de l'économie*, Kaïnon – Anthropologie de la pensée ancienne, 18, Paris, Classiques Garnier, 2021, 200 pages.

Cet essai a pour objectif de réévaluer la position des philosophes grecs à l'égard de l'économie, partant du principe qu'elle a été mal considérée et sous-évaluée par les penseurs modernes. On devait déjà à l'auteur une étude intéressante sur ce thème dans l'œuvre de Platon (*La Part du bronze. Platon et l'économie*, Paris, Vrin, 2010) ; il procède dans cette synthèse à un élargissement de sa réflexion, à une approche plus globale de la question.

La première partie du livre est méthodologique : intitulée « De l'*oikonomia* comme savoir », elle propose rien moins que de « rendre la vie à un fantôme » (p. 21), c'est-à-dire restituer ce qu'est la réflexion philosophique en matière d'économie. Le premier chapitre fait l'inventaire des mésinterprétations modernes, basculement qui se serait produit après la Renaissance au fil de l'émergence du capitalisme et des théories économiques modernes : la philosophie antique aurait été réduite à la philosophie politique. Or l'intérêt pour l'*oikonomia* en tant que pratique philosophique au cours de la période classique, des sophistes aux Cyniques, est établi depuis longtemps, sans pour autant que l'on puisse isoler cette dernière en science économique autonome, comme le prouve la définition originelle du terme d'« administration d'un domaine ». Le corpus des sources retenues pour l'étude distingue les *logoi oikonomikoi* au sens strict, les œuvres de philosophie politique qui abordent l'*oikonomia* en l'articulant à une réflexion sur la *polis* (*Politiques*, *République*...), de celles qui l'envisagent dans une perspective éthique (épicuriens et cyniques), et de textes sans rapport direct avec l'*oikonomia* domestique mais qui ont des problématiques financières (*Poroi*). Le chapitre suivant porte sur l'objet et le statut controversé du savoir « oikonomique », et en particulier de son lien d'identité ou de similitude avec le politique (cf. l'analyse de l'*Économique* de Xénophon, p. 49-54) ; pour Aristote et surtout pour Platon, la causalité de l'art politique n'est pas de même nature que celle des arts économiques, les deuxièmes devant être subordonnés au premier pour le bien-être de tous. L'*oikonomia* est ainsi un savoir pratique autant qu'un savoir moral.

La deuxième partie, intitulée « Mettre en ordre les hommes », porte sur la distribution des tâches, d'abord par l'intermédiaire du mariage (p. 73-93), créateur de κοινωνία, avec une perspective eugéniste sur la procréation différente d'Aristote à Platon. L'autre volet de cette partie porte sur les esclaves, qu'ils soient astreints à des tâches techniques ou administratives : les textes abordent davantage cette dernière catégorie et insistent sur la nécessité ambiguë de bien traiter les esclaves, quasiment en hommes libres (p. 114).

La dernière partie du livre porte sur l'organisation des choses, c'est-à-dire sur les trois activités associées à l'économie : l'acquisition, la conservation et le bon usage des biens. Les deux questions liées à l'acquisition des biens portent sur les arts ou les manières de procéder à cette acquisition (activités d'agriculture, de commerce et plus rarement de mécanismes financiers) ainsi que sur les limites à poser à cette activité. Un jugement moral négatif pèse souvent sur le commerce par rapport à l'agriculture, dont l'éloge est étayé par des arguments métaphysiques (Aristote), éthiques et religieux (Xénophon) et politiques. Mais l'agriculture est parfois aussi reléguée au second plan par rapport à d'autres activités (Philodème de Gadara, prééminence de l'activité philosophique). Au-delà de l'acquisition, la conservation est un autre enjeu du *logos oikonomikos*, qui décrit les opérations de rangement (*oikos* et *agora*) et de gestion (préservation du capital, limitation des dépenses ou conservation par la dépense). Un dernier chapitre s'intéresse au « bon usage » (autosuffisance ou autarcie, prolongements de l'*oikonomia* en politique avec la mise en opposition du Xénophon de l'*Économique* et du Platon de la *République*). L'*oikonomia* est ainsi définie en tant que savoir pratique au service du bien.

Nous sommes généralement en accord avec les développements de E. Helmer ; les croisements fréquents entre Platon, Xénophon et Aristote sont intéressants et bien organisés. L'ancrage historique de l'étude peut parfois sembler léger, en particulier dans le contexte du IVe siècle av. J.-C. ; Sparte et les débats contemporains sur son système économique ne sont pas mentionnés ; un pan entier de l'œuvre de Xénophon, dont la réflexion sur l'économie avait pourtant intéressé en son temps Marx (*Cyropédie*), est laissé de côté ; les *Poroi* auraient pu être plus exploités. On peut regretter aussi que l'auteur n'ait pas tiré davantage parti de la bibliographie secondaire, qu'elle soit consacrée à Platon (Luc Brisson à propos des *Lois*, Malcolm Schofield sur la *République*) ou à Xénophon (nous pensons notamment à Vincent Azoulay et à ses analyses sur la χάρις en particulier, mais aussi à des études de Christopher Tuplin ou d'Eckart Schütrumpf, voire de Thomas Figueira dont une seule étude est mentionnée). Mais toute synthèse doit faire face à des contraintes inhérentes à son format et il est aisé d'en critiquer les choix éditoriaux ; cette monographie, très claire, rendra de nombreux services.

Pierre PONTIER

Liliane Lopez-Rabatel, Virginie Mathé et Jean-Charles Moretti (dir.), *Dire la ville en grec aux époques antique et byzantine. Actes du colloque de Créteil, 10-11 juin 2016*, Littérature & Linguistique, 1, Lyon, MOM Éditions, 2020, 348 pages.

L'excellente initiative de faire dialoguer vingt-trois chercheurs de spécialisations et d'origines diverses sur la question fondamentale qu'est nommer la ville met en lumière l'importance de ce sujet d'études pour la compréhension de l'Antiquité gréco-romaine et de l'époque médiévale. Ce volume est le premier de la série Littérature & Linguistique de la Maison de l'Orient et de la Méditerranée et tire son origine des travaux menés dans le cadre du séminaire *Les mots grecs de la ville antique*, dont le sujet principal fut l'étude de l'*Onomasticon* de Pollux (IX, § 6-50). Sur 348 pages, dont 24 sont dédiées à un long index détaillé des lieux, des mots grecs et latins, des textes littéraires grecs et latins, des textes épigraphiques grecs et latins et des papyrus grecs, 18 articles sont distribués entre quatre parties intitulées « Des hommes et des villes », « Composantes et composition de l'espace urbain », « Nommer et classer les villes » et « Des villes dans un empire ».

L'illustration de couverture attire l'attention du lecteur. Il s'agit d'un graffiti qui se trouve sur un mur de l'école polytechnique d'Athènes et se traduit ainsi : « Les villes, les États, les mines, les abattoirs, les usines sont des plaies sur le corps de la planète » (cliché J.-Ch. Moretti, 2018). Ce message résume bien l'idée de ce travail collectif qui ne vise pas à faire l'éloge de l'urbain, comme on a tendance à le faire dans nos études, mais à lui donner sa juste place dans l'imaginaire collectif des habitants de l'Antiquité et du moyen âge. La mention, dans l'introduction, de Diogène et de son choix de vivre dans un πίθος complète cette première impression. L'accent est mis sur les pratiques discursives, ce qui se distingue du vocabulaire de la ville et des termes d'architecture urbaine déjà amplement couverts dans la bibliographie.

La répartition des contributions suit une logique textuelle en contexte, et non archéologique ou urbanistique, ni chronologique ou géographique, même si l'effort de regrouper les études apparentées est reconnaissable. La grande diversité des sources textuelles de références classiques ou peu connues, dans une vaste étendue chronologique, témoigne d'une connaissance philologique pointue des éditeurs. Le but n'étant pas la réédition de ces textes, les auteurs proposent des lectures souvent nouvelles, les mettent en situation temporelle en deux vitesses, d'une part par rapport au moment de leur rédaction, et d'autre part par rapport à la date du phénomène auquel ils se réfèrent. Ainsi nous retrouvons la différence des notions entre ville et cité, des discussions sur *la* ou *les* forme(s) que la ville peut prendre, les liens entre ville et territoire. Pour les Anciens, la ville constitue le cadre de référence nécessaire, la mesure de toutes les expériences personnelles et collectives. La monumentalisation et l'édification sont des processus de structuration de l'espace urbain également abordés, avec par exemple la présence ou l'absence des murailles ou des édifices dévolus à l'activité politique et religieuse.

Dans la première partie « Des hommes et des villes », dédiée davantage à des études lexicales, C. Bearzot essaie de raisonner sur le vocabulaire de Pollux, à propos du terme φιλόπολις, mis en rapport étroit avec φιλόδημος dans son étude « L'amour de la cité (*to philopoli*) entre Thucydide et Pollux ». Les occurrences de l'époque classique sont peu nombreuses (23 sur 254 au total), mais permettent néanmoins de saisir la tradition dans laquelle le lexicographe Pollux inscrit son travail. Th. Grandjean (« Μικροπολῖται et μεγαλόπολις dans le *Banquet des Sophistes* d'Athénée ») étudie la distinction que fait Athénée entre les grandes et les petites cités, avec des critères politiques et moraux. Par exemple, Naucratis est une ville formée de « petits citoyens » (μικροπολῖται), c'est-à-dire indignes d'être des citoyens honorables. Naucratis est en même temps un port important relié aux plus grandes cités dont Rome, la capitale de l'Empire, la cité cosmopolite qui réunit de nombreux peuples. Dans le *Banquet des Sophistes*, Naucratis s'oppose à Mégalopolis. Les termes πόλις, μεγαλόπολις, μικροπολίτης, μητρόπολις sont étudiés comme concepts et les grandes cités sont considérées en tant que centres intellectuels fixant des normes et des valeurs. Donc une grande ville est grande par sa taille et métaphoriquement grande par son importance, dont le premier critère est le cosmopolitisme. Une ville de μικροπολῖται serait une situation misérable, puisque ce sont les actions des citoyens qui rendent une ville renommée. St. De Vido, dans son étude « Villes visibles dans les *Histoires* d'Hérodote », explique la valeur conceptuelle du terme πόλις. La différence entre Grecs et Barbares est aussi visible dans l'opposition entre les πόλεις, au sens de communautés politiques, et les cités-palais du monde oriental, comme Ecbatane et Babylone. La comparaison avec Athènes et l'expression monumentale de leurs murailles est inévitable. Dans une étude très synthétique, Fl. Frisone et M. Lombardo relisent Hécatée de Milet, Hérodote et Thucydide (« Dire les villes des "Autres". Les établissements des peuples non grecs de l'Occident dans l'historiographie grecque, d'Hécatée à Thucydide »). La πόλις constitue le cadre naturel de la vie de l'homme grec en tant que ζῷον πολιτικόν et cette vision aristotélicienne conditionne les interprétations des Anciens et des Modernes et établit la hiérarchie du monde antique. Les trois auteurs anciens en question utilisent le terme πόλις pour désigner les agglomérations non grecques en tant que centres urbains et mettent ainsi en valeur les villes qui ont interagi avec les Athéniens. D'une certaine manière, cette désignation est justifiée puisque les modes de la vie politique qui y sont pratiqués seraient déterminés par l'ἀποικισμός.

La deuxième partie, « Composantes et composition de l'espace urbain », reprend des exemples des parties urbaines ou de leurs formes. St. Maillot, dans « *Synoikia* : remarques sur l'habitat locatif et collectif dans le monde égéen classique et hellénistique », retrace l'usage du terme συνοικία dans le sens de l'habitat commun et multifonctionnel, et on y retrouve une valeur sociale ajoutée. S. Rougier-Blanc, « Des mots pour dire la maison dans la ville. Usages poétiques et représentations de l'habitat domestique », aborde la place de la maison dans la ville, à travers les mots de l'habitat. Le vocabulaire de l'espace domestique, « relativement riche », a évolué au cours du temps, mais varie aussi selon le registre des textes dans lesquels il apparaît, de poétique à réglementaire. D'Homère à Pollux, une idée traverse la lecture de termes apparentés, au-delà de toute hiérarchie de valeur : la maison, tout en étant un lieu privé avec ses propres règles et dispositifs, fait partie de la structure urbaine et de la fonctionnalité de la ville. L'étude inspirante de C. Durvye et J.-Ch. Moretti, « Θεατροειδής. De la comparaison architecturale à la métaphore spectaculaire », nous amène à survoler des lieux *théâtroïdes* et des villes comme Rhodes, Périnthe ou Jérusalem, qui ont l'aspect d'un théâtre, de par leur disposition dans l'espace ou plutôt en raison de l'importance du théâtre, comme édifice et comme spectacle, dans l'imaginaire collectif de ses habitants. La même idée est davantage développée à propos de Jérusalem par D.-M. Cabaret et A. Dan, « Jérusalem comme théâtre hasmonéen et hérodien », qui tendent à restituer la forme de la ville antique, son Temple et sa fortification, en particulier d'après *La lettre d'Aristée à Philocrate* de Flavius Josèphe. La sacralité de la ville contraste avec la violence des conquêtes destructrices qui l'ont fait souffrir. Pour l'Asie Mineure de l'époque hellénistique, G. Larguinat-Turbatte, dans « Nommer les lieux et se repérer dans la ville : exemples en Carie et en Ionie hellénistiques », démontre comment en baptisant un édifice, les habitants se l'approprient, se repèrent et s'orientent dans l'espace urbain et périurbain. Ainsi la transformation des villes par l'activité intense des constructions devient également un moyen d'honorer la mémoire des individus ou de diffuser une valeur politique ou identitaire.

La troisième partie du volume, « Nommer et classer les villes », comporte des approches davantage historiques et historicisantes. V. Tosti, « Dire la πόλις κατὰ κώμας à Sparte. Simple classification ou description d'une réalité urbaine ? », propose une lecture interprétative de l'expression πόλις κατὰ κώμας qui serait un moyen pour Thucydide de dévaloriser Sparte en lui attribuant un paysage urbain déjà dépassé à Athènes. Dans ses descriptions archéologiques précises, l'auteur prend en compte les fouilles de sauvetage et une documentation peu connue. Cette étude permet également une réflexion sur le synœcisme, phénomène mal perçu dans l'historiographie en général. Les deux contributions qui suivent sur les villes de Macédoine sont assez complémentaires : Fr. Landucci, « The vocabulary of the city of Macedonia from Archelaos to Kassandros » ; J. Demaille, « Dire en grec les évolutions juridiques urbanistiques et culturelles des cités macédoniennes de Dion et de Philippes ». En Macédoine, nous observons plus clairement qu'ailleurs en Grèce le processus de la fondation des villes dont le statut évolue depuis l'époque d'Archélaos, puis lors du règne de Philippe II, sous Alexandre le Grand, et enfin lors de la souveraineté de Kassandros et des royaumes hellénistiques. Le choix du nom des villes fait ainsi honneur aux personnages historiques et fondateurs – aux οἰκισταί. Dion est un πόλισμα qui doit son essor à la présence de son sanctuaire à Zeus Olympien. Philippes fut d'abord appelé Krénidès ou Datos, en raison des sources d'eau vive, jusqu'à ce que Philippe II y envoie des colons. Les mots pour nommer Dion et Philippes ont évolué selon le statut juridique de ces cités. Les grandes étapes de l'histoire de ces villes sont brièvement retracées jusqu'au VIIe s. apr. J.-C., où le mot κάστρον désigne la ville fortifiée. C'est de ce terme κάστρον que traite essentiellement la contribution de C. Saliou consacrée aux villes du Proche-Orient, « Entre lexicographie, histoire et géographie historique : κάστρον ». Le terme est quasi absent des lexicographes et l'usage indifférencié de πόλις et de κάστρον, au moins pour le début de la période byzantine, signalerait le caractère désormais essentiellement militaire des établissements urbains. B. Osswald, dans « Les villes de l'Épire byzantine (XIIIe-XVe siècle) à travers les sources écrites », parcourt un corpus de textes pour redessiner l'idée que les contemporains se faisaient de la ville en général et de celles de leur région en particulier. Ioannina et Argyrokastron (aujourd'hui Gjirokastër en Albanie) sont étudiées plus en détail pour énoncer les aspects militaires, religieux et politiques de ces installations urbaines. Prenant en compte la diversification linguistique, concernant les villes de l'Épire byzantine, le terme χώρα, qui désigne traditionnellement « la campagne », « le pays » ou « la région », est employé pour nommer une partie du κάστρον ou comme synonyme de πόλις.

La quatrième et dernière partie, « Des villes dans un Empire », développe des exemples autour de l'identité morale et politique des villes. É. Guerber étudie « les monuments symboles de l'identité urbaine et politique dans les *Discours aux villes* de Dion de Pruse », où les monuments urbains sont évoqués à des fins précises, par exemple à des moments de révolte, ou lors de l'entretien des murailles. À la recherche d'une élégance, Dion de Pruse réussit à remodeler le paysage urbain, tandis que les villes modèles qui l'inspirent pour un urbanisme exemplaire se trouvent en Orient. Deux études suivent sur Aelius Aristide : M. Di Franco, « Dire l'*Urbs* et l'Empire en grec. La Ville, l'Empire et l'écoumène dans le discours *En l'honneur de Rome* d'Aelius Aristide » ; J.-L. Vix, « L'espace urbain dans le discours encomiastique : l'exemple des discours smyrniotes d'Aelius Aristide ». L'éloge de Rome par Aelius Aristide rejoint le cosmopolitisme évoqué plus haut mais cette fois du point de vue des élites. La hauteur des bâtiments évoque la grandeur de la ville ; l'écoumène est vue aux limites de l'Empire et se cristallise au sein de la cité. Ainsi Rome est-elle considérée comme l'acropole de l'Univers. L'image de la ville qui est un corps vivant avec des parties interdépendantes est employée à propos de Smyrne. L'architecture de la ville, ses édifices et surtout les temples, le fleuve qui traverse les lieux et en même temps limite son étendue ainsi que les faubourgs, forment un modèle culturel qui revendique l'hellénisation et l'élitisme culturel signifiant la supériorité de la ville. L'ouvrage se conclut avec la définition de la ville et de la cité que livre Pausanias à travers l'exemple de sa description de la cité phocidienne de Panopée, que O. Gengler compare à d'autres descriptions de villes antiques dans son étude intitulée « Pausanias et la ville grecque : autour de la description de Panopée ». Bien qu'il n'y ait pas de description normative et sans juger l'aspect politique, institutionnel ou familial comme plus important que les autres, ou même sans que les parties essentielles de la structure urbaine – comme le théâtre, l'agora, le gymnase, les sources d'eau, les fortifications ou autres éléments architecturaux à caractère public ou privé – conditionnent une ville, il faut considérer que l'ensemble de ces éléments, ainsi que la relation entre eux, fait que la ville et par conséquent la cité existent.

L'index du volume est une contribution indéniable aux études sur la ville. L'historiographie a un rôle moindre dans ce projet, avec des références assez génériques comme par exemple Simmel et l'importance de l'intellectualité et de l'individualité (p. 39), et les études de Hansen sur les πόλεις antiques. Certaines faiblesses bibliographiques sur l'évolution des notions étudiées peuvent être évoquées, ainsi que sur l'identification des vestiges archéologiques, comme pour la συνοικία. Par ailleurs, l'habitat ne devrait pas être étroitement associé à l'espace urbain (p. 99). Mais le choix d'aborder ainsi ce vaste sujet se défend, et étudier les manières de « dire la ville » revient ainsi à chercher à comprendre les manières d'habiter un espace urbain qui n'est pas un simple cadre architectural produit par ses habitants et ceux qui les ont précédés, mais un environnement social et culturel qui façonne l'individu et la communauté. Telle est la conclusion des éditeurs qui réussissent à garder l'étude de ce vaste sujet aussi vivante que le corps d'une ville.

Despina CHATZIVASILIOU

Mathieu Jacotot, *Questions d'honneur. Les notions d*'honos, honestum *et* honestas *dans la République romaine antique*, Collection de l'École française de Rome, 479, Rome, École française de Rome, 2013, XII + 818 pages.

L'ouvrage de Mathieu Jacotot, issu d'une thèse couronnée par un prix de la chancellerie des universités, s'inscrit dans la tradition des études sur des notions latines, qui, après les travaux classiques de G. Freyburger sur la *fides*, a connu un regain d'intérêt avec la publication des livres de J.-F. Thomas sur *gratia* et *laus* et de G. Flamerie de la Chapelle sur la *concordia*. Par son objet, son ampleur et son intérêt pour les sciences sociales, il se rapproche des travaux de J.E. Lendon et de C.A. Barton, mais également des recherches contemporaines que C. Bur a menées sur l'infamie. Le corpus d'étude comprend l'ensemble de la littérature latine d'époque républicaine et inclut également les inscriptions, en particulier celles du tombeau des Scipions. Si le corpus cicéronien domine logiquement, les autres auteurs ne sont pas négligés et l'étude contient ainsi des analyses précises de nombreux extraits de pièces de Plaute.

Afin d'éviter toute démarche circulaire, l'auteur décide de partir des mots plutôt que des notions. Dans la première partie de l'ouvrage, il analyse successivement les termes *honos*, *honestum* et *honestas*, dont il a collecté les occurrences dans les sources des deux derniers siècles de la République, en les passant au crible de la méthode sémasiologique. Il en étudie les différents sèmes (neuf pour *honos*, sept pour *honestus* et *honestas*), fait à chaque fois le départ entre sèmes génériques et sèmes spécifiques et aboutit, pour chacun des sèmes, à la formulation d'un sémème, qu'il compare avec le sémème qui lui est le plus proche afin de caractériser la nature de leur relation (par exemple polysémie lâche de sens, polysémie étroite de sens, métonymie étroite ou complexe, qui sont des catégories empruntées aux travaux de R. Martin). Il est alors en mesure de faire l'histoire de l'usage du mot et de ses évolutions sémantiques. Il note ainsi à propos d'*honestas* que « l'aspect social de la notion s'efface un peu plus au profit de la dimension morale » (p. 187). Il conclut cette partie en observant une « spécialisation d'*honos* dans le domaine social de l'estime et de l'hommage, d'*honestus/honestas*, dans celui de la bonne moralité » (p. 187).

La deuxième partie, la plus importante à tous points de vue, présente une analyse des pratiques. Le chapitre 4, qui nous a paru le plus novateur, propose une étude magistrale des structures de l'*honos*, dont l'auteur montre qu'elles peuvent être interprétées à la lumière d'un paradigme symbolique et d'un paradigme économiques. Ce travail conceptuel fournit une grille de lecture opératoire pour rendre compte de la cohérence du fonctionnement de l'honneur, et ce malgré la grande diversité des marques d'honneur et de leurs effets. Moins théoriques et plus concrets, les chapitres suivants ont pour ambition d'étudier le contenu et les effets de l'*honos*. Souvent, ils permettent de vérifier les hypothèses formulées dans la présentation du modèle. Si ce dernier n'est pas de nature à bouleverser nos connaissances sur le fonctionnement de cette société aristocratique, il permet de proposer des analyses précises et opératoires, en particulier sur les relations entre *honos* et *dignitas* ou entre *honos* et *auctoritas*. Le chapitre sur les fonctions de l'honneur, qui met au jour son rôle dans le contrôle et la structuration de la société, est particulièrement stimulant, tout comme celui sur le code de l'honneur, dans lequel l'auteur s'intéresse à la facette morale de l'honneur. L'étude consacrée au dieu Honos montre à quel point la première partie a pu nourrir la deuxième : c'est fort de la mise au jour du sémantisme d'*honos* que l'auteur peut écarter l'hypothèse selon laquelle Honos serait le dieu de l'honorabilité. Il démontre de façon convaincante qu'il faut l'identifier avec « le dieu qui donne les marques d'honneur et le prestige » (p. 511). Le passage sur la transformation par Claudius Marcellus du temple d'Honos de la porte Capène est particulièrement convaincant : l'auteur établit notamment un lien entre ce projet et les deux refus d'*honores* que Marcellus avait essuyés. En transformant l'édifice en temple d'Honos et de Virtus, « il s'agit pour lui d'affirmer la légitimité de sa prétention à l'*honos* en raison de sa *uirtus* » (p. 528). La troisième partie porte sur les approches intellectuelles et les représentations de l'honneur. Ce dernier y est envisagé comme un concept, une valeur ou une image, avec ambition de faire l'histoire de sa conceptualisation, d'analyser les jugements dont il était l'objet et les formes et les significations de son utilisation en littérature. L'auteur y aborde les différents corpus en suivant une progression qui ne pouvait être que chronologique : Plaute, Caton, les épitaphes des Scipions, Térence, Lucilius, la *Rhétorique à Herennius*, Lucrèce, César, Salluste. Il réserve l'étude de Cicéron, auteur qu'il utilise massivement dans les deux premières parties de l'ouvrage, à une publication ultérieure. Il ne saurait être question de rendre compte ici de la richesse des analyses proposées, qui témoignent d'une connaissance précise de ces corpus et des études critiques dont ils ont fait l'objet. Parmi les analyses les plus remarquables, signalons la manière dont l'auteur démontre que l'inversion de l'*honos* chez Plaute ne correspond pas à une subversion morale mais obéit à des fonctions régénératrice et ludique. À partir des fragments des écrits de Caton, l'auteur parvient à montrer que le censeur de 184 av. J.-C. privilégiait une conception de l'honneur fondée sur le dévouement à la cité. Les analyses des épitaphes des tombeaux des Scipions sont très pertinentes et parfaitement cohérentes avec celles proposées par H. Etcheto. Chez Térence, il identifie l'une des étapes du passage « d'un honneur majoritairement social, dominé par le souci de l'estime de l'entourage, à un honneur essentiellement moral où l'adéquation à des normes de conduite, sans considération de leur répercussion en termes de prestige, passe au premier plan » (p. 628). C'est également chez Térence que la signification esthétique du terme *honestum* apparaît, et l'auteur propose d'y voir un effet de l'influence de Panétius. Chez Lucilius, il identifie « une charnière importante dans le passage d'une morale de l'honneur à une éthique de l'honnêteté » (p. 665), que la *Rhétorique à Herennius* parachève. Il montre que c'est chez Lucrèce que l'on trouve une critique radicale de l'*honos*. Ses pages sur l'honneur chez César sont stimulantes : il y établit comment ce dernier a essayé de « placer son rapport à l'*honos* sous le signe de la tradition et du respect des normes » (p. 721), alors même que son action politique a profondément déréglé le mécanisme de l'*honos*.

L'ouvrage, qui impressionne par la clarté et la rigueur du propos, constitue un apport historiographique important. Il peut d'abord être utilisé comme un instrument de compréhension d'un vaste corpus de textes latins des deux derniers siècles de l'époque républicaine. Analysant avec acuité des termes d'une rare richesse sémantique, il permet d'en restituer les nuances de sens. L'*index locorum* rendra ainsi d'amples services. Loin de se limiter aux termes d'*honos*, *honestum* et *honestas*, il propose des réflexions stimulantes sur leurs synonymes et leurs antonymes. A ce titre, il constitue un complément indispensable à l'ouvrage classique de J. Hellegouarc'h sur le vocabulaire latin des relations et des partis politiques à la fin de la République. Il est d'ailleurs dommage qu'un index des termes latins analysés dans le cadre de l'ouvrage n'ait pas été proposé. La partie sur les représentations pourra être utilisée comme une introduction à l'étude historique et littéraire de ces sources. Ce livre est aussi un exemple remarquable de ce que peut l'histoire lorsqu'elle concilie connaissance fine des sources et utilisation raisonnée de la linguistique, des sciences sociales et du comparatisme historique. Les sources sont analysées avec une grande acuité, comme en témoignent les traductions personnelles de l'auteur, et des outils des sciences sociales (le capital symbolique, par exemple), dont il sait faire un usage régulateur et non constitutif. Il prend soin d'en mesurer les éventuels gains heuristiques et ne cède jamais à la tentation du dandysme épistémologique. Enfin et surtout, l'auteur a su mettre l'étude de ces trois notions au service d'une analyse et d'une interprétation de la société et de la vie politique romaines. La dynamique de l'honneur permet en effet de rendre compte d'une pluralité de phénomènes sociaux et politiques, de sorte que ce livre peut aussi se lire comme une nouvelle histoire des deux derniers siècles de la vie politique romaine, analysée au prisme de ses pratiques et de ses représentations.

Au vu de l'ampleur de la matière brassée, il serait dérisoire de pointer d'inévitables inexactitudes historiques et lacunes bibliographiques. Elles nous ont paru singulièrement peu nombreuses, chacun des dossiers se révélant solidement maîtrisé par l'auteur (nous pensons par exemple aux états de la question sur la *nobilitas* et sur l'*auctoritas*). Un point seulement, car l'approximation est fréquente : l'affirmation de l'existence d'une législation césarienne sur le *cursus honorum*, que rien n'atteste. Il est en revanche dommage que les évolutions n'aient pas été davantage prises en considération. L'auteur les esquisse dans les conclusions des différents chapitres, mais son propos aurait pu y être plus développé. S'il évoque le processus de confiscation des honneurs par les *imperatores* et la question de leur dévaluation à la suite de l'appropriation par César de la distribution des honneurs, il n'analyse pas la crise de la dynamique des *honores*. Or la crise de la République fut aussi une crise axiologique. Cette lacune est toutefois partiellement compensée par le chapitre consacré à Salluste, présenté très justement comme un « historien de l'honneur en crise ».

Plusieurs hypothèses ou affirmations appelleront certainement des discussions. L'auteur nous paraît ainsi démontrer avec beaucoup de pertinence que la société romaine n'était pas une *Shame society*, pas davantage qu'une *guilty society*. Il y aurait sans doute davantage à dire sur la diffusion du code de l'honneur dans la société romaine et sur ce qu'il faut en conclure sur les relations entre aristocratie et plèbe, ainsi que sur l'éventuelle hégémonie de la culture politique aristocratique.

Le lecteur l'aura compris : le caractère tardif de ce compte rendu est à mettre au débit du recenseur et non d'un ouvrage dont l'intérêt et les qualités sont en tous points remarquables.

Robinson BAUDRY

Tito Livio, *Ab urbe condita liber XXVII*, a cura di Fabrizio Feraco, Biblioteca della tradizione classica, 16, Bari, Cacucci Editore, 2017, 534 pages.

Au sein de l'imposante série des éditions et des commentaires de l'*Histoire romaine* de Tite-Live, ce volume de Fabrizio Feraco, philologue de l'université de Calabre, vient combler un manque éditorial. En effet, si la plupart des décades ont fait l'objet de prestigieux commentaires publiés aux Presses universitaires d'Oxford, qui combinent de façon synthétique annotations historiques, archéologiques, topographiques, littéraires, linguistiques et textuelles, en accordant une importance aussi grande aux problèmes historiques qu'aux questions littéraires – Robert Maxwell Ogilvie a proposé, en 1965, un commentaire à la première pentade ; John Briscoe, à sa suite, commenté l'ensemble de la troisième décade et de la dernière pentade, en publiant en 1981 puis 1987 le commentaire des livres XXXI-XXXIII puis XXXVI-XXXVII, qu'il a complétés en 2008 puis en 2012 avec les commentaires des livres XXXVIII-XL et XLI-XLV ; pendant ce temps, Stephen Oakley a ajouté à l'édifice le commentaire de la deuxième pentade, avec le *Commentary on Livy. Books VI-X*, publié en 1997 – la troisième décade n'a pas encore donné lieu à une étude d'aussi grande ampleur, même si les études d'Erich Burck, avec son ouvrage *Einführung in die dritte Dekade des Livius*, publié à Heidelberg en 1950, de Patrick G. Walsh avec notamment sa contribution à l'*ANRW*, II, « Livy and the Aims of "historia" : An Analysis of the Third Decade », en 1982, et, plus récemment, celle de David S. Levene, avec son livre *Livy and the Hannibalic War*, également publié à Oxford en 2010, en proposent plusieurs lectures approfondies – on peut encore y ajouter le chapitre 27 du *Companion to Livy* dirigé par Bernard Mineo et publié en 2015, « Rome and Carthage in Livy », rédigé par Dexter Hoyos, p. 369-381, et bien sûr l'apparat critique fourni par les volumes de la Collection des universités de France, en particulier celui du livre XXVII (Tite-Live, *Histoire romaine. Tome XVII. Livre XXVII*, texte établi et traduit par Paul Jal, Paris, Les Belles Lettres, 1998).

Une courte introduction (p. 11-19) met en avant ce qui fait l'unité du livre qui couvre les années 210 à 207 av. J.-C. : moment de tournant, avec la bataille du Métaure, qui clôt l'ouvrage, dans la guerre menée contre Hannibal, qui occupe toute la troisième décade, il est traversé par une tension et une inquiétude sourdes. S'appuyant sur les grandes études portant sur la troisième décade d'Erich Burck, de Patrick G. Walsh ou encore de David S. Levene, Fabrizio Feraco propose en quelques pages des pistes de lecture concernant le livre XXVII. Il souligne ainsi que le personnage de Scipion, central dans la fin de la décade, et déjà protagoniste majeur du livre XXVI, y laisse la place à d'autres, comme M. Claudius Marcellus : ce dernier, du fait de son orgueil, fait figure de contre-modèle et son destin tragique apparaît comme un châtiment divin, illustrant la protection sans faille que les dieux assurent à Rome. L'auteur résume ensuite l'ouvrage, construit autour de la notion d'accroissement des forces : celles de Rome, qui se développent à la faveur de l'aide des cités d'Italie ; celles de Carthage, qui s'amenuisent, mais pourraient grandir, si Hannibal et Hasdrubal réussissaient leur jonction : la situation d'équilibre entre les Romains et les Carthaginois, au début du livre, qui tourne d'abord à l'avantage des Romains avec la victoire de Fabius Maximus à Tarente ; la montée de l'inquiétude, à Rome, à mesure qu'Hasdrubal poursuit son avancée ; puis, progressivement, après la victoire romaine à Grumentum, l'affirmation du motif de la joie, et enfin la coordination et la rapidité victorieuses des armées des deux consuls, lors de la victoire du Métaure, dont la caractérisation reprend, en les reversant, les motifs narratifs qui accompagnaient le récit de la défaite de Cannes. Fabrizio Feraco présente ensuite l'état de la tradition manuscrite avant de proposer la liste de modifications textuelles qu'il a apportées à l'édition de Robert Seymour Conway et de Stephen Keymer Johnson, publiée en 1935 (Oxford University Press), qui lui sert de base de travail (p. 21-28). Suivent alors le texte du livre XXVII et de sa *periocha*, ainsi que la traduction placée en vis-à-vis (p. 31-123). La plus grande partie de l'ouvrage est composée du commentaire linéaire du livre, par paragraphes ou ensembles de paragraphes (p. 125-516), regroupant selon les cas explicitation des termes utilisés ou des phénomènes décrits, discussion de la tradition manuscrite, rappel des principaux débats historiographiques qu'ont suscité la plupart des passages. Le livre se conclut par une bibliographie très fournie (p. 517-533).

Dans cette exégèse du livre XXVII, Fabrizio Feraco réalise tout à la fois un ouvrage philologique très riche, nourri par la lecture des éditions et traductions de l'*Ab Vrbe condita* depuis le XVIIIe siècle (de Carl Andreas Duker à August Luchs, de Martin Herz à Wilhelm Weissenborn, de Sidney G. Campbell à Jean Bayet), mais aussi par des travaux plus spécialisés, allant de la numismatique (p. 199, où sont cités les travaux d'Arnaud Suspène et de Michael H. Crawford) à la connaissance du droit et des institutions romaines (notamment à travers des références aux travaux de Theodor Mommsen puis, pour le XXe siècle, à ceux de Francesco De Martino – et non G., comme l'indique à tort la bibliographie – ou d'Antonio Guarino). Guidé par un grand souci d'exhaustivité et par une connaissance fine de l'histoire et des institutions romaines, il produit moins un ouvrage de synthèse qu'une lecture linéaire qui accompagne, phrase à phrase, le lecteur dans sa découverte du livre XXVII, pour l'amener à la compréhension instruite de ses enjeux et à la pleine maîtrise des éléments historiques qu'il contient : l'ouvrage se caractérise ainsi par une volonté d'explicitation quasiment exhaustive et par un soin pédagogique indéniable, dont témoignent les nombreuses définitions des *realia* romaines plus ou moins élémentaires et pas toujours maîtrisées par les étudiants du XXIe siècle (*realia* religieux : définition de *rex sacrorum*, p. 160 ; d'*inauguratio*, p. 176 ;

de *legatus*, p. 389 ; de *cooptatio* et de *lustrum* p. 395, du *comitium* p. 397 ; étymologie de l'*Armilustrum*, p. 403 ; de *matrona*, p. 410 ; synthèse sur Junon Reine et sur son lien au monde étrusque, p. 410 ; *realia* militaires : définition de *tessera*, p. 467 ; l'explication de la présence des termes relatifs à la prière, *orare* et *preces*, dans le cadre de l'adresse aux autres généraux, p. 471 ; la définition de *signum*, p. 473 et précision sur l'usage du *signum* dans le camp pour signaler les gardes de nuit, p. 475 ; définition de l'expression *castra metari*, p. 486, etc.)

Mû par cette volonté d'accompagner son lecteur, Fabrizio Feraco s'arrête ainsi largement sur ses choix de traduction, passant en revue les choix effectués par ses prédécesseurs avant de trancher (p. 389, pour le § 36, 3, il reprend la leçon de Weissenborn-Müller contre celle de Campbell, en entendant *quod ... futurum erat* comme une proposition causale et *quod ... celebraretur* une proposition relative où le subjonctif indique qu'il s'agit de l'opinion des sénateurs et non comme deux relatives, dont une anticipée, car cela compliquerait inutilement la période ; p. 492, il propose la correction de *in sinistrum* en *in sinistro* en 48, 14, en s'appuyant notamment sur le parallèle avec le texte polybien des *Histoires*, XI, 1, 7 ; etc.) ou justifiant ses choix personnels (p. 389-390 : *celebrare* implique la participation d'un grand nombre de spectateurs mais, ce sens étant déjà rendu par *maximo coetu*, Fabrizio Feraco lui donne le sens de « célébrer solennellement »). Certains choix ne nous semblent pas toujours convaincants (dans la liste des prodiges de 207 av. J.-C., dans la proposition relative *terribilius quod esset*, p. 403, le subjonctif a bien une valeur consécutive « ce qui était de telle nature qu'il était plus effrayant », et non celle, oblique, de renvoyer à la pensée des Minturniens) mais l'ouvrage constitue une aide indispensable pour toute lecture du livre XXVII, en ce qu'il propose une analyse précise et complète de l'ensemble de la tradition manuscrite, puis de ses éditions : ainsi, les commentaires revenant sur l'établissement du texte et explicitant le choix effectué parmi les leçons manuscrites rappellent les arguments des éditeurs précédents, y ajoutent parfois quelques arguments paléographiques, et surtout confrontent les termes ou expressions retenues aux autres acceptions présentes dans l'œuvre livienne (rétablissement, comme le faisait Jal dans son édition, de la proposition *ante* en 1, 11 du fait de sa fréquente corrélation avec *deinde*, p. 132 ; correction de *omne* en *omnia* en 3, 3, à la suite de Beatus Rhenanus, pour s'insérer à la suite de la séquence *pleraque ... alia* p. 139 ; maintien du terme *iurisdictio*, en accord avec la majorité des éditeurs, qui retrouvent le terme dans le même type d'emploi en XXV, 41, 13 ; en XXVII, 36, 11 ; en XXXIII, 26, 1 ; en XXXIV, 43, 6 ; en XXXVII, 35, 10 ; en XLII, 10, 14, p. 400 ; *pugnandi* et non *pugnae tempus*, p. 471 ; *locat* et non *conlocat*, en 48, 5, leçon empruntée à l'édition de Luchs de 1879 sur la base de l'usage du terme en XXVII, 18, 18 et également au livre XXXVIII, 41, 13), comme c'était le cas dans ses précédents ouvrages qui portaient sur les textes géographiques d'Ammien Marcellin (*Ammiano geografo. La digressione sulla Persia 23, 6*, Loffredo Editore, Naples, 2004 et *Ammiano geografo. Nuovi studi*, Loffredo Editore, Naples, 2011). L'auteur recourt aux mêmes parallèles textuels pour identifier et rejeter ponctuellement des mots d'usage peu fréquent chez Tite-Live (*coartatio*, p. 467), méthode souvent convaincante, même si elle se heurte à l'avertissement formulé par Paul Jal dans la préface de sa propre édition du livre XXVII, p. LVI : la *Concordance* de David W. Packard ne peut, du fait de la perte des trois-quarts de l'œuvre livienne, rendre compte de la totalité des leçons dans les cent-sept livres manquants – c'est également le cas du *TLL*, pour toute la littérature latine. Plus largement, même si l'on peut s'exercer à définir le style de Tite-Live, il est difficile parfois de distinguer entre la pure incidence et la reprise significative.

Certains parallélismes sont néanmoins riches de sens, faisant apparaître la structuration des livres et de l'ouvrage dans sa globalité (l'organisation du livre XXVII et de la décade même dans laquelle il s'insère relèvent, comme l'a montré David S. Levene dans son ouvrage *Livy and the Hannibalic War*, d'un travail d'écriture particulièrement complexe et porteur de sens) ; si Fabrizio Feraco se contente souvent de les citer, sans en tirer d'analyse (p. 390 : le parallèle entre la présence de Lucius Manlius aux Jeux Olympiques, en XXVII, 35, 3 et la proclamation de la liberté des Grecs par Flamininus à l'occasion des Jeux isthmiques, au livre XXXIII, 32, 4-5 ; p. 395 : la reprise du participe *clausae*, qu'on trouve notamment en poésie, pour désigner un obstacle, en XXVII, 36, 4, etc.), nous pouvons largement mettre à profit son étude pour en tirer quelques interprétations : ainsi, Lucius Manlius est envoyé en Grèce, sous couvert de sa venue aux Jeux, afin de ramener de l'exil, sous sa protection, les Tarentins et les Siciliens qui avaient pris le parti de Rome, et les rétablir dans leurs droits. Le passage présente un motif qui parcourt l'*Ab Vrbe condita* : celui de l'utilisation des cérémonies de spectacles pour proclamer le rôle de Rome dans la préservation du droit et des lois à l'échelle du pourtour méditerranéen (on pense également à un rapprochement avec la représentation dans l'*Ab Vrbe condita* des jeux organisés par Paul-Émile au livre XLV, 33, 1-3, et peut-être au fragment, tiré d'Aponius, *Commentaire du Cantique des cantiques*, XII, qui nous montre, comme synchronisme à la naissance de Jésus-Christ, Auguste, *in spectaculis,* annoncer que la paix règne désormais sur le monde). Quant à la récurrence du participe *clausus, a, um*, il est caractéristique de la place importante que tient la représentation de l'espace dans l'œuvre livienne, où l'opposition entre l'accès et l'obstacle structure l'action.

Le commentaire fournit également des éclairages sur la *Quellenforschung* (ainsi, sur les sources du récit de la bataille du Métaure : Fabrizio Feraco indique Polybe, mais aussi Silénos de Caléacte, peut-être à travers Coelius Antipater, p. 493), et sur des questions terminologiques, institutionnelles ou militaires, nous permettant de gagner une connaissance fine de la langue latine en général et de la langue livienne en particulier (acception commerciale de *res inter se contrahere*, p. 514, en 51, 10 ; caractère militaire de *rem esse*, p. 473), mais aussi de l'histoire et des *realia* romains : on appréciera particulièrement les rappels et précisions concernant les magistratures (un édile de la plèbe peut être élu préteur l'année suivante, p. 388 ; les édiles curules peuvent être des plébéiens ou des patriciens, p. 399). En cela, l'ouvrage s'insère complètement dans la réhabilitation de la valeur historique de l'œuvre de Tite-Live à laquelle a procédé l'historiographie depuis une vingtaine d'années, et qui réévalue la fiabilité du récit livien à la lumière des autres sources documentaires, y compris sur des connaissances spécifiques comme les savoirs de la médecine : quand Fabrizio Feraco, p. 495-496, à propos de la leçon *in articulo quo iungitur*, qui renvoie à la technique des cornacs pour tuer leurs éléphants et qu'il choisit de préférence à *in compage qua iungitur*, en 49, 1, se réfère à un passage de Sénèque, *De prouidentia*, VI, 8 et de Pline l'Ancien, *Histoire naturelle*, XI, 135, on pense à la conclusion d'Ernest Dutoit dans son article « Tite-Live s'est-il intéressé à la médecine ? », *Museum Helveticum*, 5,2, 1948, p. 116-123, voyant en Tite-Live « un témoin nullement négligeable de l'état du vocabulaire médical latin entre Cicéron d'une part, Sénèque et Celse d'autre part ».

Enfin, la mise en parallèle des passages du livre XXVII avec d'autres textes (pour justifier un choix de leçon ou de traduction, ou comme une simple remarque) permet de lire Tite-Live comme un historien doué d'une grande « sophistication littéraire » – pour reprendre l'expression de Marielle de Franchis dans son compte-rendu de l'ouvrage de Levene pour la *RPh* (88–1, 2014, [2016], p. 179-191), dessinant le complexe jeu d'intertextualité auquel procède Tite-Live dans l'*Ab Vrbe condita*. Le commentaire de Feraco laisse en particulier apparaître la prégnance de l'intertexte sallustéen (*dilatari castra*, p. 467, en 46, 2 ; l'usage de *ludificor* en contexte militaire, p. 470, en 46, 7 ; les parallèles entre le portrait d'Hasdrubal et de Catilina, p. 498, en 49) et cicéronien (notamment sur la pensée des institutions romaines, avec par exemple l'opposition entre le *populus* et le *senatus*, dont l'un apparaît comme détenant la *potestas*, et l'autre l'*auctoritas*, p. 176 ; ou encore dans la façon d'évoquer la religion romaine, avec l'emploi du verbe *nuntiare* pour rapporter la liste des prodiges, qui rappelle l'usage qu'en fait Cicéron dans le *De diuinatione*, p. 144). Nous sommes moins convaincue par le rapprochement effectué p. 471 entre la proposition *dum fessum uia ac uigiliis reficeret militem Nero* en 46, 7, qui évoque la nécessité de permettre aux troupes romaines de refaire leurs forces et le *me de uia fessum et qui ad multam noctem uigilassem* du paragraphe VI, 10 de la *République* de Cicéron, renvoyant à l'état de fatigue de Scipion Émilien : il nous semble que l'on retrouve plutôt ici le motif classique – d'ailleurs rappelé par Fabrizio Feraco p. 480-482 sur son choix de la leçon *fessique aliquot somno ac uigiliis sternunt corpora passim atque infrequentia reliquunt signa* en 47, 9 – de la torpeur qui menace les troupes, propre à faciliter la victoire ennemie, et dont le motif est travaillé depuis Ennius, notamment en lien avec celui de l'ébriété (*Annales*, XII : *Nunc hostes vino domiti somno que sepulti/ Consiluere*, dans Johannes Vahlen [éd.], *Ennianae poesis reliquiae*, Teubner, 1903), que l'on retrouve dans l'*Énéide* (II, 265 : *inuadunt urbem somno uinoque sepultam*) ou encore dans l'historiographie, et notamment dans l'*Ab Vrbe condita*, comme l'a montré Paul François dans son article pour la revue *Pallas* en 2000, « Le vin chez les historiens latins »). Ici encore, Fabrizio Feraco ne tente pas d'interpréter les échos intertextuels qu'il identifie dans le livre XXVII : le lecteur s'appuiera sur ses remarques pour développer les analyses de David S. Levene (p. 86-126) qui souligne que bien souvent de telles allusions renvoient au comportement ou au caractère de certains personnages, dans le cadre de l'écriture d'une histoire exemplaire, ainsi qu'à des schémas relatifs au mouvement de l'histoire et à la pensée de la décadence, ou d'Andrew Feldherr qui, dans son article « Hannibalic Laughter : Sallust's Archeology and the End of Livy's Third Decade », publié dans l'ouvrage édité par Wolfang Polleichtne, *Livy and Intertextuality*, à Trier, en 2010, suggère, dans une comparaison entre l'archéologie sallustéenne proposée dans la *Conjuration de Catilina* et la fin de la troisième décade, que Tite-Live utilise les techniques de Salluste pour penser l'évolution de Rome et pour réfléchir aux inflexions que connaissent l'*exemplum* et la construction mémorielle des vies des grands hommes à Rome, désormais fondée sur l'*ambitio* et l'*auaritia*, plutôt que sur la *uirtus*. Fabrizio Feraco nous informe également sur la réception du livre XXVII chez d'autres auteurs antiques postérieurs, en notant par exemple des convergences avec Silius Italicus et Cassius Dion, p. 476, sur le paragraphe 47.

Ces quelques remarques ne peuvent assurément rendre compte de toute la richesse du volume ; on regrettera peut-être, compte tenu de la très grande richesse de ce commentaire et des connaissances encyclopédiques de son auteur, que la forme retenue ne soit pas aisée d'accès : le texte est très dense, et sans doute la lecture aurait-elle été facilitée par le choix de retours à la ligne plus fréquents, et le passage en note de bas de page des textes mis en parallèle. De même, on aurait souhaité l'ajout de cartes, notamment pour illustrer les débats sur le choix des leçons dans les récits des batailles – comme p. 482-483, pour comprendre le mouvement tactique opéré par Hasdrubal autour du fleuve (même si l'auteur suit en cela Briscoe qui préfère à l'impression de cartes un renvoi au *Barrington Atlas* et se déclare, dans la préface du *Commentary on Livy. Books 41-45*, p. VIII, « sans remords », *unrepentant !*) ; et un *index nominum* aurait rendu cet instrument de travail encore plus profitable. Certains travaux de chercheurs français, comme l'article de Charles Guittard sur les prodiges dans le livre XXVII, paru dans la revue *Vita latina* en 2004, ou comme ceux de Paul François sur la structure du livre, marquée par un principe de dédoublement et de retournement (« Le livre du dédoublement et du retournement. Sur la composition du livre 27 de Tite-Live », *Vita latina*, 2004) et sur la confrontation du récit livien avec celui de Cassius Dion (« Cassius Dion et la troisième décade de Tite-Live », dans Valérie Fromentin, Estelle Bertrand, Michèle Coltelloni-Trannoy, Michel Molin et Gianpaolo Urso [dir.], *Cassius Dion. Nouvelles lectures*, Bordeaux, Ausonius, 2016, p. 215-231) auraient encore enrichi l'étude des listes de prodige et de l'atmosphère religieuse du livre, ou permis d'orienter l'interprétation des commentaires relatifs à des échos intra- et intertextuels et à la structure du livre (voir par exemple les stimulantes interprétations sur l'inversion des émotions développées p. 476). L'ouvrage n'en reste pas moins un outil désormais incontournable pour lire le livre XXVII de l'*Ab Vrbe condita* et pour atteindre une fine connaissance de l'écriture livienne. R. M. Ogilvie, dans la préface du *Commentary on Livy. Books 1-5*, p. VII, affirmait que chaque commentaire avait pour but d'établir un pont au-dessus du gouffre qui sépare l'auteur antique de ses lecteurs d'aujourd'hui ; de fait, grâce à Fabricio Feraco, se tisse une fréquentation plus familière de l'historien augustéen et de son monde.

Marine MIQUEL

RÉSUMÉS

Amandine CHLAD. – Les noms propres dans l'*Iliade latine* (p. 7-27)

Cet article examine les emplois de noms propres dans l'*Iliade latine*, afin de dégager certaines spécificités de ce texte. L'examen repose sur l'analyse détaillée d'un passage essentiel de l'œuvre, le catalogue des vaisseaux grecs et des troupes troyennes, menée en comparaison avec celui de l'*Iliade*, l'œuvre source. Cet examen permet de relever l'importante fidélité de l'*Iliade latine* pour ce qui est de l'énonciation des anthroponymes qui composent le catalogue, malgré quelques rares différences que nous analysons dans le détail, mais également la liberté prise par le poète dans la composition de ce catalogue. En revanche, l'*Iliade latine* ne présente presque aucun toponyme, contrairement à son modèle. Ces différents constats peuvent nous conduire à de nouvelles conclusions sur les caractéristiques du poème latin.

Carole HOFSTETTER. – D'Ammonius à Qalonymos : la transmission d'un enseignement néoplatonicien sur Nicomaque (p. 29-55)

Cet article s'intéresse à la question du contenu de l'enseignement alexandrin d'Ammonius (Ve s. apr. J.-C.) sur l'*Introduction arithmétique* de Nicomaque de Gerasa. On propose l'identification d'éléments issus de cet enseignement en confrontant le témoignage de textes composés en contexte néoplatonicien, les commentaires d'Asclépius et de Philopon à l'*Introduction arithmétique* et l'*Institution arithmétique* de Boèce. La question de l'existence d'une transmission de l'enseignement d'Ammonius en dehors de la sphère néoplatonicienne a été envisagée conjointement. Une traduction hébraïque de Nicomaque par Qalonymos (XIVe s.) a été placée en regard des textes d'Asclépius, de Philopon et de Boèce, faisant apparaître les mêmes éléments liés à l'enseignement d'Ammonius chez Qalonymos. Or ce dernier travaillait pour sa part sur le texte d'une traduction arabe (perdue) du IXe siècle jusqu'à présent identifiée comme une traduction de l'*Introduction arithmétique*. L'étude montre, par conséquent, que la transmission de cet enseignement s'est faite sous le nom de Nicomaque. Elle apporte de nouvelles informa-

ABSTRACTS

Amandine CHLAD. – Proper nouns in the *Ilias Latina* (p. 7-27)

This article examines the use of proper names in the *Ilias Latina*, in order to identify some specific features of this text. The review is based on a detailed analysis of a key passage in the work, the catalogue of Greek ships and Trojan troops. By comparing the passage under review with its source in the *Iliad*, it is possible to note the important fidelity of the *Ilias Latina* concerning the enunciation of anthroponyms, but also the freedom taken by the poet in the composition of this catalog. This article then provides a careful analysis of the few cases in which the anthroponyms differ, and also examines another striking difference: unlike its model, the *Ilias Latina* has almost no toponyms. These various observations allow us to formulate new conclusions on the characteristics of the Latin poem.

Carole HOFSTETTER. – Von Ammonios zu Qalonymos: Die Überlieferung einer neuplatonischen Lehre über Nikomachos (p. 29-55)

Dieser Artikel befasst sich mit der Frage nach dem Inhalt des alexandrinischen Unterrichts von Ammonios (5. Jh. n. Chr.) über die *Einführung in die Arithmetik* des Nikomachos von Gerasa. Es werden Elemente aus diesem Unterricht identifiziert, indem das Zeugnis von Texten, die im neuplatonischen Kontext verfasst wurden, den Kommentaren von Asklepios und Philopon zur *Einführung in die Arithmetik* und der *Institutio arithmetica* von Boethius, gegenübergestellt wird. Die Frage, ob es eine Überlieferung der Lehre des Ammonios außerhalb des neuplatonischen Bereichs gab, wurde gemeinsam betrachtet. Eine von Qalonymos hebräische Übersetzung der *Einführung in die Arithmetik* (14. Jh.) wurde den Texten von Asklepios, Philopon und Boethius gegenübergestellt. Dies zeigte bei Qalonymos dieselben Elemente, die mit der Lehre des Ammonios in Verbindung gebracht wurden. Qalonymos arbeitete mit dem Text einer (verlorenen) arabischen Übersetzung aus dem 9. Jahrhundert, die bislang als Übersetzung der *Einführung in die Arithmetik* identifiziert wurde. Die Studie zeigt

tions sur la présence à Bagdad au IXᵉ siècle de textes néoplatoniciens dont les sources n'ont pas gardé le souvenir, mais que la transmission de leur contenu permet d'identifier.

daher, dass die Überlieferung dieser Lehre unter dem Namen Nikomachos erfolgte. Sie liefert neue Erkenntnisse über die Präsenz neuplatonischer Texte in Bagdad im 9. Jahrhundert, die in den Quellen nicht in Erinnerung geblieben sind, aber durch die Überlieferung ihres Inhalts identifiziert werden können.

Claire Le Feuvre. – Du vin, des écervelés et un fantôme. Χαλίκρητος (Archiloque, fr. 124b W.), χαλικραῖος (Nicandre, *Alex.* 29), χάλις (Hipponax, fr. 67 W.) et les composés en χαλι-, χαλαι-. (p. 57-80)

Le mot χάλις attesté chez Hipponax (fr. 67) au sens de « vin pur », loin d'être un terme rare et dialectal, est en fait un néologisme issu d'une décomposition du composé χαλίκρητος (Archiloque, fr. 124b). La décomposition est du même type que dans κάσις « frère » issu de κασίγνητος, et dans les deux cas il doit s'agir d'un hypocoristique. C'est un jeu de mots d'Hipponax, que des poètes postérieurs ont repris et que les lexicographes grecs ont pris pour argent comptant. Χαλίκρητος n'est pas un composé de χάλις « vin pur » mais la source de ce dernier, et c'est lui qui permet de comprendre l'évolution. C'est un composé savant et poétique formé par un jeu sur le formulaire homérique, d'après le rapport ἄφρων « insensé » : χαλίφρων « irréfléchi » : ἄκρητος « pur » : x = χαλίκρητος « pur » ou « peu coupé », χαλι- étant en distribution métrique complémentaire avec ἀ-. Nicandre se livre à une variation savante sur ce composé poétique avec les néologismes χαλικραῖος et χαλικρότερος. En conséquence, il faut séparer de ce χάλις qui n'est qu'un fantôme le nom de fonction χαλειδοφόρος attesté à l'époque impériale à Messène, qui n'est pas un « porteur de vin pur » ni un « porteur de coupe » : le premier élément de ce composé pourrait être une variante de (σ)χαλίς, -ίδος « bâton », attesté chez Xénophon comme nom de piquets sur lesquels on fixe les filets de chasse, et le χαλειδοφόρος serait un « porteur de bâton / baguette », équivalent d'un ῥαβδοφόρος et exerçant la fonction de héraut. Il faut aussi séparer la glose d'Hésychius κάλιθος· οἶνος. Ἀμερίας.

Claire Le Feuvre. – Wine, fools and a ghost. Χαλίκρητος (Archilochus, fr. 124b W.), χαλικραῖος (Nicander, *Alex.* 29), χάλις (Hipponax, fr. 67 W.) and compounds of χαλι-, χαλαι-. (p. 57-80)

The word χάλις "unmixed wine" (Hipponax, fr. 67) is not a dialectal word but a neologism coined by Hipponax and abstracted from the compound χαλίκρητος (Archilochus, fr. 124b) in a pun. The process of uncompounding is the same as in κάσις "brother", abstracted from κασίγνητος, and both must be hypocoristic. Later poets reused this Hipponactean creation, and Greek lexicographers took it at face value. The compound χαλίκρητος, also found in Aeschylus, is the source form and does not witness the existence of χάλις in the 7ᵗʰ c. It is itself a learned adjective resulting from a play on Homeric formulae. It was coined following the analogical proportion ἄφρων "insane": χαλίφρων "fool": ἄκρητος "unmixed": x = χαλίκρητος "unmixed" or "weakly mixed", where χαλι- is used in metrical complementary distribution with ἀ-. Nicander provides an elaborate variation on this compound with his neologisms χαλικραῖος and χαλικρότερος. Therefore χάλις, a poetic artificial word, has nothing to do with the χαλειδοφόρος known in Messena in imperial times as the name of a religious function, usually understood as "cup-bearer" (*LSJ*): the first member of χαλειδοφόρος could rather be a *s*-less form of (σ)χαλίς, -ίδος "stick, stake", attested in Xenophon as a technical name of stakes supporting hunting nets, and the title would be "staff-bearer", a local equivalent of ῥαβδοφόρος, presumably a herald. Hesychius' κάλιθος· οἶνος. Ἀμερίας has nothing to do with χάλις either.

Alexis MÉSZÁROS. – Tite-Live et César Auguste (p. 81-112)

Généralement considéré comme un auteur d'époque augustéenne, Tite-Live avait cependant composé les deux premières décades pendant la période triumvirale. L'article envisage en premier lieu les théories traditionnelles concernant les dates de vie et les occupations extra-historiographiques de Tite-Live, afin de démontrer la fragilité des arguments avancés et permet de situer la date de naissance de Tite-Live entre 65 et 55 av. J.-C. sans pouvoir être plus précis. Les liens de Tite-Live avec les cercles littéraires et politiques de son temps sont ensuite analysés afin de démontrer un relatif isolement de l'historien padouan et une absence de liens directs avec César Auguste et Claude. Enfin, une nouvelle datation de la composition de la première décade est proposée à partir de l'introduction par Tite-Live du concept de *princeps senatus* dans les *Ab Vrbe condita libri*, œuvre que l'on peut considérer comme d'époque triumvirale et non augustéenne.

Alexis MÉSZÁROS. – Livy and Caesar Augustus (p. 81-112)

Widely considered to be an author of the Augustan period, Livy had however written the first two decades of his work during the triumviral period. In order to demonstrate the weakness of the arguments raised on this matter, the article first considers the traditional theories concerning the dates of Livy's life and his extra-historiographical occupations. This reexamination of the available sources allows us to situate his date of birth between 65 and 55 BCE, without supporting more definite conclusions. Livy's relationships with the literary and political circles of his time are then analyzed in order to demonstrate a relative isolation of the Paduan historian and an absence of direct links with Caesar Augustus and Claudius. Finally, a new dating of the composition of the first decade is proposed based on the introduction by Livy of the concept of *princeps senatus* in the *Ab Vrbe condita libri*, a work that can be historically related to the triumviral period rather than to the Augustan one.

Ilse HILBOLD. – Le savoir en partage : dynamiques internationales de la bibliographie d'études classiques (1911-1945) (p. 119-136)

L'histoire de la bibliographie est un champ de recherche encore peu investi par les historiens, alors même qu'elle permet d'interroger pratiques savantes et modalités de la circulation des savoirs dans le cadre d'une réflexion transnationale. La bibliographie est ainsi un objet qu'on peut aborder de façon historique en interrogeant ses ambitions, les buts qu'elle se donne et qui constituent une réponse aux besoins qui sont exprimés par un public d'utilisateurs. Il faut d'ailleurs souligner que les revendications de la communauté savante sont largement soutenues par de grandes institutions de l'après première guerre mondiale, telles que la Société des Nations ou l'Institut international de coopération intellectuelle qui ambitionnent d'internationaliser les pratiques scientifiques. *L'Année Philologique* s'inscrit dès sa fondation dans ce grand mouvement de rénovation de la bibliographie au XXe siècle et son étude permet de faire porter le regard sur cette période où l'international prend des couleurs, des significations et des formes variées.

Ilse HILBOLD. – Wissen teilen: Internationale Dynamiken der Bibliografie der Altertumswissenschaften (1911-1945) (p. 119-136)

Die Geschichte der Bibliografie ist ein von Historikern noch wenig beachtetes Forschungsfeld, obwohl sie es ermöglicht, gelehrte Praktiken und Modalitäten der Wissenszirkulation im Rahmen einer transnationalen Betrachtung zu hinterfragen. Die Bibliografie ist somit ein Gegenstand, den man historisch angehen kann, indem man ihre Zielsetzungen hinterfragt – zumal letztere eine Reaktion auf die von den Nutzern formulierten Bedürfnisse darstellen. Es ist ausserdem zu betonen, dass die Forderungen der Gelehrtengemeinschaft von Institutionen wie dem Völkerbund oder dem Internationalen Institut für Geistige Zusammenarbeit unterstützt werden, die seit dem Ersten Weltkrieg eine Internationalisierung der wissenschaftlichen Praktiken anstrebten. Die *Année Philologique* ist seit ihrer Gründung Teil dieser großen Bewegung zur Erneuerung der Bibliographie im 20. Jahrhundert und ist deshalb hilfreich, um den Blick auf diese Zeit zu lenken, in der das Internationale verschiedene Schattierungen, Bedeutungen und Formen annimmt.

Franco MONTANARI. – Un siècle de bibliographie : étapes, lignes et horizons de l'internationalisation (p. 137-146)

L'histoire de la Société Internationale de Bibliographie Classique (SIBC) et de *L'Année Philologique* (*APh*) est ici envisagée sous un double angle, celui de la pluridisciplinarité et celui de l'internationalisation, et on peut la considérer comme un processus de réalisation du projet initial de Jules Marouzeau notamment sous ces deux angles. L'ouverture des différentes rédactions de *L'APh* a élargi le panorama international qui, ces derniers temps, s'est étendu non seulement à la Grèce mais aussi à l'Extrême-Orient (Japon, Chine), en gardant toujours à l'esprit la nécessité d'assurer la cohérence unitaire de la bibliographie. Par l'intermédiaire de la SIBC, membre de la FIEC, qui elle-même est membre du CIPSH, *L'APh* est incluse dans un cadre institutionnel international de grande importance pour la présence des études classiques. Enfin, on examine la migration progressive de *L'APh* vers un travail et un produit bibliographique entièrement électroniques, de la collecte des données à la gestion de la base de données et enfin à la consultation en ligne.

Franco MONTANARI. – Un secolo di bibliografia: tappe, linee e orizzonti dell'internazionalizzazione (p. 137-146)

La storia della Société Internationale de Bibliographie Classique (SIBC) e dell'*Année Philologique* (*APh*) è qui guardata da un duplice punto di vista, la multidisciplinarietà e l'internazionalizzazione, e può essere considerata come un processo di realizzazione del progetto iniziale di Jules Marouzeau soprattutto da questi due punti di vista. L'apertura delle varie redazioni dell'*APh* ha allargato il panorama internazionale, che in tempi recenti si è volto a comprendere, oltre alla Grecia, anche l'estremo oriente (Giappone, Cina), tenendo sempre presente la necessità di garantire la coerenza unitaria della bibliografia. Attraverso la SIBC, membro della FIEC, che a sua volta è membro del CIPSH, l'*APh* è inserita in quadro istituzionale internazionale di grande importanza per la presenza degli studi classici. Si esamina infine la progressiva migrazione della *APh* verso un lavoro e un prodotto bibliografico completamente elettronico, dalla raccolta dei dati alla gestione del data base alla consultazione on line.

Dee L. CLAYMAN. – L'informatisation de *L'Année Philologique* (p. 147-153)

Cet essai relate la transformation de *L'Année Philologique* en une base de données en ligne grâce à un effort conjoint de la Société Internationale de Bibliographie Classique (SIBC) et de la Society for Classical Studies (SCS), fondée sous le nom d'American Philological Association (APA). Le concept a été abordé par l'APA en 1980, mais le processus n'a été officiellement lancé qu'en 1988, date à laquelle il a reçu la bénédiction de Juliette Ernst. Les premiers résultats tangibles sont apparus en 1989 grâce aux travaux de la Base de Données de Bibliographie Classique (DCB) à New York. Au cours de ses dix-neuf années d'activité, la DCB a converti 63 volumes de *l'APh*, 1924-1992, à partir de la page imprimée pour aboutir à 765 700 données enregistrées. Les données rétrospectives ont été fusionnées avec les données nouvellement recueillies par la SIBC en 2002 et mises à disposition pour la première fois en ligne. La base de données commune a transformé la recherche en études classiques et préservera la valeur de *L'APh* pour les générations futures.

Dee L. CLAYMAN. – The Digitization of the *Année Philologique* (p. 147-153)

This essay chronicles the transformation of the *Année Philologique* into an online database through a co-operative effort of the Société Internationale de Bibliographie Classique (SIBC) and the Society for Classical Studies (SCS), founded as the American Philological Association (APA). The concept was first broached by the APA in 1980, but the process was not officially launched until 1988 when it received the blessings of Juliette Ernst. The first tangible results came in 1989 through the work of the Database of Classical Bibliography (DCB) in New York. In its nineteen years of operation the DCB converted 63 volumes of the APh, 1924-1992 from the printed page to 765,700 database records. The retrospective data was merged with data newly collected by the SIBC in 2002 and made available for the first time online. The joint database transformed research in classical studies and will preserve the value of the *APh* for future generations.

RÉSUMÉS / ABSTRACTS

Pedro Pablo FUENTES GONZÁLEZ. – *L'Année Philologique*, une interlocutrice et un guide quasi centenaires de la communauté scientifique sur l'Antiquité gréco-latine (p. 155-181)

L'Année Philologique invite à s'interroger sur les clés susceptibles d'expliquer pourquoi, depuis sa conception par J. Marouzeau dans les années 1920, elle bénéficie d'un si grand prestige auprès de la communauté scientifique qui travaille sur l'Antiquité gréco-latine et d'un si fort ascendant sur les chercheurs. Les efforts pour justifier l'entreprise s'avèrent de toute première importance, ainsi que ceux pour la doter d'un appui institutionnel, d'un fondement normatif et d'une structure de contrôle, dans un contexte devenu progressivement, surtout grâce à J. Ernst, de plus en plus international. Un autre aspect décisif de *L'Année Philologique* est son caractère encyclopédique, impliquant une organisation intégrale de l'information produite dans toutes les disciplines relatives à l'Antiquité et mettant en relief leur interdépendance. *L'Année Philologique* a vocation ainsi d'animer et de féconder les nouvelles recherches. Loin d'être un simple *ouvrage de consultation*, elle se veut un *ouvrage de lecture* et elle offre un modèle à suivre pour le chercheur : interdisciplinarité, refus de toute précipitation, clarté et souci de précision. Face aux défis de l'avenir, il est très important qu'elle soit capable de rester fidèle à ce rôle paradoxal d'*ancilla scientiae* dont l'autorité est reconnue par l'ensemble de la communauté scientifique des antiquisants.

Pedro Pablo FUENTES GONZÁLEZ. – *L'Année Philologique*, como interlocutora y guía cuasi centenaria de la comunidad científica sobre la Antigüedad grecolatina (p. 155-181)

L'Année Philologique lleva a interrogarse sobre las claves explicativas de por qué, desde que fue concebida por J. Marouzeau en los años 1920, ha gozado de un prestigio tan grande entre quienes se ocupan de la Antigüedad grecolatina y ha tenido un ascendiente tan fuerte entre los investigadores. Se revelan de suma importancia los esfuerzos por justificar la empresa, así como por dotarla de un soporte institucional, de un fundamento normativo y de una estructura de control, en un contexto, sobre todo gracias a J. Ernst, cada vez más internacional. Otro aspecto decisivo de *L'Année Philologique* es su carácter enciclopédico, lo que implica una organización integral de la información producida en todas las disciplinas relacionadas con la Antigüedad y pone de relieve la interdependencia de estas. *L'Année Philologique* evidencia así su vocación de animar y de fecundar las nuevas investigaciones. Lejos de ser una simple *obra de consulta*, pretende ser una *obra de lectura* y se presenta como un modelo para el investigador: interdisciplinariedad, rechazo de todo apresuramiento, claridad y esmero por la precisión. Ante los desafíos del futuro, se impone que sea capaz de permanecer fiel a este paradójico papel de *ancilla scientiae* cuya autoridad es reconocida por el conjunto de la comunidad científica de los estudiosos de la Antigüedad clásica.

Antoine VIREDAZ. – Rédiger une bibliographie critique et analytique de l'antiquité gréco-latine : objectifs de *L'Année Philologique* et méthodes de rédaction des notices bibliographiques (p. 183-189)

Le présent article vise à illustrer les méthodes de travail employées par les équipes de *L'Année Philologique* (*APh*) pour atteindre les ambitieux objectifs de qualité poursuivis par cette bibliographie. Il est en outre montré quelles informations y sont collectées et comment elles le sont, afin d'aider le lectorat de *L'APh* à tirer le meilleur parti de cet outil.

Antoine VIREDAZ. – Ziele der *Année Philologique* und ihre Methoden zur Erstellung der bibliographischen Einträge (p. 183-189)

Der vorliegende Artikel beschreibt die Arbeitsmethoden, die die Mitarbeiter der *Année Philologique* (*APh*) anwenden, um die anspruchsvollen Qualitätsziele dieser Bibliographie zu erreichen. Darüber hinaus wird gezeigt, welche Informationen in der *APh* gesammelt werden und wie sie gesammelt werden, um den Leserinnen und Lesern der *APh* zu ermöglichen, dieses Werkzeug optimal zu nutzen.

Chris VANDENBORRE. – Bibliographies aujourd'hui : vestige du passé ou instrument de recherche pour l'avenir ? (p. 191-205)

Se fondant sur des exemples concrets, cet article illustre les différences de résultats entre Google Scholar et *L'Année Philologique*. La question posée est de savoir si les bibliographies peuvent encore jouer un rôle pertinent dans un monde numérique qui contient des traces de presque toutes les publications. La deuxième partie met en relief une valeur ajoutée moins connue des bibliographies : les possibilités qu'elles ouvrent de recherches bibliométriques.

Chris VANDENBORRE. – Bibliographies today: relic of the past or research tool for the future? (p. 191-205)

Using concrete examples, this article illustrates the differences in results between Google Scholar and *L'Année Philologique*. The question raised is whether bibliographies can still play a relevant role in a digital world that contains traces of almost every publication. The second part highlights a lesser-known added value of bibliographies: the possibilities they open up for bibliometric searches.

Revue de philologie, de littérature et d'histoire anciennes

Recommandations aux auteurs

Généralités

La *Revue de Philologie* publie des articles rédigés dans toute langue européenne de communication scientifique.
Toute proposition d'article soumise à la rédaction doit être accompagnée :
- d'un résumé rédigé dans la langue de l'article (maximum 1 000 signes)
- d'un second résumé dans une autre langue vivante, titre de l'article inclus (maximum 1 000 signes)
- d'une proposition de titre courant dans la langue de l'article (maximum 50 signes)
- de l'indication de l'établissement de rattachement de l'auteur (université, CNRS, code et acronyme du laboratoire le cas échéant, etc.)

Les articles, sauf exception autorisée par la rédaction, ne devront pas excéder 66 000 signes. Les articles proposés seront adressés en tirage papier au domicile personnel des directeurs (pour le grec Philippe Hoffmann, 10 rue Euryale Dehaynin, 75019 Paris ; pour le latin Philippe Moreau, 25-31 rue Pradier, 75019 Paris), et en documents attachés (sous les deux formats .doc et .pdf) à leur adresse électronique (philippe.hoffmann@ephe.sorbonne.fr ; moreau@univ-paris1.fr).

La structure de l'article proposé pourra être indiquée en utilisant la hiérarchisation suivante :

1. 1.1., 1.2..... 1.1.1., 1.1.2.... 1.2.1., 1.2.2...., etc.
2. 2.1., 2.2..... 2.1.1., 2.1.2.... 2.2.1., 2.2.2...., etc.

L'utilisation de l'italique ou du gras pour les titres de parties ou de sous-parties est à proscrire.
Les textes **doivent impérativement être composés en police Unicode** (pour toute information, vous pouvez consulter le site du Département des sciences de l'Antiquité de l'École normale supérieure : http://www.antiquite.ens.fr/ressources/outils-logiciels/article/polices-de-caracteres). L'éditeur se réserve le droit de retourner tout article qui ne serait pas composé en Unicode.
On se conformera en général aux indications du *Lexique des règles typographiques en usage à l'Imprimerie nationale*, 6ᵉ éd., Paris, 2011.
En particulier, on veillera à utiliser des majuscules accentuées, y compris pour la préposition À.
Dans les articles rédigés en français, les appels de note doivent être insérés avant la ponctuation.
Les articles rédigés dans une langue étrangère se conformeront aux usages typographiques de cette langue, en respectant les recommandations relatives aux abréviations de noms d'auteurs et d'œuvres antiques (cf. *infra*).

Citations

Les citations en latin doivent être composées en italiques sans guillemets ; les citations en grec doivent être composées en caractères droits ; les citations rédigées dans une langue différente de celle de l'article doivent être composées en italiques et entre guillemets typographiques (dits français « »). Les citations dans les citations utilisent les guillemets anglais (" "). La ponctuation qui suit immédiatement une citation ne doit pas être composée en italique.
Les citations longues (plus de deux lignes) doivent être composées dans un format différent du texte (corps plus petit et retrait à gauche).

Liste des abréviations autorisées

On se conformera là aussi aux indications du *Lexique des règles typographiques*... cité *supra*.
Les numéros des siècles seront composés en petites capitales : par exemple IIᵉ siècle av. J.-C., Iᵉʳ siècle apr. J.-C.

On abrégera *sub uerbo* sous la forme *s.u*.
Pour renvoyer à une citation, on utilisera p. et non pp., v. et non vv. Les auteurs seront attentifs à bien préciser s'il s'agit d'une page (p.), d'un vers (v.) ou d'une strophe (st.) Les numéros de page doivent être exprimés en entier (405-406 et non 405-6). On n'utilisera en aucun cas *sq.*, *sqq.*, suiv. ou ss., la référence devant être la plus précise possible.
Les noms des auteurs latins et les titres de leurs œuvres doivent être abrégés selon les normes de l'*Index*[2] du *Thesaurus linguae Latinae*, Leipzig, 1990, sauf dans les cas suivants : Fest., p. 101 L. ; P. Fest., p. 100 L. ; Ps. Quint., *Decl. mai.* (et non Ps. Quint., *Decl.*) ; Sen. *Breu., Const., Helu., Ir., Marc., Ot., Polyb., Prou., Tranq., Vit.* (et non *Dial.*) ; Sen. Rhet. (et non Sen.), *Contr., Suas*.
Les références aux corpus d'inscriptions latines seront données selon l'usage de F. Bérard *et al., Guide de l'épigraphiste. Bibliographie choisie des épigraphies antiques et médiévales*[4], Paris, Éditions Rue d'Ulm, 2010.
On présentera les références en chiffres arabes de la manière suivante : Cic., *Mil*. 105 ; Liv. 43, 19, 6.
Les noms des auteurs grecs et les titres de leurs œuvres pourront être abrégés selon les normes du Liddell-Scott (mais, dans les articles français, on utilisera Esch. pour Eschyle, Hés. pour Hésiode, Arist. pour Aristote, Aristoph. pour Aristophane, etc.). On veillera surtout à éviter les abréviations ambiguës.

Références bibliographiques

La bibliographie doit être présentée dans les notes et non en fin d'article.
La première mention comportera les indications bibliographiques complètes. Les mentions ultérieures seront abrégées si besoin est ; dans ce cas, on précisera la note dans laquelle la première référence complète a été donnée.
Normes de présentation à respecter :
— pour le renvoi à une monographie :
J. André, *Les Mots à redoublement en latin*, Paris, 1978, p. 100-102.
J. C. Dumont, Servus. *Rome et l'esclavage sous la République,* Rome, 1987.
La mention de la collection et de l'éditeur commercial, indispensables dans un compte rendu, sont à proscrire dans un article, sauf dans le cas d'un renvoi à une édition de texte (par ex. CUF, Teubner, SC [= Sources chrétiennes] avec numéro du volume).
— pour le renvoi à une communication de colloque :
L. Pernot, « Les sophistiques réhabilitées », dans L. Pernot (dir.), *Actualité de la rhétorique*, Paris, 2002, p. 27-48.
— pour le renvoi à un article de périodique (les titres des revues doivent être abrégés selon les normes de l'*Année philologique*) :
P. Veyne, « La nouvelle piété sous l'empire : s'asseoir auprès des dieux, fréquenter les temples », *RPh*, 63, 1989, p. 175-177.
— pour le renvoi à une édition précise d'une œuvre antique :
Cicéron, *Correspondance. Tome X*, J. Beaujeu (éd.), CUF, Paris, 2001, p. 123, si la référence porte sur le texte antique édité ; J. Beaujeu (éd.), Cicéron, *Correspondance. Tome X*, CUF, Paris, 2001, p. XV, si la référence porte sur le paratexte éditorial, l'introduction, l'annotation.
Les lieux d'édition, les abréviations bibliographiques et autres indications doivent être traduits dans la langue de rédaction de l'article. Exemples : éd., dir., 2e série, Rome.
La date de l'édition originale doit toujours être indiquée ; celle d'une réimpression sans modifications ni additions n'est que facultative. En revanche, une édition postérieure avec des modifications, corrections, additions sera clairement mentionnée : par ex. 2002[5].

Comptes rendus

En plus des recommandations exprimées *supra*, les rédacteurs de comptes rendus veilleront à reproduire exactement en tête de leur texte les références bibliographiques précises de l'ouvrage recensé en n'omettant aucun détail (l'éditeur commercial sera mentionné), en développant si possible le(s) prénom(s) de(s) auteur(s) et en indiquant le nombre total de pages (par ex. : XL + 560). Les indications de format, ISBN, prix, diffuseur sont superflues. Par ex. :
John M. Fowley (dir.), *A Companion to Ancient Epic*, Blackwell Companions to the Ancient World, Oxford, Blackwell, 2005, XXIV + 664 pages.
Res gestae diui Augusti. *Hauts faits du divin Auguste*, texte établi et traduit par John Scheid, Collection des Universités de France. Série latine, 386, Paris, Les Belles Lettres, 2007, CCXXXIV + 126 pages dont 21 doubles, 4 illustrations.